宗教
生活的基本形式

The Elementary Forms of the Religious Life

涂爾幹一著
Emile Durkheim
芮傳明、趙學元一譯
顧曉鳴一校

當代思潮系列叢書

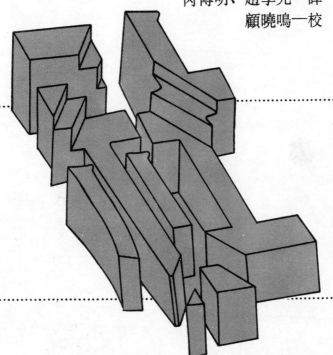

桂冠圖書股份有限公司

「當代思潮系列叢書」序

　　從高空中鳥瞰大地，細流小溪、低丘矮嶺渺不可見，進入眼簾的只有長江大海、高山深谷，刻畫出大地的主要面貌。在亙古以來的歷史時空裡，人生的悲歡離合，日常的蠅營狗苟，都已為歷史洪流所淹沒，銷蝕得無影無踪；但人類的偉大思潮或思想，却似漫漫歷史長夜中的點點彗星，光耀奪目，萬古長新。這些偉大的思潮或思想，代表人類在不同階段的進步，也代表人類在不同時代的蛻變。它們的形成常是總結了一個舊階段的成就，它們的出現則是標示著一個新時代的發軔。長江大海和高山深谷，刻畫出大地的主要面貌；具有重大時代意義的思潮或思想，刻畫出歷史的主要脈絡。從這個觀點來看，人類的歷史實在就是一部思想史。

　　在中國的歷史中，曾經出現過很多傑出的思想家，創造了很多偉大的思潮或思想。這些中國的思想和思想家，與西方的思想和思想家交相輝映，毫不遜色。這種中西各擅勝場的情勢，到了近代却難繼續維持，中國的思想和思想家已黯然失色，無法與他們的西方同道並駕齊驅。近代中國思潮或思想之不及西方蓬勃，可能是因為中國文化的活力日益衰弱，也可能是由於西方文化的動力逐漸強盛。無論真正的原因為何，中國的思想界和學術界皆

應深自惕勵，努力在思想的創造上發憤圖進，以締造一個思潮澎湃的新紀元。

時至今日，世界各國的思潮或思想交互影響，彼此截長補短，力求臻於至善。處在這樣的時代，我們的思想界和學術界，自然不能像中國古代的思想家一樣，用閉門造車或孤芳自賞的方式來從事思考工作。要想創造真能掌握時代脈動的新思潮，形成真能透析社會人生的新思想，不僅必須認真觀察現實世界的種種事象，而且必須切實理解當代國內外的主要思潮或思想。爲了達到後一目的，只有從研讀中外學者和思想家的名著入手。研讀當代名家的經典之作，可以吸收其思想的精華，更可以發揮見賢思齊、取法乎上的效果。當然，思潮或思想不會平空產生，其形成一方面要靠思想家和學者的努力，另方面當地社會的民眾也應有相當的思想水準。有水準的社會思想，則要經由閱讀介紹當代思潮的導論性書籍來培養。

基於以上的認識，爲了提高我國社會思想的水準，深化我國學術理論的基礎，以創造培養新思潮或新思想所需要的良好條件，多年來我們一直期望有見識、有魄力的出版家能挺身而出，長期有系統地出版代表當代思潮的名著。這一等待多年的理想，如今終於有了付諸實現的機會──久大文化公司和桂冠圖書公司決定出版「當代思潮系列叢書」。這兩個出版單位有感於社會中功利主義的濃厚及人文精神的薄弱，這套叢書決定以出版人文學及社會科學方面的書籍爲主。爲了充實叢書的內容，桂冠和久大特邀請台灣海峽兩岸的多位學者專家參與規劃工作，最後議定以下列十幾個學門爲選書的範圍：哲學與宗教學、藝文(含文學、藝術、美學)、史學、語言學、心理學、教育學、人類學、社會學(含未來學)、政治學、法律學、經濟學、管理學及傳播學等。

　　這套叢書所談的內容，主要是有關人文和社會方面的當代思潮。經過各學門編審委員召集人反覆討論後，我們決定以十九世紀末以來作爲「當代」的範圍，各學門所選的名著皆以這一時段所完成者爲主。我們這樣界定「當代」，並非根據歷史學的分期，而是基於各學門在理論發展方面的考慮。好在這只是一項原則，實際選書時還可再作彈性的伸縮。至於「思潮」一詞，經過召集人協調會議的討論後，原則上決定以此詞指謂符合下列條件之一的學術思想或理論：(1)對該學科有開創性的貢獻或影響者，(2)對其他學科有重大的影響者，(3)對社會大衆有廣大的影響者。

　　在這樣的共識下，「當代思潮系列叢書」所包含的書籍可分爲三個層次：經典性者、評析性者及導論性者。第一類書籍以各學門的名著爲限，大都是歐、美、日等國經典著作的中譯本，其讀者對象是本行或他行的學者和學生，兼及好學深思的一般讀書人。第二類書籍則以有系統地分析、評論及整合某家某派（或數家數派）的理論或思想者爲限，可爲翻譯之作，亦可爲我國學者的創作，其讀者對象是本行或他行的學者和學生，兼及好學深思的一般讀書人。至於第三類書籍，則是介紹性的入門讀物，所介紹的可以是一家一派之言，也可以就整個學門的各種理論或思想作深入淺出的闡述。這一類書籍比較適合大學生、高中生及一般民衆閱讀。以上三個層次的書籍，不但內容性質有異，深淺程度也不同，可以滿足各類讀者的求知需要。

　　在這套叢書之下，久大和桂冠初步計畫在五年內出版三百本書，每個學門約爲二十至四十本。這些爲數衆多的書稿，主要有三個來源。首先，出版單位已根據各學門所選書單，分別向台灣、大陸及海外的有關學者邀稿，譯著和創作兼而有之。其次，出版單位也已透過不同的學界管道，以合法方式取得大陸已經出版或

正在編撰之西方學術名著譯叢的版權，如甘陽、蘇國勛、劉小楓主編的「西方學術譯叢」和「人文研究叢書」，華夏出版社出版的「二十世紀文庫」，陳宣良、余紀元、劉繼主編的「文化與價值譯叢」，沈原主編的「文化人類學譯叢」，袁方主編的「當代社會學名著譯叢」，方立天、黃克克主編的「宗教學名著譯叢」等。各學門的編審委員根據議定的書單，從這些譯叢中挑選適當的著作，收入系列叢書。此外，兩個出版單位過去所出版的相關書籍，亦已在選擇後納入叢書，重新加以編排出版。

「當代思潮系列叢書」所涉及的學科衆多，爲了愼重其事，特分就每一學門組織編審委員會，邀請學有專長的學術文化工作者一百餘位，參與選書、審訂及編輯等工作。各科的編審委員會是由審訂委員和編輯委員組成，前者都是該科的資深學人，後者盡是該科的飽學新秀。每一學門所要出版的書單，先經該科編審委員會擬定，然後由各科召集人會議協商定案，作爲選書的基本根據。實際的撰譯工作，皆請學有專攻的學者擔任，其人選由每科的編審委員推薦和邀請。書稿完成後，請相關學科熟諳編譯實務的編輯委員擔任初步校訂工作，就其體例、文詞及可讀性加以判斷，以決定其出版之可行性。校訂者如確認該書可以出版，即交由該科召集人，商請適當審訂委員或其他資深學者作最後之審訂。

對於這套叢書的編審工作，我們所以如此愼重其事，主要是希望它在內容和形式上都能具有令人滿意的水準。編印一套有關當代思潮的有水準的系列叢書，是此間出版界和學術界多年的理想，也是我們爲海峽兩岸的中國人所能提供的最佳服務。我們誠懇地希望兩岸的學者和思想家能從這套叢書中發現一些靈感的泉源，點燃一片片思想的火花。我們更希望好學深思的民眾和學生，

也能從這套叢書中尋得一塊塊思想的綠洲，使自己在煩擾的生活中獲取一點智性的安息。當然，這套叢書的出版如能爲中國人的社會增添一分人文氣息，從而使功利主義的色彩有所淡化，則更是喜出望外。

　　這套叢書之能順利出版，是很多可敬的朋友共同努力的成果。其中最令人欣賞的，當然是各書的譯者和作者，若非他們的努力，這套叢書必無目前的水準。同樣值得稱道的是各科的編審委員，他們的熱心參與和淵博學識，使整個編審工作的進行了無滯礙。同時，也要藉此機會向高信疆先生表達敬佩之意，他從一開始就參與叢書的策劃工作，在實際編務的設計上提供了高明的意見。最後，對久大文化公司負責人林國明先生、發行人張英華女士，及桂冠圖書公司負責人賴阿勝先生，個人也想表示由衷的敬意。他們一向熱心文化事業，此次決心聯合出版這套叢書，益見其重視社會教育及推展學術思想的誠意。

楊國樞

一九八九年序於
台灣大學心理學系

社會學類召集人序

　　在眾多社會科學中，社會學也算是一門比較新興的學科，但把社會學介紹到中國，卻相當早，大約在本世紀初年。初期中國大陸的社會學者，已經做了一些理論與方法上的譯介工作，雖然不是很有系統，卻也使當時的社會學界獲得許多研究上的便利。

　　社會學一開始便是以理論取勝的學科，在短短的一百年中，社會學家不知建構了多少理論。用理論解釋現象，又用現象建構理論。我們研究中國社會，雖不一定要用西方理論去做爲分析的依據，對已經存在的理論，總不能視若無覩，何況熟悉已有的理論，對研究畢竟有幫助，有時也可以做爲研究的概念架構。不同社會的異質性可能很高，同質性也不是沒有。從這一層面而論，了解西方社會學理論，仍然爲學術界的必需過程。最好是直接閱讀原文，可以減少許多誤解或疏忽，但不是每個人都需要如此，尤其是當學生的時候，直接從中文閱讀，速度和領悟力都要有效得多。

　　翻譯這套社會學理論叢書就是基於這樣的理念，並且訂了幾個翻譯的原則：(1)所有翻譯以理論書籍爲主，其中又以古典的和較著名的占大多數，入門書只有很少的幾種；(2)翻譯時儘量增加譯者註釋，以加強閱讀興趣和了解；(3)可能時，儘量從著者原文

翻譯，並將各種譯文作比較，以重現著作原貌；(4)必要時以主題編譯各種理論爲一書，並酌加國人自己著作；(5)有些譯書，希望由譯者或審查者寫一篇導論或導讀，使原書與現實社會或現今理論有較具體的連接。

選書的原則有三個：一是有的書已經翻譯了或還在翻譯中，我們從原作者和原著確定可否列入叢書，再審查翻譯文字；二是以歐、美社會學理論名著爲優先選擇條件，我們選擇一些新起而較受肯定的著作；三是選擇台灣社會學界所熟知而又常用的著作，並及於一般的作品。選書不分理論派別，也沒有主觀的好惡，大致是以著作本身在學術上的成就作爲取捨的標準。每一本書都曾經由編審委員圈選，把多數人贊成的著作選出來，然後請人翻譯。

我們希望透過這項的翻譯，將使學界各國主要的社會學理論名著都有中譯本，逐步的做下去，就可能出現若干世界一流社會學家的全集，這對我國社會學的發展，必然產生極大的影響。我們都了解，提早認識社會學的各種理論，又是從中文的思考方式去理解，它的直接的衝擊力，總是更爲強烈而有效。我們盼望這套社會學翻譯叢書，能夠產生這樣積極而正面的作用，並幫助建構新的社會學理論。

文崇一
一九八九年序於
中央研究院民族學研究所

目　錄

第一篇　基本問題

第二篇　基本信仰

第六章　這些信仰的起源（續）
圖騰本原或馬納的概念以及力的觀念

第七章　這些信仰的起源（終）
圖騰本原或馬納觀念的起源

第三篇　儀式的主要心態

導　言

研究的主題：宗教社會學和知識的理論

在本書中，我們打算研究實際上已為人所知的最原始和最簡單的宗教，對它進行分析，並試圖提出解釋。當一個宗教體系符合下述兩個條件時，我們就可以說這即是我們所能見到的最原始的宗教：首先，它應該見於組織最為簡單的社會中①；其次，不必借用以前宗教中的任何成分便可解釋這一宗教體系。

我們將以民族誌學者或歷史學者所能達到的最嚴謹和最忠實的程度，致力於闡述這一體系的組織。但是我們的任務還不止於此：社會學引起了歷史學或民族誌所未引起的問題。社會學並非旨在僅僅瞭解和重建已逝去的文明形式。我們的目標就像每門實證科學一樣，旨在解釋我們身旁的某種現存的實在，因而即是能影響我們的觀念和行為的實在：這一實在即是人類，更確切地說，是今天的人類，因為沒有什麼比這個更使我們想好好加以瞭解的了。然而，我們研究一個非常古老的宗教，並非僅僅為了談談其奇特性和獨一性而供消遣。我們之所以把它做為研究的課題，是因為它似乎能比別的宗教更能使我們理解人類的宗教本性，也就是說，它似乎能向我們展示人性的一個基本和永久的面向。

14　　　　但是，這個提法在被人接受以前一定會導致強烈的異議。人們爲了瞭解現在的人性，就必須倒退到歷史的最初階段，這似乎十分奇怪。這種做法對於我們所關心的問題來說，似乎特別顯得不合常情。實際上，不同宗教具有不相等的價值和地位；人們通常認爲它們並不都包含著同樣多的眞理。那麼，好像把最高宗教思想形式與最低宗教思想形式相比較，就一定得把前者降低到後者的水平上。如果我們承認澳大利亞部落的初淺的崇拜有助於我們瞭解——例如——基督教，那麼這不就意味著後一宗教與前一宗教出自同一心理嗎？不就是說後一宗教與前一宗教都由同樣的迷信和謬見所構成的嗎？這就是有時候被認爲屬於原始宗教的理論上的重要性，會變成一種系統的反宗教的標誌的原因，這一標誌由於預斷了研究結果而事先損害了原始宗教。

　　　在此，沒有必要來探討是否有學者應該受到這種責備，以及是否有人把宗教歷史和民族誌做爲對付宗教的武器。不管怎樣，一個社會學者不能持有這種觀點。實際上，社會學的一個基本前提是：人類制度不可能建立在謬見或謊言的基礎上，沒有這一前提，社會學就不可能存在。如果社會學不以事物的本質爲根據，那麼它就會在事實面前遭遇到絕對克服不了的阻力。所以我們在著手研究原始宗教時，是確信它們與實在相聯繫並表達了實在的；這一原則將在下文的分析和討論中以及對一些學派的批評中反覆出現，我們指責那些學派——我們已與之相分離——無視於這一原則。如果只是拘泥於字眼地看待宗教儀式中的套語，那麼這些宗教信仰和宗教儀式無疑會不時擾亂人們的思想，人們就易於把它們歸結爲根深柢固的謬見。所以人們必須知道如何在象徵符號深處找到它所象徵的以及賦予它意義的那個實在。最野蠻和最異想天開的儀式以及最奇怪的神話都體現了個人或者社會的某種人類需求、生活的某個面向。信徒們解釋這些儀式和神話的理由可能——並通常——是錯誤的；但是眞正的理由不是不存在，

科學的責任就是發現它們。

　　實際上，沒有一個宗教是虛假的。一切宗教都在其自己的方式上是眞實的；它們以不同的方式對人類生存環境做出反應。無可否認，它們是可以排列在一個層階的序列之中的。固然，就下述的意義上來說，有些宗教優於另一些宗教：它們激發了更高級的心理功能，有著更豐富的思想和感情，所包含的比較沒有激情和意象的概念比其他宗教更多，其體系化更爲合理。但是，儘管確實存在著這種更大的複雜性和更高級的想像力，它們還是不足以把相應的宗教置於不同的層次中。它們都是宗教，正如所有的活物——從最簡單的質體到人類——都同樣是活物一樣。所以，我們回到原始宗教，並不是想要貶低一般的宗教，而是因爲原始宗教和其他宗教是同樣體面的。它們體現了同樣的需求，扮演著同樣的角色，取決於同樣的原因；它們也能很好地展示宗教生活的本質，因而能解決我們所要研究的問題。

1

　　但是爲什麼要對原始宗教特別注意呢？爲什麼要選擇它們而不是其他一切宗教做爲我們的研究課題呢？這僅僅是出於方法的原因。

　　首先，對於最近的那些宗教來說，我們除非追溯它們在歷史上逐步形成的方式，否則就無法瞭解它們。實際上，歷史分析是可以適用於它們的唯一解釋方法。只有它能使我們把一個制度分解成各個組成因素，因爲它向我們展示了這些組成因素如何在時間過程中相繼形成。另一方面，歷史分析法把一個制度的每個組成因素置於誕生它的整個狀況之中，這給予了我們確定這些組成因素的產生原因的唯一手段。我們每次著手解釋取自歷史上某一時期內顯示人類特點的事物——諸如宗教信仰、道德戒律、法律原則、美學技法或者經濟制度——時，就必須首先回顧其最原始

和最簡單的形式，說明當時標誌它的那些特徵，然後再展示它是
如何發展和逐步複雜化的，以及如何演變到我們討論中的那種樣
子的。人們很容易懂得出發點的確定對於一系列漸進解釋的重要
性，因爲其他一切解釋都依賴於這個出發點。一個笛卡兒法則是：
在科學眞理的鏈條中，第一環居於支配地位。但是，這絕不是說
把根據笛卡兒方式構想的一個觀念——亦即僅僅用思想力構成的
一個邏輯概念，一個純粹的可能性——來做爲宗教科學的依據。
我們必須找到的是一個具體的實在，而只有歷史的和民族誌的考
察才能向我們揭示這實在。然而，即使這一基本概念是通過不同
於笛卡兒的方法獲得的，笛卡兒方法卻仍然註定會對科學所確立
的一系列命題產生相當大的影響。自從單細胞生物的存在爲世人
所知以後，人們對生物的演化過程的構想就各不相同。同樣地，
人們對宗教事實的細節也做了大相逕庭的解釋，按各人看法，分
別將自然崇拜(naturism)、精靈崇拜(animism)或者其他宗教形
式置於演化之初。即使最專門化的學者，如果他們不願意只限於
做純粹的學問，如果他們還希望解釋他們所分析的事例，那麼他
們就不得不選擇這些假設中的一種，並且使之成爲自己的出發
點。無論他們是否願意，他們都必然會產生下列問題：各地的自
然崇拜或者精靈崇拜怎麼都會採取這一特定的形式？或者，它們
是怎樣充實抑或衰落到這種樣式的？既然不可避免地要對這一初
始問題表態，以及所得到的答案必定會影響整個科學，那麼我們
必須在一開始就解決這個問題：這即是我們打算做的。

　　此外，除了這些間接的反作用外，原始宗教的研究本身還有
著極爲重要的直接意義。

　　事實上，如果說知道某個特定的宗教是由什麼所組成的這點
很有用的話，那麼，更爲重要的是知道一般的宗教是什麼。這是
自古以來引起哲學家興趣的一個問題；這並非沒有道理，因爲這
個問題對於整個人類都具有意義。不幸的是，他們通常用的方法

是純粹論辯性的：他們只限於分析他們對宗教所抱有的觀念，至多是借用最能實現其理想的諸宗教中的例子來說明這種心理分析的結果而已。但是，即使這一方法應該予以摒棄，問題卻完整無損地保存下來了，哲學的偉大功績是使這個問題免於因學者們的藐視而被湮沒。現在則有可能用另一種不同的方法來解決它了。既然一切宗教都可以互相類比，既然它們都是同一綱中的不同種，那麼它們必然有許多共同的因素。我們的意思不是說它們只是共有著相同的外表可見特徵，這些特徵使得我們在研究的開初就可以給予宗教一個臨時的定義；發現這些明顯的標誌是比較容易的，因為它並不要求深入到事物表面之下的觀察。但是這些外表的雷同意味著深層的雷同。在一切信仰體系和崇拜體系的基礎中，必然存在著一些基本的表象和禮儀心態，它們儘管所取的形式各不相同，但是都有著同樣的客觀意義，並且在各處都執行著同樣的功能。它們構成了宗教中持久的和人性的要素；它們形成了人們談及一般的「宗教」時所表達的觀念的一切客觀內容。怎樣才能把這些客觀內容提取出來？

　　顯然不能依靠觀察歷史過程中出現的複雜宗教來達到這一目的。每個複雜宗教都由種種因素構成，以致極難區別什麼是主要的(principal)，什麼是次要的；以及什麼是基本的(essential)，什麼是附屬的，假若所研究的宗教猶如埃及、印度或古典時代的宗教那樣，那麼就有一大堆混淆起來的崇拜，它們隨地點、神廟、世代、王朝、入侵等等而異。大眾的迷信與最精緻的教義混合起來。無論是宗教思想還是宗教活動都不是平均地分布在信徒中間的；隨著人和環境的不同，人們也以不同的方式思考信仰和儀式。在這裡是祭司，在那裡是修士，在另一個地方則是俗人；還有神秘主義者、理性主義者、神學家和先知等等。在這種情況下，很難看出它們的共同點是什麼。我們很可能從這些體系的某一個當中，發現有利於研究業已獲得了特殊發展的某個特定事實

——諸如犧牲或預言、修道制度或神祕儀式——的方法；但是，怎麼能發現這些光怪陸離的崇拜掩蓋之下的宗教生活的共同基礎呢？又怎麼能透過神學的爭論、儀式的紛雜、群體的龐大數量和個人觀點的歧異去發現一般宗教心理的基本狀態特徵呢？

低等社會中的情況就大不一樣了。個性的較少發展、群體的有限範圍、外界環境的同一性，都有助於將差別減小到最低限度。群體在智能和道德上的一致性鮮見於較先進的社會中。一切事物都是共同的。活動是定型的；每個人都在同一環境中進行同一種活動，這種行為的一致性不過是體現了思想的一致性。每個心靈都被吸入了同一個漩渦，個人風格幾乎與種族風格混合在一起了。當一切一致的時候，一切也就簡單了。所有的神話都毫無變形，都由不斷重複的同一主題構成，而那些儀式也由少量再三重複的動作構成。無論是公眾的想像力還是祭司的想像力既無時間也無手段，對宗教觀念和儀禮的原始材料加以提煉和演化；它們完全赤裸裸地展示出來，供人們觀察，只須略下功夫就能把它們揭開。那些附屬或次要的東西和奢侈的發展還沒有開始掩蓋主要成分 ②。一切都簡化到必不可少的地步，簡化到若無它們就不成為宗教的地步。必不可少的東西就是最根本的東西，也就是說，是我們必須首先知道的東西。

原始文明提供的事例特別重要，就因為它們是簡單的事例。這就是為什麼在人類活動的一切領域中，民族誌學者們的考察經常成為名副其實的啟示，它們更新了對於人類制度的研究。例如，在十九世紀中葉以前，人人都確信父親是家庭的基本要素；沒有人曾夢想過父親權威在一個家庭組織中竟可能不是支柱。但是巴霍芬（Bachofen）的發現則推翻了這一舊概念。直到最近，人們還認為，親屬的道德和法律關係僅僅是源自共同血緣的心理關係的另一方面；巴霍芬及其後繼者麥克倫南（Macliennan）、摩爾根（Morgan）和其他許多學者都依舊在這一誤解下埋頭苦幹。但是

由於我們已經瞭解了原始氏族的本質,所以我們知道,恰恰相反,親屬關係是不能用血緣關係來解釋的。再說宗教,人們由於只研究最熟悉的宗教,所以長期以來一直認為神的觀念是一切宗教性事物的特徵。而我們將在本文中研究的較古遠的宗教,大體上卻和一切神的觀念不相干;受到儀式供奉的那些力量和現代宗教中佔據主導地位的那些迥異,不過它們仍有助於我們瞭解後者。所以,沒有比輕視更不公正的了,許多歷史學家至今仍然看不起民族誌學者的工作。實際上是民族誌經常導致了社會學各個分支最富有成果的革命。就是由於這個原因,我們剛才談及的單細胞生物的發現改變了流行的生命觀念。因為在這些非常簡單的生物中,生命簡化到只有基本的屬性了,而這些屬性是不容易誤解的。

　　但是原始宗教不僅有助於我們分解宗教的組成成分,它們還有易於解釋的巨大優點。既然原始宗教的各個事實比較簡單,那麼它們之間的關係也就更為明顯了。人們用以說明自己行為的理由尚未因精研深思而被加工和變質;它們和真正決定其行為的動機更為接近和更具密切關係。一個醫生為了完全瞭解病人的幻覺,並給予最適當的治療,必須知道它原來的出發點。而他如果能觀察其始發後不久的情況,那麼就相應地更容易發現它。病情發展的時間越長,就越難觀察:這是因為隨著時間的增長,各種各樣的解釋就會介入,這就會迫使原來的狀況隱入幕後,從而使人們往往很難越過這些中間解釋而找到最初的原因。在系統化幻覺和產生它的最初印象之間,往往存在著很大的差距。對於宗教思想來說,情況是一樣的。產生它的原因與歷史的進程是相應的,雖然仍舊具有活力,但是再也覺察不到,除非通過一大串使之變形的詮釋。這是大眾神話和玄妙神學發揮的作用:它們在原始感情上加上了與之迥異的東西,這種東西雖然並未否定前者(它們是前者的精心加工的形式),但是只容許前者的真正本質極不完善地顯露出來。在原因和結果之間、在表面原因和實質原因之間

20

的心理間隔變得更大，使得心力更難逾越。本書的其餘部分將要說明和驗證這一關於方法的評論。我們將看到，在原始宗教中，宗教事實仍然帶著看得見的起源標記，而僅僅從較發達宗教的研究中是幾乎不可能推測這些起源的。

因此，我們將著手的研究只是以在新的條件下探討宗教起源老問題的方式進行。確實，如果我們要瞭解的所謂起源是真正的起點，那麼這個問題就毫無科學性可言了，就應該堅決地放棄。因為宗教之開始存在並無確定的時刻，所以也就沒有必要找到一條通往想像中時期的途徑。宗教就像每一種人類制度一樣，並不開始於任何地方。所以一切這類推測都是極不可信的；它們只依靠主觀的和隨心所欲的構想，不受任何約束。但是我們所提出的是一個完全不同的問題。我們要做的是找到一種方法，辨別出最基本的宗教思想和宗教儀式形式所賴以為最基礎的、並一直存在的原因。而根據我們剛才所述的理由，被考慮的社會越不複雜，這些原因就越容易被察覺。這就是我們為什麼要盡可能接近其起源的道理③。我們不是要把獨特的功效歸於低等社會。恰好相反，它們是不健全的和粗糙的；我們不能認為它們是後來各宗教不得不復現之的一種原型。但是即使它的粗糙也還是具有啟發性的，因為這樣能發現它們由隨意的經驗所組成，它們的事實以及其間的關係容易被我們看到。物理學家為了發現他所研究的現象的規律，就力圖簡化現象，去掉其次要的特徵。對於涉及制度的情況來說，則其本質在歷史之始就自發地做了這種簡化。我們僅僅想利用一下這種簡化。毫無疑問，我們採用這一辦法只能觸及非常基本的事實。而當我們要盡可能說明它們時，則還得解釋演進過程中產生的種種新問題。但是，我們並不想否認這樣所產生的問題的重要性，我們認為，它們會在我們依次探討時得到解決的，並且，緊接在我們現在著手的研究之後就探討它們，也是十分有意思的。

2

　　但是我們的研究不僅僅使宗教科學感興趣，實際上，每個宗教都有一個側面與純宗教觀念的範圍重疊，在這種重疊處，對於宗教現象的研究就能給予我們一個方法，去重新討論迄今為止只被哲學家們討論過的那些問題。

　　長期以來，人們都認為人類用以描繪世界及其本身的那些表象的體系起源於宗教。沒有一個宗教不是同時既是對於神聖事物的思索，又是一種宇宙論。如果說哲學和科學誕生自宗教，那是因為宗教在開初是代替著科學和哲學的。但是，人們很少注意到，宗教不只限於用若干觀念來使已經形成了的人類智力更加豐富；它還促進了智力本身的形成。人類有賴於它的不僅是大量的知識素材，而且還有構想這些知識的形式。

　　在一切判斷的深處有一些基本概念主宰著我們的整個智力生活；它們就是自亞里斯多德以後的哲學家們稱之為知性範疇的東西：時間、空間④、類別、數量、原因、實體、個性等觀念。它們相應於最普遍的事物性質。它們就像包圍整個思想的堅固架構：思想若要從這些範疇(categories)概念中解脫出來，似乎無有不毀滅自己的，因為我們沒有辦法思想那種沒有時間、空間並不能度量等等的事物。另一些觀念是偶然的和變動的，我們可以設想它們不被某一個人、社會或時代所知；但是這些觀念與正常的智力運用幾乎是不可分離的。它們猶如智力的架構一樣。當原始宗教信仰被系統地分析時，人們就自然地遇到了這些範疇的原則。它們產生於宗教之中並來自宗教，是宗教思想的產物。這是我們將在本書中多次提出的陳述。

　　這一看法本身已有點意義，但這裡所要談的是其真正的重要性。

　　本書總的結論是：宗教乃是顯著社會性的事物。宗教表象是

22

表達集體實在的集體表象；儀式是產生於集合群體中的行為方
式，並註定要激發、維持或者重新創造群體中的某些心理狀態。
所以，如果範疇起源於宗教，那麼它們就應該分享所有宗教事實
共有的本質；它們還應該是社會事物，並是集體思想的產物。至
少——鑑於我們對這些事情瞭解的實際狀況，我們應該小心地避
免一切過激和專擅的陳述——我們可以推測它們具有豐富的社會
成分。

即使現在也能在某些宗教事實中不完全地看到社會成分，例
如試著設想一下，如果我們不利用客觀符號來畫分、計量或者表
達時間，亦即是一段沒有年、月、星期、日、時順序的時間，那
麼這將是一個什麼樣的時間概念？這幾乎是無法想像的。我們除
非區分出不同的時刻，否則就不能思想時間。那麼，這種區分的
起源是什麼呢？我們業已經驗的意識狀態顯然可以按第一次的順
序復現在我們心中；這樣，我們過去的部分又變成了現在，雖然
與現在有著明顯的區別。儘管這區別對於我們私人的經驗顯得多
麼重要，它還不足以構成時間的概念或者範疇。這並不僅僅取決
於對我們過去生活的部分或整體的紀念。這是一個抽象的和非個
人的架構，圍繞著的不僅是個人的經驗而且也是全人類的經驗。
它就像一張無邊無際的航圖，每一段航程都展開在心靈之前，在
這航圖上，一切可能的事件都可以相對於確定指標而定位。這樣
編排的不是我的時間，而是一般的時間，是同一文明中每個人客
觀想像的時間。這就足以暗示我們，這種編排是集體性的。實際
上，觀察證明，這些必不可少的指標——一切事物都根據時間定
位——確實取自社會生活。日期、星期、月份、年份等等的區別
相應於儀式、節日、公共典禮的周期性復現⑤。日曆表達了集體
生活的節奏，於此同時，它的功能又確保了這些活動的規律性⑥。
　　空間的情況亦如此。如哈梅林（Hamelin）所表示⑦，空間並
非如康德（Kant）所想像的那樣是模糊和不確定的中介；如果它

是純粹和絕對同質的話，那麼它就毫無用處，就不可能被心靈所掌握。空間表象主要取決於感官經驗材料的初級協調。但如果空間的各部分在質量上相等並確實可以互換的話，那麼這種協調就是不可能的。爲了按空間安排事物，就可能必須有區別地安放它們，一些置於右邊，一些置於左邊，一些在上方，另一些在下方，以及位於北或南、東或西等等，恰如要臨時安置意識狀態，就必須要可能把它們定位在某個確定日期一樣。這即是說，如果空間不像時間一樣地畫分和區別，就不成其爲空間了。但是這種必要的區分是從哪兒來的呢？就其本身來說，既不右也不左，既無下也無上，既無北也無南等等。所有這些區別顯然是由於不同的情感價值(sympathetic value)歸屬了各個地區，既然同一文明中的一切人都以同一方式想像空間，那麼顯然這些感情價值和取決於它們的區別必定都是普遍的，並且幾乎必然意味著它們來自社會⑧。

除此以外，還有一些例子體現出社會特性來。在澳大利亞和北美洲的一些社群中，空間被設想成一個巨大的圓圈，因爲營地是圓形的⑨；這一空間圈猶如部落圈一樣按其意象而區分。區別出的區域數量和部落中的氏族數量相同，而這些區域的方位則取決於氏族在部落營地中所佔的位置。每個區域都用氏族的圖騰來規定界限。例如，在祖尼人(the Zuñi)中，村落(pueblo)包括七個營區；每個營區是一組已經形成統一體的氏族集團：它原來完全可能是個單一的氏族，只是後來畫分開來了。而他們的空間也包括七個區域，世界的七個區域中的每個區域都與村落的一個營區密切相關，亦即是說，與每組氏族團體密切相關⑩。庫欣(Kushing)說：「於是，一個分區被認爲與北方有關，另一個分區代表西方，再一個代表南方」等等⑪。村落的每個營區都有象徵它的特別色彩；而每個空間區域的色彩則是其相應營區的色彩。在歷史進程中，基本氏族的數目是變化的；而空間的基本區域數

目也隨之變化。這樣，社會組織就成了空間組織的原型和複製品。甚至於左右之間的區別也絕不是繼承了一般的人類本性，而極可能是宗教的因而就是集體的表象的產物⑫。

我們將在關於類別（class）、力量（force）、個性（personality）以及功效（efficacy）的觀念方面看到類似的證據。甚至可以探討矛盾（contradiction）觀念是否也取決於社會環境。使人這樣認為的原因是：觀念對於人類思想的主宰權隨著時代和社會的不同而變化。今天，同一律（the principle of identity）主宰了科學思想；但是在龐大的表象體系——它在思想觀念歷史上一直發揮著巨大的作用——中，同一律卻常常被拋在一邊：那是些神話傳說，從最初淺的到最有理性的⑬。在那些神話中，我們不斷碰到同時具有最矛盾屬性的生物，他們既是單數又是多數，既是物質的又是精神的，他們能夠無窮地分割自己而不失掉其結構中的任何東西；在神話中，「部分相當於整體」乃是一個通則。現今指導我們的邏輯準則所經歷的變化證明了，它們不是永遠銘刻在人們的心理構造中的，而是至少部分地取決於歷史的因素，因而即是社會的因素。我們不能確切知道它們是如何變化的，但是我們可以推測它們是存在的⑭。

這個假設一旦得到認可，認識問題就有了新的提法。

迄今為止，在這個領域只有兩種說法。有些人認為，範疇不可能導源於經驗，它們在邏輯上是先於經驗和決定著經驗的。它們被說成是許許多多簡單的和不可簡化的已知條件，天生就存在人類頭腦中。所以，範疇就被稱為「先驗的」（a priori）。然而另一些人則主張，範疇是由零落碎片組成的，個人即是構造它的工匠⑮。

但是，兩個答案都產生了嚴重的困難。

不是一個答案採用了經驗說（empiricism）嗎？那麼勢必剝

奪了範疇的一切具有特徵的屬性。實際上，範疇因其普遍性和必然性而有別於一切其他的認識。它們是存在著的最普遍的觀念，因為它們可以適用於所有現實的事物，並且，既然它們不依附於任何特定的客體，那麼它們也就不依賴於任何特定的主體；它們構成了一切心理匯聚的公共領域。再說，它們也必須匯聚在此，因為理性——它不過是聚合起來的一切基本範疇——擁有一種即使我們想置之不顧也辦不到的權威。當我們企圖背叛它並使我們自己脫離某些基本觀念時，我們就遇到了極大的阻力。它們不僅依附於我們，並且把自己強加給我們。而經驗材料所呈現的特徵則正好與此相反。一個感覺或意象總是依賴於一個確定的客體或者一組同類型客體，並表達了一個特定意識的瞬間狀況；它基本上是個人的和主觀的。因此我們有相當大的自由來處理這樣產生的表象。誠然，當我們的感覺是真實的時候，它們就按實際情況對我們施加影響。但是按理說，我們能夠自由地不按它們的實際情況來想像它們，或者把它們發生的次序想像成不同於真正的次序。除非有另一種考慮進行干預，否則就沒有任何東西會對我們的個人經驗產生影響。這樣，我們在此發現了兩種認識，它們就像理智的相對兩極一樣。在這些情況下，強迫理性以經驗為基礎，就會導致理性的消失，因為這等於將理性特徵，即普遍性和必然性貶低為完全徒有其表的東西，以及可能有用但毫無現實可言的幻覺；因此，它就否認對於邏輯生活的一切客觀現實，而邏輯生活的規則和組織乃是範疇的功能。古典經驗論導致了反理性主義，甚至用後一個名字來指稱「古典經驗論」更為合適。

　　不管「先驗論」（apriorism）一詞通常具有什麼涵義，先驗論者還是較尊重事實的。既然他們不承認，「範疇由與肉體感覺表象相同的成分構成」是證據確鑿的真理，那麼他們就不必系統地使範疇空洞無物，從其中抽去一切實際內容，使之成為杜撰的詞彙。恰恰相反，他們保留了範疇的一切專門特性。先驗論者是理性主

義者；他們認為世界具有邏輯面向，而理性則良好地表達了它。
儘管如此，他們必然給予心靈一種超越經驗的力量，以及直接給
予使得心靈的經驗增加的力量；對於這種獨特的力量，他們既未
解釋也未證明。因為說它天生於人類本性中，並不是什麼解釋。
因此就必須揭示，我們從哪裡獲得了這一令人驚奇的特權，以及
我們怎樣能看到事物外觀未能顯露的某些關係。「只有在這種條
件下經驗才可能是其本身」，這個說法也許能改變問題，但是沒有
回答問題。因為真正的問題是要弄明白，經驗本身怎麼會不足以
產生認識，而要以在它之外和之前的某些條件為前提，以及這些
條件怎麼會恰在那時以它所需要的形式而實現了。為了解答這些
問題，有時候假設在個人理性之上還有一種超級的和完善的理
性，其他理性通過一種神秘的參與，從它產生、並由此獲得這種
不可思議的力量，這種理性即是神聖理性 (the divine reason)。
但是這個假設至少有一個嚴重的缺點，即失去了一切經驗的約
束；因此它不能滿足一個科學假設所要求的條件。此外，人類思
想的範疇從無任何明確的形式；它們被不斷地創造、毀壞、再創
造；它們隨地點和時間而異。另一方面，神聖理性是不變的。那
麼不變性怎麼能導致持續的變化呢？

28

這即是相爭了千百年的兩個概念；如果這一爭論似乎是永恆
的，那是因為所提出的議論確實幾乎是同樣的。如果理性只是個
人經驗的形式，那麼它就不會再存在了。另一方面，如果理性具
有的威力已被看到但未被證明，那麼它似乎就置身於自然和科學
的範圍之外了。面對著這兩個對立的異議，心靈依然無所適從。
但是如果認可了範疇的社會起源，那麼一個新的態度就成為可能
了，我們相信這一新態度將使我們避免兩種說法所產生的困難。

先驗論的基本命題是：認識由兩類要素構成，它們不能相互
化約，並且像一層加在另一層上的兩個不同層次⑯。我們的假設保
持這一原則。實際上，稱為「經驗的」認識——這是經驗論的理

論家用以構成理性的唯一認識——即是由客觀事物的直接作用引入我們內心的認識。它由完全可用個人心理性質來解釋的個人狀態構成⑰。另一方面，如果範疇誠如我們所認爲的那樣，基本上是集體的表象，那麼它們首先應該展示團體的心理狀態；它們應該取決於建立和組織團體的方式，取決於它的形態，取決於它的宗教、道德和經濟制度等等。於是，在這兩類表象之間就存在了個人與社會之間的一切差異，人們就不能從第一類表象演繹出第二類表象，就像不能從個人演繹出社會，從部分演繹出整體，從簡單演繹出複雜一樣⑱。社會乃是一種獨特的實在，它具有自己的獨特性質，這種性質不見於其他地方，以及不會再以同一形式出現在宇宙中的其他地方。表達它的表象具有與個人表象完全不同的內容。我們可以事先肯定，前者將某種東西加到了後者身上。

甚至這二者形成的方式也使得人們能夠區別它們。集體表象是廣泛合作的結果，它不僅擴展入空間，而且也擴展入時間；大量不同的頭腦聯合起來，混合和組合成它們的觀念和感情，這才造成了這些表象；漫長的世代積累了經驗和認識，才形成了這些表象。因此就有一種特殊的智力活動集中到了這些表象中，使之與個人表象相比，具有無限的豐富和複雜性。由此可以明白理性爲什麼能越出經驗認識的範圍之外了。這並不是出於任何含糊不清的神秘功能，而只是因爲根據衆所周知的公式，人類是二元的。人體內有兩個存在：一個是個體存在(individual being)，其基地在有機體中，因此其活動範圍是嚴格限制的；另一個是社會存在(social being)，它代表了我們觀察所見的智力和道德層次中的最高層次——我的意思是指社會。我們本性的這種雙重性的實踐結果是不能把道德觀念還原爲功利動機，其思想狀態的結果則是理性不可能還原爲個人經驗。只要個人屬於社會，他的思想和行爲都超越了自己。

同樣的社會特性使我們瞭解了範疇必然性的起源。據說一個

觀念必然通過其內在的功效而使自己強加給內心，不伴隨任何證據。觀念內部含有某種東西，它控制著智力，使之不經驗察就接受觀念。先驗論者假設了這種獨特品質，但是並未證明它；因為如果說範疇之所以是必然的，是因為它們對於智力的發揮功能是必不可少的，這無異於重複了範疇是必然的說法。但是如果誠如我們所說，它們起源於社會，那麼其支配地位就不再令人驚訝了。它們代表著存在於事物中的最普遍關係；在廣度上超過了一切其他觀念，主宰了我們智力生活中的一切細節。如果人們不與這些基本觀念時刻保持一致，如果不具有同樣的時間、空間、原因、數量等概念，那麼他們就不可能進行心靈間的交流接觸，集體生活也就不可能了。所以，社會若把範疇拋棄給個人自由選擇，就等於拋棄了自己。社會要生存，不僅需要令人滿意的道德一致性，還需要最低限度的邏輯一致性，超過這一限度，社會就難以安全存在。有鑑於此，社會運用了它對其成員的全部權威以防止發生不一致。我們的心智表面上是脫離這些思想形式的嗎？人類心智已不再按其原來意義被考慮和對待了。這就是為什麼當我們試圖擺脫這些概念——即使在自己意識中——時，我們就感到不再自由了，感到內部和外部都存在著阻力。在我們外部的是評價我們的輿論；此外，由於社會也表達於我們自身，所以它就在內部反對這些革命性的幻想；如果我們的整個思想仍然是具有人類特點的話，我們就會感到不能放棄這些概念。這似乎就是理性中固有的特殊權威的起源，這種權威使我們堅定地接受它的提示。這是社會的權威⑲，它把自己轉換成一切公共行為所必須的思想方式。範疇之必然加給我們，並不是能輕易擺脫其束縛的那種簡單習慣(simple habits)的結果，也不是物質的或形而上的必然性(physical or metaphysical necessity)，因為範疇隨空間和時間而異；這是一種特殊的道德必然性(moral necessity)，它對於智力生活來說就如道德強制(moral obligation)對於意願一樣⑳。

　　但是，如果範疇原來只是用另一種形式體現了社會狀態，那　　31
麼不就是說，它們只可以做爲比喩而用於自然界的其他地方嗎？
如果它們只表達社會狀況，那麼它們好像除了在這一意義上外便
不能擴展至其他領域。因此它們在幫助我們思考物理或生物世界
方面就只具有人爲象徵符號的價值了，這在實踐上可能是有用
的，但是與實在沒有關係。於是，我們又從另一條路回到了唯名
論(nominalism)和經驗論。

　　但是當我們用這種方式解釋社會學的認識論時，我們忘記
了，即使社會是個特殊的實在，它也不是絕對權威中的絕對權威；
它是自然的一部分，並確實是其最高表象。社會領域是一個自然
領域，它與其他領域的差別只在於它極爲複雜。而自然的最基本
面向不可能在不同的情況下而有根本的差異。存在於事物中的關
係──這正是範疇功能表達的那種關係──也不可能因領域不同
而有根本性的區別。如果它們在社會界中更清楚地分解出來
──其原因將在下文討論㉑──那麼它們也一定會見於其他地
方，雖然其形式不太明顯。社會只是使它們更加體現出來而不是
獨佔了它們。這就是爲什麼以社會事物爲原型而構想的觀念能幫
助我們思考另一自然的事物。至少可以肯定，即使這些觀念如此
偏離最初涵義而扮演象徵符號的角色，它們也是有著充分根據的
象徵符號。即使它們因爲是組織起來的概念而有一些人爲成分進
入其中，但這也是非常接近自然，並永遠趨向於自然的人造物㉒。
雖然時間、空間、類別、原因或個性的觀念均由社會因素構成，　　32
但不一定就能由此推斷它們缺乏一切客觀價值。正相反，它們的
社會起源卻能使人相信它們並非沒有客觀的基礎㉓。

　　這樣修正以後，認識論似乎註定要統一兩個對立理論的各自
優點而不蒙受其缺點的損害。它保持了先驗論者的一切基本原
則，同時又受到經驗論者力圖實現實證精神的鼓舞。它保留了理
性的特殊威力，但是說明了它，並且是在不脫離可見現象世界的

情況下說明它的。它肯定了我們智力生活的雙重性，但是用自然原因解釋了它。它不再把範疇看成是本初的和不可分析的事實，而是使它們仍保持著複雜性，這種複雜性使得那種同經驗論者感到滿足的分析一樣，過於簡單化的分析是站不住脚了。範疇不再顯得像是極爲簡單的概念：個人可以輕易地憑自己的觀察編排之，大衆想像力又不幸地使之複雜化；它們現在顯得像是無價的思想工具了，人類群體在漫長的歲月中鍛造了它們，其中積累了最好的智力資本⑭，並概括了完整的人類歷史。也就是說，爲了好好地理解和判斷它們，就必須應用另一些異於迄今爲止所使用的方法。要瞭解這些並非由我們自己創造的概念究竟是如何構成的問題出發，即不能滿足於只詰問自己的意識；我們必須看到我們之外——我們必須觀察的是歷史——肯定已成形了的整個科學，這是經過集體的勞動而緩慢發展的複雜科學，本書對於這一科學做出了探索性的零星貢獻。我們不想把這些問題做爲研究的直接主題，而是利用它們自己出現在我們面前的一切機會，緊緊抓住其中某些觀念的起源，它們是仍然做爲人類心智基礎的源於宗教的觀念。

註　釋

①同樣地，我們將把這些社會說成是原始社會，並稱其中的人爲原始人。顯然，這樣的表達法不夠確切，但是這很難避免，在我們努力確定這一涵義後，也並無不便之處。

②但這並不等於說，原始崇拜中沒有一點兒奢侈。正相反，我們將看到，在每個宗教中都有些不嚴格以功利爲目的信仰和儀式（見本書第3篇第4章第2節）。這種奢侈對於宗敎生活來說是必不可少的；它是宗敎生活的核心。但是落後宗敎中的奢侈比較粗略，所以我們能夠在這較佳地確定其存在的原因。

③讀者將看到，我們給予「起源」（origin）一詞以完全相對的意義，就如對「原始」（primitive）一詞一樣。我們不是用它來指絕對的開端，而是指現在實際上已爲人所知的或者我們現在所能追溯到的那種最簡單的社會狀況。當我們談及宗敎的歷史或思想的起源或開始時，讀者當從這個意義上來理解我們的闡述。

④我們說時間和空間爲範疇，是因爲這些觀念在智力生活中發揮的作用，與類別或原因觀念發揮的作用沒有差別（關於這點，見 Hamelin:*Essai Sur Les éléments Principaux de la representation*，P.63、P.76）。

⑤見休伯特（Hubert）和莫斯（Mauss）對於這一斷言的證實：*Mélanges d' Histoire des Religions*（*Travaux de L' Année Sociologique*, 'La Representation du Temps dans La Religion'—章。

⑥這樣，我們就看到了把我們定位在時間綿延中的感覺及意象，和時間範疇之間的整個區別了。前者是個人經驗的概括，這只對經驗它們的個人有價值。但是時間範疇所表達的是群體共同的時間，即所謂的社會時間。實質上，它是一個確確實實的社會制度。同時，它也是人類所獨有的；動物沒有這類表象。

時間範疇與相應感覺之間的區別同樣適用於空間或原因。這可能有助於消除以這類問題爲主題的爭論中的一些混亂。我們將在本書的結論中再來談這一點（第4節）。

⑦前引書，P.75 及以下諸頁。

⑧要不然就得承認，一切個人都靠著其有機體質自發地以同一方式感受到空間各部的影響，而要不同地區的人產生相同的感受是更不可能的了。此外，空間的區分隨社會而異，這就證明了它們並不是完全建立在人類天性的基礎之上的。

⑨見涂爾幹（Durkheim）和莫斯：De quelques formes primitives de classification,載 *Année Sociologique*, Ⅵ，P.47 及以下諸頁。

⑩見涂爾幹和莫斯：De quelques formes primitives de classification，載 *Année Sociologique*，Ⅵ，P.34。

⑪Zuñi Creation Myths，載 *13th Rep. of the Bureau of Amer. Ethnol.*，P.367 及以下諸頁。

⑫見赫茨(Hertz)：La prééminence de la main droite. Etude de polarité religieuse，載 *the Revue philosophique*，1909 年 12 月。關於空間表象與社群形式之間的關係問題，見 Ratzel:*Politische Geographie*，'Der Raum in Geist der Völker'一章。

⑬我們的意思並不是說神話思想忽視了同一律，而是說神話思想比科學思想更經常和更公開地與同一律相矛盾。相反地，我們將展示，科學也無法避免違背同一律，雖然它比宗教遠爲嚴謹地保持著同一律。關於這一問題，如其他許多問題一樣，科學與宗教只有程度的差別；但是對於這些差別即使不誇張，也是應予注意的，因爲它們是很有意義的。

⑭這一假設已由「民族心理學」(Völker psychologie) 的創始者提出。Winderbrand 的一篇短文特別論述了它：Die Erkenntisslehre unter dem Völker-psychologischen Gesichtpunke，載 *Zeitsch. f. Völkerpsychologie*，Ⅷ，P.166 及以下諸頁。參看 Steinthal 關於同一主題的一個註，同上書，P.178 及以下諸頁。

⑮甚至史賓塞(Spencer)的理論也以爲範疇是由個人經驗造成的。普通經驗論(ordinary empiricism)和進化經驗論(evolutionary empiricism)在這一點上的唯一差別是：按照後者，個人經驗的結果是由遺傳積累的。但是這種積累並未給範疇添加根本性的東西，而是全由零碎的個人經驗成分構成。此外，按照這個理論，儘管範疇強加給我們的必然性，是深藏在有機體中的幻覺和迷信偏見的產物，但它在事物本質中並無基礎。

⑯也有人會對我們不用「固有」(innateness)假設來給先驗論下定義而感到驚奇。實際上這個概念在這一理論中只有次要作用。這是陳述理性不可化約爲經驗材料的一個簡單方法。說前者是天生的，只是從正面說它並非如通常所想像的那樣是經驗的產物。

⑰至少，在表象是個人的因而完全是經驗的情況下是這樣。但是實際上沒有一種表象中的這兩個要素不是密切聯繫的。

⑱這種不可化約性絕不能從其絕對意義而言。我們不是想說，在經驗表象中有東西顯示了理性表象，也不是說在個人中沒有東西可以做爲社會生活的標記。如果經驗與一切理性的東西完全分離，那麼理性也不可能作用於它了；同樣地，如果個人的心理本質絕對地與社會生活對立，那麼社會也就不可能存在了。要完全地分析範疇，就應該在個人意識中去尋求理性的萌芽。我們將有機會在結論中再來談這一點。我們所希望的是在此確認：在模糊的理性萌芽和名副其實的理性之間存在著差別，這個差別相當於構成生物的無機原素的特性與生成後的該生物的生命特性之間的差別。

⑲人們經常注意到，社會騷亂導致了更大的心理騷亂。這又一次證明了邏輯紀律(logical discipline)是社會紀律(social discipline)的一個特殊面向。前者隨著後者的衰弱而崩潰。

⑳邏輯必然類似於道德強制，但不是真正的同一。今天，社會對待罪犯的態度和對待智力不正常主體的態度是不一樣的；這證明邏輯的權威和道德規範的天生權威儘管有著一定的類似性，但其本質並不一樣，它們是同一綱中的兩個種。對這一差別的性質與起源進行研究是頗有意義的，它可能把精神錯亂從行為不檢中區分出來。我們只限於指明這一問題。通過這個例子，人們可以看到，對於這些概念——它們通常被看成基本和簡單的，但實際上卻是極複雜的——的分析會產生許多問題。

㉑在本書的結論中將再談及這個問題。

㉒在社會學的認識中非常突出的唯理論(rationalism)就是這樣地介於古典的經驗論和先驗論之間的。對於前者來說，範疇是純粹的人工構想物；對於後者來說則相反，範疇是自然產生的；而在我們看來，則它們在某種意義上是件藝術品，不過是一件可以以無限增加的完美來模仿自然的藝術品。

㉓例如，時間範疇的基礎即是社會生活的節奏；但是如果集體生活中有個節奏，那麼就可確信個人生活中也有個節奏，並且更為普遍地是在宇宙生活中也有個節奏。第一種節奏只是比其他節奏更為突出和明顯罷了。同樣地，我們將看到類別概念是以人類群體的類別為基礎的。如果人類形成了自然群體，那麼就可以推測，事物中也存在著既相似又相異的群體。綱和種就是事物的自然群體。

如果許多人認為，把範疇的起源歸結為社會，就會剝奪範疇的整個思辨價值，那麼這只是因為人們一直把社會看成非自然的事物，故而斷定表達社會的表象絲毫沒有表達自然。但是這個結論至多是個原則性的說法罷了。

㉔這就是為什麼可以正當地把範疇類比於工具，因為工具是物質積累的資本。在工具、範疇、制度三個觀念之間存在著密切的關係。

第一篇
基本問題

第一章
宗教現象和宗教的定義①

37

　　如果我們打算探尋我們所能觀察到的最原始最樸素的宗教，那麼必須首先弄明白一種宗教意味著什麼；否則我們就會大冒風險，可能會把一種與宗教毫不相干的思想與行為體系稱之為宗教，或者也可能會忽視許多宗教性質的事實，看不出它們的真實性質。這並不是想像出來的風險，我們倒並非要削足適履，犧牲事實去湊合方法論上的形式主義，這一點由下述事實得到清楚的說明，根據我們的觀點，從下面將要研究的一些信仰與儀式中可以發現人類宗教生活的最初萌芽，但是，對比較宗教學做出過巨大貢獻的一位學者，弗雷澤(Frazer)教授卻未能看出這些信仰與儀式的深刻的宗教性質，原因就在於他對於我們上述的問題未加以小心顧及。因此，這是一個偏見的問題，必須在研究其他一切問題之前首先研究這個問題，我們並不夢想立刻領悟那些能夠真正說明宗教性質的深刻特點，只有在我們的研究工作的結尾才能確定這些特點。不過，指出宗教的某些外部的和易於識別的標誌，

38

是完全可能與完全必要的，這樣將使我們在碰到宗教現象時就能夠識別出來，使我們不致把宗教現象與其他現象混為一談，我們將立刻著手進行這項準備工作。

　　但是要想得到這個預期的結果，必須從擺脫各種成見的束縛著手。早在宗教學開始有方法論的比較研究之前，人類對於「宗教是什麼」這個問題就不得不形成自己的看法。生存的需要迫使

每個人，無論是信教者還是非信教者，都要以某種方式對自己生活周圍的這些事物提出描述，每人必須經常根據這些事物去做出判斷，在各自的一切行爲中每個人都必須考慮到這些事物。但是，因爲這些先入之見是雜亂無章地形成，是根據生活的機遇與環境而形成的，所以完全無法令人信服，在以下的研究中我們必須斷然將這些先入之見拋在一邊。我們不是從自己的偏見、熱情或習慣中，去求取我們必須掌握的宗教定義的諸要素，而是從我們打算對其下定義的實在中去加以定義。

我們應該讓自己面對宗教這種實在，讓我們把一般性的關於宗教的種種概念擱在一邊吧，讓我們研究各種宗教的具體實在的形態吧，讓我們努力丟棄宗教的共性吧；我們只能用凡有宗教之處都能看到的一些特徵來給宗教下定義。那麼，在這種比較研究中，我們將利用一切我們所能知道的宗教體系，包括現在的宗教體系和過去的宗教體系，最原始最樸素的體系和最現代最精緻的體系；因爲我們沒有權利也沒有合理的方法來排除一些宗教體系和保留另一些宗教體系。對於那些以爲宗教僅僅是人類活動的自然反映的人來說，一切宗教，毫無例外，都是具有啓迪意義的；因爲一切宗教都以自己的方式顯示了人性，因此一切宗教都能幫助我們更好地理解人性的這一方面。我們也已經明白，如果我們優先研究最文明的民族中所呈現出來的宗教形式，那絕非研究宗教的最佳方法②。

39　　這些常見的概念由於其權威性，可能妨礙心靈看清事物的眞相，爲了幫助心靈從這些常見概念中解放出來，在我們獨自探討問題之前，首先對一些最流行的宗教定義加以實驗是完全適當的，因爲這些偏見通常就來自流行的定義之中。

1

一般認爲有一種思想是一切宗教體系的特徵，這就是超自然

(the supernatural)的思想。超自然意味著各種超出我們知性範圍的事物；超自然世界是一個神秘的(mysterious)、不可知的、不可理解的世界。因此，宗教將是以迴避科學或迴避眞知灼見的種種東西爲基礎的沈思默想，史賓塞(Spencer)說過各種宗教是與它們的公開教義截然相反的，是與一種不言而喩的確信完全一致的，即承認這個世界的存在，以及這個世界所包含的一切，圍繞著這個世界的一切，都是需要解釋的神秘的事物；因此他認爲各種宗教主要在於「信仰某種不可思議的東西是無所不在的」③。馬克斯·繆勒(Max Müller)同樣把宗教看成是「一種努力，要去想像那種不可想像的東西，去表達難以表達的東西，是對無限(the Infinite)的一種渴望」④。

　　在某些宗教中，特別在基督教中，神秘的觀點並沒有發生過相當重要的作用，這一點是確鑿無疑的。我們也須指出，在基督教歷史上的不同時代，這種種神秘觀點的重要性也曾發生過顯著的變化。有些時代這種種神秘觀念降到了次要地位，甚至幾乎被人抹掉了。例如，對十七世紀的基督教徒來說，宗教教義並不干擾理性；宗教信仰很容易地就使自己與科學和哲學和諧一致了，像帕斯卡爾(Pascal)這樣的思想家們確實感到事物之中有某種東西是難以理解的，他們與自己的時代如此不協調，導致了同時代人對他們的誤解⑤。因此，如果我們把一種神秘晦暗的思想做爲基督教的基本要素，就顯得有些草率了。

　　無論如何，可以肯定，這種超自然的思想一直要到宗教史的後期才出現；這種思想不僅對那些所謂的原始民族來說是完全陌生的，而且對所有其他尚未獲得相當程度的理性文化的民族來說，也是極其生疏的。這些神秘的想法將超常的功效歸於微不足道的事物，讓宇宙充滿了奇特的法則，這種宇宙是一些最爲不協調的成分組成的，賦有一種難以表達的無所不在的性質，當我們瞭解了這些想法時，我們毫無疑問地會很容易在這些想法中發現

40

一種神秘的氣氛。在我們看來，原始人之所以願意服從這些與我們的現代理性格格不入的想法，僅僅因爲他們尙無能力發現其他更爲合理的想法。但是，事實上，使我們如此驚訝的這些解釋，對於原始人來說，卻是世界上最簡單明瞭的解釋。原始人並不把這些解釋做爲一種最後的論據，認爲理智只有在對其他論據都失去信心時才會接受這種最後的論據，原始人把這些解釋做爲最顯而易見的方式，去闡述和理解他在自己的周圍所看到的一切。一個人只要憑藉一句話或一個手勢就能夠翻天覆地、調遣星宿、呼風喚雨，無所不能，這對於原始人來說是不足爲奇的，他所運用的儀式可以確保他賴以爲生的牲畜繁盛興旺或土地肥沃豐產，這在他看來是完全合情合理的，就像在我們看來，我們的農學家們爲了同樣的目的所採用的技術手段是合情合理的一樣。他通過這種種手法施展出來的力量，在他看來並無任何神秘之處。毫無疑問，現代科學家所設想的，並向我們闡明其作用的力量，是不同於這些原始人心目中的力量的；原始人心目中的力量有一種不同的發揮作用的方式，不允許原始人用一種與現代相同的方式去指引這些力量，但是這些力量對於相信它們的人來說不難理解，就像地心引力與電流對於今天的物理學家來說不難理解一樣。此外，在本節的敍述中，我們會看到，物理的力的概念很可能源自宗教上的力的概念；在這兩種概念之間並不存在可以把理性與非理性區別開來的鴻溝。宗教上的力常常被想像成是以精神存在或自覺意志的形態出現的，甚至這一事實不能證明這些力是非理性的。理性並不先驗地拒絕承認所謂無生命的物體也受心智的驅動，就像人類的軀體受心智的驅動一樣，儘管現代科學難以使自己與這種假設相適應。萊布尼茲(Leibniz)提出，可以把外部世界設想爲一個無限的精神世界，在這個世界裡僅僅存在，而且只可能存在精神的聯繫。當他這樣提議時，他認爲自己是做爲一個理性主義者在工作，看不出在這種萬物有靈論裡頭有什麼東西會違

背知性。

而且，像我們所理解的那種超自然的觀念是現代以來才開始形成的；事實上，它是以相反的觀念（即關於自然的觀念）爲先決條件的，是對於自然的觀念的否定；但是這種超自然的觀念絕不是原始的觀念。要說某些事物是超自然的，就必須具有這樣一個概念，即有一種事物的自然秩序，也就是說，宇宙間的一切現象都以一些稱之爲法則的必然聯繫而結合在一起。這個原理一旦爲人承認，那麼一切與這些法則相違背的事物就必然被人看做超出了自然的範圍，因此，也就是超出了理性的範圍，因爲就自然這個詞的意義而言，凡是自然的東西也就是理性的東西，所以這些必然聯繫僅僅表示事物合乎邏輯地聯繫起來的方式而已。但是，這種宇宙決定論(universal determinism)的概念是現代才產生的；古典時代即使最偉大的思想家們也從來沒有成功地充分認識決定論。宇宙決定論是實證科學的勝利；它是實證科學賴以建立的基本原理，而實證科學又以其自身的進步揭明了這個原理。那麼只要宇宙決定論尚付闕如，或尚未確立，即使最稀奇古怪的事物也沒有什麼不可想像之處。只要人類還不知道事物的秩序是不可更改和不可變動的，只要他們把事物的變化看做是偶然性的意志在起作用，那麼他們就會認爲這些意志或其他意志當然能夠隨心所欲地改變事物的面貌。這就是爲什麼古人歸之於他們的神的那些神奇干預，在他們自己的眼睛看來並不是現代人所認爲的那種奇蹟。對於古人來說，這些神奇的干預是美麗的、罕見的或可畏的景象，或者是令人意外和驚奇($\theta\alpha\dot{\upsilon}\mu\alpha\tau\alpha$; mirabilia; miracula)的原因；但是他們從來不把這些干預看做是一個理性無法洞察的神秘世界所放射出來的閃爍光芒。

我們可以更深入地看看這種心理，因爲這種心理沒有完全從我們當中消失。如果說今天決定論的原理在物理和自然科學的領域裡已經確立，那麼，不過在一個世紀以前它才第一次被引進社

會科學的領域，在社會科學領域裡決定論的權威性還是大有爭議
的。只有少數人的思想完全接受了這樣的概念；社會服從自然的
法則，並構成了一個自然的王國，因此，人們還是相信，在社會
領域中真正的奇蹟是可能發生的。例如，就像許多宗教的信徒們
相信，是神的意志從虛無中創造了這個世界，人們承認，一個立
法者只用一紙自出自己意志的命令就能無中生有地創設一種制
度，或將一種社會制度改變成另一種社會制度，或能夠隨心所欲
地使一種事物改變爲另一種事物。就社會事實而論，我們還有許
多原始人的心理。不過，如果我們如此眾多的同時代人，對社會
性事務仍然保持著這種陳舊過時的心理，那並不是因爲社會生活
對他們顯得黑暗模糊和朦朧神秘；相反地，如果他們對這些解釋
那麼容易心滿意足、如果他們那麼固執堅持由經驗所不斷造成的
種種錯覺，那麼這完全是因爲他們認爲社會事實是世界最一目瞭
然的事情、因爲他們尚未認清社會事實含糊隱晦的真相、因爲他
們尚未認識到，借助於自然科學勤奮研究的方法來逐步驅散這種
黑暗含糊的必要性。我們可以在許多宗教信仰的根源發現與此相
同的思想狀態，這些宗教信仰的都以其虛假的簡單性使我們驚訝
不已。正是科學，而不是宗教，教導人們事物是複雜的和難以理
解的。

　　杰文斯(Jevons)說 ⑥，但是人類的心靈無須一種嚴格意義上
的科學文化，便能注意到存在於事實之間的確定的順序，或前後
相承的不變的秩序，或者另一方面觀察到這一秩序常常被破壞。
有時會突然發生日蝕，有時在人們預期的時刻會下雨，月亮在其
周期性的虧缺之後有時會稍遲復現等等。這些現象與事物的正常
過程相脫節，因而被人認爲是非常特殊的原因所造成的，換言之，
是由超自然的原因所造成的。正是以這種形式，超自然的觀念在
歷史的最初時期就產生了，根據作者的觀點，從這一時刻起，宗
教思想就發現超自然觀念爲它提供了特有的對象。

　　不過首先，不能將超自然的東西歸結爲意料之外的東西。正像舊事物是自然的一部分一樣，與舊事物相對的新事物也是自然的一部分，如果我們說，自然現象一般是以確定的秩序一個接一個發生的，那麼我們同樣有理由說，這個秩序只是近似的，不可能總是一成不變的，它會有各種各樣的例外。只要我們具備了這麼一點兒經驗，我們就會習慣於看到自己的預期落個一場空，而且這些預期落空的情況重複的次數是如此之多，以至於對我們來說也就沒有什麼反常之處了。經驗揭示了某種一致性，也揭示了某種偶然性，那麼我們就沒有理由認爲那些導致一種自然現象的原因與力量會完全不同於導致另一種自然現象的原因與力量。因此，要形成超自然的觀念，僅僅看到意外事件是不夠的；還必須把這些意外事件做爲不可能發生的事件來看待，換言之，對我們來說，這些不可能發生的事件同事物本質中包含的秩序不管是對是錯，是格格不入的。現在事物有其必然秩序的觀念已經由實證科學逐步確立了，因此相反的觀念是不可能在實證科學之前存在的。

　　其次，人類無論以何種方式去闡述經驗所揭示的新穎性與偶然性，在這些闡述中沒有任何東西可以用來顯示宗教的特徵。各種宗教觀念首先必須加以表達或解釋的對象，不是事物中特殊的和反常的東西，恰恰相反，是事物中永恆和正常的東西。相當常見的是，神對於怪物、幻想或反常的東西提供較少的解釋，對天地萬物有規律的發展、星辰的運行、季節的循環、植物每年的生長、物種的繁衍不息等等現象卻提供較多的解釋，有一種意見認爲，關於異乎尋常的或出乎意料之外的事物的觀念是與宗教觀念完全一致的，這種看法遠離實際。杰文斯答辯說，關於宗教力量的觀念不是最原始的，人類起先通過想像這些宗教力量來解釋各種混亂現象與偶然事件，只是到了後來他們才開始利用宗教力量來解釋自然的一致性⑦。但是，並不清楚究竟是什麼原因，使人

把兩種如此截然不同的功能歸之於宗教力。而且認爲神起初只局限於發揮擾亂者的消極作用的假設，是相當武斷的。事實上，我們將會看到，即使在我們所知道的最簡單的宗教中，神的根本任務也是以一種積極的方式去維持生命的正常過程⑧。

因此，神祕的觀念並不是原始起源的，神祕的觀念不是人類天生就有的；正是人類自己親手創造了神祕的觀念，以及與此相反的正常的觀念。這就是爲什麼神祕的觀念只在極少數高級宗教裡才佔有一席之地。正是將大部分應該屬於宗教定義範圍之內的事實從宗教定義中排除出去，人們才得以將神祕的觀念做爲宗教現象的特徵。

44

2

給宗教下定義的嘗試所常用的另一個概念，是神(divinity)的概念。雷維爾(Réville)說⑨：「宗教，就是用人類心靈與神祕心靈(mysterious mind)紐帶相連的情操做爲人類生活的制約，心靈承認神祕心靈對世界及心靈本身的主宰，心靈感到它自己與神祕心靈相通時，對神祕心靈心悅誠服。」可以肯定，如果神這個詞取義精確和嚴密，那麼以上關於宗教的定義就忽視了大量明顯的宗教事實。如此眾多的不同民族的宗教意象，借助於死者的靈魂(souls)和各種不同層次與等級的精靈(spirits)而紮根於民眾之中，這些靈魂和精靈常常是祭祀的對象，有時甚至是定期祭禮的對象；不過它們畢竟不是嚴格意義上的神。但是爲了在宗教定義中能夠將靈魂和精靈也包括進去，只要將「眾神」(gods)這個詞更換成更加廣義的「精靈存在」(spiritual beings)這個詞就可以了。泰勒(Tylor)就是這麼做的。他說對低層次宗教進行系統性研究的一個首要前提，就是要確定一個初步的宗教定義。在這個定義中，如果要求宗教就是對一位至高無上的神的信仰……，那麼毫無疑問，許多宗教形態都會被排除在宗教範疇之外。但是這種狹義的

定義的缺點就在於它只承認特別發達的宗教形態才算宗教。……看來最好是……直截了當地宣稱，對精靈存在的信仰就是宗教的最低限度的定義」⑩。精靈存在必須被理解爲是一些意識的主體，它們擁有高於普通人的力量；死者的靈魂、神仙(geniuses)或惡魔(demons)，以及嚴格意義上的所謂神(divinities)，都符合這個標準。因此，立刻將我們的注意力放到這個定義所包含的宗教的特殊觀念上去，是非常重要的。我們所能擁有的與這種精靈存在的關係，取決於人類賦予它們的性質。精靈存在是有意識的存在物；我們只有用一種如同我們影響一般有意識的生物的方法來影響之，也就是說，借助於語言（符咒、祈禱），或通過祭品和獻祭，通過心理的過程，來努力說服之或感化之。而且，因爲宗教的目的就是要規定我們與這些特殊存在物之間的關係，所以如果沒有祈禱、祭獻、贖罪的祭禮等等，也就不會有宗教，這樣我們就得到了一條非常簡單的標準，它使我們能夠將宗教性的東西從非宗教性的東西中區別出來。弗雷澤⑪及許多民族誌研究者⑫一起系統地提到過的正是這條標準。

　　但是，不論這個定義看來如何清楚明白，我們的宗教教育所造成的思維習慣告訴我們，還有許多事實是這個定義所不適用的，但是這些事實確實是屬於宗教範疇的。

　　首先，有些偉大的宗教是沒有衆神和精靈的觀念的，或者至少，在這些宗教裡，這種觀念僅僅發揮一種次要的、微弱的作用。佛教(Buddhism)就是如此，伯諾夫(Burnouf)說，佛教「是把它自己做爲一種沒有神的倫理體系和一種沒有自然神的無神說(an atheism without Nature)，而與婆羅門(Brahmanism)相對立的。」⑬。巴思(Barth)說「因爲佛教並不承認有一位人類所依靠的神，所以佛教的教義完全是無神論的」⑭。同時奧登伯格(Oldenberg)也把佛教稱爲「一種沒有神的信仰」⑮。事實上，佛教的精髓可以在信徒稱爲四諦(four noble truths)主張中找到⑯。第一個

45

主張說，伴隨事物永恆變化的是無數的苦難(suffering)；第二個主張說明，貪愛(desire)是苦難的根本原因；第三個主張把斷絕貪愛做為解脫苦難的唯一方法；第四個主張列舉了一個人要達到這種解脫必須經歷的三個階段：「增上戒學」即合乎正道(upright-ness)，「增上心學」，即沈思默想(meditation)，「增上慧學」即智慧(wisdom)，亦即掌握佛教的全部宗旨。一個人一旦通過這三個階段，就到達了大道的盡頭，也就是得到解脫(deliverance)，修成涅槃(Nirvāna)。

而在這些原則裡，沒有一條是與神相關的。佛教徒沒有興趣去瞭解他生活和受苦於其中的世界來自何方，他把這個世界當做一個既成事實[17]，佛教徒全心全意貫注的是從這個世界解脫出去。另一方面，在這種解脫的過程中，他只能依靠他自己；「佛教徒沒有需要感謝的神，因為在佛教徒的搏鬥中，他從來不祈求神的幫助」[18]。佛教徒並不依靠普通意義上的祈禱，不求助於一位至高無上的神，不乞求神的幫助，他依靠他自己和自己的沈思默想。這並不是說「他完全否認因陀羅(Indra)、阿耆尼(Agni)和伐樓那(Varuna)等神的存在[19]；但是他認為他沒有什麼東西要歸功於眾神，他自己與這些神毫不相干」，因為這些神的力量只能支配這個世界上的利益，而這對佛教徒來說卻毫無價值。佛教徒根本不讓自己費心去考慮眾神存在與否的問題，從這個意義上來說佛教徒是一個無神論者。此外，即使眾神真的存在，不管它們可能擁有什麼樣的力量，聖人或獲得解脫的人認為他自己高於眾神，因為使人或神獲得尊敬的原因並不是他們支配的事物的範圍大小，而是他們在解脫的道路上進展的程度[20]。

確實，至少在佛教教團的某些宗派中，佛陀(Buddha)有時被認為是一種神。佛陀有他自己的寺廟；佛陀是宗教禮拜對象。順便說一下，這種禮拜是一種非常簡單的禮拜，因為這種禮拜簡樸到只是供奉一些鮮花和崇拜聖物或佛像。這種禮拜充其量只不過

是一種紀念性的禮拜而已。但是此外，假定神化這個術語是確切的，那麼佛陀的這種神化是特指所謂北傳佛教而言的。克恩(Kern)說「根據現在所知道的資料，可以說，南傳佛教和傳播得較近的北傳佛教的佛教徒在提起他們的創教者時，都是把他看成一個人的」㉑。當然，佛教徒賦予佛陀超常的力量，這種力量高於一般凡人所擁有的力量；但是這是印度的一種相當古老的信仰，也是在眾多不同宗教中非常普遍的一種信仰，即一位偉大的聖人(saint)賦有超常的德性㉒；不過一位聖人並不是一尊神，一位祭司(priest)或一個巫師(magician)就更不是一尊神了，儘管人們常常認爲他們擁有超人的本領。另一方面，根據大多數權威學者的意見，一般伴隨佛教而來的這種有神論和複雜難懂的神話，都只是佛教派生與衍變出來的形態。首先，佛陀僅僅被認做是「智慧的人」㉓。伯諾夫說，「有一種觀念認爲佛陀是超人，超越了達到最高境界的聖人，這種觀念越出了形成原始佛經的基礎的思想的範圍」㉔；而這一位作者在別處進一步闡述道，「佛陀是一個人，所有的人都承認這是一個無可爭辯的事實，以至於佛陀去世以來，那些神話創作者甚至從來沒有想到過要把佛陀塑造成一個神，儘管對這些神話創作者來說，奇蹟是可以信手拈來的」㉕。因此我們有理由問一下，佛陀是否曾經眞正使自己完全擺棄了一切凡人的性質，我們是否有權利讓佛陀完全成爲一個神」㉖；無論如何，佛陀至多只能做爲一種非常特殊的神，他的作用與其他人格神的作用毫無相似之處。因爲一位神首先是一種活生生的存在，人必須考慮到神的主宰，人可以指望神的拯救；但是佛陀已經死了，他已進入了涅槃境界，他已不再能夠影響人類事務的進程了㉗。

　　最後，無論人們如何想像佛陀的神性，事實上，這個觀念是處於佛教的基本組成部分之外的。佛教主要是由解脫思想所組成的，解脫的前提條件只是一個人應該懂得並實踐正道。可以肯定，如果佛陀不曾揭示這種思想的話，人們是無法瞭解它的；但是一

且這種思想得以揭示，那麼佛陀的任務也就完成了。從這個時候起，佛陀就不再是宗教生活中一個必不可少的因素了。即使揭示四聖諦的佛陀在人們的記憶中完全消失了，人們實踐四聖諦也仍然是可能的⑳。基督教就完全是另一回事了，如果沒有基督永存的觀念，如果不常常進行對基督的禮拜，基督教是無法想像的，因為正是通過永生的基督，通過每天對他的獻祭，基督教信徒的社會才與精神生活的最高源泉不斷地交流往來㉙。

上述佛教的這些特點，同樣適用於印度的另一個偉大的宗教，耆那教(Jaïnism)。佛教與耆那教這兩大宗教的教義關於世界與人生的觀念幾乎是完全相同的。巴思(Barth)說：「如同佛教徒一樣，耆那教徒是無神論者，他們不承認有任何造物主，世界是永恆的；他們明確地否認一個人生來就是完人的可能性。耆那(Jina)曾經變得完善起來，但他並非生來就是完善的。

如同北方的佛教徒一樣，耆那教徒，至少一部分耆那教徒，回到了一種有神論(deism)；在德干(Dekhan)碑銘文中提到過一位耆那帕蒂(Jinapati)是一位至高無上的耆那，他被稱為大造物主；但是，巴思說這種說法「與耆那教最權威的著作中的最精確的敘述是相互矛盾的」㉚。

而且，在佛教和耆那教中對於神的這種忽視發展到如此程度，是因為這兩種宗教都起源於婆羅門教(Brahmanism)，而在婆羅門教中就已經萌芽忽視神的思想了。至少在婆羅門教的某些形態中，其思索的結果是「以公開的唯物主義與無神論來解釋宇宙」㉛。最後，印度人民原來虔誠地信奉的許多神，逐漸地合併成一個不具人格的抽象的神(principal deity)，它是一切存在物的本質(essence)。這個至高無上的實在，不再與神性有任何關聯，卻存在於人本身，或者更確切地說，人是與最高實在一體的，因為除了最高實在之外並不存在任何其他事物。一個人為了尋找最高實在、與最高實在合為一體，他完全沒有必要在自身以外去尋求外

來的支持；人只需要聚精會神於自身，並且沈思默想(meditate)
就足夠了。奧登伯格(Oldenberg)說，「如果說佛教進行了足以自
豪的努力，以形成一種人自己解脫自己的超脫之道，並創造一種
沒有神的信仰，那麼正是婆羅門教的沈思(speculation)為這種思
想開闢了道路。這種思想一步步使神的思想消褪；舊的眾神的形
象已經消失，婆羅門(Brahma)因其永久的心平氣靜而受人尊崇，
超然於人類世界的命運之外，除了婆羅門以外，在偉大的解脫過
程中，做為唯一真正有活動能力的角色，就只剩人本身了」㉜。這
兒我們發現了宗教進化過程中一個值得重視的面向，這就是精神
存在的觀念從神的觀念中分離出來了。在一些偉大的宗教裡，符
咒(invocations)、求赦(propitiations)、祭獻(sacrifices)和嚴格意
義上的祈禱並不佔居重要的地位。有些人宣稱依據那種特別的標
誌，就可以認出那些嚴格意義上的宗教現象，而這些偉大的宗教
卻沒有這種特別的標誌。

　　但是即使在有神宗教裡，許多儀式也完全不受神或精靈存在
觀念的支配。首先，這些宗教有大量的禁忌(interdictions)。例如，
《聖經》規定每個月的一段時間內婦女應該家居㉝，婦人在產血不
潔之中也要家居㉞；不可並用牛驢耕地，不可穿羊毛細麻兩樣摻
染料做的衣服㉟；但不可能看出，對耶和華的信仰在這些禁忌中
能起什麼作用，因為耶和華與所有這些禁忌是毫不相干的，他對
這些禁忌不可能感興趣。在大多數有關飲食的規矩裡，情況也是
如此。這些禁忌並不是希伯來人所獨有的，在無數宗教裡我們都
可以發現形式不同但性質完全相同的禁忌。

　　確實，這些儀式純粹是否定性(negative)的，但它們並不因此
不成其為宗教習俗。另外，還有一些其他的儀式要求信徒做出主
動的(active)和肯定性(positive)的奉獻，不過這些儀式與否定性
的儀式在性質上是相同的。這些儀式依靠它們自己的力量來發生
作用，它們的效力並不依靠神的力量，這些儀式機械地產生效應，

而這些效應正是這些儀式得以存在下去的原因。這些儀式並不是對一位神的祈禱或祭祀，人們所預期的效果也並不依賴這位神的善意，這種效果是依靠儀式的自動效力來獲得的。吠陀教(Vedic)的獻祭很明顯就是這種情況。伯蓋格內(Bergaigne)㊱說，獻祭對天象直接發生作用；獻祭儀式本身是全能的，沒有任何的影響。例如，正是獻祭就可以使囚禁曙光的山洞門一一打開，使白晝之光猛然照耀㊲。與此相同，有一些特殊的聖歌，光憑它們直接的效力，就能使天上的水降落大地，甚至無須顧及眾神㊳。某些苦行僧的行為具有相同的威力。而且「獻祭完全是一切優秀事物的真正起源，以至於人們認為獻祭不僅是人類的起源，甚至還是眾神的起源。……這樣一種概念未免顯得有點離奇。但是這可以被解釋為是祭獻萬能思想的最終結果之一」㊴。因而，伯蓋格內在其著作的第一部分裡頭，所敍述的全都是關於獻祭的事，在這些事務中，眾神根本發揮不了什麼作用。

　　這種情況並不是吠陀教所特有的，相反地，這種情況是極為常見的，在每一次儀式中，祭禮活動通過它們自己的一種效力而獨立發揮作用，在實施祭禮的個人與所追求的效果之間沒有任何神的干預。在所謂的結茅節(Feast of the Tabernacles)上，當猶太教徒(Jew)以一定的節律揮動樹枝，使空氣運動時，就是意在用這種儀式使風勢增強、雨水降落。教徒們相信，只要正確地履行儀式，儀式就可以自動地產生預期的現象㊵。這就可以用來解釋為什麼幾乎一切祭禮都極其重視慶典的物質性活動。這種宗教的形式主義(religious　formalism)很可能就是司法形式主義(legal formalism)的最初形態，它來自這樣一個事實，因為所講的宗教套語和所做的動作本身就包含著發揮效應的源泉，這些套語與動作如果不絕對符合因成功而神聖化的格式，那麼它們就會失效。

　　因此，沒有神的宗教儀式是存在的，甚至還存在可以派生出眾神來的儀式。所有的宗教威力並非出自神性，有些祭禮活動的

目標不是將人與神聯繫起來，而是另有目的。宗教是超出眾神或精靈概念的，因此我們不能下定義說宗教只是與鬼神有關的事物。

3

51

這些定義先擺在一邊，讓我們自己來面對這個問題吧！

首先，讓我們注意一下，所有上述這些定義所試圖要直接表達的，是整個宗教的實質。它們把宗教當做一種不可分割的整體去定義，然而，事實上，宗教是由若干部分組成的；宗教是由神話(myths)、教義(dogmas)、儀式(rites)和典禮(ceremonies)所組成的一種比較複雜的或不太複雜的體系。不涉及宗教的各個組成部分，就無法對整個宗教加以定義。在我們著手對各種現象組成的宗教體系加以定義之前，先嘗試一下對組成一切宗教的各種基本現象加以描繪，這是比較合乎條理的。有一些宗教現象不屬於任何一種已經確定的宗教，這一事實更為有力地迫使我們不得不採用這種研究方法。那些形成民俗材料基本成分的現象，就不屬於任何確定的宗教。一般來說，它們是已消失的宗教的殘留，是一些雜亂無章的遺跡；但是，還有一些現象則是在地方性原因的影響下自發形成的。在歐洲各國，基督教曾迫使自己吸收與消化這些成分；基督教使這些現象具備了基督教色彩。但是，還有許多現象一直存留到最近，或者以相對獨立的形式保存至今：五朔節、夏至節或狂歡節的歡慶活動，對神仙、當地神怪的信仰等等，都是恰當的例證。如果說這些現象的宗教特色目前正在消失，那麼這些現象在宗教方面的重要性卻是如此巨大，以致它們使曼哈特(Mannhardt)及其學派得以恢復了宗教學。不考慮這些現象而做出的定義是不可能適用於一切宗教性事物的。

宗教現象可以很自然地分為兩個基本範疇：信仰(beliefs)和儀式(rites)。信仰是觀點(opinion)的表達，存在於表象(representation)之中；儀式則是一些確定的行爲模式。這兩類現象之間的差異，就是思維與行爲之間的差異。

儀式之所以能夠與其他人類行爲，例如道德行爲，區分開來而加以定義，完全在於儀式的對象具有特殊性。道德準則如同儀式一樣，爲我們規定了某些行爲方式，但這些行爲方式是針對一種不同的對象的。因此，如果我們要描繪儀式本身的特性，那麼首先必須研究儀式對象的特性。然而正是在信仰裡，這種對象的特殊性質才得以顯示出來。因此，我們只有在對信仰加以定義之後，才有可能對儀式加以定義。

52　　迄今所知的宗教信仰，無論簡單的或複雜的，都顯示了一個共同的特色；它們預想了一種分類法，把人類所想得到的一切眞實的或想像的事物，一分爲二，分爲兩類即兩個對立的種類，一般用兩個獨特的術語來稱呼這兩大種類，這兩個術語可以恰如其分地用兩個詞來說明：凡俗的與神聖的，將整個世界畫分爲兩大領域，一個領域包括一切神聖的事物，另一個領域包括一切凡俗的事物，這種畫分是宗教思想的一個顯著的特點。信仰、神話、教義和傳說，或是一些表象和表象體系，表達了神聖事物的本質、表達了賦予神聖事物的德行或力量、表達了神聖事物之間或神聖事物與凡俗事物之間的關係，但是我們不可把神聖事物僅僅理解爲通常被稱爲眾神或精靈的人格神，一塊岩石、一棵樹、一汪泉水、一塊鵝卵石、一塊木頭、一座房子，總之，任何事物都可成爲神聖的事物。一種儀式能夠具有這種神聖的性質，事實上，儀式不具有一定程度的神聖性就不可能存在。有些詞彙、話語(expressions)和套話(formula)只能出自擔任聖職者之口，有些姿勢和動作是每個人都不能做的。如果說吠陀教的獻祭具有如此巨大的功能，根據神話傳說，它是眾神的創造者，而不只用來博取眾神歡心的手段，那麼這是因爲獻祭所具有的效力，可以與最神聖的事物效力相比。被奉爲神聖事物的對象的領域不可能一勞永

逸地畫定。這個領域的範圍可以根據不同的宗教而無限地發生變化。這就說明了爲什麼佛教是一種宗教：佛教並不敬神，但是卻承認神聖事物的存在，即承認四聖諦以及從四聖諦引導出來的各種正道的存在㊶。

到此爲止，我們讓自己只限於列舉某些神聖事物做爲例證：現在我們應該揭示，用哪些共同特點才能將神聖事物與凡俗事物區別開來。

首先，有人或許會試圖根據神聖事物一般在其存在的等級體系中所佔居的地位，來給神聖事物下定義。在尊貴與強大有力方面，這些神聖事物很自然地被人認爲要高於凡俗事物，尤其要高於毫無神聖之處的普通凡人。與神聖事物相比，一個人認爲他自己處於低下的或從屬的地位，當然這個概念不無道理，不過這樣的定義完全沒有揭示神聖事物的眞正特點，光憑某事物從屬於另一事物，就確定對前者來說後者是神聖的，這是不夠的。如奴隸從屬於主子，臣民俯首於他們的國王，士兵聽命於將士，財迷爲財寶所驅使，追求權力者受制於掌權者，但是，如果我們有時說，有人將他所承認的高於他自己並有重要價值的人或事物當成了一種宗教，那麼，很清楚，這麼說不過是一種比喻而已，上述這些關係中沒有什麼眞正的宗教性的東西㊷。

另一方面，我們不可不看到，有各種不同程度的神聖事物，人與有些神聖事物相處時感到自己比較自在，一個護身符有一種神聖的性質，但護身符在人們心目中引起的敬意毫無異常之處，甚至在衆神面前，人也並非永遠處於那麼明顯的低下地位；因爲經常發生這樣的情況，人能夠對衆神行使眞正的物質性的強制，去獲得人所期望的東西。人對偶像不滿意時就痛打偶像，如果最後偶像顯示出它自己，比較願意馴良地滿足它的崇拜者的慾望，那麼人就與偶像恢復和好㊸。人認爲雨神居住在某個泉水或聖湖中，他將石頭拋入這個泉水或聖湖中以求雨，人認爲依靠這種手

53

段他就能迫使雨神親自出來顯靈降雨㊹。此外，如果說人對其眾神的依靠是確實的，那麼這種依靠是相互的。眾神也需要人；沒有禮拜和獻祭，眾神就會死亡。我們甚至有理由說明，即使在最唯心主義的宗教也保存了眾神對其崇拜者的這種依賴。

　　但是，如果說純粹的等級差異是一個太籠統太含糊的衡量標準，那麼，除了神聖事物與凡俗事物的異質性(heterogeneity)之外就沒有什麼標準可以用來區別這兩類事物。不過，這種異質性已足以表現出事物的這種分類的特點，是以將這種分類與其他一切分類法區別開來，因為它是非常特殊的：它是絕對的。在整個人類思想史上，事物的兩種範疇如此截然不同，相互之間如此格格不入的其他例證還沒有存在過。傳統的善與惡的對立與此相比是微不足道的；因為善與惡只是同一個大種類，即倫理這個大類裡頭兩個互相對立的小種類，就像生病與健康是同一類事物──生命的兩個不同側面，而神聖的事物與凡俗的事物無論何時何地都被人認為是截然不同的兩大種類，就像兩者之間毫無共同之處的兩個世界。在一個世界裡發揮作用的力量並不簡單地等同於在另一個世界所遇到的僅僅稍強一點兒的力量，這兩種力量具有不同的性質，在不同的宗教裡，人們以不同的方式去想像這種對立，有時，要將這兩種事物區別開來，只要把它們分別放在物質世界的不同部分似乎就足夠了，有時候，第一種事物被置於理想的超驗世界裡，而其他事物則完全佔據了整個物質世界。不過，不論這種對立的形式可以多麼五花八門㊺。對立的實質是帶有普遍性的。

　　當然，這並不等於說，一種存在永遠不能從一個世界轉入另一個世界。不過，當實現這種轉化的方法一旦發生，將使兩個領域實質上的雙重性顯現出來。事實上，這是一種真正的化身。像許多民族都要舉行的那種成人儀式(initiation rites)一樣明顯地證實了這一點。這種成人儀式是一大串的慶典活動，目的是將青

年人引導到宗教生活中來：人在純粹的凡俗世界中度過了自己的孩童時代，這時第一次脫離了凡俗世界，跨進了神聖事物的世界。此時，這種身分的轉變並不被人認爲是一種先前已經存在的、萌芽的、簡單的、一般的發展，而被認爲是整個人的一種徹底的脫胎換骨，據說，就是在那一時刻，這個年輕人死去了，原先的他不復存在了，與此同時，另一個人代替了他。那靑年人以一種新的形式再生了。人們覺得適宜的慶典帶來了這種死亡與再生，人們並不是僅僅從一種象徵意義上來理解死亡與再生，人們把這看成一種名副其實的眞正死亡與再生㊻。上述情況，不是正好說明了人過去是凡俗的人，現在成了宗教性的人，在這兩者之間存在著一種連續性的中斷？

這種異質性是如此徹底，以至於常常形成一種眞正的對立。神聖與凡俗這兩大世界不僅僅被設想成是分離的，而且被設想成是互相敵對和妒忌的對手。因爲人只有徹底離開了一個世界，才能眞正屬於另一個世界，所以宗教勸告人們要使自己徹底地脫離凡俗世界，以便過一種封閉式的宗教生活。因此出現了修道生活，這種生活是人爲地組織起來的，與凡人過著塵世生活的環境截然分開且遠遠脫離，凡人是生活在一個不同的世界，與修道生活分開，幾乎與修道生活相反。因此出現了神秘的禁慾主義(mystic asceticism)，旨在徹底鏟除殘留在人身上一切與凡俗世界有聯繫的東西。從這兒又產生出各種宗教性自殺的形式，即這種禁慾主義合乎邏輯的產物，因爲歸根結柢完全脫離塵世的唯一方法就是拋棄整個生命。

神聖與凡俗這兩個範疇的對立，以一種顯而易見的標記清楚地顯示了自身，根據這個標記，我們可以輕而易舉地認出這種非常特殊的分類，不管這種分類出現在哪兒都是如此。因爲在人的思想裡，神聖的概念隨時隨地都是與凡俗的概念相分離的，而且因爲人們在這兩者之間畫出了一種邏輯上的鴻溝，所以心靈不可

55

壓制地堅決不允許這兩種對應的事物相互混淆，甚或不許兩者相互接觸；因為這兩種對立事物的相互混淆，或直接的接觸，是與人們心目中這兩種概念的分離狀況格格不入的。神聖的事物是一種極其優秀的東西，凡俗的東西不應該與之接觸，或不可能不受懲罰地與之接觸。誠然，這種隔絕也不可能做到使兩個世界之間完全不進行溝通，因為如果凡俗的世界一點兒也不能與神聖的世界發生聯繫，那麼這個神聖的世界就對任何事物都一無是處了。但是，凡俗與神聖兩者之間這種關係的建立，從本質上講是一種需要謹慎處理的活動，需要十分小心，需要一種比較複雜或不那麼複雜的入教儀式㊼，除此之外，除非凡俗的事物失去自己的特色，本身也勉勉強強在一定程度上成為神聖的東西，否則，兩者之間建立聯繫是完全不可能的。神聖與凡俗這兩大範疇不可能在同一時間內既相互接觸又各自保持自己的本質。

這樣我們就得出了宗教信仰的第一個判斷標準。毫無疑問，在神聖與凡俗這兩大類內部還有一些次一級的亞種，這些不同亞種的事物。相互之間也或多或少有些格格不入㊽。不過宗教現象的真正特點是：它們總是將已知的和可知的整個宇宙一分為二，分成包容萬物的兩大類、相互之間格格不入的兩大類。神聖事物是禁忌所保護和隔離的事物；而凡俗事物則是實施這些禁忌的對象，是必須與神聖事物保持一定距離的事物。宗教信仰是一些表象，表達了神聖事物的性質、神聖事物相互之間的關係以及神聖事物與凡俗事物之間的關係。最後，儀式是一些行為準則，這些準則規定在這些神聖的對象面前人怎樣行事。

某些神聖事物形成了具有某種統一性的體系，以這種方式來確定相互之間的並列關係或從屬關係，不過這個體系不包含在任何其他類似的體系，這些信仰及其相應的儀式總體就組成了一種宗教。根據這個定義，我們可以看到，宗教不一定被包含在一個獨一無二的觀念內，也並不是出自一種因地而異但本質相同的唯

一原則，更正確地說，宗教是由不同的相對各具特色的部分所組成的一個整體。每一類性質相同的神聖事物，甚或每一個比較重要的神聖事物，形成了體系的中心，在其周圍凝聚了一些信仰和儀式，或一種特殊的祭禮；不論一種宗教是何等的畫一，還沒有任何一種宗教不承認神聖事物的多樣性。即使在基督教中，至少在天主教中，除了有時承認神性的三位一體外，還承認聖母瑪麗亞、安琪兒、聖徒、死者魂靈等等。因此，一種宗教不能一般地被簡化爲一種單一的崇拜形式，宗教其實是由一個崇拜的體系構成的，每一種都賦有某種自主性(autonomy)。而且，這種自主性是變化無常的。有時這些崇拜被組合成一種等級體系，並從屬於某種居於支配地位的崇拜，直至最後這些崇拜被居於支配地位的那種崇拜所吸收，但是有時這些崇拜只是簡單地重新組合和合併在一起。我們要研究宗教將爲我們提供後一種組合方式的例證。

　　與此同時，我們還找到了一種解釋可以說明，爲什麼會有一些宗教現象不屬於任何特定的宗教，這是因爲，這些宗教現象從來不曾是，或今天不再是任何宗教體系的一部分。如果由於某種特殊原因，我們剛才講過的那些祭禮之一碰巧保存了下來，與此同時它所屬的那個體系卻消失了，那麼這種崇拜就成了整個體系土崩瓦解之後殘存下來的遺跡。許多以民間傳說(Folk-lore)的形式保存下來的農業方面的崇拜，就屬於這種情況，在某些情況下，這甚至不是一種崇拜，而是以這種形式保存下來的一種簡單的慶典，或個別的儀式⑭。

　　儘管這個定義只是初步的，但是它使我們能夠看清楚，我們應該用什麼樣的思想方法來說明這個必然支配宗教學的問題。人們過去曾經相信，只要根據賦予神聖事物力量比較強大這一點，就能將神聖事物與其他事物區分開來，那麼，人怎麼會想像出這些力量的問題就顯得十分簡單了：我們只需要回答，是些什麼力量，因其超常的能量，而能夠那麼有力的促使人的想像產生出宗

教感情。但是，正如我們所試圖證實的那樣，如果神聖事物在本質上不同於凡俗事物，如果它們具有一種完全不同的實質，那麼，問題就比較複雜了。因為我們首先必須問一下，究竟是什麼東西，能夠使人把這個世界看成兩個異質的水火不相容的世界，儘管在感性經驗裡頭，沒有任何東西能夠使人構想出如此激烈的二元性概念。

4

不過，這個定義尚不完全，因為它同樣適用於兩種事實，而當這兩種事實相互關聯時，我們應該對其加以區別：這兩種事實就是巫術(magic)與宗教(religion)。

巫術也是由信仰和儀式形成的。與宗教一樣，巫術也有其神話和教義，只是這些神話和教義是比較初級的，毫無疑問，這是因為巫術追求法術和功利方面的目標，它並不在純粹沈思默想方面浪費時間。巫術也有它的慶典、獻祭、驅邪法、祈禱、歌唱和舞蹈。巫師所祈求的神靈以及他所調動的力量，和宗教所面對的力量及神靈不僅具有相同的性質，而且它們常常就是同一回事。因此，即使在最初等的社會，死者的靈魂也必定是神聖的事物，是施行宗教儀式的對象。但是與此同寺，它們在巫術中也發揮相當大的作用。在澳大利亞⑩和美拉尼西亞⑪，在希臘和基督教諸民族中⑫，死者的靈魂、他們的骨頭和他們的頭髮都屬於巫師最常用的媒介之列。魔鬼也是巫術活動中常見的玩意兒。現在，這些魔鬼仍然是置身於禁忌之中的精靈；它們也與世隔絕，生活在另一個世界上，因此常常很難將它們與嚴格意義上所謂衆神區別開來⑬。而且，就基督教本身而言，魔鬼不就是一個被推翻的神嗎？或者即使對魔鬼的起源問題暫且不談，單就魔鬼所掌管的地獄是基督教不可缺少的東西而言，魔鬼不是也具有一種宗教的性質嗎？甚至有些正式的、官方尊崇的神也是巫師所祈求的神。更有巫師

所祈求的神是異國人事奉的衆神，例如，希臘巫師就曾祈求過埃及的、亞述的(Assyrian)或猶太的衆神。有時巫師所祈求的神甚至是民族衆神，海克提女神(Hecate)和狄安娜(Diana)女神曾經是一種巫術崇拜的對象；聖母瑪麗亞、耶穌和聖徒都同樣被基督教民族的巫師們所利用過⑤。

那麼我們是否不得不承認巫術無法與宗教嚴格區別開來呢？是否不得不承認巫術裡盡是宗教，就像宗教裡全是巫術一樣，因此不可能將它們分開，不可能給它們分別下定義呢？這個論點是很難站住腳的，因爲宗教明顯地厭惡巫術，反過來看巫術也對宗教抱著敵意。巫術以褻瀆神聖事物做爲職業上的樂趣⑤，在巫術的儀式中做一些與宗教典禮正好相反的動作⑤。在宗教這方面，即使在它不譴責和禁止巫術儀式的時候，它也總是很蔑視，很不贊成巫術的儀式。正如休伯特(Hubert)和莫斯(Mauss)詳述的：巫師的行爲中有些東西是徹底反宗教的⑤。不論這兩種制度之間存在著什麼樣的關聯，都很難想像它們之間沒有牴觸之處，因爲我們打算把我們的研究限於宗教範圍，而不去觸及巫術的領域，這就更需要我們去瞭解宗教與巫術有些什麼不同之處。

這兒我們要研究一下，在宗教與巫術這兩大領域之間，怎樣才能畫出一條分界線。

真正的宗教信仰總是一個特定集體的共同信仰，這個集體聲稱忠於這些信仰並履行與其有關的各種儀式。這些信仰不僅逐一爲這個集體的全體成員所接受；而且這些信仰是屬於這個群體的東西，這些信仰使這個集體團結一致。組成這個集體的每個成員感到他們有一個共同的信仰，就因爲這個簡單的事實，他們相互之間團結一致。一個集體的成員以共同的方式來思考有關神聖世界及其與凡俗世界的關係問題，他們還把這些共同的表象轉變爲共同的實踐，因此他們聯合成了這個集體，這個集體就稱爲教會(church)。在整個歷史上，我們尚未發現一個沒有教會的宗教。有

59

時一個教會嚴格限於一國之內，有時教會跨越了國界；有時它包括了整個民族（羅馬、雅典、希伯來人），有時它只包括一個民族的一部分（出現新教以後的基督教各派）；有時它接受一個教士群體的指導，有時它幾乎完全沒有任何正式的指導群體⑤。但是我們無論在何地觀察宗教生活，我們都發現宗教有一個確定的群體做為其基礎。即使所謂私人崇拜，也都符合這個條件；因為總是由一個群體，即家庭或社會來舉行崇拜的，而且，甚至這些獨特的宗教活動通常也只是一種更普遍的、包羅萬象的宗教特殊形態⑤；這些規模有限的「教會」實際上只是一個規模較大的教會分支，只有這個較大的教會才因為這種規模，比較值得被稱為教會⑥。

60 巫術卻完全是另一回事了。確實，巫術中的信仰也總是或多或少帶些普遍性的；這種信仰常常在非常廣大的人民大眾當中傳播開來，甚至在有些民族中，巫術所擁有的追隨者就像真正的宗教所擁有的追隨者一樣多。但是，這並沒有導致追隨巫術的人凝聚在一起，也沒有使他們聯合成一個群體，過一種共同的生活。世上並不存在巫術的教會。巫師與請教他的個人之間，如同這些個人之間一樣，沒有一種持久的紐帶使他們做為成員而組成同一個精神社團，從而可以比得上那種由同一個神的信仰者或同一種崇拜的遵行者所組成的精神社團。巫師有一批光顧者但沒有教會，他的光顧者很可能彼此之間沒有什麼其他聯繫，甚或彼此素不相識；甚至這些光顧者與巫師間的關係一般也是萍水相逢、事過境遷的；這些關係就像病人與他的醫生的關係一樣。巫師有時被賦予官方的和公共的性質，也絲毫沒有改變這種情況；巫師公開活動這一點並沒有把有求於巫術的人與巫師更正式、更持久地聯繫在一起。

確實，在某些情況下，巫師也在自己人當中組成一些會社，他們或多或少有些定期地聚集在一起舉行某些共同的儀式，而形

成了會社，衆所周知，在歐洲的民間傳說中指明，巫師們的這些
集會是在什麼樣的地方舉行的。不過，我們要說明，這些集會對
巫術活動來說不是完全必不可少的；這些集會其實是很罕見的，
是相當例外的。巫師並不需要把他自己與其同行聯合起來以施展
其法術，巫師更爲經常地是個隱居者；一般來說，巫師完全不想
加入團體，而是避開團體。「即使對於他的同事，巫師也總是保持
著他個人的獨立」⑥。另一方面，宗教與組織一個教會的想法是分
不開的。從這個觀點出發，就可以看出巫術與宗教之間的根本差
異。但是尤其重要的是，當這些巫術會社組成時，它們並不包括
所有巫術的追隨者，而只包括巫師；俗人，如能這樣稱呼他們的
話就這麼稱呼吧，是指那些光顧巫師的人，就是爲了他們的利益
才舉行這些儀式的，總之，他們相當於一般崇拜中的崇拜者，這
種俗人是被排除在巫術會社之外的。巫術裡的巫師就相當於宗教
裡的教士，但是教士的教團並不等於教會，教士的教團充其量不
過是一種宗教修會，在一座修道院的蔭庇下事奉某一位特殊的聖
人，這種修會不過是一群特殊的崇拜者而已。教會並不是牧師們
的兄弟會；教會是具有同一種宗教信仰的所有信徒，包括俗人與
教士，共同組成的一個道德社群(moral community)。但是巫術
缺乏這樣的道德社群⑥。

　　但是如果將教會的概念放在宗教定義中，那不會排斥那種個
人爲自己建立的、由自己舉行儀式的私人宗教嗎？幾乎沒有一個
會沒有這些私人宗教。如同我們以後要討論的，每一個奧吉布韋
人(Ojibway)都有他自己個人的manitou，這是他自己選擇的，他
對之施以特殊的宗教儀式；班克斯群島(the Banks Islands)上
的美拉尼西亞人有他的tamaniu⑥，羅馬人有其genius⑥，基督教
徒有其主保聖人(patron saint)和守護天使(guardian angel)等
等。從定義上看，所有這些崇拜似乎都獨立於群體的思想之外。
不僅這些個人的宗教在歷史上經常出現，而且就是現在許多人也

61

正在發問，這些個人的宗教不是註定要成為宗教生活的卓越形式嗎？每個人自己在內心中自由崇拜，除此之外就沒有什麼其他崇拜，這樣的日子難道不會來到嗎⑥？

　　但是如果我們暫時把關於未來的沈思放在一邊，以宗教現在的或過去的狀況為限，那麼非常清楚，這些個人的崇拜並非一些性質不同的獨立存在的宗教體系，而只是這些個人所屬的整個教會的共同宗教的一些方面。基督教徒的主保聖徒是從天主教會所承認的聖人的正式名單上挑選出來的；甚至有一些教規條文規定，每一個天主教徒如何進行這種私人崇拜。與此類似，每一個人都需要有一個保護神的想法，以不同形式見於許多美洲宗教的基礎之中，也見於羅馬宗教的基礎之中（僅舉兩例）；正如我們以後看到的，因為這種想法與靈魂的觀念非常密切地聯繫在一起，而這種靈魂的觀念並非可以完全留給個人去選擇的那些觀念之一。簡言之，正是個人所屬的教會教導他，這些個人事奉的眾神是些什麼樣的眾神，它們的作用是什麼，他應該如何與它們建立關係，他應該如何尊崇它們。對無論什麼教會的教義加以有條理的分析後，我們都會或遲或早地碰到那些與私人崇拜有關的問題。因此，個人的崇拜與教會的崇拜不是兩種不同類型的宗教背道而馳；兩者是由同一些思想和同一些原則組成的，教會的崇拜適用於整個群體有關的環境，而私人崇拜則適用於個人的生活。在有些民族中⑥，私人崇拜與教會崇拜的一致性達到了這種程度，以至於信徒初次與其守護神聯繫起來的慶典，往往與那些公共性質無可否認的儀式，即入教儀式，混合在一起⑥。

　　還有一些現代人渴望出現一種宗教，完全存在於內在主觀的狀態中，可以由我們當中的每一個人任意構築。但是不論這些渴望可能多麼真實，它們不可能影響我們對宗教的定義，因為我們的定義僅僅打算適用於既成事實，而不打算去適用尚未確定的可能性。人們可以根據宗教的現狀或過去曾經有過的狀況來給宗教

下定義，卻不能根據宗教或多或少有些模糊的前景來給宗教下定義。有可能這種宗教上的個人主義註定會在將來付諸實踐；不過，在我們能夠說明多大程度上會出現這種前景之前，我們必須首先弄清楚，宗教是什麼，它是由什麼成分組成的，它產生的根源是什麼，它所發揮的作用是什麼——所有這些問題，在我們開始正式研究之前，答案是無法預見的。只有當我們的研究結束時，我們才能夠試一試去預測未來。

　　這樣我們得出了如下的定義：宗教是一種與神聖事物（即性質特殊的、禁止接觸的事物）有關的信仰與儀式組成的統一體系，這些信仰與儀式把所有對之贊同的人團結在一個叫做「教會」的道德社群內。在我們的定義中找到了一席之地的第二個要素——教會與第一個要素一樣不可或缺；因爲這說明了宗教的概念與教會的概念是不可分離的，從而清楚地顯示出，宗教應該是一個明顯的集體性事物68。

63

註　釋

①在 *Année Sociologique* (Vol.II，P.1 及以下諸頁) 中所發表的一篇論文中，我們已經努力對宗教現象下了定義。不過讀者將會發現，那時所下的定義與今天我們所下的定義有所不同。在本章末尾（邊碼63，註⑱）我們將會解釋一下，是什麼原因使我們做了這些修改，但是這些修改並不意味著關於事實的概念有什麼本質的變化。

②見上文，邊碼15。關於這些預做準備的定義的必要性，以及關於獲取這些定義所遵循的方法，我們不再多談了。請見我們的 *Règles de la Méthode Sociologique*，P.43 及以下諸頁。參閱 *Le Suicide*，P.1 及以下諸頁 (Paris, F. Alean)。

③ *First Principles*，P.37。

④ *Introduction to the Science of Religions*，P.18。參閱 *Origin and Development of Religion*，P.23。

⑤在經院時代也可以發現與此相同的心態，這個時代的哲學被定義爲：信仰追循理性 (Fides quarents intellectum)。這句慣用語表明了要把信仰與理性結合起來的心態。

⑥ *Introduction to the History of Religion*，P.15 及以下諸頁。

⑦ *Introduction to the History of Religion*，P.23。

⑧見本書第3篇，第2章。

⑨ *Prolegomena to the History of Religion*，P.25 (Squire 譯)。

⑩ *Primitive Culture*，I，P.424（第4版，1903年）。

⑪ *Golden Bough*，第1版的開頭，I，PP.30～32。

⑫著名的 Spencer 和 Gillen，甚至包括 Preuss，他們把一切非人格化的宗教力都稱之爲魔力。

⑬Burnouf: *Introduction à l'histoire du bouddhisme indien*，sec. edit.，P.464。這段引文的最後一個詞說明，佛教甚至於並不承認一個永恆的自然神的存在。

⑭Barth: *The Religions of India*，P.110 (Wood 譯)。

⑮Oldenberg: *Buddha*，P.53 (Hoey 譯)。

⑯Oldenberg: 前引書，P.313 及以下諸頁。參照 Kern: *Histoire du bouddhisme dans L'Inde*，I，P.389 及以下諸頁。

⑰Oldenberg：P.250；Barth：P.110。

⑱Oldenberg：P.314。

⑲Barth：P.109。Burnouf 同樣說，「我堅信，如果釋迦 (Çâkya) 未曾發現他周圍的萬神殿已經住上了知名的眾神，那麼他會覺得沒有什麼必要去

發明創造這些衆神。」(*Introd. á l'hist. du bouddhisme indien*，P.119)。

⑳Burnouf:前引書，P.117。

㉑Kern:前引書，Ⅰ，P.289。

㉒在印度普遍承認的一種信念認爲：「偉大的聖人必然擁有超人的本領，這種信念是他(釋迦)在精神上所能找到的唯一支持」(Burnouf：P.119)。

㉓Burnouf：P.120。

㉔同上，P.107。

㉕同上，P.302。

㉖克恩(Kern)在下面的說法中表達了這一看法：「在某些方面，佛陀是一個人；在另一些方面，他不是一個凡人；在另一些方面，他既是凡人又非凡人」(前引書，Ⅰ，P.290)。

㉗有一種觀念認爲，「社會神聖的元首永不會離開他的人民，他做爲他們的君主和國王永遠生氣勃勃地生活在他們中間，因此所有的禮拜儀式就是這種持續不斷的活生生聯繫的表現，而並非別的東西，」「這種觀念」「對佛教來說是陌生的」。「佛陀進入了涅槃境界；如果他的信徒希望向他祈求，那麼他是不可能聽到他們的呼籲的」(Oldenberg：P.369)。

㉘「即使關於佛陀的概念與佛教毫不相干，佛教教義也可以基本上保持今天的實際模樣」(Oldenberg：P.322)。用來描述歷史上的佛陀的任何話也完全可以用來描述神話中的佛陀。

㉙關於同樣的思想，見 Max Müller:*Natural Religion*，P.103 及以下諸頁和 P.190。

㉚前引書，P.146。

㉛Barth，見 *Encyclopédie des sciences religieuses*，Ⅵ，P.548。

㉜Oldenberg:前引書，P.53。

㉝Ⅰ Sam. xxi., 6。

㉞Levit. xii。

㉟Deut. xxii., 10 和 11。

㊱*La religion védique*，Ⅰ，P.122。

㊲同上，P.133。

㊳Bergaigne 說，「沒有什麼文獻比詩節 X、32、7 更好地證明了，印度人相信人能夠對天上的水施以魔法。這段文字概括地表現了，這種信念適用於一個眞實的凡人以及他的眞實的或虛構的祖先：『愚人向智者請敎；他按照智者的指點去幹了，智者的指點的好處是；愚人求得了傾盆大雨』」(P.137)。

㊴同上，P.139。

㊵在 *Dictionnaire des Antiquités*，Ⅵ，P.1509 上 Hubert 寫的 Magia 條文中也可以看到例證。

㊶更不用說，還有實踐四聖諦並因此而成爲神聖人物的聖人與賢人。

㊷這並不是説這些關係就不可能具有一種宗教性。但是它們不一定具有宗教性。

㊸Schultze:*Fetichismus*，P.129。

㊹這些習俗的例證見 Frazer:*Golden Bough*，第 2 版 I，P.81 及以下諸頁。

㊺有一種觀念認爲，凡俗是與神聖相對立的，正如荒謬是與理性相對立的，或明白易懂是與神秘相對立的一樣，這種觀念只是這種對立的許多表述形式之一。科學一旦形成，就具有一種凡俗的性質，特別在基督教各派的眼睛中看來更是如此；因此科學顯得好像是不可能應用到神聖的事物上去的。

㊻見 Frazer:On Some Ceremonies of the Central Australian Tribes，載 *Australian Association for the Advancement of Science*，1901 年，P.313 及以下諸頁。這個觀念也是極其普遍的。在印度，只要參加獻祭活動就具有同樣的效力；獻祭者只要踏進神聖事物的圈子裡去，就改變了他做爲人的性質。(見 Hubert and Mauss:Essai sur le Sacrifice，載 *the Année Sociologique*，II，P.101)。

㊼見上文（邊碼 54 上）所講的關於成人禮的情況。

㊽例如，我們在下面將指出，神聖事物的某些亞神是存在的，這些亞神之間格格不入，就像神聖事物與凡俗事物格格不入一樣（見本書第 3 篇，第 5 章，第 4 節）。

㊾例如某些婚姻與喪葬儀式也是這種情況。

㊿見 Spencer 和 Gillen:*Native Tribes of Central Australia*，P.534 及以下諸頁；*Northern Tribes of Central Australia*，P.463；Howitt:*Native Tribes of S. E. Australia*，PP.359～361。

(51)見 Codrington:*The Melanesians*，第 12 章。

(52)見 Hubert:*Dictionnaire des Antiquités*，Magia 條。

(53)例如，在美拉尼西亞，tindalo 有時是宗教的精靈，有時是巫術的精靈 (Codrington：P.125 及以下諸頁，P.194 及以下諸頁)。

(54)見 Hubert 和 Mauss:Théorie Générale de la Magic，載 *Année Sociologique*，vol. VII，PP.83～84。

(55)例如，在安魂彌撒中聖餅受到褻瀆。

(56)人背對祭壇，或從左面而不是從右面繞著祭壇走。

(57)前引書，P.19。

(58)毫無疑問，每當舉行一場典禮時，這場典禮很少會沒有某個指導者；甚至在組織得最粗疏的教會裡，一般也會有一些人因其社會地位的重要而被推舉出來，對宗教生活給予一種指導性的影響（例如，澳大利亞某些社會的當地群體的首領）。但是這些職能的歸屬仍然是很不確定的。

(59)在雅典，家庭禮拜所崇拜的衆神只是這個城市的衆神的特殊形態(Ζεῦs κτήσιos, Ζεῦs έρkεῖos)。同樣情況，在中世紀，行會的保護聖徒就是

日曆上列出來的那些聖徒。

⑥因爲教會這個名稱通常只是指對一些比較特殊的事務有共同信念的團體。

⑥Hubert 和 Mauss:前引書，P.18。

⑥Robertson Smith 已經指出，巫術是與宗教相對立的，正如個人是與社會相對立的(*The Religion of the Semites*，第 2 版，PP.264～265)。我們這樣將巫術與宗教區別開來，並不意味著在它們之間畫出一條不可逾越的鴻溝。兩個領域的分界常常是不確定的。

⑥Codrington:*Trans. and Proc. Roy. of Victoria*，XVI，P.136。

⑥Negrioli:*Dei Genii presso i Romani*。

⑥這是 Speneer 在其 *Ecclesiastical Institutions*(ch.xvi)中，Sabatier 在其 *Outline of a Philosophy of Religion ,based on Psychology and History* (Seed 譯) 中，以及他所屬的整個學派所得出的結論。

⑥北美許多印第安人部落中就很顯著。

⑥關於事實的這一闡述並沒有涉及如下這個問題：外向的、公衆的宗教是否僅僅是內向的、個人的原始宗教的發展，或者相反，後者是不是前者對個人意識的投影。以後我們將直接研究這個問題(見本書第 2 篇，第 5 章，第 2 節，參閱同篇第 6 章和第 7 章，第 1 節)。目前我們只限於説明個人崇拜對於遵行者來説相當於集體崇拜的一個組成部分，是取決於集體崇拜的。

⑥正是通過這一點，我們現在這個定義就與我們在 *Année Sociologique* 中已經提出來的定義聯繫在一起了。在那部著作中，我們只用宗教信仰的強制性來給宗教下定義；但是，正如我們下面將要説明的，這種強制(obligation)明顯地來自如下的事實：這些信仰是一個團體的共同信仰，這個團體把這些信仰強加在其成員頭上。因此這兩個定義大部分是相同的。如果我們認爲最好還是提出一個新的定義，那麼這是因爲第一個定義太注意形式，太忽視宗教表象的內容。在下面的討論中我們將看到，立刻使這種強制性得到證實是多麼重要。此外，如果強制性確實是宗教信仰的特性，那麼這種強制性的程度是無限多樣的，因此在有些例證中這種強制性甚至不易覺察。我們現在所用的定義代替了這個標準，就可以避免由這個標準帶來的困難與窘迫。

第二章
基本宗教的主要概念

Ⅰ．精靈崇拜*

我們有了上一章闡述的定義後，就能著手探索我們打算研究的基本宗教了。

歷史學和民族誌所告訴我們的，即使最粗淺的宗教也已經很複雜了，它與人們有時對原始心理所持有的觀念已很不一致。人們會發現，不僅存在著一個混亂的信仰和儀式體系，而且還有大量各不相同的法則和形形色色的基本概念，以至於似乎除了看到漫長演化過程中的後期產物外，看不到其他任何東西。因此這就使人斷定，要發現宗教生活的真正初始形式，就必須進行超越這些可見宗教的分析，把這些宗教分解成共同和基本的要素，然後從中找出做為其他要素之源的一個要素。

對於這個問題，可以有兩種相反的答案。

無論在古代還是現在，沒有一個宗教體系中不並存著兩個不同形式的宗教，它們儘管密切相關與互相滲透，但仍各有特色。一個宗教崇拜自然現象或偉大的宇宙力量，諸如風、河流、星辰

---

*原文 Animism，此詞在本書中有著比較特定的涵義，既指對於精靈（尤其是祖先靈魂）的崇拜這樣一種信仰，也指解釋這種信仰的理論，所以我們譯成「精靈崇拜」或「精靈崇拜說」。——譯者

或天空等，或爲遍布大地的各類事物，諸如植物、動物、岩石等；於是，它被取名爲自然崇拜(naturism)。另一宗教則以精神存在做爲崇拜對象，精靈、靈魂、守護神、魔鬼、本身意義上的神，它們是像人類一般具有生命和意識的角色，但是它們仍然與人類有區別，其威力的性質不同，尤其是它們擁有以另一方式影響感官的獨特性能——人類的眼睛通常看不見它們。這種精靈的宗教稱爲精靈崇拜(animism)。人們提出兩種矛盾的心理來解釋這兩類崇拜的普遍共存性。有些人認爲，精靈崇拜是原始宗教，而自然崇拜只是它的次級和衍生的形式。另一些人則相反，他們認爲自然崇拜才是宗教演化的出發點，精靈崇拜只是它的特殊情況。

迄今爲止，這兩種理論是僅見的試圖對宗教思想起源做理性解釋的理論①。於是，宗教歷史所引起的大問題通常就歸結成了選擇的問題，怎樣取捨這兩種答案？或者，這兩種答案結合起來是否更好些？如果結合的話，兩者各佔什麼地位②？甚至不系統地承認這兩個假設的學者，也不拒絕接受它們賴以爲基礎的某些提法③。所以，我們在自己研究事實之前，就必須批判已經被人提出的不少理論。當我們看到這些傳統概念的不足之處時，我們就能理解爲什麼提出一個新理論是必不可少的了。

1

66

泰勒形成了精靈崇拜說(animism)的基本輪廓④。史賓塞繼他之後並非未做修改地完全照搬了這一理論⑤。不過總的說來，兩人都以同樣的措詞提出了這些問題，所得的答案則除了個別的以外也完全相同。因此，我們在下文可以將這兩種說法結合在一起評述，不過在適當時候，我們還會指出兩者的分歧之處。

要在這些精靈崇拜的信仰和儀式中找到宗教生活的基本形式，就必須完成三件必辦之事。首先，既然按照這一假設，靈魂觀念是宗教的主要觀念，那麼就必須展示它是怎樣未從以前的宗

教中借鑑任何東西而形成的；其次，必須搞清靈魂是怎樣成爲崇拜對象並演變成精靈的全部；最後，既然這種精靈崇拜不是任何宗教的全部，那麼還得解釋自然崇拜是怎樣起源於它的。

　　根據這一理論，靈魂觀念之所以被啓發出來，是因爲人們曲解了自己平時所過的雙重生活——醒著和睡著——的情景。據說，在野蠻人(savage)⑥看來，醒時和睡夢中的表象具有同樣的價值；他使後者像前者一樣客觀化，也就是說，他把它們看成是外界客觀事物的意象，這些意象或多或少精確地復現了客觀事物。所以當他夢見自己遊歷一個遙遠的地方時，就認爲自己確實在那兒。但是，除非由兩種存在構成，否則他便不可能去那兒，一個存在是其軀體，它一直躺在地上，直至他醒來還在老地方，另一個存在則在此期間遨遊整個空間。同樣地，如果他夢見自己與一個同伴講話，而他又知道這個同伴實際上遠在他方，那麼他就會斷定對方也由兩個存在構成：一個睡在遠方，另一個則來到這裡利用夢境現身。通過這些不斷重複的經驗，他逐步形成了一個觀念；我們每人都有一個變身(double)，即另一個自我，它在一定的條件下能夠脫離寄居的有機體而做長途漫遊。

　　當然，這個變身復現了做爲其外殼的可見存在的一切基本特色；但它同時又有許多異於可見存在的特點。它更有活動力，因爲它可以在瞬間越過漫長的距離：它具有更大的延展性和可塑性，因爲它可以經過軀體的孔竅，尤其是口腔和鼻腔而離開它。它肯定被想像成是經由一種比我們從經驗感知的任何材料更爲虛無飄渺的材料所構成。這個變身即是靈魂。毫無疑問，在許多社會中實際上都把靈魂想像成軀體的意象；人們相信，它甚至復現了偶然事故——諸如受傷或毀肢——造成的畸形。中央澳大利亞人在殺死敵人後即切去其右手拇指，以使其靈魂也失去拇指而不能投擲標槍爲自己復仇。但是，靈魂既類似於軀體又是半精神性

的。據說它是軀體的更纖細和空氣般的部分,「它既無肉、也無骨、也無肌」;當人想抓住它時,感覺不到什麼,「它像一個淨化的軀體」⑦。

此外,以同樣方式影響心智的其他經驗事實便自然地團聚在這個由夢境造成的基本實情周圍了:昏厥、中風、癲癇、失神;總之,一切暫時的無知覺狀態。實際上,完全可用「生命和感覺能夠暫時離開軀體」這樣一個假設來解釋它們。而且,這種變身的混淆也是很自然的,因為每天入睡時變身的不在就會導致思想和生命的暫時停止。於是,形形色色的經驗便似乎一致了,肯定了人類體質二元性的觀念⑧。

然而靈魂並非精靈。它依附於軀體,只在例外的情況下才離開;既然不過是這樣一種事物,那麼就不是任何崇拜的對象。至於精靈,則相反,它雖然通常以一件具體事物做為寄居之所,但是它能隨意離開,並且人只要小心遵行禮儀就可與之建立關係。而靈魂則只有通過演化才能成為精靈,上述觀念應用於死亡一事,便十分自然地導致了這種化身。實質上,對於低等智力來說,死亡與昏厥或長期入睡並無什麼區別,它具有它們的一切外部特徵。所以死亡似乎也在於靈魂和軀體的分離,類似於每晚發生的分離,但是由於在此情況下軀體不再恢復活力,所以就形成了靈魂無限期分離的觀念。當軀體一旦毀壞——喪儀的目的便是加速這種毀壞——分離也就完成了。於是,從任何有機體分離出去的靈魂就游離在空間了。其數量隨時間的推移而增多,活人人口的周圍便形成了靈魂人口。各個靈魂的需求和感情與人相同;它們關心以前同伴的生活,根據對各活人的感情差異,或者幫助他們,或者傷害他們。在不同的環境下,其本性使之成為極好的幫手,或為可怕的殺手。由於靈魂的流動性極大,所以它們有時甚至進入軀體,使之產生種種紊亂,或者使之活力增大。於是,人們就習慣於把生活中稍見異常的事情都歸因於靈魂了,幾乎無

事不可用靈魂說明之。靈魂成了一類隨時隨地可供使用的原因，從來不使人因找不到解釋而為難。如果有人顯得很興奮，生氣勃勃地講話，好像上升得超越了自我而處於人類普通水平之上了，那是因為他體內有個善良的精靈賦予了他活力。如果有人被打敗或者發瘋了，則是因為邪惡精靈進入了他的體內，導致了這一切麻煩。凡是疾病都可以歸咎於這類作用。於是靈魂的威力因人們歸於它的這一切而增大了，最終，人類發覺自己成了這一想像世界的囚徒，而這個想像世界的創造者和原型即是人類自己。他們遂隸屬於按自己形象創造的超凡力量了。如果靈魂是達到了這種程度的健康和疾病、善良和邪惡的施予者，那麼，博取它們的歡心或者撫慰它們的惱怒便是聰明之舉了；於是就出現了供獻、犧牲、祈禱，簡言之，一切宗教崇拜的儀式⑨。

　　這就是靈魂的演化。從一個賦予人體活力的簡單生命本原變成了一個精靈、一個善良或邪惡的精靈，甚至一個魔鬼——視它所產生的作用的重要程度而定。既然是死亡導致了這一神化，那麼人類所知的最初的崇拜對象便是死者和祖先的靈魂。最初的儀式是葬禮；最初的犧牲是旨在滿足死者需求的食物供品；最初的祭壇是墳墓⑩。

　　但是，既然這些精靈來源於人，那麼它們就只對人的生活感興趣，並被認為只對人類事務產生作用。所以仍然有待解釋的事情是，人們是怎樣想像出其他精靈來說明宇宙現象的，而後來又怎麼會在祖先崇拜之外又形成了自然崇拜的。

　　泰勒認為，精靈崇拜的這一擴展是出於原始人的獨特心理，他們像嬰兒一樣，不能區別生物和非生物。由於嬰孩最初產生的觀念是關於人類的，亦即關於自己和周圍人們的，所以他就傾向於用人性原型做為基礎來思考一切事物。他所擺弄的玩具或者影響其感官的每一樣物體都被看成像他自己一樣的活物。原始人就

像兒童一樣地思考。所以他也傾向於把類似自己的性質賦予一切
事物，甚至非生物。那麼，如果他由於上述原因而形成了「人是
由靈魂賦予活力的軀體」的觀念後，就必然會把這種雙重性以及
與自己一樣的靈魂給予即使沒有生命的物體。然而這兩者的活動
範圍依然不一樣。人的靈魂只能對人類世界產生直接作用，它們
明顯地偏愛人類有機體，即使死亡導致它們自由後也還是如此。
而另一方面，事物的靈魂則特別寄居在事物中，並被認為是那裡
所發生的一切情況的原因。前者說明了健康和疾病、能幹和無能
等等，後者則特別解釋了自然現象：水流或星辰的運動、植物的
發芽、動物的繁殖等等。於是，以祖先崇拜為基礎的最早的人類
哲學便由世界的哲學補充完整了。

　　人們發現自己對於這些宇宙精靈來說，處於從屬的地位，這
種從屬性比對於祖先的遊蕩孿身的從屬性更為明顯。因為人們與
後者只有觀念和想像的關係，但是對於事物的依賴卻是現實的，
為了生活，人需要它們的協助；他隨後認為對於賦予事物活力並
決定其種種表現的精靈，他也同樣需要。他懇求它們的幫助，用
供品和祈禱請求之，人類的宗教就這樣以世界的宗教而完善了。

　　赫伯特‧史賓塞(Herbert Spencer)反駁了這一解釋，以為它
做為基礎的假設與事實相牴牾。他說，這個說法認為曾經存在一
段人類不懂生物與非生物差別的時期。但是，即使從動物的水平
來看，也可知道這種區別能力是相當的發達了。高等動物不會混
淆主動並有目的運動的東西和從外部看來是機械運動的東西。
「貓逮住老鼠取樂，如果老鼠不動，貓就用爪子撥弄牠使之奔跑。
其想法顯然是：一個被騷擾的活物會企圖逃開⑪。」即使原始人，
其智力也不可能比此前進化的動物更低；所以，他們不可能是因
為缺乏辨認力才從祖先崇拜過渡到事物崇拜的。

　　按史賓塞的看法——他也只在這一點上與泰勒的觀點不同
——這個階段肯定是出於一種混淆，只不過是另外一種混淆。至

少大體上說來，是語言上大量舛訛的結果。在許多落後社會中，人們普遍習慣於在人生下來時——或其後——給他取一個動物、植物、星辰或自然物的名字。但是，由於原始人的語言極不精確，所以他們很難區別比喻和實體，他們很快地忽略了這些名字只是修詞手段，而拘泥於字面意義地使用它們了。最終，他們就相信名爲虎、獅的祖先眞是老虎、獅子了。於是，一直以祖先爲對象的崇拜就變成了對與他相混的動物的崇拜了；植物、星辰和一切自然現象也同樣取代之，於是，自然的宗敎就代替了原有的死者的宗敎。除了這一基本混淆外，史賓塞還特別指出另一些混淆，後者還不時地促進了前者的進行。例如，經常出沒於人類居所周圍的動物就成了他們轉生的靈魂，並被冠以這一稱號⑫，或者，傳說中做爲種族起源的山脈最終也成了種族的祖先，他們認爲由於祖先從這山中出現，所以後人也源於它，這座山便被待若祖先了⑬，但是據史賓塞所說，這些補充原因只有次要的影響；主要決定自然崇拜制度的是「對比喻名字的拘泥於字面意義的解釋」⑭。

　　我們不得不談一下這個理論，以便完成對於精靈崇拜說的評述；但是由於事實的過於不足、以及今天已普遍地放棄了這種說法，我們就不能再停留在這個問題上了。要用幻覺解釋像自然宗敎那樣普遍的事情，那麼激發幻覺的原因也必須具有同樣的普遍性。即使如史賓塞的少量例子那樣，可用語言的曲解來解釋祖先崇拜向自然崇拜的演變，但是它們也沒有說淸楚爲什麼會普遍地發生這種演變。沒有使之必然如此的心理作用機理。誠然，一個詞彙由於含義不淸，有可能導致一詞多義；但是另一方面，祖先留在人們記憶中的個人回憶卻會抵制這種混淆。爲什麼各地把祖先說成眞正的人——即過著人類生活的人——的傳說都會屈服於一個詞彙的特權呢？況且，要人們承認自己生自一座山或一顆星、一隻動物或一棵植物，也是頗爲勉強的；與普通時代觀念相異的觀念不可能不引起積極的反抗。所以，謬見絕無可能找到一

71

條萬事俱備的大道，而只可能遭到一切理智的拒絕。難以理解的
是，這一謬見怎麼可能在眾多阻力面前仍然贏得普遍的勝利。

72

2

　　泰勒(Tylor)的理論——它的權威始終是巨大的——依然如
故。他的關於睡夢的假設以及靈魂與精靈觀念起源的假設仍然是
經典性的；因此有必要測試一下它們的價值。

　　首先，應該承認，精靈崇拜說的理論家們由於對靈魂觀念做
了歷史的分析，所以已經對宗教科學，甚至對整個思想觀念史做
出了重要的貢獻。他們不是追隨眾多的哲學家，把靈魂說成簡單
和直接的意識客體，而是正確得多地把它做為一個複雜的統一體
——一個歷史和神話的產物——來考察。無可懷疑，靈魂觀念的
性質、起源和功能基本上是宗教的。哲學家正是從宗教角度來接
受它的；如果有人無視做為其構成物的神話要素，那麼就不可能
理解古代思想家用以描繪它的那個形式。

　　但是，即使泰勒具有提出這個問題的功績，他所給予的答案
也沒有解決那些重大的難點。

　　首先，對於做為這一理論基礎的原則，就有保留意見。靈魂
完全不同於軀體，它是軀體的變身，靈魂在軀體內外都過著獨立
的生活，這些說法被認為是理所當然的。但是我們將看到⑮，這一
概念並非原始人的概念，或者，至少這種概念只表達了原始人靈
魂觀的一方面。在原始人看來，靈魂雖然在某些情況下獨立於它
賦予其生命的有機體，但與有機體卻是極度混合的，以至於不能
從有機體中根本地分離出去：一些器官不僅是靈魂的指定居所，
也是它的外形和物質體現。所以，靈魂的概念要比泰勒理論所假
設的更為複雜，那麼這一理論所述的經驗是否足以說明它，就令
人懷疑了；因為這些經驗即使確實能使我們理解人們為什麼會認
為自己是二元的，它們也無法解釋這種二元性為什麼不是相互排

斥的，而反倒包含了根深柢固的統一性以及兩個不同存在之間的內部滲透性。

但是，先讓我們認可靈魂觀念可以歸結爲變身觀念，然後再來看看後者是怎樣形成的。靈魂觀念只可能由睡夢經驗啓發出來。在睡夢中，當軀體仍然在地上時，人卻看到了遙遠的地方，人們對此可能這樣理解：自己由兩個存在構成；一個是軀體，另一個是第二自我，後者能離開其生活的有機體而在空間遊蕩。但是，如果這種變身假設能夠以某種必然性加給人們，那麼它就應該是唯一可能的，或者至少是最簡約的假設，而事實上，卻有許多更爲簡單的假設會出現在人們頭腦中。例如，爲什麼入睡者不應該想像他在睡著時是可以看到遠方事物的？想像這種能力要比構想這個複雜概念省力得多；這個複雜概念要想像出一個由某種虛無飄渺、半隱形的材料構成的變身，並且沒有關於它的直接經驗例證。此外，即使假定某些夢境自然地啓發了精靈崇拜的解釋，也肯定還有其他許多夢境與這種解釋相悖。我們的夢境往往涉及到過去的事件；我們再次見到在昨天或前天甚至童年等時候所見和所做的事情；這類夢境經常出現，並且在我們的夜間生活中佔有較大地盤。但是變身觀念卻無法說明它們。即使變身能夠從一處到另一處，但也弄不清它是如何及時往返的。儘管原始人的智力可能很低，但一個醒著的人怎麼能相信他眞的參與了他所知道的很久以前的事情？他怎麼會想像出他在睡夢中過了一段早已過去了的生活？更爲自然的是，他應該把這些新形象只看成是它們實際表示的東西，即看做像白天所產生的那樣的追憶，只是更強烈而已。

此外，當我們入睡時，在我們做爲行爲者和見證人的那些場面中一直會發生這樣的事：我們的同時代人也像我們一樣扮演著角色，我們認爲在看見自己的地方看見和聽見了他。按精靈崇拜論者的說法，原始人（primitive）就會這樣解釋它：他的變身受到

了同時代人變身的拜訪，或者與之相遇。但是他只要醒來後問問那些同時代人就足以發現他們的經驗與自己的不一致了。他們在此期間也做了夢，但卻是兩樣的夢。他們沒有看到自己參與在同一場面中；他們認爲自己遊歷了完全不同的地方。既然矛盾的情況慣常出現，那麼爲什麼就不會使人感到其中可能有誤？爲什麼不會使人感到這只是想像？爲什麼不會使人感到自己受到了幻覺的蒙騙？歸之於原始人的這種盲目輕信實在太簡單了。認爲原始人必然將其一切知覺都客觀化，並非確實之說。他不可能長期生活而不察覺到其感官甚至在醒著時也會欺騙他。那麼他們爲什麼還會相信它們在夜間比白天更爲確實可靠呢？於是我們就發現有許多理由反對這樣的理論：原始人以夢境代替現實，並用自己的變身來解釋它們。

更有甚者，即使每個夢境都完全可用變身假設來解釋，並且不可能使用其他解釋，但是仍然存在著一個問題：爲什麼人們要去解釋它們？睡夢無疑成了一個可能問題的素材。但是，我們每天都歷經各種問題，而我們卻未提出來，我們並不懷疑它們，直到某種客觀環境使我們感到必須提出來爲止。甚至當純粹思索的愛好被引發後，反思也不是提出所有最終可以適用於自己的問題，而只是提出那些在目前有特別意義的吸引它的問題。尤其是，當問題是已經以同樣方式發生的事實時，習慣很容易使得好奇心麻痺，我們就會根本想不到去探究它們。要擺脫這種麻痺，就必須有實際的緊急事務，或者至少有相當強烈的理論興趣來刺激我們的注意力轉向這個方面。這就是爲什麼在歷史上的每時每刻都有那麼多的東西是我們不想瞭解的，我們甚至沒有意識到自己的棄權。直到最近人們還認爲太陽的直徑不過幾英呎。這樣小的光盤能夠照亮世界，其中顯然有著不可理解的東西，但是千百年來人們卻從未想到解決這個矛盾。形質遺傳的事實長期以來一直是衆所皆知的，但是直至最近才有人試圖系統地闡述這一理論。有

些使形質遺傳變得不可理解的信仰甚至被人接受：在許多澳大利亞社會——關於它們我們將有機會談及——中，孩子在生理上不是其父母的後裔⑯。這種智力惰性必然在原始人中最爲突出。這些軟弱的生物——他們爲了維持生存就必須對付攻擊他們的一切力量，克服無數的困難——絕不會支持任何冥思方式的豐富想像。他們除了被迫是不會做出反應的。那麼，這就使人難以理解，他們怎麼會把睡夢做爲其冥思的主題。睡夢在我們生活中的地位又如何呢？其地位是很低的，尤其是因爲它留在人們記憶中的印象模糊不清並且從記憶中迅速消褪，所以智力如此低下的原始人竟會花費那麼大的努力去尋找夢境的答案，是足以令人吃驚的。在原始人相繼過的兩種生活——白天的和夜間的——中，白天的生活應該是最使人感興趣的。而夜間的生活竟會如吸引他的注意力，以致被做爲整個複雜觀念系統——它註定要對原始人的思想和行爲產生深遠影響——的基礎，這不是太令人驚奇了嗎？

於是，一切都傾向於表明，靈魂的精靈崇拜理論——儘管它仍享有聲望——必須修正。誠然，今天的原始人，或者至少是部分原始人將其夢境歸因於變身的遷移。但是這並不等於說夢境確實爲最初的變身或靈魂觀念的構成提供了素材；這種觀念可以在此後應用於夢境、出神和著魔的現象，但並非導源於它們。一個觀念在其形成之後常常用來協調或啓發——往往以比實際更明亮的光度來啓發——最初與之毫無關係，並且也絕不會自己啓發自己的某些事情。今天，神和靈魂的不朽性往往通過展示基本道德原則中包含這些信仰而獲得證明；實際上，它們的起源完全不同。宗教思想的歷史能夠提供許多個這種倒溯證明的例子，它們絲毫不能告訴我們觀念形成的方式，也不能告訴我們組成這些觀念的要素是什麼。

原始人也可能區別了他們的各種夢境，並且不都以同一方式來解釋它們。在我們歐洲社會中，更多的人（對於他們來說，睡

夢是一種巫術——宗教的狀態，在此狀態中，部分脫離軀體的心
靈有著清晰的幻象，而這在醒著的時候是享受不到的）還不至於
把他們的一切夢境都看成是眾多的神祕直覺，恰恰相反，每個人
都與別人一樣，在大多數夢境中只看到世俗的環境、微不足道的
圖像的表演，或者簡單的幻覺。可以設想，原始人的夢境具有同
樣的特點。科德林頓(Cordrington)清楚地說，美拉尼西亞人
(Melanesians)並未毫無區別地將所有夢境都歸結爲靈魂的遊
蕩，而是只把強烈激發其想像力的夢歸結爲靈魂的遊蕩⑰，這顯然
即是入睡者想像他與宗教生物、善神或惡神、死者靈魂等等發生
關係的那些夢境。在前一種夢裡，他們看到的只是其想像的簡單
幻覺；但是他們把後一種夢歸結爲邪惡精靈的作用⑱。豪伊特
(Howitt)做爲例子談及的所有事實——它們展示了澳大利亞人怎
樣認爲靈魂具有脫離軀體的能力——有著同樣的神祕特徵。入睡
者認爲他被送到了亡靈之處，或者與已故同伴交談⑲。原始人經常
產生這些夢境⑳。有關靈魂起源的理論很可能是以這些情況爲基
礎的。爲了說明它們，就得承認死者的靈魂在人們入睡時回到了
活人體內。這個理論由於沒有經驗事實能否定它而更易被人接
受。但是只有在精靈、靈魂和亡靈之鄉的觀念已經存在的情況下，
也就是說，只有在宗教演化已相當進步的情況下，這些夢境才有
可能出現。因此，它們絕不是爲宗教提供了一個可以做爲其基礎
的基本概念，而是假定了一個它們賴以爲基礎的此前的宗教體系
㉑。

3

我們現在已經達到了構成這種說法的核心之處。

精靈崇拜論者自己也承認，孿身的觀念無論源自哪裡，都不
足以解釋祖先崇拜——他們把它說成一切宗教的最初形式——的
形成。如果這一孿身要成爲崇拜的對象，它就必須不再成爲個人

的複本，並且必須獲得使之必然進入神聖存在之列的特性。有人說，是死亡完成了這一演變。但是，他們歸諸它的那種功能是從哪兒來的？即使睡眠與死亡的類似性足以使人相信靈魂在軀體之後繼續存在（其實對於這點也還是有保留的），那麼為什麼靈魂僅僅由於現在脫離了有機體就完全改變了性質呢？如果人活著時，靈魂只是個世俗事物，一個遊蕩的生命本原，那麼它怎麼會突然成了神聖事物及宗教感情的對象了呢？死亡除了使它獲得更大的行動自由外，並未增加什麼重要的東西。從此以後，它由於不再依附於專門的居所而能隨時從事先前只在夜間從事的活動了；但是它所能從事的始終是同一類型的活動。那麼為什麼活人將已故同伴的這個無家可歸和飄泊不定的變身看得比自己的地位更高呢？它是一個同類，與它們親近並無不便，它不是一個神㉒。

死亡的結果好像應該是削弱生命力，而不是加強之。實際上，在落後社會中人們非常普遍地相信，靈魂積極參與了軀體的生命。如果軀體受傷了，則靈魂也受傷，並且傷在相應的部位。事實上，許多部落都不為已達老邁之年的人舉行喪禮；他們被視為靈魂業已衰老的人㉓。人們甚至正式處死某些將近老年的特權人物，諸如國王或祭司，這些人被認為擁有強有力的靈魂，而社會希望使這種靈魂的庇護保持下去。他們於是設法使這種靈魂不受其臨時保存者體質衰退的影響；以此為目的，他們在保存者的年紀大到會削弱靈魂之前就把靈魂從寄居的有機體中取走，並在其活力未有絲毫喪失之前轉移到一個更為年輕的軀體中去，這個軀體能原封不動地保持其活力㉔。所以，當人們因疾病或年邁而瀕於死亡時，靈魂似乎只保留著日益削弱的威力了；如果它只是軀體的變身，那麼就很難明白，它怎麼能在軀體完全分解後還繼續存在下去。從這個觀點來看，靈魂長生的觀念是極難令人理解的。在無拘無束的變身觀念與受人崇拜的精靈觀念之間存在著邏輯上和心理上的差距。

當我們認識到神聖世界和世俗世界之間有著一道鴻溝時，這種差距就顯得更大了，顯然程度上的簡單變化不足以使得事物從一個範疇進入另一個範疇。神聖事物與世俗事物的區別，不僅在於前者的奇怪或令人迷惘的外形，或者它們享有的更大威力，還在於兩者之間毫無共同的標準。而變身概念則絲毫不能說明這種根本的異質性。據說，靈魂一旦脫離軀體就視其對待生者的不同態度而幹出種種好事或壞事。但是，一個擾亂其鄰居的生物和安全遭其威脅的活人似無重大本質區別。固然，信仰者對於他所崇拜的事物始終有點拘謹和恐懼的感情成分；但這是一種獨特的恐懼，與其說它導源於害怕，不如說它導源於崇敬，其中主宰的情緒是莊嚴(la majesté)在人們內心激發出來的。莊嚴的觀念基本上是宗教性的。那麼在我們瞭解這一觀念來自哪裡、相當於什麼、以及在人們心目中引起了什麼等情況之前，就絲毫解釋不了宗教。單只人類簡單的人類靈魂不再化身這一事實是無法賦予人類簡單的靈魂以上述特性的。

來自美拉尼西亞的一個例子清楚地展示了這一點。美拉尼西亞人相信，人有靈魂，它在人死亡時脫離軀體；靈魂隨後改變了名稱，成了他們稱爲廷達洛(tindalo)、納特瑪特(natmat)的東西。此外，他們還有一種對於亡靈的崇拜：他們向之祈禱、用符咒召喚、並供獻犧牲。但是，並非每個廷達洛都是儀式的對象，只有那些在生時被公認擁有特殊功能的廷達洛才是儀式的對象。而這種特殊功能被美拉尼西亞人稱爲馬納(mana)。下面我們將有機會確定該詞所表達的意思；目前，則說它是每一種聖物的特殊性能就可以了。如科德林頓說：「它使得任何事物產生威力，這種威力超出於普通人力之外，超出於自然界的普通作用之外」㉕。一個祭司、巫師或者儀式套語所具有的馬納與一塊聖石或一個精靈所具有的馬納一樣。所以，對之舉行宗教儀式的廷達洛，只是其宿主生時已屬神聖的廷達洛。至於來自普通人和來自世俗群的其他

靈魂，科德林頓則說它們「生前生後同樣是無足輕重之輩」㉖。死
亡本身並無神化功能。由於死亡多少導致了靈魂與世俗事物的最
終完全分離，所以假若靈魂已有神聖特性的話，它就能加強之，
但不能創造之。

此外，如果像精靈崇拜論者所假設的那樣，最初的神聖事物
是死者的靈魂，以及最早的崇拜確是祖先崇拜，那麼就應該發現，
所考查的社會越低等，這一崇拜在宗教生活中的地位就越高。但
是事實卻正好相反。除了像中國、埃及或希臘和拉丁的城市等先
進社會外，其他低等社會中的祖先崇拜都不很發達，更談不上具
有特色的形式了；另一方面，在澳大利亞社會——如我們將看
到，它們代表了已知的最低等和最簡單的社會組織形式——中，
則完全沒有祖先崇拜。誠然，那裡存在喪禮和悼念儀式，但是這
些儀式並未構成崇拜，雖然有時候人們這樣錯誤地稱呼之。實際
上，一種崇拜並不是一個人在某些環境中舉行的一組儀式，它是
形形色色具有周期性復現特點的儀式、節日和典禮的一個體系。
它們滿足了信仰者希望定期加強和再確認自己與神聖事物關係的
需要。這就是為什麼嘴上講是結婚儀式，但並不是崇拜婚姻的儀
式，講是誕生儀式，但不是崇拜新生兒的儀式；這是因為在舉行
這些儀式時的事件並不意味著周期性。同樣地，除非不時地向墳
墓獻祭，在多少是確定的日子裡進行奠酒儀式，或者定期遵守節
期以紀念死者，否則就不是祖先崇拜。然而澳大利亞人（Aus-
tralian）與死者並無這類關係。誠然，他們必須按照一種儀式埋葬
遺骸，在指定的時期內以指定的方式悼念死者，並且在必要情況
下為其復仇㉗。但是，當他們一旦完成了這些虔誠的任務後，當骨
骸乾枯及悼念期結束後，當一切該說的該做的都完成了以後，活
著的人對其不復存在的親人就再沒有什麼任務了。固然，即使悼
念期過後，死者也還以某種方式繼續在其親人的生活中佔有一席
之地。有時候人們認為死者的頭髮或者某些骨骸具有特殊的功

81 效，於是就把它們收藏起來㉘。但是它們從那時候開始已不再是人
了，而是進入了無個性特徵和非人的護身魔力行列。在此情況下，
它們並非崇拜的護身對象，而只供巫術之用。

　　然而，有些澳大利亞部落定期地舉行儀式，紀念傳說在萬物
之始的神話祖先。這些典禮通常是一種戲劇性的表演，演出神話
歸於這些英雄的業績㉙。但是這樣的表演的角色並非人類，他們經
過了人類的生活後已經由於死亡而演變成了一種神。人們以爲他
們在生時曾發揮了超人的威力。在部落歷史，甚至在整個世界歷
史上的一切大業績都被歸屬於他們。主要由於他們，大地才成了
現在這副模樣，人類才成了現在這樣的人類。他們那種至今仍然
燦爛的光暈並不只是因爲他們是祖先（也就是說，是死者），而更
因爲人們認爲他們擁有一種神聖特性；用美拉尼西亞人的話來
說，就是：因爲他們有著天賦的馬納。因此，在這些儀式中沒有
任何東西顯示出死亡具有哪怕是最小的神化威力。甚至說「某些
儀式構成了祖先崇拜」也不正確，因爲這些儀式不是針對這樣的
祖先的。眞正的死者崇拜，必須是眞正的祖先——人們每天眞正
喪失的親人——死後成爲崇拜的對象；讓我們再重複一遍，澳大
利亞絲毫沒有這類崇拜的痕跡。

　　於是，有人假設的應在落後社會中佔主宰地位的祖先崇拜實
際上是不存在的。澳大利亞人除了在死者死亡時刻以及緊隨其後
的一段時期外，是不關心死者的。但是我們將看到澳大利亞人仍
然有著一個性質完全兩樣的複雜的神聖事物崇拜，這種崇拜由許
82 多典禮組成，並且往往歷時幾星期乃至幾個月。我們不能接受這
樣的說法：澳大利亞人在偶然喪失了一個親人後所舉行的極少量
的儀式，乃是每年定期舉行並在其生活中發揮巨大作用的那種永
久性崇拜的起源。這兩者的差別是如此巨大，以至於我們甚至可
以懷疑，是否前者倒是導源於後者的，以及人的靈魂——這絕不
是最初想像神祇時所用的原型——從一關始就被想像成是來自神

聖的發射物。

4

　　從證明死者崇拜並非最原始崇拜的時刻起，精靈崇拜說就失去了基礎。因此，再來討論這個體系的第三個論題——它涉及到死者崇拜向自然崇拜的演化——似乎就毫無意思了。但是，既然它做爲根據的前題也見於某些並不接受精靈崇拜說（就其本義而言）的宗教史學者的著述中，諸如布林頓(Brinton)㉚、朗(Lang)㉛、雷維爾(Réville)㉜，以及甚至羅伯遜·史密斯(Robertson Smith)㉝，所以還有必要對此進行一番檢討。

　　死者崇拜之所以擴展至整個自然界，據說是出於這樣的原因：人類本能地傾向於用自己的形象——活的和有思想的生物——來描繪一切事物，我們看到，史賓塞已對這種所謂本能的眞實性提出了異議。他認爲，既然動物已能清楚地區別活物和死者，那麼動物的後繼者人類似乎不可能不在一開始就具有同樣的識別能力。然而，儘管史賓塞引證的例子可能是確實的，但是它們並不具有他所認爲的那種演示價値。他的推理認爲，動物的一切能力、本能和稟性都完全傳給了人類，然而許多謬見就導源於這條被錯誤地做爲已證明了的眞理的原則中。例如，由於高等動物的性妒忌通常極爲強烈，所以就有人斷定在歷史的最初人類也存在著同樣強烈的性妒忌㉞。但是在今天，衆所皆知，人類能夠實現共同的性生活，而性妒忌假如不能淡化以致在必要時消失，那麼這種共同性生活就不可能了㉟。事實是：人類並非只是具有某些附加品性的動物，他是另一種生物。人類本性是改造動物本性的結果，在進行這一改造的種種錯綜複雜的手術中，有失去的也有獲得的。我們有多少本能尚未失掉？關於這一點的常識是：人類不但與自然環境也與社會環境有關係，這種社會環境比影響動物的社會環境更爲廣大、穩定和更有生氣。爲了生存，他們必須適應

83

這種環境，而社會也經常爲了使自已維持下去，就迫使我們從某個角度來看待事物，或者以某種方式來感覺事物；因此它就修改了我們原來理解事物的觀點，修改了我們若依動物本性則易於發出的感情；社會改變了它們，甚至達到以相反感情取代它們的地步。不是甚至到達了使我們把個人生命看得幾無價值的地步了嗎？而這對動物來說卻是無關緊要的③。所以，用高級動物的心理素質來推斷人類的心理素質，乃是不值得的冒險。

　　但是，如果史賓塞的異議並無他所賦予的那種決定性價值，那麼精靈崇拜理論也同樣不能從似乎由兒童造成的混淆中獲取根據。如果我們聽見一個小孩對著他所踢的物體憤怒地呼喊，就斷定他把此物看做了像他自己一樣的有意識生物，這實際上就嚴重地曲解了他的語言和行爲。事實上，他與這個強加給他的複雜推論毫不相干。他責怪碰痛了他的桌子，並不是因爲他以爲桌子是有生命和智力的，而是因爲它碰痛了他。他的憤怒一旦由疼痛引發後就一定要發洩出來，於是他就尋找發洩對象，很自然地他就轉向了引起憤怒的該事物了，儘管這種發洩沒有什麼結果。在同樣情況下，成人的行爲往往略合情理。當我們被粗暴地激怒時，我們就感到要痛罵、要破壞，雖然我們對於發洩憤怒的對象並無有意識的惡意。當小孩的情緒平靜下來後，他完全能區別椅子和人，他不會以同樣態度來對待這二者，這裡幾乎沒有什麼混淆。同樣的道理可以解釋他爲什麼喜歡把玩具視若生物。這是他用同樣的方式在表達對玩耍的強烈需要，恰如在其他情況下把疼痛引發的粗暴感情毫無來由的發洩到某一物體上一樣。他爲了可以有意識地和他的跳娃娃玩耍，就把它想像成一個活人。對他說來，這種幻想是十分容易的，想像是兒童的最高女王；他幾乎完全用想像來思考，而我們知道，想像力是極其柔順的，它在意願的每一個要求面前馴服地彎曲自己。但是，如果玩具突然變成了真的，並且打了他，那麼他就是第一個大吃一驚的人，這說明他幾乎不

會被自己的幻想所矇騙㊲。

因此，讓我們撇開這些令人生疑的類比吧。為了弄清楚最初的人類是否易於發生這種混淆，我們不應該研究今天的動物或兒童，而應該研究原始人自己的信仰。如果自然界的精靈和神祇確實是按人類靈魂的形象形成的，那麼它們就應帶有其起源的痕跡，並使人想起其原型的特徵。靈魂的最重要特點是，它被想像成是賦予有機體生命力的一種內在本原：它使有機體運動和生活，以至它一撤離，生命就會結束或中止。它以軀體為天然居所，至少在軀體存在的期間是這樣。但是精靈卻不是這樣依附於自然界中的事物的。太陽未必就在太陽裡，岩石精靈也未必就在它做為主要居所的岩石中，精靈無疑與其依附的軀體有密切關係，但是有人用了一個極不確切的表達法，說精靈是其寄居體的靈魂。如科德林頓說㊳：「在美拉尼西亞的任何地方都沒有這樣的信仰」，精靈賦予任何自然物體以生命、樹、瀑布、暴風雨或岩石，精靈之對於這些事物，猶如靈魂之對於軀體。歐洲人固然談到了海洋或者暴風雨或者森林的精靈；但是它們所代表的土著觀念是：鬼魂作祟海洋和森林，它們擁有掀起暴風雨和使旅行者患病的威力。」靈魂基本上居於軀體內，而精靈則在它做為基地的物體之外度過其大部分時間。這一區別似乎並未顯示第二個觀念源自第一個觀念。

從另一個觀點來看，這必須加以補充說明：如果人們確實被迫在事物中體現自己的形象，那麼他們應該按自己的肖像來構想神聖事物。然而擬人說（Anthropomorphism）絕不是原始的，而是相當先進文明的標誌。最初，神聖生物被想像成動物或植物的形狀，人類形狀只是逐步從中分解出來的。下文將看到，在澳大利亞，動、植物才是最早的神聖生物。甚至在北美的印第安人當中，開始做為崇拜對象的宇宙大神也大都被描繪成動物形狀㊳。雷維爾不無驚奇地說：「動物、人類和神聖生物的差別沒有被這種

內心狀態感覺到，通常可以這樣說：基本形狀是動物形狀」⑩。爲了找到完全用人類成分構成的神，幾乎必須前進到基督教。在此，神是一個人，這不僅就其臨時現身的物質外貌而言，還就其表達的觀念和感情而言。然而，即使在希臘和羅馬，衆神雖然通常被描繪成人類外貌，許多神話人物卻還是帶有動物起源的痕跡的：如狄俄倪索斯(Dionysus)，他經常顯露的外貌是牛，或者至少有著牛角；還有得墨忒耳(Demeter)，她往往被說成有著馬鬃；還有潘(Pan)和西勒努斯(Silenus)、浮努斯 (Fauns)等等⑪。所以，人類傾向於把自己形象加給事物的說法與事實完全不合。此外，人類甚至在最初就把自己想像成緊密地參與了動物自然界的本性。有一種信仰在澳大利亞幾乎普遍存在，在北美印第安人中也廣泛傳播，即：人類的祖先是動物或植物，或者至少認爲最初的人全部或部分地具有某種動物或植物的特徵。所以，人類在早期不是把生物看成如自己一般，而是用一些與自己迥異的生物來想像自己。

5

最後，精靈崇拜的理論包含著一個邏輯論，而這個結論恐怕是對於該理論的最好駁斥。

如果這個理論是對的，那麼就必須承認，宗教信仰即是許許多多虛幻的想像，沒有任何客觀基礎。有人假設，它們都導源於靈魂觀念，因爲人們看到的只是精靈和神祇中的一個放大了的靈魂。但是按泰勒及其追隨者，靈魂觀念本身就是完全由人們夢中吸引其注意的那些模糊不清和不連貫的形象構成的，因爲靈魂是變身，而變身只是夢中向自己現身的一個人。那麼從這個觀點來看，神聖生物不過是一種想像的概念，是由人們每天陷於一種譫狂狀態時創造出來的，雖然我們簡直無法看到這一概念有什麼有用的目的，也看不到它們在現實中反映了什麼。一個人祈禱、供

奉犧牲和祭品，甘受儀式指定的種種苦難，那是因為一種體質上的反常使之將夢境當做知覺，把死亡當做長眠，以及把靜物當做有生命和有思想的生物。於是，不但用以想像宗教威力的那些形式沒有確切地表達宗教威力，以及幫助人們想像宗教威力的那些符號部分地掩蓋了宗教威力的真正性質，而且在這些意象和符號背後，除了原始心智中的夢魘以外什麼也沒有。總之，宗教只成了系統化的和活生生的夢境，毫無現實基礎可言㊷。於是，精靈崇拜說的理論家在尋找宗教思想的起源時，付出了小小的努力就使自己得到了滿足。在他們認為自己已經解釋了人類如何會想像奇怪和虛幻形狀的生物——諸如他們在睡夢中所見——後，就認為問題已經解決了。

事實上，甚至還未接觸到問題。可以承認，觀念系統像宗教一樣，在歷史上佔有十分重要的地位，並且自古以來人們都從中取得其生活所必需的活力，它們也都應該由幻覺組織構成。今天我們開始認識到，法律、道德，甚至科學思想本身都誕生自宗教，它們長期以來一直與宗教混合在一起，並且一直滲透著宗教的精神。一種微不足道的幻想怎麼能造成如此強烈和持久的意識？「宗教只表達存在於自然中的東西」，這應該成為宗教科學的一條原則，因為科學只是關於自然現象的科學。唯一的問題是，這些實在是從自然的哪一部分獲知的，以及是什麼使得人類用宗教思想的獨特形式來表達這些實在的。要提出這一問題，就必須在一開始就確認這樣表達的都是真實的事物。當十八世紀的哲學家們把宗教說成教士們想像出來的巨大謬見時，他們至少能用「僧侶階級對於欺騙人民感興趣」一語來解釋宗教的持久性。但是，如果人民既是這個謬論觀念體系的工匠，又是它的受騙者的話，那麼這個非凡的騙局怎麼能一直存在於這麼漫長的歷史中的呢？

有人也許會問，在這種情況下，是否還能正當地使用宗教科學的詞句。科學是一種方法，它不論被想像成什麼形式始終適用

於眞實的知識。物理學和化學是科學，因爲生理化學現象是眞實的，是不取決於這些科學所展示之眞理現實。心理學也是科學，因爲存在著無須心理學者取得其生存權的眞實意識。但是與此相反的是，在精靈崇拜理論的眞相被人們認識之後就不可能再存在什麼宗教了，因爲人們不可能不摒棄那些其本質和起源已被揭露的謬見。其主要的發現是它所討論的主題並不存在，這算什麼科學？

註　釋

①我們在此提到的這些理論都全部或部分地使用了超經驗的論據。這即是安德魯・朗(Andrew Lang)著述中所提理論的情況(見 *The Making of Religion*)。施密特神父(Father Schmidt)也在一組文章中繼承了這做法，只是細節略異而已(The Origin of the Idea of God，載 *Anthropos*，1908、1909 年)。朗並未明確地撇開精靈崇拜，在最後的分析中直接承認了神聖的感覺或直覺。我們即使不認爲必須在本章中評述這一概念，卻也不打算任其默默過去；我們將在下文再次談及，我們將自己來解釋做爲這個概念基礎的那些事實（見本書第2篇，第9章，第9節）。

②例如，這即是富斯特爾，德・庫蘭吉(Fustel de Coulanges)的情況，他兼採了兩種概念(*The Ancient City*，第1冊和第3冊，第2章)。

③這即是杰文斯(Jevons)的情況，他批判了泰勒(Tylor)提出的精靈崇拜說，但是接受了關於靈魂觀念起源和人類擬人天性的說法。烏曾納(Usener)則相反，他在其 *Götternamen* 中反駁了馬克斯・繆勒(Max Müller)的某些假設—這在下文將談及—但卻承認了關於自然崇拜的主要假設。

④ *Primitive Culture*，第 11～18 章。

⑤ *Principles of Sociology*，第1篇和第6篇。

⑥這是泰勒所用的字眼。它的缺點是：似乎意味著在有文明之前還生活著本來意義上的人。然而，沒有恰當的術語來表達這一觀念了；而原始人(primitive)一詞—這是我們在沒有更好字眼的情況下採用的—則如我們已談及，也還不是令人滿意的。

⑦ Tylor，前引書，P.455 及下頁。

⑧見 Spencer: *Principles of Sociology*，I，P.143 及以下諸頁；以及 Tylor: 前引書，I，P.434 及以下諸頁，P.445 及以下諸頁。

⑨ Tylor: II，P.113 及以下諸頁。

⑩ Tylor: I，P.481 及以下諸頁。

⑪ *Principles of Sociology*，I，P.126。

⑫同上書，P.322 及以下諸頁。

⑬同上書，PP.366～367。

⑭同上書，P.346。參看 P.384。

⑮見本書第2篇，第8章。

⑯見 Spencer and Gillen: *The Native Tribes of Central Australia*，PP. 123～127；Strehlow: *Die Aranda – und Loritja – Stämme in Zentral Australien*，II，P.52 及以下諸頁。

⑰*The Melanisians*，PP.249～250。

⑱Howitt:*The Native Tribes of South－Eastern Australia*，P.358。

⑲同上書，P.434～442。

⑳關於南幾內亞的黑人，泰勒説「他們睡眠時的特點幾乎即是與死者的交往，猶如醒時與活人交往一樣」(*Primitive Culture*，Ⅰ，P.443)。關於這些部落人，同一作者轉引了一個考察者的評論；「他們的一切夢境都被構想成其已故朋友精靈的來訪」(同上書，P.443)。這段敍述肯定誇張了；但是它又一次證明了原始人中神秘夢境的頻頻出現。斯特雷洛認爲阿隆塔(Arunta)語中 altjirerama 一詞義爲「作夢」，這一語源也傾向於肯定上述説法。該詞由 altjira (斯特雷洛譯成「神」) 和 rama (意爲「看見」)組成。於是，夢境便成了人與神聖物發生關係的時刻了(*Die Aranda－und Loritja－Stämme*，Ⅰ，P.2)。

㉑安德魯‧朗也不承認靈魂觀念是由人類的睡夢經驗啓發出來的，他認爲他能從另一個經驗知識推導出這一觀念：這即是心靈術(心靈感應、遙視等等)。我們並不認爲有必要來討論諸如他的書(*The Making of Religion*)中所提出的那種理論。它基於這樣的假設：心靈術乃是不斷觀察到的事實，而遙視則確實是人類—至少是某些人—的一種功能，但是衆所周知，這一理論在科學上是有爭議的。而更有爭議的是，心靈術的事例竟然如此明顯和頻繁，以致足以成爲與靈魂及精靈聯繫在一起的所有宗教信仰和儀式的基礎。檢討這些問題會使我還們遠離我們的研究對象。而更無必要使我們檢討的，是因爲朗的理論中的許多可議之處與下節裡我們對泰勒理論提出的異議相同。

㉒杰文斯做了類似的評論。他和泰勒一樣，承認靈魂觀念來自夢境，並且在其產生以後就被人們置入事物中而具體化。但是他又補充道，自然界一直被想像成如人一般的具有生命，這一情況不能解釋爲什麼自然會變成崇拜對象。「人們相信鞠躬的樹或跳躍的火焰如同自己一般是活物，並不因而就認爲它是超自然的生物，相反，正因爲它像自己，所以同樣不是超自然的。」(*Introduction to the History of Religions*，P.55)。

㉓見 Spencer and Gillen:*Nor. Tr.*，P.506；以及 *Nat. Tr.*，P.512。

㉔這即是弗雷澤在其 *Golden Bough* 一書中所研究的儀式和神話的主題。

㉕*The Melanisians*，P.119。

㉖同上書，P.125。

㉗有時候似乎有喪葬供奉。(見 Roth: Superstition, Magic and Medicine，載 *North Queensland Ethnog.*，Bulletin No.5, § 69 c;以及 Burial Custom，載同上雜誌，No.10,載 *Records of the Australian Museum*，Vol. Ⅵ，No.5, P.395)。但是這些供奉也並不是周期性的。

㉘Spencer and Gillen:*Nat. Tr.*，P.538、P.553；以及 *Nor. Tr.*，P.463、P.543、P.547。

㉙尤見 Spencer and Gillen:*Northern Tribes*，第 6、7、9 章。

㉚*The Religions of Primitive Peoples*，P.47 及以下諸頁。

㉛*Myth，Ritual and Religions*，P.123。

㉜*Les Religions des peuples non civilisés*，II，'Conclusion'。

㉝*The Religion of the Semites*，第 2 版，P.126、P.132。

㉞這即是韋斯特馬克(Westermarck)的推理(*Origins of Human Marriage*，P.6)。

㉟關於共同的性生活，我們不是指人類不顧婚姻規定的亂交狀態，我們認爲這種亂交狀態從未存在過。但是經常會看到有些群體中的許多男人有規律地與一個或幾個婦女結合的情況。

㊱見我們的 *Suicide*，P.233 及以下諸頁。

㊲Spencer: *Principles of Sociology*，I，P.129 及下頁。

㊳*The Melanesians*，P.123。

㊴Dorsey:*A Study of Siouan Cults*，載 *XIth Annual Report of the Bureau of Amer. Ethnology*，P.431 及以下諸頁，以及各處。

㊵*La religion des peuples non civilisés*，I，P.248。

㊶V.W. de Visser:*De Graecorum diis non referentibus speciem humanam*。參看 P. Perdrizet:*Bulletin de correspondance hellénique*，1899 年，P.635。

㊷然而，據史賓塞，在精靈信仰中有個眞理的萌芽，即是這樣的觀念：「在意識內體現自己的威力乃是另一種威力形式，不同於在意識外體現自己威力。」(*Ecclesiastical Institutions*，P.659)。史賓塞據此而將一般力的概念理解成即是我們將其擴展至整個宇宙的力的感情；這是精靈崇拜說以類似於我們人類的精靈佔據自然界時所含蓄地承認的。但是，即使這個關於力量的觀念形成方式的假設是確實的─對它需要做重大保留，我們將在第 3 篇第 3 章第 3 節談及─那麼它也還是沒有宗教性可言，它不屬於任何崇拜。所以，宗教符號和儀式的體系、事物盡爲神聖和凡俗的分類，以及宗教中一切眞正具有宗教性的事物，依然不相當於任何現實。此外，他所說的這種眞理的萌芽更是一種謬見的萌芽，因爲即使自然力和心智力確實相關，它們也有著重大差別，如果有人將它們視爲同一，則會使自己產生嚴重錯覺。

第三章
基本宗教的主要概念(續)

II. 自然崇拜

自然崇拜學派的精神則大不相同了。

首先，自然崇拜說形成於一個不同的環境中。精靈崇拜論者大部分是人種學者或人類學者。他們研究的宗教是人文科學所知的最粗淺的宗教。因此他就把異常的重要性歸之於死者的靈魂、精靈、魔鬼以及實際上一切次級的超凡生物①。與此相反，我們現在要敍述的理論卻是特別致力於歐、亞大文明的那些學者的作品。

自從格里姆(Grimm)兄弟——他們指出了對印歐諸民族的各種神話進行比較的意義——的著作問世以來，學者仍都爲這些神話中存在的令人矚目的類似性所動。人們認同了各種神話人物，他們雖然名字不同，但是象徵著同樣的觀念並履行著同樣的職責；甚至其名字也往往是相關的，人們認爲可以確認它們互相之間有著關係。這種類似性似乎只能用同源說來解釋。於是他們就推測這些外觀五花八門的概念實際上出自一個公共的來源，它們只是公共來源變化了的形式，而且並非沒有可能發現這一公共起源。通過比較的方法，他們認爲應該越過那些大宗教，追溯到古老的觀念系統，追溯到其他概念都導源於它的眞正原始的宗

教。

　　《吠陀經》的發現十分有助於刺激這些雄心。學者們在《吠陀經》中見到了一份手寫的經文，在發現之時無疑誇大了它的古老性，不過它肯定是我們手頭擁有的印歐語言作品中最古老的作品之一。於是，他們就能用普通的哲學方法來研究與荷馬同齡或比荷馬更古老的一份文獻以及一個據信比日耳曼宗教更原始的宗教了。具有這種價值的文獻顯然註定要對人類的宗教之始投下新的光束，而宗教科學也不可能不因而面目一新。

　　科學的形勢和觀念的普遍進步強烈地要求產生新的概念，於是，新概念幾乎同時出現在兩塊大陸上了。一八五六年，馬克斯・繆勒在其《牛津隨筆》(*Oxford Essays*)中表述了這一概念的原則②。三年後出現了阿德爾伯特・庫恩(Adalbert Kuhn)著作《火的起源和神之飲》(*The Origin of Fire and the Drink of the Gods*)③，這顯然是被同一精神激發出來的。這個觀點發表後，立即以最快的速度在科學界傳播開來。和庫恩之名緊密相連的是其妻弟之名施瓦茨(Schwartz)，其著述是《神話學的起源》(*The Origin of Mythology*)④，緊接前一著作。施泰因塔爾(Steinthal)和德國的整個人類心理學派(Völkerpsychologie)都投入了這一運動。這個理論在一八六三年由姆・米歇爾・布雷爾(M. Michel Bréal)介紹入法國⑤。它所遇到的阻力甚小，按格魯佩(Gruppe)的說法⑥是：「一個時代來臨了，且不說某些古典語言學家──《吠陀經》研究對於他們來說是未知的──所有神話學者都以馬克斯・繆勒或庫恩的原則做為其出發點⑦。」所以，看看這些原則究竟是什麼以及它們的價值如何，就十分重要了。

　　既然沒有人使用比馬克斯・繆勒更系統的形式來介紹它們，那麼我們就以他的著作為基礎而進行下面的敍述⑧。

1

我們已經看到，做爲精靈崇拜說基礎的前提是：宗教——至少在最初——表達的不是物質現實。但是馬克斯‧繆勒則以相反的原則開頭。他認爲，宗教基於經驗乃是不言自明之理，它從經驗中汲取其一切根據。他說：宗教如果要在我們的意識中做爲一個正當的成分而保持其地位，那麼它就必須像其他一切認識一樣，以感官經驗開始⑨。他用了一句古老的經驗格言：〝Nihil est in intellectu quod non ante fuerit in sensu〞（未曾感覺，便無領悟）。他把它使用於宗教，並聲稱，不是首先出現在感覺中的就不是信仰。所以這個說法似乎就避免了遭到我們對精靈崇拜說那樣強烈的駁斥。從這個觀點來看，宗教似乎不應是模糊與混亂的夢境，而是頗有現實基礎的觀念和實踐體系。

但是，產生宗教思想的這些感覺是什麼呢？這是人們認爲吠陀研究有助於解決之的問題。

衆神的名字通常是至今仍在使用著的普通詞彙，或爲可能發現其原義以前的通用詞彙。二者均指稱自然界的主要現象。例如，印度的主神之一 Agni（阿耆尼），原來只意味著火的物質事實，它通常由感官覺察到，並無任何神話附加物。甚至在《吠陀經》中它也仍然以這一涵義使用；不管怎樣，下列事實完全證明了這一涵義是原始的：拉丁語 ignis、立陶宛語 ugnis、古斯拉夫語 ogny 都顯然與 Agni 密切相關。同樣地，梵語 Dyaus、希臘語 Zeus、拉丁語 Jovis 以及高地德語 Zio 的相互關係在今天來說都是無可爭議的。這證明了這些不同的詞指稱的是同一個神，印歐民族在分離之前就都承認這種神了。而 Dyaus 則意爲明亮的天空。這些及其他類似事例傾向於表明，在這些民族中，自然界的形體和力量是宗教感情依附的最初對象，它們是最早的神化事物。馬克斯‧繆勒在其歸納中進一步認爲，他準備推斷一般人性

的宗教演化有著同樣的出發點。

　　從心理學角度來看，他幾乎完全證明了這些推論。他似乎認為，自然界提供給人類種種景觀都符合直接引發到人們內心的宗教觀念所必須的條件。事實上他確是說「初看之下，沒有比自然界更不自然的東西了。自然是最令人驚奇的事物、一個恐怖的事物、一個非凡的事物、一個傑出的奇蹟，只是由於它們的永恆、連續和有規律地反覆出現，這個奇蹟的某些特性才被稱『自然的』，是在可預見、普通、可理解的意義上而言的『自然的』……從最早開始為宗教思想和宗教語言提供了刺激力的是那個令人驚奇的、恐怖的、非凡的、創造奇蹟的巨大主宰，是區別於已知的，或者用我所喜歡的表達法，是區別於有限的無限⑩。」為了解釋其觀點，他把它應用於在吠陀宗教中佔有很高地位的自然力量——火。他說：「如果你能在早期生活階段待一會兒——我們不但必須把自然宗教的起源、而且要把自然宗教早期階段歸因於這種生活階段——那麼你就很容易暸解火的最初出現會在人們心中留下什麼印象了。火不像天、地或水那樣長久或永恆存在的。它最初不論以什麼方式出現，不論是通過閃電還是樹枝的摩擦，或是通過燧石的火花，它一出現就保留下去了，人們不得不看護著它，它帶來了破壞，但同時又使得冬天的生活成為可能，它是夜晚的防護手段，它是防衛和攻擊的武器，最後，並非最不重要的，它使人們由吞食生肉變成了烹煮熟肉。在此後的年代裡，它成了加工金屬、製作工具和武器的手段，它成了一切機械和藝術進步中不可缺少的因素，並且保持了下來。即使在今天，我們如果沒有火將會是一副什麼光景⑪？」他又在另一本書中說，人類如果不顧及到自然界的廣大和無限，就不可能和它建立關係。大自然界在一切方面都超過了人類。人類覺察到的遠方之外有著無限延伸的其他遠方；在每一瞬間的之前和之後都有一段無法確定其界限的時間，奔騰的河流體現了無窮的力量，因沒有東西可以使之枯

竭⑫。大自然中的每個方面都有資格使我們的內心強烈感到有一種無限包圍著和主宰著我們⑬。宗教正是導源於這種感覺⑭。

然而，它們那時只在萌芽狀態⑮。只有到了人類內心不再以抽象形色描繪這些自然力量時，宗教才真正地開始。它們肯定演變成了具有人類特點的行為者；有生命的和能思想的生物、精神威力或神祇，因為崇拜通常是針對著這類生物的。我們已經看到，精靈崇拜說被迫提出了這一問題，也看到了它是如何回答的：人類對於區別生物和非生物似乎有一種天生的潛能，並有一種不可抗拒的偏愛來用生物的形狀想像非生物。馬克斯·繆勒反對任何這樣的答案⑯。按他的看法，是語言對於思想的作用才導致了這種變形。

很容易解釋人們——他們感到自己所依賴的那種不可思議的力量困擾著他們——是如何對這些力量進行反思的，以及他們如何自問這力量是什麼，並努力用一個更為清晰的觀念和更明確意義的概念來取代其最初的模糊感覺的。但是，正如這位作者非常公正地說的那樣⑰：如果沒有詞彙，這種觀念和概念就不可能了。語言不但是思想的外套，也是其內部架構。它不只是在思想形成後才表達它，它也幫助思想的形成。然而，語言有著另一類性質，所以它的法則也並非思想的法則。那麼，既然語言有助於構建思想，它就不可能不在某種程度上歪曲了思想和使之變形。據說就是這種變形才創造了宗教思想的特殊性質。

思想在於編排我們的觀念，因此就在於將它們分類。例如，思考火，就是將火置入一定的事物範疇中，所使用的方式能使人說出火是此或彼，或者，是此而非彼。但是分類也是命名，因為一個一般概念除了用詞彙來表達，並且唯獨由詞彙來創造其個性外，就不可能存在，也毫無現實性可言。所以，一個民族的語言始終影響著最新瞭解的新事物在人們內心分類亦即思考的方式；

94

這些新事物就被迫適應預先存在的形式。鑑於這一原因，人們開始構成有關宇宙的經過加工的表象時所使用的語言，就標誌了天生具有不可磨滅痕跡的觀念體系。

　　我們也不是沒有一些這種語言的知識，至少在涉及印歐民族時是這樣。儘管這種語言離我們多麼遙遠，但是它的一些紀念物仍留在現行的語言中，這使我們能夠想像出那時的語言曾是什麼樣子，這些紀念物即是詞根。這些詞根——今天使用的一切詞彙都導源於它們，它們見於所有印歐語言的基礎中——被馬克斯·繆勒看成是相應民族在其分離之前（即在這將要解釋自然宗教形成之時）所操語言的許多回聲。而這些詞根則具有兩個顯著的特徵，這種特徵固然迄今只在這個語言群中看到，但馬克斯·繆勒則相信它們也存在於其他語族中⑱。

95　　　首先，詞根是一般的，亦即是說，它們不表達單獨的事物和個人，而只表達類型，甚至是極具概括性的類型。它們代表了最一般的思想主題；人們在此看到的是彷彿固定了的和明確化了的智力基本範疇，這些基本範疇在歷史上每時每刻都主宰著整個心理生活，哲學家們曾多次試圖重新編排這些範疇⑲。

　　其次，這些詞根相應的類型是行為類型而非物體類型。它們體現了見之於生物尤其是人類中最一般的行為方式，諸如打擊、推拉、摩擦、躺下、起來、擠壓、下降、行走等等。換言之，人類在歸納和命名自然現象之前歸納和命名了他們的主要行為方式⑳。

　　這些詞根由於其極端的普遍性，所以能輕易地擴展至它原來並未包括在內的一切客觀事物。甚至就是這種極端的靈活性，才使之產生了大量導源於它們的詞彙。然後，當人們轉向事物而開始命名它們時，人們就能思想它們。人們把詞彙應用於事物，雖然這些詞彙的起源並不是預先為這些事物設計出來的。然而，鑑於詞彙的起源，它們只能用似乎與人類活動最接近的體現方式來

命名自然界的力量：霹靂稱爲撕碎泥土或傳播火的某物；風是嘆息和嘯叫的某物；太陽是投擲金箭穿空而過的某物；河流則爲流動的某物等等。既然自然現象是這樣與人類行爲類比的，那麼它們依附的某物就必然被想像成多少有點像人的人物狀貌了。這只是比喻，但是被拘泥於字面意義地採用了，於是謬誤就不可避免，因爲唯一能驅除幻覺的科學尚未存在。簡言之，由於語言是由人類要素構成而體現了人類的狀態，所以它使用於自然時不可能不使之改變形象㉑。米歇爾·布雷爾評論道：即使今天它也在一定程度上強迫我們從這個角度來想像事物。「我們在表達一個觀念(即使是一個指明簡單品性的觀念)時，也無不給予它一個性(gender)，也就是說，一個性別(sex)；我們在談及一個物體時——即使它被人以最一般的方式來看待——無不用一個冠詞來確定它；句中的每個主語都顯得像個主動物，每個觀念都顯得像種行爲，以及每個行動——無論是暫時的還是永久的——都被限制在我們用以置放動詞的時態範圍之內㉒。」我們的科學修養使得我們能夠糾正語言這樣暗示的謬誤；但是詞彙的影響在其未受檢驗時是力量無限的。語言就這樣在給我們感官啓示的物質世界之上添加了一個完全由精神存在構成的新世界，這些精神存在從烏有中創造，並且被認爲從來就是決定自然現象的原因。

但是語言的作用並不止於此。當詞彙一旦用以代表這些人格——公眾想像把他們置於事物之後——後，一個反作用便影響了詞彙本身：它們引發了各種各樣的問題，於是人們便創造出神話來解答這些問題。有時候一個物體會有許多名字，相應於它在經驗中體現的各個方面；《吠陀經》中的「天」就有二十多個名字。既然這些詞彙各不相同，那麼人們就認爲它們相應於同樣多的各具特色的人格。但是與此同時又強烈地感到這些人格之間存在一種親戚關係。人們想像他們組成了一個家庭，以說明這種親戚和關係；於是發明了他們的家系、公民身分、歷史。另一種情況是

用同一詞彙命名不同事物，爲了解釋這種異物同名現象，人們就
想像其相應事物是互相演變的，並且編造出新的幻想來使這種變
形可以理解。或者，一個不再爲人所懂的詞彙便產生一個賦予詞
彙涵義的神話。語言的創造性工作就這樣繼續著，使得構想日益
複雜，然後就編造出神話來給予每個神一段傳記，傳記日益擴展
和完善，最後，原先與事物混淆的神聖人格便區別出來和確立下
來。這就是關於神如何構想出來的理論。至於祖先的宗教，則僅
是另一種這類反映而已㉓。他們認爲靈魂觀念最初形成時的原因
也雷同於泰勒所述，但馬克斯・繆勒除外，他認爲靈魂觀念是用
來說明死亡而不是睡夢㉔。於是，在種種情況（有些是偶然的）影
響之下㉕，從軀體分解出來的靈魂便慢慢地吸收入神聖存在的圈
子裡去並最終神化了。但是這一新的崇拜只是一種次級形成物。
這可由下列事實證明：神化的人通常是不完全的神或半神，人們
始終能將他們與眞正的神區別開來㉖。

2

這個理論部分地基於若干語言學前提，而這些前提一直是非
常成問題的。有些人對馬克斯・繆勒聲稱的歐羅巴諸語言中神名
類似的眞實性提出了異議。他對這些類似處所做的解釋則尤其令
人懷疑：人們懷疑這些絕非標誌著非常原始的宗教的名字是否是
直接借鑑或者與其他語言自然交流的緩慢結果㉗。同時，人們也不
再以爲詞根曾做爲獨立實體而存在於隔離狀態之中，以及詞根能
使我們重建——即使假設地——印歐人的原始語言㉘。最後，近來
的研究傾向於表明，吠陀神並不具有馬克斯・繆勒及其學派歸給
它們的自然崇拜特徵㉙。但是我們將撇開這些問題不談，因爲討論
這些問題需要具有語言學家的專門能力，並直接致力於這一體系
的一般原則。在此，重要的是不要把自然崇拜理論與這些被駁斥
的假設混淆起來；因爲這是那些與馬克斯・繆勒不一樣，且不認

爲語言在自然崇拜中扮演主角的學者所主張的。

　　有時候每個人都易於認爲，人類對於瞭解四周的世界很感興趣，因而在最初就對這個世界進行了反思。他們極須和這些與自己關係密切的事物進行合作，因此不可能不設法瞭解這些事物的本性。但是，如果像自然崇拜說所聲稱的那樣，宗教思想導源於這些反思，那麼就不可能解釋在人類瞭解自然本性的最初努力失敗以後，宗教思想怎麼還能繼續存在下去。這種持久性是不可思議的。我們之所以需要瞭解事物的本質，是爲了用適當方式使之發揮作用。但是宗教——尤其是其早期形式——給予人類的宇宙概念是極其殘缺不全的，以致不能產生臨時的實用儀式。事物變成像有生命和有思想的生物、神道或人格一樣，宗教想像力使之成爲宇宙現象的管理者。人們並不是通過想像它們或對待它們而使之爲自己服務的。人們不是通過祈禱、奉獻、犧牲或者自我禁食、禁慾而使之爲自己效勞的。這樣的方法能夠成功是極其例外和不可思議的。即使宗教存在的原因給予了我們以世界的概念，指導我們與世界的關係，但是它也絕不可能履行其職責，比成功頻繁得多的失敗將迅速地向人們表明，他們遵循了一條錯誤的路線，而宗教每時每刻受到這些不斷重複的矛盾的動搖，也不能再存在下去。

　　誠然，謬見確能在歷史上永存下去，但是除了在極例外的融合情況下，它們不可能這樣永存下去，除非它們實際上是眞實的，也就是說，除非它們無須給予我們有關所涉事物的理論上確切的觀念，就足以表達其或好或壞影響我們的方式。在此情況下，它們確立的行爲就完全可能——至少通常說來——成爲正當的行爲，所以這就輕易地解釋了它們爲什麼能在經驗檢驗之下倖存下來㉚。但是，一個謬見，尤其是只會導致錯誤和無用儀式的謬見體系就絕無存在的可能了。那麼，在信徒試圖影響自然的儀式和科學敎導我們利用自然的方法——這是迄今所知的唯一有效方法

——之間有何共同之處呢？如果這就是人類對宗教所要求的，那麼就不能理解宗教怎麼可能繼續維持下去，除非有巧妙的幻術使人看不到它並未給予人們所期望的東西。這就必然又回到了十八世紀過分簡單的解釋了㉛。

　　所以，自然崇拜說只是在表面上避開了我們剛才對於精靈崇拜說的駁斥。自然崇拜說也使宗教成為一個幻覺系統，因為它把宗教貶低為一個毫無客觀價值的巨大比喻。誠然，它給予了宗教一個現實的出發點，這個現實就是自然現象在我們內心激起的感覺；但是，通過語言的蠱惑作用，這種感覺很快演變成了荒誕胡來的知覺了。除非立即用厚厚的帷幕——它即是神話學帶來的神話信仰織物——把宗教思想掩蓋起來，隱藏其真實形貌，否則宗教思想就不會和現實接觸。於是，信仰者就像譫狂的人一樣，生活在以詞語存在的事物所佔據的世界中，馬克斯・繆勒自己也認識到了這一點，因為他把神話看成是智力疾病的產物。最初，他把它們歸因於語言疾病，但是既然在他看來語言和智力是不可分離的，那麼雙方的情況就相同了。他說：「在試圖解釋神話最深處的本質時，我稱之為語言疾病而非思想病……當我在《思想科學》（la Science de la Pensée）裡充分解釋了語言和思想之不可分離，以及語言疾病亦即思想疾病之後，我所指的意思顯然未變。想像最高神犯了種種罪惡，受人類欺騙，生妻子的氣和虐待孩子，這肯定是病態的證據，是思想不正常狀態的證據，或者更清楚地說，是真正瘋狂的證據㉜。」這個論證不僅有力地批駁了馬克斯・繆勒及其理論，而且批駁了無論何種方式的自然崇拜說的原則。不管我們幹什麼，如果宗教把表達自然力量做為其主要目的，那麼就不可能看到其中存在著比虛妄幻覺體系更多的東西，這個體系的繼續存在是不可理解的。

　　馬克斯・繆勒以為這樣就避開了反對意見（他感覺到了反對意見的嚴重性）：他徹底地區別了神話和宗教，把神話置於宗教之

外。他聲稱只有與明智的道德體系和理性神學的規定相一致的那些信仰才有權保留宗教的名字。神話是寄生物，它們在語言的影響下依附於這些基本概念，並使之變質。例如，在希臘人把宙斯看成最高神、人類之父、法律保護者、罪行的報復者等等情況下，宙斯信仰就是宗教的；但是，宙斯的傳記、婚姻及其冒險則僅僅是神話的㉝。

　　這種區別是隨心所欲的。誠然，神話像宗教歷史一樣具有美學意義，但是無論如何總是宗教生活的基本要素之一。如果把神話從宗教中摒除出去，那麼必然也應該摒除儀式；因為儀式是針對確定人格的，這些人格有名字、有身分、有一定的品性和歷史，並隨人們想像他的方式不同而變化。對於一個神的崇拜取決於他的身分，而確定其身分的是神話。儀式往往只是實施中的神話；基督教的聖餐式和最後的晚餐的神話是不可分離的，聖餐式從這個神話中導出其全部意義。然而，如果一切神話都是一種詞語譫狂的結果，那麼我們提出的問題就仍然未被觸及：崇拜的存在，尤其是它的持久性就變得不可解釋了。我們就難以理解為什麼人們千百年來會一直毫無目的地幹著某些事情。此外，神話不但確定了神聖人格的獨特品性，而且還包含著這樣的觀念：無論人類以什麼方式想像它們，眾神或精神存在都位於自然界的各部之上㉞。如果把一切有關宇宙管理神概念的東西都從宗教中抹去的話，那麼還能剩下什麼來呢？是神性本身的觀念？還是人們所依賴的超驗威力的觀念？但是那只是未在任何歷史宗教中充分實現的一個抽象和哲學的概念；它對於宗教科學並無意義㉟。因此我們必須避免在宗教信仰間進行區別，不能因為有些似乎是真正或合乎情理的就保存下來，有些令人感到震驚或迷惘的就排斥之。一切神話，即使是我們認為最不合情理的神話都是有人相信的㊱。人們相信它們的堅定程度絕不亞於相信自己的感覺：他們的行為即以這些神話為基礎。所以，不管這些神話的表面如何，它

101

102

們不可能沒有客觀基礎。

　　然而，應該說，無論用什麼方式解釋宗教，宗教對於事物的真正本性的看法肯定是錯誤的，科學已經證明了這一點。所以它們勸告或指令人們去執行的行為方式鮮有實用效果：祛邪儀式不能治病，犧牲和頌歌也不能使穀物成長。所以我們對於自然崇拜說提出的反駁意見似乎可以適用於一切可能的解釋體系。

　　不管怎樣，仍有一種解釋避開了這個批駁。讓我們假定，宗教是滿足另一個完全不同的需要而非滿足可感覺需求的，這樣，宗教就不必因為不能（或只能部分地）滿足可感覺需求，而有削弱之虞了。如果宗教信仰並非為了使人類與物質世界融洽而誕生的，那麼它在人們與世界的鬥爭中給人造成的傷害就與其起源無關了，因為它另有出處。

　　如果人們的信仰不是出於這些原因，那麼當這些原因與事實相悖時，人們還會繼續相信。甚至可以想像，信仰是非常強烈的，它不但保持了這些矛盾，而且可以否認它們，使信徒看不到矛盾的重要性，把矛盾轉化成無害於宗教的東西。宗教感情活躍時就不承認宗教有錯，並且隨時提出解釋，使之顯得清白無辜；如果儀式並未產生預期的效果，則失敗就被歸咎於儀式執行上的錯誤，或者另一個對立神祇的干擾。所以，這些宗教觀念必然源於另一種感情，而不是被經驗騙局玩弄了的感情，否則其抵抗力量從何而來？

3

　　況且，即使人們確有理由——儘管這些理由多麼錯誤——頑固堅持用宗教術語來表達宇宙現象，那麼這些理由也必然應該具有暗示這種解釋的性質。而它們什麼時候得了這一性質？在此我們發覺又面臨著那些只因未受批判而被放過的假設中的一個了。有人聲稱，自然力量的天然作用中有著引發人類神聖觀念所需的

一切東西，這是一條不言自明之理；但是當我們嚴格檢查一下這一提法的論據時（順便說一下，這些論據是極其簡括的），就發現它們只不過是一種偏見。

他們說人類發現世界時會感到驚奇。但是事實上，自然生活的特點是近乎單調的規律性。每天清晨太陽升上地平線，每天晚上落下去；月亮的周期是一個月；河流在河道中奔騰不息；同樣的季節周期性地使人產生同樣感覺。誠然，有時候這裡或那裡也會發生點意外事件：日蝕、雲遮住月亮、河流氾濫。但是這些暫時的變化只會產生暫時的印象，關於它們的論證旋即消失了；它們不可能做為構成宗教的那些穩定而永久的觀念及儀式體系的基礎。通常，自然界的過程是始終如一的，而一致性絕不會導致強烈的情緒，把野蠻人說成在這些非凡事物面前充滿了敬佩之情，是把現代感情放到了歷史之初。原始人習慣於自然，不可能驚訝不已。要擺脫習慣的桎梏而去發現實際的規律性是需要文化和反思的。此外，如我們已做的評論那樣㊲，對一個事物的敬佩並不足以使之顯得神聖，也就是說，並不足以使它具有下述特性：與它的一切直接接觸都顯得是褻瀆和玷污。如果我們把每一個敬佩和驚奇的印象都混同為宗教感情，那麼就是曲解了宗教感情。

但是，他們說，人們在大自然面前即使沒有敬佩之感，也有一種情不自禁感覺到的印象。人與大自然接觸時無不感到它的偉大，大自然的無窮性壓倒了人。人類對於其四周無限空間，前後無限時間以及無比優越力量的知覺似乎不可能不使之產生這樣的觀念：在他之外存在著他所依賴的無限威力。而這一觀念便成了神聖概念的一個基本成分。

但是我們應記住問題是什麼。我們想要發現，人類為什麼會想到現實中存在著兩個根本異質和不可類比的事物範疇的？自然的景觀怎樣使人產生了這種二元性觀念的？大自然始終並到處一樣。它的無限擴展無關緊要，在我們目光所及的極限之外與這裡

104

並無二致。我們想像的地平線外的空間依然是空間，與我們所見的相同。無始無終流逝的時間由許多瞬間構成，而這些瞬間與我們所歷經的瞬間一樣。廣度和時間一樣，都在無限地重複自己；如果我們接觸的那部分並無神聖特性，那麼其他部分何來神聖特性呢？確實，我們沒有直接看見它們，但這並不足以使之發生變形㊳。凡俗事物的世界也完全可能是無限的，但它依然是凡俗的。他們說我們與之接觸的自然力量超過了我們自己的力量。然而，神聖力量與凡俗力量的區別並不簡單地在於它的力量更大，各股神聖力量是互不相同的，它們各有其他力量所不具備的專門品性。但是體現在宇宙中的力量則與此相反，它們的性質都一樣，在我們體內的即是在我們體外的。尤其是，沒有理由允許某一物擁有最突出的尊貴地位。如果確實是爲了找到自然現象的原因才產生了宗教，那麼這樣想像的力量也不應比今天科學家爲說明同樣事實而想像的力量更爲神聖㊴。這就等於說，那裡沒有神聖事物，因而也就沒有宗教。

即使假設這種「被壓倒」的感覺確實能夠啓發宗教觀念，它也不可能對原始人產生作用，因爲原始人沒有這種感覺。他絕不會意識到宇宙力量會如此勝過他自己的力量。既然科學尚未教會他謙虛，他就會認爲自己擁有主宰事物的絕對權威，他實際上並未擁有這種權威，但對於權威的幻想已足以使之不再有被主宰感了。正如我們業已指出的那樣，他認爲通過一個動作或其他方法便能指揮自然力，釋放風、強迫降雨，或者制止太陽運轉等等㊵。宗教本身會給予他安全感，因爲他相信太陽以其遍布自然界的威力武裝了他。其儀式是幫助他將其意願加給世界的手段。因此，絕不是人類在宇宙面前感到渺小才產生了宗教，而是一種相反感情的激發產生了宗教。甚至是最高尚和最理想主義的感情才具有確保人類戰勝事物的作用，它們使人懂得了信仰能夠「移山」，亦即能主宰自然力量。如果這種感情來自軟弱無能的感覺，那麼怎

能產生這樣堅定的信念？

　　最後，如果自然界的諸客體確實是因為它們體現出的令人產生深刻印象的形態或力量才變得神聖的，那麼首先被抬到這尊貴地位的應該是太陽、月亮、天空、山脈、海洋、風，簡言之，應該是巨大的宇宙威力，因為沒有其他東西更能吸引感官和想像力的注意。但是事實上，它們只是後來逐步神化的。最早被崇拜的事物——下列各章將有論證——是卑賤的植物和動物（人類與它們的關係至少是平等的）。鴨子、兎子、袋鼠、蜥蜴、蠕蟲、靑蛙等等，它們的客觀品性肯定不是激起宗教感情的原因。

註　釋

①這無疑解釋了如曼哈特那樣的民俗學者對於精靈崇拜觀念的熱情。在流行宗敎中如同在落後宗敎中一樣，這些次級超凡物佔據著首位。

②在題爲 Comparative Mythology 的文章中 （P.47 及以下諸頁）。

③ *Herabkunft des Feuers und Göttertrks*，Berlin，1859 年 （新版由 Emst Kuhn 撰寫，1886 年）。參看 Der Schuss des Wilden Jägers auf den Sonnenhirsch，載 *Zeitschrift f.d. Phil.*，Ⅰ，1869 年，PP.89～169。Entwickelungsstufen: *des Mythus*，Abhandl. d. Berl. Akad.，1873 年。

④ *Der Ursprung der Mythologie*，Berlin，1860 年。

⑤在其 *Hercule et Cacus. E' tude de mythologie comparée* 一書中，將馬克斯・繆勒 *Comparative Mythology* 一書讚爲「標誌了神話學歷史上的一個新時代」（P.12）。

⑥ *Die Griechischen Kulte und Mythen*，Ⅰ，P.78。

⑦採用這一概念的還有萊南(Renan)，見其 *Nouvelles études d'histoire religieuse*，1884 年，P.31。

⑧除了 *Comparative Mythology* 外，馬克斯・繆勒陳述其關於宗敎一般理論的著述尚有：Hibbert Lectures (1878 年)，題爲 *The Origin and Development of Religion*；*Natural Religion* (1889 年)；*Physical Religion* (1890 年)；*Anthropological Religion* (1892 年)；*Theosophy ,or Psychological Religion* (1893 年)；*Contribution to the Science of Mythology* (1897 年)。由於他的神話學理論與其語言哲學密切相關，所以應該結合專談語言和邏輯的書來參考上述著述，尤其見 *Lectures on the Science of Language*。

⑨ *Natural Religion*, P.114。

⑩ *Physical Religion*，P.119～120。

⑪同上書，P.121；參看 P.304。

⑫ *Natural Religion*，P.121 及以下諸頁，PP.149～155。

⑬「無限的勢不可擋的壓力」（同上書，P.138）。

⑭同上書，P.195～196。

⑮馬克斯・繆勒甚至這樣說：思想在走完這最初階段之前，幾乎沒有什麼特性是可以歸結爲宗敎的(*Physic. Rel.*，P.120)。

⑯ *Physic. Rel.*，P.128。

⑰ *The Science of Thought*，P.30。

⑱ *Natural Religion*，P.393 及以下諸頁。

⑲ *Physic. Rel.*，P.133；*The Science of Thought*，P.219；*Lectures on the Science of Language*，Ⅱ，P.1 及以下諸頁。

⑳*The Science of Thought*，P.272。

㉑*The Science of Thought*，Ⅰ，P.327；*Physic. Rel.*，P.125 及以下諸頁。

㉒*Mélanges de mythologie et de linguistique*，P.8。

㉓*Anthropological Religion*，P.128～130。

㉔這個解釋不及泰勒的好。按馬克斯·繆勒的說法，人們並不認為生命隨死亡而中止，因此他們斷定體內有兩種存在，其中一個的生命力長於另一個。但是很難看到是什麼使人認為生命在軀體分解後還會繼續存在。

㉕詳見 *Anthrop. Rel.*，P.351 及以下諸頁。

㉖*Anthrop. Rel.*，P.130。這就是馬克斯·繆勒不認為基督教是整個這一發展的最高峰的原因。他說，祖先的宗教必須先假定人類中有神聖的東西。而這不就是說該觀念不是做為基督教訓諭基礎的那個觀念嗎？（同上書，P.378 及以下諸頁）。所以，堅持這種不可思議的概念──它把基督教說成是亡靈崇拜之終極──是毫無意義的。

㉗見格魯佩書中關於假設的討論：*Griech' ischen Kulte und Mythen*，P.79～184。

㉘見 Meillet:*Introduction à L'étude comparative des Langues indo-europe' ennes*，P.119。

㉙Oldenberg:*Die Religion des Vedas*，P.59 及以下諸頁；Meillet: Le dieu Iranien Mythra，載 *Journal Asiatique*，X ,No.1，1907 年 7～8 月，P.143 及以下諸頁。

㉚這方面有大量大眾賢哲的格言。

㉛誠然，這個爭論並未觸及到那些把宗教看成是一部法規（尤其是衛生法規）的人。法規中的條款雖然處於想像生物的管束之下，但仍是頗有根據的。但是我們將馬上討論一個毫無根據的概念，它實際上從未被略具宗教歷史知識的人以系統方式證實過。很難明白，成年禮中的可怕儀式會給它們所威脅的健康帶來什麼好處；飲食限制──通常涉及完全乾淨的動物──在衛生方面有什麼好處；在遠離房屋之處舉行的犧牲又怎麼能使人更為健康等等。毫無疑問，有些宗教戒律同時又有實用性，但是其他大部分戒律是沒有實用性的，並且即使這些實用戒律也往往不無弊端。有宗教性的強制清潔，就有導源於同一原則的宗教污穢。規定屍體必須移離營帳，是因為那裡是死者靈魂的位置，這無疑是有用的。但是同一信仰又要求親人用腐爛的屍身中流出的液體塗抹自己，以取得特異的功效。從這一觀點來看，巫術比宗教更有用。

㉜*Contributions to the Science of Mythology*，Ⅰ，P.68 及下頁。

㉝*Lectures on the Science of Language*，Ⅱ，P.456 及以諸頁；*Physic. Rel.*，P.276 及以下諸頁。亦見 Bréal:*Mélanges*，P.6。「為了使這個關於神話起源的問題具有必要的明瞭性，就必須仔細區別神（它們是人類智力的直接產物）和神話（它們是人類智力的間接和無意識的產物）。」

㉞馬克斯・繆勒承認這一點。見 *Physic. Rel.*，P.132，以及 *Comparative Mythology*，P.58。「神是無物之名(nomina)，而非無名之物(numina)」。

㉟誠然，馬克斯・繆勒認爲，對於希臘人來說，「宙斯曾經是，現在依然是最高神的名字，而不管神話上的曖昧不清。」(*Science Language*，II，P.478)。我們不打算與這一斷言爭辯，雖然從歷史的角度來說它是有爭議的；但是不管怎樣，這個關於宙斯的概念在希臘人的一切其他宗敎信仰中從來不過是個模糊的感覺。

此外，馬克斯・繆勒在後來的一本書中竟然把一般神的概念說成是整個詞語過程的產物，因而就是神話編造的產物(*Physic. Rel.*，P.138)。

㊱毫無疑問，在眞正的神話之外總有不被人相信的荒唐故事，或者至少人們不以同樣方式和同樣程度地相信它，所以它就沒有宗敎性。神話和荒唐故事之間的界限是浮動的和難以確定的。但是這不是把一切神話當成故事的理由，就像也不能把一切故事當成神話一樣。在許多情況下至少有一個特點足以區別出宗敎神話來：即它與崇拜的關係。

㊲見上文，邊碼42。

㊳此外，在馬克斯・繆勒的語言中有著名副其實的詞彙誤用。他說，感官經驗至少在某些情況下意味著「在已知之外有某種未知物，對於這個事物，我就稱之爲無限」(*Natural Rel.*，P.195，參看 P.218)。這個未知未必就是無限，同樣地，無限也未必是未知──如果它在每一點都相同，那麼就如我們所知的那一部分一樣。我們必須證明我們察覺到的那部分的性質異於未察覺到的那部分。

㊴馬克斯，繆勒在某些段落中無意地承認了這一點。他承認，他看不出火神(Agni)與現代物理學家解釋光和熱的以太觀念有什麼兩樣(*Phys. Rel.*，P.126 及下頁)。此外，他把神聖觀念與管理者觀念(P.138)或因果關係觀念(這不是自然和世俗的)聯繫起來。宗敎用管理者的形式描繪了這樣想像出的原因，這還不足以解釋這些原因是如何獲得神性的。具有人類特點的管理者可以是凡俗，而且許多宗敎力量基本上都是非人的。

㊵下文我們將看到，在談及儀式和信仰的功效時，是如何解釋這種幻覺的(第3篇第2章)。

第四章
做爲基本宗敎的圖騰制度

106

問題的歷史──探討的方法

我們剛才研究的兩個體系儘管結論似乎對立，但在一個基本點上仍然一致：它們以同樣的措詞陳述問題。兩者都從某些天然現象──自然現象或生物現象──在我們內心導致的知覺著手，來構成神聖觀念。精靈崇拜說者認爲是睡夢；自然崇拜說者認爲是某些宇宙現象，它們成了宗敎進化的出發點。但是，對於兩者來說，我們都必須在自然──人類的自然或宇宙的自然──中尋找區分凡俗和神聖的巨大對立的萌芽。

但是，這種冒險是不會成功的，這是名副其實的從烏有中(ex nihilo)創造。普通經驗事實不可能使我們產生對於特性超越普遍經驗世界的事物的觀念。一個人出現在自己夢中時，只是一個人。我們的感官覺察到的自然力量儘管強度很大，但也只是自然力量。於是就出現了我們對於這兩種理論的共同批判。爲了解釋這些虛假宗敎思想的所謂素材是如何取得毫無客觀基礎的神聖特性的，就必須承認有一個虛妄表象構成的世界疊加到了另一個世界之上，使後者變質到無法辨認的地步，並用純粹的幻覺來取代現實。在一個學說中，是夢境的幻覺導致了這種變形；在另一個學說中，則是由詞彙引發的一群燦爛而虛無的形象導致了變形。但

107

是，這兩種情況必然同樣地把宗教看成是譫狂想像的產物。

於是，做爲這個批判性檢討的成果，我們得到了一個肯定的結論。既然無論是人類還是自然，其本身都沒有神聖特性，那麼它們必定是從另外的來源獲得了這種特性。除了人類個體和自然世界之外，應該還有另一種實在，對於這個實在來說，形形色色的譫狂——就某種意義上來說，一切宗教都是譫狂——是有意義和客觀價值的。換言之，在我們稱之爲精靈崇拜和自然崇拜的崇拜之外，還應該有另一種更爲基本和更爲原始的崇拜，前面的兩種崇拜只是它的衍生形式或特殊面向而已。

實際上，這種崇拜確實存在，這即是民族誌學者已取名爲圖騰制度(Totemism)的那種崇拜。

1

圖騰一詞出現在民族學文獻中，只是十八世紀末的事情。最初見於以印第安語翻譯杰‧朗(J. Long)的一本書中，該書於一七九一年在倫敦出版①。將近半個世紀中，圖騰制度只被認爲是美洲獨有的事物②。直至一八四一年才由格雷(Grey)在一段至今仍享盛名的文字中指出了澳大利亞存在著完全類似的情況③。這時候學者們才開始認識到，他們面臨著一種帶有一定普遍性的制度。

但是他們只把它看成基本上是古代的一種體制，民族學上的一件古董，對於年代史編者來說並無多大意義。麥克倫南是第一個認爲圖騰制度屬於一般人類歷史的人。在《雙週評論》(Fortnightly Review)上的一組文章中④，他竭力設法證明圖騰制度不僅是一種宗教，而且是許多先進的宗教體系中大量信仰和儀式的起源。他甚至把它說成是古代民族中一切動物崇拜和植物崇拜的起源。圖騰制度的這樣擴大化肯定是太過分了。動、植物的崇拜取決於許多原因，若把原因簡化成一個，則不可能不犯過於簡化

的錯誤。但是這一極度誇張造成的謬見至少還有一個優點，即它突出了圖騰制度的歷史重要性。

美洲圖騰制度的學者們長期以來已知道這一宗教形式與一種確定的社會組織密切相關，其基礎即是分成氏族的社會群體區分⑤。一八七七年，劉易士·赫·摩爾根在其《古代社會》(*Ancient Society*)⑥中著手研究這種社會制度，確定其具有特色的性質，並指出它在北美洲和中美洲印第安部落中的普遍性。幾乎與此同時，法伊森(Fison)和豪伊特⑦根據摩爾根的直接啓發，確認了同一社會制度在澳大利亞的存在，以及它與圖騰制度的關係。

在這些指導觀念的影響下，人們便能用更好的方法進行考察了。美國人種局所從事的調查在這些研究的發展中起了重要作用⑧。迄於一八八七年，已有足夠數量和重要性的文獻，以致弗雷澤(Frazer)認爲已經可以把它集合起來，以系統形式公諸於世了。這即是其小冊子《圖騰制度》(*Totemism*)⑨的目的，書中把圖騰制度兼做宗教和法定體制來研究。但是這一研究純粹是敍述性的；他並未致力於解釋圖騰制度⑩，或者去理解其基本概念。

羅伯遜·史密斯是第一個詳盡闡述圖騰制度的人。他比任何前人更清楚地認識到這個粗淺和混淆的宗教對於未來來說是一個豐富多彩的萌芽階段。誠然，麥克倫南已經把它與古代的各大宗教聯繫起來了；但是這只是因爲他認爲在不少地方發現了動物或植物的崇拜。而假若我們把圖騰制度歸結爲一種動、植物的崇拜，那麼我們只看到了它極膚淺的一面，我們甚至會誤解它的眞實本質。史密斯則努力探求圖騰信仰的字面意義之外，它們賴以爲基礎的基本原則。他在其著述《早期阿拉伯半島上的親戚關係和婚姻》(*Kinship and Marriage in Early Arabia*)⑪中業已指出，圖騰制度意味著人類和動物（或植物）在本性——先天的或後天的——上的類似性。在《閃米特人的宗教》(*The Religion of the Semites*)⑫中，他把這一觀念說成是整個犧牲制度的最初起源：

109

人類正是從圖騰制度中獲得了聖餐的原則。固然，現在看來史密斯的理論顯得片面了，它不再適用於現在所知的事例；但是這個理論仍然包含了獨創性，對於宗教科學發揮了最富有成果的影響。弗雷澤的《金枝》(*Golden Bough*)⑬即是在這些觀點的啓發下寫成的，他把圖騰制度——麥克倫南把它歸爲古典時代的宗教，史密斯把它歸爲閃米特人的宗教——與歐羅巴人的民俗聯繫起來。於是，麥克倫南和摩爾根的學派就這樣與曼哈特的學派統一起來了⑭。

在此期間，美洲的傳統繼續獨立發展，一直保持到最近。圖騰制度研究的具體對象是三個社會群體：第一，西北部的一些部落——特里吉特人(the Tlinkit)、海達人(the Haida)、夸丘特爾人(the Kwakiutl)、撒利希人(the Salish)和津欣人(the Tsimshian)；第二，蘇人(the Sioux)的大民族；第三，美國西南部的村落印第安人(the Pueblo Indians)。研究第一個社會群體的主要是多爾(Dall)、克勞斯(Krause)、博厄斯(Boas)、斯旺頓(Swanton)、希爾·陶特(Hill Tout)；研究第二個社會群體的是多爾西；研究第三個社會群體的是明德萊佛(Mindeleff)、斯蒂文森夫人(Mrs. Stevenson)和庫欣⑮。但是，不管各地蒐集到的事例有多麼豐富，我們能支配的文獻仍是殘缺不全的。美洲的宗教裡雖然包含著大量圖騰制度痕跡，但是它們已越過了真正圖騰制度的階段。另一方面，在澳大利亞考察所得的不過是零星的信仰和孤立的儀式、成年禮(initiation rituals)和有關圖騰制度的禁忌。弗雷澤試圖利用取自這一切資料中的事例來描繪出完整的圖騰制度圖畫。儘管在這種情況下進行的重建工作有著無可置疑的價值，但是仍難免不完善和假設性。迄今尚未發現處於完全活動中的圖騰宗教。

近年來，這一嚴重的缺陷才得以改善。兩個卓有才能的考察者鮑德溫·史賓塞(Baldwin Spencer)和弗·杰·吉倫(F. J.

Gillen)在澳大利亞的內陸發現了大量以圖騰信仰爲基礎的部落⑯。他們的考察成果分爲兩本著作出版,這賦予了圖騰制度研究以新的生命力。前一書是《中央澳大利亞的土著部落》(*The Native Tribes of Central Australia*)⑰,所涉及的更中央的部落是阿隆塔、盧里特恰(the Loritcha),稍南一點,在埃爾湖(Lake Eyre)畔的部落是烏拉崩納(the Urabunna)。後一書題爲《中央澳大利亞的北方部落》(*The Northern Tribes of Central Australia*)⑱,涉及到烏拉崩納部落以北的各社會,佔據著麥克唐奈山脈(Macdonnell's Range)和卡彭特灣(Carpenter Gulf)之間的地位。其中主要的部落有恩馬杰拉(the Unmatjera)、凱提什(the Kaitish)、瓦拉蒙加(the Warramunga)、窩蓋亞(the Worgaia)、欽吉利(the Tjingilli)、賓賓加(the Binbinga)、瓦拉帕里(the Walpari)和格南杰(the Gnanji),最後,在海灣沿岸有馬拉(the Mara)和阿努拉(the Anula)部落⑲。

距今更近的是德國傳教士卡爾‧斯特雷洛,──他在中央澳大利亞的這些部落中度過了漫長的歲月⑳──他開始發表自己對其中的兩個部落的考察成果,這兩個部落是阿蘭達(the Aranda)和洛里特雅(the Loritja)(史賓塞和吉倫譯做 Arunta 和 Luritcha)㉑。斯特雷洛由於精通他們的語言㉒,所以能爲我們提供大量圖騰神話和宗教歌曲,其中絕大部分是原文。儘管他隨意解釋了某些不同的細節,並且大大誇張了其重要性㉓,但是我們仍能看到斯特雷洛的考察──雖然只是對史賓塞和吉倫考察的補充和精確化,甚至僅僅校訂──基本上肯定了史賓塞和吉倫的研究。

這些發現使豐富的文獻得以問世,關於這些文獻我們將有機會再來談及。史賓塞和吉倫的著述尤其產生了巨大的影響,這不僅因爲它們是最早的,而且也因爲它們以系統的形式提供了事例,因而給後來的研究者指出了方向㉔,並刺激了人們的思索。人們以各種可能的方式評價他們的成果,進行討論和加以詮釋。在

111

112

此同時，豪伊特——其零碎的研究散見於許多出版物中㉕——著
手研究南部部落，就如史賓塞和吉倫對中央部落所做的那樣。他
的《東南澳大利亞的土著部落》(*Native Tribes of South-East
Australia*)㉖一書使我們瀏覽了居住在南澳大利亞、新南威爾斯
和昆士蘭大部分地區的部落的社會組織。這樣取得的進展啓發弗
雷澤完成了他的《圖騰制度》，這是一本概括性的書㉗，其中蒐集
了所有重要的文獻，涉及到圖騰宗教、家庭以及被認爲與宗教有
關的婚姻組織。此書的目的並不是使我們概括和系統地瞭解圖騰
制度，而是爲學者們提供了進行這類寫作所必需的材料㉘。書中的
事例嚴格按照民族誌和地區的次序排列：每個大陸、大陸的內
部、每個部落或人種群體都被分別研究。雖然這一研究的範圍廣
泛、逐一評述不同部落、卻難以詳盡涉及各個地方，但是這仍然
是一部有用的參考手冊，對於推進調查研究大有益處。

2

　　從這個歷史梗概來看，澳大利亞顯然是最適合於研究圖騰制
度的地方，因此我們將把它置於考察的主要地位。

　　弗雷澤在其《圖騰制度》中，特別致力於蒐集見於歷史學或
人種史學中的圖騰制度痕跡。所以，他的研究中包括了各種社會，
其文化的性質和程度都相差甚遠：古代埃及㉙、阿拉伯半島和希
臘㉚，以及南部斯拉夫人㉛都和澳大利亞與美洲並列地放在一起。
對於人類學派的信徒來說，這樣的編排方式毫不足怪。因爲這個
學派並不想把宗教放在它們做爲其一部分的那個社會環境中㉜，
以及按照與它們相關的各社會環境來區別它們。正如它爲自己取
的名字所顯示的那樣，它的目的是超越民族和歷史的差別，進入
到世界性的和眞正人類的宗教生活的基礎中去。他們主張，人類
本身具有宗教本性，憑藉著自己的體質構造，獨立於一切社會環
境，這就是他們打算研究的東西㉝。對於這類研究來說，一切民族

都可以對此加以證明。固然，他們偏愛更爲原始的民族，因爲在這些民族中這一基本性質更有可能尙未改變；但是既然這一基本性質完全相同地存在於最文明的民族中，那麼很自然，它們也可以被召來作證。因此之故，一切距其起源不是很遠的的民族以及在頗不確切的「野蠻人」（savage）名號下混雜成一團的那些民族都被置放在同一等級上，並被毫無顧忌地取來做爲參考。從他們的觀點來看，事例意義的大小只和它的普遍性成正比，所以他們認爲自己是不得不蒐集盡可能多的事例，而事例的比較範圍也是越大越好。

我們的方法並非如此，理由如下：

首先，社會學者和歷史學者一樣，認爲社會事實隨著它們所處社會的制度而變化；一旦脫離社會制度，這些事實就不可能被人理解。這就是爲什麼來自兩個不同社會的事實不能僅僅因爲它們似乎相像就進行類比；一定要這些社會本身互相類似，即它們必須是同一物種的不同品種，那麼來自其中的事例才能類比。如果不存在社會模式，就無法使用比較方法，並且，比較方法只能有效地使用於同一社會模式中。由於無視於這條規則，已犯下了很多錯誤。各種事例就這樣不適當地聯繫起來，它們儘管外表相似，但實際上既無同樣涵義也無同樣重要性：原始的民主和今天的民主、落後社會中的集體主義和眞正的社會主義潮流、澳大利亞部落中常見的一夫一妻制和我們的法律所認可的一夫一妻制等等。在弗雷澤的著作中竟會有這種混淆。他經常把野獸崇拜（wild-animal-worship）的簡單儀式比做眞正的圖騰儀式，雖然兩個社會制度間的差距（有時很大）會排斥一切類比的觀念。那麼我們如果不願意陷入同樣的錯誤之中，就必須不把我們的探索分散到所有可能涉及的社會中去，而是把它們集中在一個清楚確定的社會模式中。

這一集中還必須盡可能地嚴格限制。一個人不可能對自己不

114

太熟悉的事例進行有益的比較。而當他蒐羅了各式各樣的社會和
文明時，他就不可能詳盡地瞭解其中的任何事例；當他爲了比較
而到處蒐集事例時，他被迫倉卒地採用它們，既無辦法也無時間
來仔細批評它們。於是就產生了紊亂和粗略的比較，這使得比較
方法對於許多理智的人來說變得不可信了。只有當比較方法使用
於十分有限的一些社會，使每個社會都能得到詳確的研究時，才
會產生嚴肅的成果。最要緊的是挑選那些最有可能取得豐富調查
成果的社會。

　　同時，事例的價值比數量重要得多。在我們看來，圖騰制度
是否是全球性無關緊要㉞。它之所以使我們感到興趣，首先是因爲
我們希望在研究中發現一種關係，以便更好地瞭解什麼是宗教。
而積累一大堆經驗對於這些關係的確立是既無必要也並非始終有
益的；比這重要得多的，是選擇少量研究透徹和確有意義的事
例。一個事例就可能產生一條法則，而大量不精確和模糊的觀察
就只會導致混亂。在每一門科學中，學者如果不挑選事例，那麼
他就會被堆在面前的事例壓垮。他必須區別出可能最具啓發性的
那些事例，並專心一致地研究它們，暫時把其他事例擱在一邊。

　　這就是我們只打算研究澳大利亞諸社群（對此有點保留，下
文將指出）的原因。它們符合我們剛才列舉的所有條件。它們完
全是同質的，雖然有可能從中區別出變種來，但它們都同屬一個
模式。其同質程度是如此之高，以至於不但其社會組織形式相同，
而且大量部落——有時相隔極遠——都以同一的或相等的名字來
命名其社會組織㉟。此外，我們對於澳大利亞圖騰制度擁有最完備
的資料。最後，我們打算研究的是至今可能見到最原始、最簡單
的宗教。因此很自然地，我們爲了發現這種宗教，就專注於盡可
能落後的社會，這樣顯然就有最好的機會來發現它和透徹地研究
它。如今，除了澳大利亞社會以外，沒有其他社會更具有這種特
徵。不僅澳大利亞社會的文明最落後——人們不知道房屋，甚至

115

連茅屋也不懂——而且其社會組織也最原始和最簡單，我們確知這一點；我們在另一本書中稱之爲「以氏族爲基礎的組織」㊱。下一章中，我們將有機會再來談及其基本屬性。

然而，我們雖然把澳大利亞做爲主要研究領域，我們認爲最好還是別把最初發現圖騰制度的社會——亦即北美的印第安部落——完全撇開。

比較領域的這一擴展與美洲社會的非正統性無關。那裡的人民肯定比澳大利亞更爲先進。他們的文明已經進步得多：人們住在房屋或帳篷裡，甚至還有設防的村莊。社會的規模要大得多，而且中央集權——這完全不見於澳大利亞——也開始出現；我們發現那裡有處於中央政權下的龐大聯盟，諸如易洛魁的聯盟。有時候可以看到按等級制度排列的由不同階層構成的複雜系統。然而其社會結構的基本輪廓仍與澳大利亞相同，它始終是以氏族（clan）爲基礎的組織。所以，我們面對著的不是兩種不同的模式，而是同一模式中的兩個品種，它們仍然密切相關。它們代表著同一進化過程中相繼的兩段時期，所以它們的同質性依然大到可以類比。

此外，這樣的比較還有實用性。正因爲它們的文明比澳大利亞更進步，所以對於兩者共同的社會組織階段的研究在北美進行更爲容易。只要人們依舊停留在思想表達藝術的最初階段，那麼考察者就不容易覺察到是什麼東西在鼓動著他們的感情；因爲沒有什麼可以清楚體現出經過了這些模糊的意識後，他們的內心只有關於自己混亂而短暫的感覺。例如，我們將看到，當時的宗敎符號只是線條和色彩的不定形組合物，其涵義難以洞察。內心狀態用許多姿勢和動作來表達自己；但由於是短暫的，所以它們輕易地避過了觀察。這就是圖騰制度先在北美發現的原因，它在那兒的宗敎生活中所佔比例雖然較低，但是比較顯眼。此外，如果信仰和制度不以明確的物質外形體現出來，那麼就容易在哪怕是

116

最小的環境影響下發生變化，或者完全從人們的記憶中消失。所以，澳大利亞氏族經常有點浮動和變幻不定的東西，而美洲的相應組織則具有較大的穩定性和更爲清楚確定的輪廓。因此，雖然美洲的圖騰制度比澳大利亞的圖騰制度距離起源更遠，但是仍有重要的特徵較完善地保存在人們的記憶中。

117　　　第二點，要瞭解一個制度，必須經常追隨它直至進入演化的高等階段㊲；因爲有時候只有到了充分發達的地步，其眞正的意義才會最清楚地顯示出來。美洲的圖騰制度就是如此，它由於已有一段漫長的歷史，所以就能用來搞清澳大利亞圖騰制度的某些方面㊳。同時，它使我們能有更好的條件來瞭解圖騰制度是如何與它所採用的形式結合在一起的，並且指出它在一般宗教歷史發展中的地位。

　　所以在下文的討論中，我們並不禁止自己借用來自北美印第安社會中的事例。但是我們卻不打算在本書中研究美洲的圖騰制度㊴；這種研究必須直接由它自己來進行，而不能與我們從事的這個研究混合進行；它提出了其他問題，並且意味著一組完全不同的專門調查。我們只是用補充的方式來依靠美洲事例，並且只有當它們似乎有利於我們理解澳大利亞事實時才採用之。我們研究的眞正和直接的對象是澳大利亞的事例㊵。

註 釋

① *Voyages and Travels of an Indian Interpreter*。

② 這種看法是如此普遍,以至於姆·雷維爾繼續將美洲說成是圖騰制度的故鄉。見 *Religions des peuples non civilisés*,Ⅰ,P.242。

③ *Journals of Two Expeditions in North－West and Western Australia*,Ⅱ,P.228。

④ *The Worship of Animals and Plants* (1869 年),*Totems and Totemism* (1870 年)。

⑤ 這一觀點在加勒廷(Gallatin)的研究中非常清楚地表達了出來:Synopsis of the Indian Tribes (載 *Archeologia Americana*,Ⅱ,P.109 及以下諸頁),還體現在摩爾根的一則短評中,載 *Cambrian Journal*,1860 年,P.149。

⑥ 在這本著述之前,他自己的另外兩本書爲此做了先導:*The Languages of the Iroquois* (1851 年),以及 *Systems of Consanguinity and Affinity of the Human Family* (1871 年)。

⑦ 在 *Kamilaroi and Kurnai*,1880 年。

⑧ 在 *Annual Report of the Bureau of American Ethnology* 的最初幾卷中有鮑威爾(Powell)的研究:*Wyandot Government* (Ⅰ,P.59),還有庫欣的研究:*Zuñi Fetiches* (Ⅱ,P.9);史密斯:*Myths of the Iroquois* (同上,P.77),還有多爾西(Dorsey)的重要作品 *Omaha Sociology* (Ⅲ,P.211),它們都是對圖騰制度研究的貢獻。

⑨ 此書最初以節略形式收在 *Encyclopaedia Britannica* (第 9 版) 中。

⑩ 泰勒在其 *Primitive Culture* 中已試圖解釋圖騰制度,關於這點我在本書中還要談及,但不是在這裡;他把圖騰制度說成只是祖先崇拜的一個特例,所以完全誤解了其重要性。在本章中我仍只敍述對於圖騰制度研究的發展有貢獻的那些理論。

⑪ 劍橋出版,1895 年。

⑫ 第 1 版,1889 年。這是 1888 年阿伯丁大學 (University of Aberden) 的一個教程設置。參看 *Encyclopaedia Britannica* 第 9 版中的'Sacrifice'條。

⑬ London,1890 年。3 卷本的第 2 版在 1900 年問世,5 卷本的第 3 版則已在發行中。

⑭ 關於這點,一定得提及西德尼·哈特蘭(Sidney Hartland)的有趣著述 *The Legend of Perseus* 第 3 卷,1894～1896 年。

⑮ 我在此仍只限於提及作者名字;作者的著述則在下文引用時指出。

⑯ 即使史賓塞和吉倫是最早用科學和徹底態度研究這些部落的人,他仍也

不是最早談及他們的人。豪伊特在 1888 年已經描述了 Wuaramongo（即史賓塞和吉倫的 Warramunga）部落的社會組織：Further Notes on the Australian Classes，載 *The Journal of the Anthropological Institute*（此後縮寫成 J.A.I.），P.44 及下頁。舒爾茨(Schulze)已簡要地研究了阿隆塔部落：The Aborigines of the Upper and Middle Finke River，載 *Transactions of the Royal Society of South Australia*，Vol. XIV，第 2 分冊）。研究 Chingalee（史賓塞和吉倫寫成 Tjingilli)、Wombya 等部落組織的則是馬修斯(Mathews)：Wombya Organization of the Australian Aborigines，載 *American Anthropologist*，新輯 Vol.II，P.494；Divisions of Some West Australian Tribes，載同上雜誌，P.185；*Proceedings Amer. Philos. Soc.*，I，P.151～152，以及 *Journal Roy. Soc. of N.S. Wales*，XXXII，P.71 和 III，P.111。關於阿隆塔部落的最初研究成果也發表在 *Report on the Work of the Horn Scientific Expedition to Central Australia*，Pt. IV（1861 年）。該報告的第一部由斯特林(Stirling)撰寫，第二部分由吉倫撰寫，整部著述由鮑德溫・史賓塞指導。

⑰London，1899 年。此後簡稱 *Native Tribes* 或者 *Nat. Tr.*。

⑱London，1904 年。此後簡稱 *Northern Tribes*，或者 *Nor. Tr.*。

⑲我們寫成 the Arunta、the Anula、the Tjingilli 等，不加表示複數的符號。在這些詞上添加複數詞似乎不太合邏輯，因為它們不是法語，語法符號只對我們的語言有意義。只有在部落名字顯然法語化的情況下，這個規定才出現例外（如，the Hurons）。

⑳斯特雷洛從 1892 年開始就到了澳大利亞，最初住在迪利部落中，後來去阿隆塔部落。

㉑Die Aranda—und Loritja—Stämme in Zentral Australia。迄今已出版了四個分冊。最後一個分冊結束時正值本書完成，所以我們無法利用它。頭兩個分冊涉及神話和傳說，第三個分冊涉及崇拜。只是在斯特雷洛的名字之外還須添上馮・倫哈迪(von Leonhardi)的名字才是公正的，因為馮・倫哈迪為這部著作出力頗多。他不僅負責編輯斯特雷洛的手稿，而且其卓有見識的問題還使斯特雷洛在好幾個方面闡述得更為確切。所以，參考一下馮・倫哈迪給 *Globus* 的一篇文章也是有所裨益的，其中有他與斯特雷洛的許多通信摘錄(Ueber einige religiöse und totemistische Vorstellungen der Aranda und Loritja in Zentral Australien，載 *Globus*，XCI，P.285。參看納・烏・托馬斯(N.W. Thomas)關於同一主題的一篇文章，載 *Folk—Lore*，XVI，P.428 及以下諸頁。

㉒史賓塞和吉倫並非不懂這種語言。但是還不如斯特雷洛那樣精通。

㉓突出的是 Klaatsch Schlussbericht über meine Reise nach Australies，載 *Zeitschrift f. Ethnopologie*，1907 年，P.635 及以下諸頁。

㉔K. Longloh Parker：*The Euahlayi Tribe*；Eylmann：*Die Eingeborenen der Kolonie Südaustralien*；John Mathews ：*Two Representative Tribes of Queensland*，以及馬修斯最近的一些文章都展示了史賓塞和吉倫的影響。

㉕在 *Nat. Tr.*的前言（PP.8～9）中可以看到這些書刊一覽表。

㉖London，1904 年。此後我們將以縮寫形式引用這本著作：*Nat. Tr.*，但是始終只提豪伊特之名，以區別於史賓塞和吉倫的第一本著作，該書的縮寫方式與此相同。

㉗*Totemism and Exogamy*，4 vols.，London，1910 年。該書開頭是 *Totemism* 的重版，未做任何重大改動地重複了前一本書。

㉘誠然，在書的結尾和開頭有些關於圖騰制度的一般理論，這將在下文敍述和討論。但是這些理論都相對獨立於書中蒐集的那些事例，因爲它們遠在該書問世以前就已做爲各種文章發表在雜誌上了。這些文章重印在第 1 卷中。

㉙*Totemism*，P.12。

㉚同上書，P.12。

㉛同上書，P.32。

㉜應該注意到，在這一點上，較近的一本書 *Totemism and Exogamy* 顯示了弗雷澤在思想和方法上的重大進步。他每描述一個部落的宗敎體制或家庭體制時，就竭立確定部落所處的地理環境和社會環境。儘管這些分析可能是粗略的，但這證明了與人類學學派的老方法的決裂。

㉝毫無疑問，我們也以爲宗敎科學的主要目的是發現人類的宗敎本性眞正取決於什麼。然而，由於我們並不把它看做是人的體質的一部分，而看成是社會原因的產物，所以我們認爲如果離開了人們所處的社會環境就不可能發現它。

㉞我們要不厭其煩地重複，我們歸之於圖騰制度的重要性是絕對不取決於它是不是全球性的。

㉟這即是宗族分支和婚姻組的情況。關於這點，見 Spencer and Gillen ：*Northern Tribes*，第 3 章；Howitt ：*Native Tribes*，P.109 和 PP. 137～142；Thomas ：*Kinship and Marriage in Australia*，第 6、7 章。

㊱*Division du Travail social*，第 3 版，P.150。

㊲應該知道，情況並不始終如此。如我們已經談及，較簡單的形式往往有助於更好地了解較複雜的形式。關於這一點，沒有規定的方法來應用於各種可能的情況。

㊳例如，美洲的個人圖騰就能幫助我們理解澳大利亞個人圖騰制度的功能和重要性。因爲後者是非常粗淺的，人們可能覺察不到它。

㊴此外，美洲並非只有一種獨一無二的圖騰制度模式，而是有好幾種必須區別的品種。

㊵我們只在非常例外的情況下，當特別有啓發性的類比似乎自動出現時才

離開這一領域。

第二篇
基本信仰

第一章
圖騰信仰

做爲名字和表記的圖騰

　　鑑於宗敎的性質，我們的研究將包括兩個部分。既然每個宗敎都由表象(intellectual conceptions)和敎習(ritual practices)構成，我們也就必須依次論述組成圖騰宗敎的信仰和儀式。宗敎生活中的這兩個要素密切相關，以至於無法根本性地區別它們。大體上說來，崇拜導源於信仰，但它又對信仰產生反作用；神話往往是爲了說明儀式——尤其是當儀式的涵義不再清楚時——而編造出來的。另一方面，信仰只有通過儀式的表達才能清楚地體現出來。所以，我們分析的這兩個部分就不能沒有部分的重複。然而，這兩類事情又是如此相異，以致完全需要分別地研究它們。不熟悉做爲宗敎基礎的觀念就根本不可理解宗敎，所以我們必須首先設法瞭解這些觀念。

　　但是，我們並非旨在追溯宗敎思想——即使僅僅是澳大利亞人的宗敎思想——所陷入的一切冥思。我們希望得到的是做爲宗敎基礎的基本概念，而沒有必要去追究諸民族的神話想像力給予這些概念的有時是十分混亂的整個發展過程。當神話能使我們更好地理解基本概念時，我們就利用它們，不過我們並不打算將神話本身做爲研究的主題。由於神話是一件藝術製品，所以它不局

限於簡單的宗教科學的範圍內。況且，產生神話的智力進化過程是極為複雜的，以致不能間接地利用迂迴的方式研究它。它構成了一個非常困難的問題，只有通過其本身以及使用其本身獨有的方法來探討它。

在做為圖騰制度基礎的各種信仰中，最重要的自然是那些涉及圖騰的信仰；我們必須以此做為開端。

1

在幾乎所有的澳大利亞部落中，有一種做為其基礎的群體在集體生活中擁有極為優越的地位，這即是氏族。它有兩個基本特點。

首先，組成氏族的個人都認為，他們是由親屬紐帶(bond of kinship)聯結起來的，不過這是具有特殊性質的親屬紐帶。並不是因為他們之間存在著明確的血緣關係，而只是因為他們有著共同的名字，才出現了這種親戚關係。這不是今天意義上的父親和母親、兒子或女兒、叔伯或姪兒的關係。他們之所以仍舊認為自己組成了一個單獨的家族──其大小隨氏族的規模而異──僅僅是因為他們集體地由同一名字指稱。我們說他們把自己看成是一個家族，是由於他們相互承擔的義務和血親之間的永久義務完全相同：諸如互助、復仇、哀悼、內部不得通婚等等。

就第一個特點而言，氏族(clan)與羅馬人的 gens 或希臘人的 γένος 並無不同；因為 gens 的親戚關係也只是因為 gens 的所有成員都擁有同一名字①，即族名(nomen gentilicium)。在某種意義上來說，gens 即是氏族(clan)；不過它是另一品種，不應與澳大利亞的氏族相混淆 ②。澳大利亞氏族的區別是：氏族名字是確定的有形事物種的名字，這種事物被認為與氏族有著獨特的關係，我們將會描述這一關係的本質，它們尤其是親戚關係。用以命名整個氏族的物種稱為圖騰(totem)。氏族的圖騰即是其每一成

123

員的圖騰。

　　每一氏族都有專屬的圖騰，一個部落中的不同氏族不能採用同一圖騰。實際上，一個人之所以成爲氏族一員只是因爲他擁有一個確定的名字。有鑑於此，一切擁有此名的人就都是氏族成員；不論他們以何種方式分布在部落領土內各處，互相之間始終有著同樣的親戚關係③。因此，擁有相同圖騰的兩個群體只能是同一氏族的兩個分支。毫無疑問，有時候整個氏族可能會不居住在同一地點，而是在好幾個地方都分布著它的代表。然而，缺乏地理基礎並不會使得人們對氏族統一體稍加忽視。

　　圖騰一詞，可以說是奧吉布葦人(the Ojibway)——一個阿爾公金(Alonguin)部落——用來指稱做爲氏族名字的那類事物④。這種表達法雖然完全不是澳大利亞式的⑤，而僅見於美洲的一個社會中，但是民族誌學家們已經明確地採用了它，用以泛指我們正在論述的制度。斯庫克拉夫特(Schoolcraft)最早引伸了此詞的涵義，談及「圖騰制度」⑥。這種引伸——在民族誌學上有充分先例——並非沒有不便之處。對於這樣一個重要的制度來說，取了一個來自純粹方言的偶然發現的名字，而且它又未能使人對被命名事物的特性有絲毫瞭解，確是很不正常的。但是，這樣的使用方式在今天已被普遍接受，以致如果再反對這一慣用法，則會變得過分追求語言純正了⑦。

　　絕大多數情況下，做爲圖騰的事物或屬動物界或屬植物界，但尤屬動物界。無生物則甚爲罕用。豪伊特在東南澳大利亞的部落裡蒐集到的五百多個圖騰名字中，非植物或動物的名字不到四十個；它們是雲、雨、雹、霜、月、日、風、秋、夏、冬、某些星辰、雷、火、煙、水或者海洋。值得注意的是，只有極小的地盤留給天體，而且這更通常是留給那些重大的宇宙現象的，這些宇宙現象註定要在此後的宗教發展中才變得極爲幸運。在豪伊特談及的所有氏族中，只有兩個氏族以月亮爲圖騰⑧，兩個以太陽

124

爲圖騰，⑨，三個以一顆星爲圖騰⑩，三個以雷爲圖騰⑪，兩個以閃電爲圖騰⑫。唯一例外的是雨，它恰好相反，被經常地用做爲圖騰⑬。

這些即是可以稱之爲正常的圖騰。但是圖騰制度還有其反常事物。有時候，圖騰不是完整的事物，而只是物體的一部分。這種情況在澳大利亞甚爲鮮見⑭；豪伊特（Howitt）只引證了一個例子⑮。然而，很可能在圖騰群體過度複分的部落裡會較多地見到這種情況；可以認爲，圖騰是爲了給大量分支提供名字而不得不分裂開來的。阿隆塔和洛里特雅部落中的情況似乎正是這樣。斯特雷洛（Strehlow）在這兩個社會中蒐集了四百四十二種圖騰，其中有許多並非整體動物，而是其身上的某一器官，諸如負鼠的尾巴或肚子、袋鼠的油脂等等⑯。

我們已經看到，在一般情況下，圖騰不是個體而是一個物種或一個品種：它不是如此這般的袋鼠或烏鴉，而是一般的袋鼠或烏鴉。然而，有時候則是一件獨特的事物。首先，圖騰物必然是該類中獨一無二的，諸如太陽、月亮這顆星或那顆星等等。偶然，也有氏族以不平整的地形、窪地、蟻冢等等做爲名字。誠然，澳大利亞很少這類例子，但斯特雷洛確實談到了一些⑰。不過，產生這些反常圖騰的原因表明，它們的起源距今較近。事實上，某種地理特徵之所以成爲圖騰，是因爲人們認爲神話傳說中的一個祖先曾在那裡待過，或者曾在那裡完成過其傳奇生涯中的偉業⑱。但是，在神話中這些祖先又被說成本身即屬於完全正規的圖騰——亦即取自動、植物的圖騰——的氏族。所以，這樣紀念祖先英雄業績的圖騰名字不可能是原始的，它們屬於業已衍生和偏離常規的一種圖騰制度。甚至可以懷疑氣象圖騰的起源是否也與此類似；因爲太陽、月亮以及星辰經常被認爲即是神話傳說時期的祖先⑲。

有時候（但同樣有例外），一個或一群祖先直接做爲圖騰。在

這種情況下，氏族不再以一樣事物或者一個眞實事物的種做爲名字，而是以純粹的神話生物做爲名字。史賓塞和吉倫已經談及二、三種這樣的圖騰。在瓦拉蒙加部落和欽吉利部落中，就有以祖先之名命名的氏族，祖先名塔巴拉(Thaballa)，似乎是歡樂的化身⑳。另一個瓦拉蒙加氏族則以一條稱爲窩龍瓜(Wollunqua)的神話巨蛇爲名，他們認爲自己是其後裔㉑。我們依靠斯特雷洛，還知道了其他的類似情況㉒。不管怎樣，很容易明白可能發生了什麼。在種種原因的影響下，隨著神話學思想的發展，集體和非人的圖騰逐漸讓位給某位神話人物，後者進而居於首位，自己變成了圖騰。

　　儘管這些形形色色的非正規圖騰如何有趣，它們都不足以迫使我們修改圖騰定義。並非如有些人所想㉓，它們是通常不能互易或不能變爲正規圖騰——如我們已下的定義那樣——的異種圖騰。它們只不過是一個單獨概念——這是更爲普遍的概念，並有充分根據認爲它更爲原始——的次級形式，有時甚至是其畸變形式。

　　獲得名字的方式對於氏族的組織和聚合比對於宗教更重要，它屬於家族社會學而不是宗教社會學㉔。因此，我們將只限於概括地指出規定命名方式的最基本原則。

　　不同的部落中使用著三種不同的制度。

　　在大量——或者可以說在絕大多數——社會中，子女生來就採用其母親的圖騰，這一情況見於南澳大利亞中部的迪利和烏拉崩納部落中；還有維多利亞州的窩喬巴盧克和克倫迪契—馬拉部落(the Gournditch-Mara)，新南威爾斯的卡米拉羅伊(the Kamilaroi)、威拉朱里(the Wiradjuri)、溫希邦(the Wonghibon)和尤阿拉伊部落(the Euahlayi)，昆士蘭州的皮塔—皮塔(the Pitta—Pitta)和庫爾南達布里部落(the Kurnandaburi)，這裡提及的僅是最重要的幾個名字。在此情況下，由於族外婚的規定，

126

127

母方圖騰必然異於父方圖騰。另一方面，由於婦女生活在其夫的社區中，所以一個圖騰的成員必然隨著她們的婚姻機遇而分散至各處。結果，圖騰群體就失去了地區性的基礎。

其他地方，圖騰則按父系遺傳。在這種情況下，如果子女和父親待在一起，那麼當地的群體就基本上由同圖騰人組成，只有已婚婦女代表著外來圖騰。換言之，每個地區都有其獨佔的圖騰。直到晚近，見於澳大利亞的這種組織體制只存在於圖騰制度業已衰落了的部落中，諸如納林葉里部落，那裡的圖騰制度幾乎不再具有任何宗教特徵了[25]。因此可以認為，圖騰制度與母系繼承有著密切的關係。但是史賓塞和吉倫在中央澳大利亞的北部卻看到有一組部落，其圖騰按父系遺傳，而仍奉行著圖騰宗教。它們是瓦拉蒙加、匡杰(the Quanji)、翁別亞(Umbia)、賓賓加、馬拉和阿努拉部落[26]。

最後，第三種組合見於阿隆塔和洛里特雅部落。在此，子女的圖騰不一定是母親或父親的，而是一個神話祖先的。這個祖先降臨——關於其降臨方式，諸考察者敍述各異[27]——並神秘地使母親懷孕。有一套專門的程序可以得知降臨的是哪個祖先，以及孩子屬於哪個圖騰群體[28]。但是由於這只是用偶然機會來確定正好在母親附近的某位祖先，所以由此而知的孩子圖騰也取決於偶然的客觀情況[29]。

在氏族圖騰之外和之上，還有宗族分支圖騰，兩者雖然在本質上並無不同，但是仍須加以區別。

宗族分支是一組用特定的兄弟關係紐帶聯結起來的氏族。澳大利亞部落通常分成兩個宗族分支，各自擁有一定的氏族。當然，有些部落中的這類組織已經消失了，但是種種證據使我們相信，它曾經十分普遍地存在過。不管怎樣，在澳大利亞，從來沒有一個部落的宗族分支數量是超過兩個的。

　　凡是涵義確定的宗族分支名字，都是動物的名字，所以這似乎就是圖騰。這一點已在阿‧朗(A. Lang)的最近一本著述中得到充分證明㉚。例如，在古倫迪契部落　(Gournditch;在維多利亞州中)宗族分支名爲克洛基契(Krokitch)和卡普契(Kaputch)，前者指稱白色美冠鸚鵡，後者指稱黑色美冠鸚鵡㉛。同樣的稱呼也見於布昂迪克(Buandik)和窩喬巴盧(Wotjobaluk)克部落㉜。烏龍吉里部落(the　Wurunjerri)中使用的名字是崩吉爾(Bunjil)和旺(Waang)，指稱鵰鷹和烏鴉㉝。莫克瓦拉(Mukwara)和基爾帕拉(Kilpara)二詞在新南威爾斯州的許多部落中有著同樣的用途㉞，它們指稱同樣的飛禽㉟。鵰鷹和烏鴉也是恩加里果(the Ngarigo)和窩爾加爾部落中兩個宗族分支的名字㊱。在昆莫布拉部落(the Kuinmurbura)中則爲白色美冠鸚鵡和烏鴉㊲。還可以引證其他許多例子。這樣，就使得我們把宗族分支看成了一個業已解體的古老氏族；現在的氏族則是解體後的產物，而將它們統一起來的連帶性則是其最初統一性的遺物㊳。誠然，在某些部落中，宗族分支似乎不再擁有專門名字，另一些部落中的宗族分支則雖然有名字，而其涵義卻不再爲其成員所知了。但是，這並不令人感到驚奇。宗族分支肯定是一種原始的組織，因爲它們在各地都處於退化狀態；它們的後繼者氏族已躍居第一位。所以，它們的名稱自然會從人們的記憶中漸漸消褪，其涵義也不再爲人所知了。這些名字肯定屬於一種不再使用的極古老的語言。這一點被下列事實所證實：在宗族分支借用其名的動物中，有許多我們是知道的，但是現代語言中對該動物的稱呼與他們使用的稱呼相差甚遠㊴。

　　宗族分支圖騰和氏族圖騰之間存在著從屬關係。大體上說來，每個氏族都隸屬於一個（也只屬一個）宗族分支；在另一個宗族分支中擁有代表是非常例外的情形。除了某些中央部落，特別是阿隆塔外，從未見過這類情況㊵。此外，即使由於擾亂的影響而發生了這種部分重合，氏族的大多數成員也還留在某一個氏族

129

分支中；只有少量成員見於另一個宗族分支㊶。所以，一般說來，
兩個宗族分支是並不部分重合的；因而個人的圖騰名是由他所屬
的宗族分支預定的。換言之，宗族分支猶如物種，氏族乃是其中
的不同品種。我們將看到，這一類比並不是純粹比喻性的。

除了宗族分支和氏族外，在澳大利亞社會中還經常見到一種
並非沒有一定個性的次級群體，這即是婚姻組(matrimonial clas-
ses)。

這一名稱用以指宗族分支的某些複分部分，其數量因部落而
異；有時候每個宗族分支兩個，有時則四個㊷。它們的組成和活動
受到下述兩個原則的制約。首先，宗族分支中的每一代都屬於異
於前一代的氏族。這樣，當一個宗族分支只有兩個婚姻組時，它
們就必須每一代都互相更換。子女組成的婚姻組中不包括其雙
親，但是孫兒女則與祖父母同屬一個婚姻組。例如，在卡米拉羅
伊部落中，庫帕廷(Kupathin)宗族分支有兩個婚姻組：伊佩
(Ippai)和孔博(Kumbo)；迪爾別(Dilby)宗族分支中則有另兩個
婚姻組，叫做莫里(Murri)和庫比(Kubbi)。由於按母系繼承，所以
孩子屬於其母親的宗族分支；如果她是庫帕廷宗族分支成員，則
孩子亦然。但是如果她屬伊佩婚姻組，則孩子就屬孔博婚姻組；
假若是女孩，則女孩之子女又屬伊佩婚姻組。同樣地，莫里婚姻
組婦女的孩子屬庫比婚姻組，而庫比婦女的孩子則又屬莫里組。
當每個宗族分支有四個而不是兩個婚姻組時，這種制度自然更爲
複雜，但是其原則是一樣的。四個婚姻組形成兩對，每對兩個組，
兩個組的每一代都以剛才所述的方式互相更換。第二個制約原則
是，一個婚姻組的成員原則上㊸只能與另一個宗族分支中的某一
婚姻組通婚。即伊佩組必須與庫比組聯姻，而莫里組則必須與孔
博組聯姻。由於這種組織深深地影響了婚姻關係，所以我給這種
群體取名爲婚姻組。

現在可以探討一下，有時候這些婚姻組是否擁有像宗族分支

和氏族那樣的圖騰。

　　由於在昆士蘭州的某些部落中，每個婚姻組都有其獨特的飲食禁忌，所以就產生了上述問題。組成婚姻組的各成員必須戒食某些動物的肉，而另一些婚姻組則可以隨意食用④。這些動物是圖騰嗎？

　　但是飲食禁忌並非圖騰制度的特色。圖騰首先是名字，然後，如我們將看到的那樣，它是一種表記。而在我們剛才談到的那些社會中，沒有一個婚姻組是擁有動、植物名字或者一個表記的⑤。當然，這些禁忌可能間接地導源於圖騰制度。可以推測，這些禁忌所保護的動物一度是現已消失了的氏族的圖騰，而那些婚姻組卻沒有消失，存留了下來。它們肯定有著氏族所不具備的耐久力。此後，這些禁忌為原始的支持所決定，而散布到整個婚姻組，因為它們已沒有其它群體可再依附。但是很清楚，如果這一規定來自圖騰制度，那麼它只代表了圖騰制度的一種衰弱和非自然化的形式⑥。

　　業已談及的有關澳大利亞社會中的圖騰的一切情況同樣適用於北美洲的印第安人部落。唯一的區別是，在北美印第安部落中，圖騰組織有著嚴格的形式和穩定性，這在澳大利亞是看不到的。澳大利亞氏族不僅為數眾多，而且部落中的氏族數量幾乎是無限制的。考察者們引證了其中一些例子，但是從未給予我們完整的清單。這是因為這份清單是絕不會明確地結束。原來以宗族分支發生分裂，產生正確意義上的氏族，這一解體過程仍在氏族內部進行著；做為這種漸進的小塊化的結果，一個氏族往往只有很小的影響力⑦。在美洲，卻正好相反，圖騰制度具有明確的形式。雖然那裡的部落規模通常說來較大，但氏族數量卻不多。很少有擁有十二個以上氏族的部落⑧，其數量往往少於十二個；因此每個氏族就成了重要的群體。尤其是，氏族的數目是固定的；有人知道其確切數目，他們已告訴了我們⑨。

132

　　這種差別來自於他們社會經濟的優越性。在人們最初考察這些部落時，它們就已牢牢地依附於土地上了，因此就更能抵制使之分解的力量。同時，社會對於其統一性極為敏感，所以不可能不意識到其本身以及構成它的各部分。美洲的例子使得我們能夠更好地解釋做為氏族基礎的組織。如果我們只按今日澳大利亞的情況來判斷它的話，那麼就勢必產生錯誤的看法。事實上，那裡處於完全不正常的變化和解體狀態中；它更近乎於一種退化的產物，我們已看到，這種退化歸咎於時間的自然衰退作用和白人的瓦解作用。固然，澳大利亞的氏族幾無可能擁有過如美洲氏族那樣的規模和堅固結構。但是，肯定在某一個時期內它們之間的差距要比今天小得多。因為假若氏族始終是如此流動和多變，則美洲的社會也絕不會形成如此堅固的結構。

　　這一較大的穩定性使得古老的宗族分支制度能在美洲鮮明地保存下來，而這種鮮明度卻不見於澳大利亞。我們剛才已經看到，在澳大利亞大陸上，各地的宗族分支都處於衰落之中；它往往是一個沒有個性特徵的群體；即使它有一個名稱，此名也已不再被人懂得，或者不管怎樣，它對土著人說來都無重大意義。因為它是從外來語言借用的，或者源自不再使用的語言。於是，我們只能憑藉少數殘留的名字——其絕大部分都毫無特色，故未引起考察者們的注意——來推斷宗族分支圖騰的存在了。在美洲的一些地方卻相反，這一體制保持了其最初的重要性。西北沿海的諸部落，尤其是特里吉特人（Tlinkit）和海達人（Haida），雖已有了相當高的文明，但仍然畫分成兩個宗族分支，宗族分支又複分成一定數量的氏族：特里吉特部落分成烏鴉和狼兩個婚姻組⑩，海達部落則分成鷹和烏鴉㉛。這種畫分並非只是名義上的，它與曾經存在過的部落狀態相一致，帶有強烈的部落生活特色。氏族之間的道德距離與宗族分支間的相比，就顯得微不足道了㉜。宗族分支的名字不是涵義被忘卻或約略知道的一個詞，而是完全意義上的圖

133

騰；它們具有圖騰的一切屬性，即如將在下文談到的那樣㊾。因此，鑑於這一原因，我們也不可忽略了美洲部落，因為由此可以直接研究宗族分支圖騰，而澳大利亞則僅僅提供了婚姻組圖騰的模糊痕跡。

2

但是，圖騰不僅是一個名字，也是一種表記（emblem），一種名副其實的紋章（coat-of-arms），它之類似於紋章往往令人注目。格雷（Grey）在談及澳大利亞人時，說：「每個家族（family）都採用一種動物或植物做為其徽號和象徵㊴。」格雷所說的「家族」無疑即是氏族。法伊森（Fison）和豪伊特也說：「澳大利亞的區分表明，圖騰首先就是一個群體的徽章㊶。」斯庫克拉夫特（Schoolcraft）在談及北美印第安人時，說法也相同：「圖騰實際上相當於文明民族的紋章表記，每人都有權擁有它，做為與它所屬家族認同的證明。這一點由該詞的真正語源所證實，它來自 dodaim，意義為村莊或家族群體居住區㊷。」因此，當印第安人開始與歐洲人發生聯繫而簽訂契約時，每個氏族都用圖騰在締結的條約上蓋章㊸。

封建時代的貴族以種種方式將其紋章雕鑿、鏤刻和設計在城堡的圍牆上、武器上以及屬於他們的每一件物品上；澳大利亞的黑人和北美洲的印第安人也同樣地對待自己的圖騰。陪伴塞繆爾·赫恩（Samuel Hearne）的印第安人在交戰前將其圖騰畫在盾牌上㊹。據夏勒瓦說，在戰爭期間，有些印第安人擁有真正的旗幟，它在一根旗杆的頂端繫著一小片樹皮，上面描畫著圖騰㊺。在特里吉特部落中，當兩個氏族間爆發衝突時，敵對雙方的戰士頭戴盔帽，上面畫著他們所崇拜的圖騰㊻。易洛魁人（the Iroquois）則將圖騰動物的皮鋪在每座棚屋（wigwan）上，做為氏族的標誌㊼。據另一個考察者說，圖騰動物製成了標本，豎立在門前㊽。在

懷昂多特部落(the Wyandot)中，每個氏族都有自己的裝飾及其有區別性的繪畫[63]。奧馬哈人(the Omaha)和蘇人則通常將圖騰畫在帳篷上[64]。

　　無論何地，一旦社會定居下來，房屋代替了帳篷，造型藝術更充分地發展後，圖騰就鐫刻在木製品和牆上了。例如，海達、津欣(Tsimshian)、撒利希(Salish)和特里吉特等部落的情況便是如此。克勞斯說：「特里吉特房屋的一個非常獨特的裝飾便是圖騰紋章。」動物形象——有時和人類形象組合在一起——刻在門旁的柱子，柱子高約十五碼，通常塗有非常鮮艷的色彩[65]。然而，這種圖騰裝飾在特里吉特村莊中不是很多，幾乎只見於酋長和富人的房屋前。而在相鄰的海達部落中，這類柱子則常見得多，每座房屋前總有好幾根[66]。由於雕刻的柱子聳立在各方，有時候極高，所以海達人的村莊就給人以聖城之感，高聳的柱子猶如鐘樓和尖塔[67]。撒利希人的圖騰經常繪在房屋的內牆上[68]。其他地方，圖騰則見於獨木舟、各種日用器具以及火葬柴堆[69]。

136　　　上述例子均來自北美的印第安人。這是因為雕鑿、鐫刻和永久性的圖案裝飾只可能在造型藝術達到完善程度時才能實現，而澳大利亞部落則尚未達到這一點。因此，剛才談及的圖騰象徵罕見於澳大利亞，然而，仍可引證一些例子。在瓦拉蒙加部落中，在喪禮結束時將業已乾燥並成為粉末的死者骨骸埋葬起來。埋葬處的旁邊地上畫著一個象徵圖騰的圖形[70]。馬拉人和阿努拉人則將屍體放在一塊用圖騰圖案裝飾的空心木中[71]。奧克斯利(Oxley)在新南威爾斯一個埋葬土著的墓地附近樹上發現了雕刻[72]。布拉夫·史密斯(Brough Smyth)認為這種雕刻具有圖騰特徵。上達令(Upper Darling)的土著在其盾牌上刻有圖騰形象[73]。據科林斯(Collins)說，幾乎所有日用器具的表面都有裝飾，它們可能具有同樣的意義；這種圖形還見於岩石上[74]。這類圖騰圖案實際上可能更多，因為它們的真正涵義鑑於下文將談及的原因而始終不易被

人領悟。

　　種種事實使我們認為，圖騰在原始人的社會生活中佔有相當重要地位。然而，我們至今似乎只覺得它是人體以外的事物，因為我們只見到它被繪製在外界物體上。但是圖騰形象不但見於房屋的牆、獨木舟、武器、日用器具以及墳墓上，它也見於人體上。人們不只是把紋章裝飾在他們擁有的器物上，還把它裝飾在自己身體上。圖騰印飾在肉體上後就成了人的一部分，而這一圖象領域要比上面所說的重要。

　　事實上，每個氏族成員都設法使自己具有圖騰外貌，這是十分普遍的規律。在特里吉特人的某些宗教節日典禮上，指導儀式的大穿著袍子，上面描畫著其圖騰動物的整個或部分身體㊄。同樣的習俗遍見於西北美洲㊅。米尼塔里人(the Minnitaree)去作戰時也這樣做㊆，村莊印第安人亦然㊇，在圖騰為飛禽的情況下，人們便在頭上插上這種鳥的羽毛㊈。在愛荷華部落(the Iowa)，每個氏族都有剪髮的特殊風尚。在鷹氏族裡，頭頂前方留有兩大撮頭髮，後部也留一撮；在野牛氏族中，頭髮則理成牛角狀㊊。類似做法亦見於奧馬哈部落中，每個氏族都有自己的頭飾。例如，海龜氏族成員的頭髮除了六束外全部剃去：兩側各兩束，前部一束，後部一束，他們以此方式來模仿其圖騰物的腿、頭和尾巴㊋。

　　但是，更常見的是將圖騰標誌印飾在身體上：因為這種描繪方法即使對於最落後的社會來說，也是力所能及的。有時候人們會問，青年男子到達青春期時敲掉兩顆門牙的共同儀式是否具有復現圖騰外形的目的。這一事實尚未得到確認，但是土著人自己對此風俗的解釋卻是值得一提的。例如阿隆塔人的拔牙儀式只在雨氏族和水氏族中舉行。按傳說，其目的是使他們的臉顯得像朵邊緣發光的烏雲，而這被認為是旋即降雨的徵兆，所以它們就被視為同族事物了㊌。這證明土著人意識到毀形是為了使自己方便

地獲得圖騰外貌。在阿隆塔部落的私部切開儀式中，有些割痕畫在新成年者的姊妹或未婚妻身上，所造成的疤痕圖形就是我們將談及的一種稱爲「聚靈架」(churinga)*的聖物上面所繪的圖形；我們將看到，聚靈架上的線條乃是圖騰的象徵[83]。凱提什人認爲羚袋鼠和雨密切相關[84]。雨氏族的人佩戴著用羚袋鼠牙製成的小耳環[85]。耶克拉部落(the Yerkla)的青年男子在成年禮期間要受一定數量的刀割，所留疤痕的數量和形象因圖騰而異[86]。法伊森的一個情報提供者談到了他所考察的幾個部落中存在著同樣的情況[87]。據豪伊特說，迪利部落中的水圖騰也與刀痕有著同樣的關係[88]。西北部印第安人的普遍風俗便是用圖騰紋身[89]。

　　但是，即使由傷殘或疤痕造成的紋身並非始終具有圖騰涵義[90]，它也仍然區別於畫在身上的簡單圖案。誠然，土著人並不每天都帶有紋身。當他從事純粹的經濟事務或者按小家庭單位分散漁獵時，他就不再爲這套複雜的裝備操心了。但是當氏族集合起來共同生活，一起出席宗教典禮時，他們就必須裝飾自己了。我們將看到，每個典禮都與一個特定的圖騰有關，從理論上說，與某一圖騰相關的儀式只能由屬於該圖騰的人來舉行。而執行儀式的人[91]、擔任主祭的人、有時甚至做爲觀衆的出席者也總是在身上畫著象徵圖騰的圖案[92]。成年禮——青年經該儀式而進入部落宗教生活——的主要儀式之一是在身體畫上圖騰符號[93]。固然，在阿隆塔人中，這樣描畫的圖案不一定始終代表著成年者的圖騰[94]，但是這只是例外，無疑是由部落圖騰組織的紊亂狀況造成的[95]。此外，即使在阿隆塔部落中，新成年者在成年禮的最莊嚴時刻（成年禮的高潮和神聖時刻）進入聖所——那裡保存著屬於部落的一切聖物——時，其身上畫的也是象徵他自己圖騰的一種紋章圖案了

＊ Churinga 一詞通常譯做「神座」，但爲了避免讀者誤解爲「神之座」——本書作者對「神(god)」有著嚴格的定義——所以在此音譯成「聚靈架」。
　　——譯者

⑨。在北美洲西北沿岸的部落裡，個人與圖騰關係是如此密切，以至於氏族的紋章不但畫在活人身上，還畫在死者身上：屍體在落葬前要畫上圖騰標記⑨。

3

這些圖騰裝飾使我們看到，圖騰不但是個名稱，而且是個表記。它們使用於宗教典禮中，是禮拜儀式的一部分；所以，當圖騰做爲一種集體符號時，它也就具有了宗教性質。實際上，事物的神聖和凡俗之分是與圖騰有關的，圖騰是神聖事物。

中央澳人利亞的各部落，尤其是阿隆塔、洛里特雅、凱揾什、恩馬杰拉和伊爾皮拉(the Ilpirra)等部落⑨，在儀式中一直使用著某種法器，阿隆塔人稱之爲「聚靈架」（按史賓塞和吉倫，寫成churinga；按斯特雷洛，則做 tjurunga)⑨。這是一些木片或磨光的小石塊，形狀各異，但通常呈橢圓形或長方形⑩。每個圖騰群體都多少有一點這類收藏品。每件收藏品上都雕刻著代表該群體圖騰的圖案⑩。有些聚靈架的一端有個小孔，一根用人髮或負鼠毛編成的線穿過此孔。這些用木頭製成並這樣穿孔的法器和英國民族誌學家稱之爲牛吼器(bull—roarer)的祭祀法器有著同樣的用途。它們被用線懸空，快速旋轉，從而產生一種嗡嗡聲，與今日兒童仍在使用的同名玩具發出的聲音一樣；這種震耳欲聾的噪聲具有禮儀意義，在稍具重要性的所有典禮中使用。這些聚靈架是眞正的牛吼器。另一些則不用木頭製成，也不穿孔，所以不能以這種方式使用。但是，它們仍能激發出同樣的宗教感情。

事實上，每一件聚靈架不論用在哪一方面都列入最顯要的聖物之中，它的宗教地位是最高的。即使稱呼它們的名字也顯示了這一點。這不但是個名詞，而且是個具有神聖涵義的形容詞。每個阿隆塔人都有幾個名字，其中一個極爲神聖，以致不相干者不得與聞。人們難得誦念此名，即使唸時，也只是一種輕輕的神秘

嘟噥聲。這一名字就稱爲 aritna churinga(aritna 意爲「名字」)
[102]。通常，churinga(聚靈架)一詞用來指稱所有的儀式活動；例如
ilia churinga 意爲鵲鵲的儀式[103]。當 churinga 做爲名詞使用時，
就指稱以神聖爲基本特性的事物。世俗的人，即婦女和尚未進入
宗教生活的年輕男性，不得接觸甚至看見聚靈架，他們只能遠遠
地瞧上一眼，而且這種機會也並不多[104]。

142　　　　聚靈架被虔誠地保藏在一個專門地方，阿隆塔人稱之爲「艾
納土龍加」(ertnatulunga)[105]。這是隱藏在荒地裡的一個洞穴或山
洞。其進口用石塊仔細封沒，石塊堆砌得十分巧妙，以致走過旁
邊的陌生人不可能懷疑到氏族的宗教寶庫就在附近。聚靈架的神
聖特性非常強烈，以致可以傳感給收藏它們的地點：婦女和未成
年者不得接近那裡。青年男子只有在成年禮完全結束後才能接近
它：有些人在經過幾年的考驗後才被認爲有資格獲得這一恩惠
[106]。宗教性質向四周放射出去，傳感給四周地區，附近的一切事物
都能分享這一宗教性質，因此凡俗者不得觸犯。如果有人被追逐，
那麼他只要能到達艾納土龍加就可獲救，在那兒不准抓人[107]。甚
至在那裡避難的受傷野獸也必須受到尊重[108]。那裡還禁止吵架，
它是個和平的地方，就如日耳曼社會中的同類地方一樣；這是圖
騰群體的聖所，是名副其實的庇護所。

　　　　但是，聚靈架的功效不只是體現在隔離凡俗事物上。它之孤
立，是因爲它是具有高度宗教價值的事物，這一價值一旦喪失就
會嚴重損害群體和個人。它具有一切神奇的性能：傷口，尤其是
割禮造成的傷口接觸了它便能癒合[109]；它對於疾病具有同樣的威
力[110]；它有助於鬍子的生長[111]；它賦予圖騰物種以巨大的威力，
並還確保它們的正常繁殖[112]；它給予人類力量、勇氣和毅力，同
143　時它壓制和削弱人們的敵人。最後一種信念在人們心中是根深柢
固的，以至於當兩個戰士對陣時，如果一方看見對方帶來了聚靈
架，他就喪失了自信，其失敗也就肯定了[113]。所以，在宗教典禮

中，沒有任何其他禮儀法器比聚靈架的地位更爲重要了⑭。通過
各式各樣的塗油禮，聚靈架的威力傳感給了主祭者和出席者，爲
了使神力傳感，信徒們在身上塗抹油脂後用聚靈架摩擦肢體和肚
皮⑮；有時候則在聚靈架上放上一撮絨毛，並將其旋轉，絨毛便
飛散至四面八方，以此來傳播聚靈架的功效⑯。

　　但是，聚靈架並非只對個人有益，整個氏族的命運也與它休
戚相關。失掉聚靈架就會導致災禍，這是集團的最大不幸⑰。有
時候，聚靈架離開艾納土龍加（例如，借給其他群體）⑱，那麼隨
之就有一場眞正的公衆哀悼。這個圖騰的人要哀哭半個月，用白
土塗在身上，猶如死了親人一般⑲。並非人人都能隨意支配聚靈
架；艾納土龍加置於群體首領的控制之下。固然，每個個人都對
一定的聚靈架擁有專權⑳，但是他雖是某種意義上的所有者，卻
仍須徵得首領同意，並在他的指導下才能使用聚靈架。這是集體
的寶庫，是氏族的神聖方舟㉑。人們對聚靈架的虔誠說明了它的
重大價值。聚靈架所受的崇敬表現在移動它時的嚴肅性上㉒。人
們小心地照看聚靈架，塗抹油脂、擦拭、打光，聚靈架從一處移
至另一處的儀式安排在各個儀式的中間進行，這證明了人們將這
一遷移視爲最重要的活動㉓。

　　聚靈架本身用木頭或石頭製成，猶如一切其他的木石一樣；
它們與同類材料的凡俗事物的區別只在於一個獨特性：上面畫著
或刻著圖騰標誌。所以，是這一標誌，也唯獨這一標誌將神聖性
賦予了聚靈架。誠然，據史賓塞和吉倫說，聚靈架是祖先靈魂的
居所，因爲祖先靈魂在場，聚靈架才擁有了這些性能㉔。但是斯
特雷洛則聲稱這種解釋並不確切，他自己提出了另一種解釋，但
與前者並無本質區別：聚靈架被視做祖先軀體的形象，或者即是
軀體本身㉕。於是，兩種解釋都認爲這是由於祖先激發的情感附
著於有形物體上才使之變成神聖事物的。但是首先，兩種概念
──順便說一聲，它們除了神話的字面意義外幾無區別──顯然

144

形成於後世，以說明聚靈架的神聖特性。無論就這些木片和石塊的構造而言，還是就其外觀而言，都沒有任何原因使之註定被人們看成祖先靈魂的居所或者其軀體的形象。所以，人們想像出這個神話，是爲了解釋這事物激發出來的宗教崇敬，而這種崇敬並非取決於神話傳說。這個解釋就如許多神話學解釋一樣，只不過是用略爲不同的措詞重複了問題，以此來解決問題；因爲說聚靈架是神聖的和說它與神聖物有著如此這般關係，僅僅是通過兩種不同的方式來宣稱一件同樣的事情，這不能說明事物的神聖性。此外，史賓塞和吉倫公開承認，阿隆塔部落中的某些聚靈架是由群體中的老人在盡人皆知的公開場合製作的⑯；這顯然並非來自偉大的祖先。然而，這些聚靈架的威力和其他的一樣，只是程度略爲不同而已，它們也被人們以同樣的方式保存起來。最後，在許多部落中，聚靈架和精靈從來沒有關係⑰。它的宗教性質來自其他地方，那麼，如果不是來自它所帶有的圖騰印記，又會來自哪兒呢？因此，儀式表演的眞正對象是這個圖騰形象，是物體上刻著圖像使得物體神聖化了。

　　阿隆塔及其相鄰的各部落還有兩件與圖騰及聚靈架密切相關的禮拜法器，它們通常構成了禮拜法器的一部分：這即是努通雅(nurtunja)和懷寧架(waninga)。

　　努通雅⑱見於北阿隆塔人及其緊鄰部落中⑲，主要由一直立支柱構成，爲一根或一束標槍，或者是一根簡單的桿棒⑳。帶子或者髮編細繩把一綑草紮緊在支柱四周。上面安放絨毛，設計成圓形或平行線，以支柱頂端直至底部。支柱頂端飾有禿鷹羽毛。這只是最一般和典型的形式；在個別情況下，它還有各種變異㉛。

　　懷寧架則僅見於南阿隆塔、烏拉崩納和洛里特雅部落中，它也無獨一的模式。如果把它簡化至最基本的成分，則也是一根直立的支柱，這是一根長杆或數碼高的標槍，上置一根或兩根橫木

⑬。在前一種情況下，其外觀宛如一個十字架。用人髮、負鼠或袋狸皮製成的繩子以對角線交叉在十字架橫臂和中心軸兩端之間的空檔處，由於它們互相靠得很近，所以組成了菱形的網。當有兩根橫臂時，則繩子從一根橫臂繞到另一根，並再從中心柱的頂部繞到底部。有時候外面覆上一層絨毛，厚到足以將基礎主體掩沒。這樣，懷寧架的外觀就像一面眞正的旗幟了⑬。

　　努通雅和懷寧架出現在許多重要的儀式中，它們也是像聚靈架激發的那種宗教崇敬的對象。它們的製作和樹立程序是以最嚴肅認眞的態度進行的。它們固定在地上或由主祭執著，那裡標誌著典禮的中心點：人們圍繞著它跳舞和擧行儀式。在成年禮中，新成年者被引到爲此而樹立的努通雅腳下。有個人對他說：「這是你父親的努通雅；許多青年已經被它造就。」隨後，成年者就必須親吻努通雅⑭。通過這一吻，他就分享了寓於其中的宗教本源；這是名副其實的傳感，它賦予了這個青年用以忍受可怕的私部切開手術所需要的力量⑮。努通雅在這些社會的神話中也扮演著相當重要的角色。神話敍述了偉大祖先的傳說時代，部落領地遭到來自四面八方的與他們純屬同一圖騰的人的蹂躪⑯。他們的每支軍隊都有一個努通雅。當他們停下來紮營並分散打獵以前，就把努通雅固定在地上，並在其頂上掛上聚靈架⑰。也就是說，他們把自己最寶貴的東西託付給努通雅了。它同時也成了群體聚合中心的一面旗幟。人們不可能不因對奧馬哈部落中努通雅和聖柱的相像而留下深刻的印象⑱。

　　於是，它的神聖特性只可能出自一個原因，即：它實質上代表著圖騰。覆蓋在努通雅上的絨毛直線或圓環以及把懷寧架橫木縛緊在中心軸上的彩色繩索，都不可能是製作者按自己的愛好而任意安排的；它們肯定是嚴格遵照著由傳統所確定的樣式，這種樣式在土著人的心目中代表著圖騰⑲。至此，我們不能再以爲——猶如在談及聚靈架時那樣——人們對於這一法器的崇拜只是

祖先激發出來的情感反映了；因爲每個努通雅和懷寧架通常只在使用它們的那個典禮期間存在。每次需要它們的時候，都是全部重新製作，並且一旦儀式結束，其裝飾便被剝去，構成它的各個組件也就散落了⑭。它們僅僅是圖騰的形象，而且是臨時的形象，正是由於這個原因，也唯獨由於這個原因，它們才發揮了宗教性的作用。

所以，聚靈架、努通雅和懷寧架的宗教性質僅僅是由於它們帶有圖騰表記。神聖的東西是圖騰表記，它不論描畫在什麼地方都保持著神聖的特性。有時候，它畫在岩石上，於是那些畫就被稱爲「聚靈架・依爾基尼」(churinga ilkinia)——聖畫⑭。宗教典禮上主祭和助手的裝束也有著同樣的名稱，婦女和兒童都不得看見它們⑭。在某些儀式中，圖騰是畫在地上的。這種方式證明了熱情是由這一圖騰圖案激發出來的，重要的價值來自於它；圖案畫在事先澆上並浸透了人血的一塊地上⑭，我們將看到，鮮血本身就是一種神聖的液體，只用於宗教方面。圖案畫好後，忠實的信徒仍舊以最虔誠的態度坐在它前方的地上⑭。如果我們用涵義相當於這些原始人心理的一個詞來描述，我們就可以說：他們崇拜它。這使我們懂得了，圖騰紋章是怎樣保留了對北美印第安人來說是非常寶貴的東西：它始終被一種宗教光環圍繞著。

但是，如果我們要設法瞭解這些圖騰象徵爲什麼會如此神聖，那麼我們來看看它們取決於什麼，並非沒有意義。

北美印第安人所繪製、鐫刻或雕鑿的圖騰形象試圖盡可能眞實地再現圖騰動物的外貌。他們使用的手法就像我們今天在類似環境中所使用的一樣，只是通常更粗劣些罷了。但在澳大利亞則不然，所以我們必須在澳大利亞社會中尋找這些圖繪的起源。雖然澳大利亞人顯示了他們有足夠的能力用初淺的方式描繪事物形狀⑯，但是一般說來，這些神聖圖繪卻似乎並未顯示出他們在這

方面的雄心：它們基本上由畫在聚靈架、努通雅、岩石、地面或人體上的幾何圖案構成。它們或為直線，或為曲線，方法各異⑭⑥。總的說來缺乏創意。圖案和它所象徵的事物相互是如此疏遠和間接，以至於除非有人指明，否則就無法明白其間的關係。只有氏族成員才能說如此這般的線條組合是什麼意思⑭⑦。通常，半圓代表男人和女人，整圓或螺旋線則代表動物⑭⑧，線代表人或動物的足跡等等。如此得到的圖案的涵義極具任意性，以至於同一個圖案在兩個不同圖騰的人看來，可以有兩種涵義：對此代表此動物，對彼代表彼動物或者植物。就努通雅和懷寧架來說，這種情況可能更加突出。每個努涌雅和懷寧架都象徵著一種圖騰。但是組成它們的少量簡單構件不可能使得整個組合外觀發生巨大變化。所以，兩種外貌可能十分相似的努通雅，卻代表著兩種不同事物，如橡膠樹和鴯鶓⑭⑨。努通雅製成後就被賦予一種涵義，它只在整個典禮過程中保持這種涵義，但最後確定涵義的是習俗。

　　上述事例證明，澳大利亞人如此強烈地愛好描繪其圖騰，並不是為了眼前有幅圖騰肖像，以便常常重溫對它的感情；而僅僅是因為他覺得需要利用有形的外表符號來象徵他對圖騰形成的概念，而不管這些符號是什麼。我們尚不準備探求原始人將其圖騰觀念書寫在人體上和各種物體上的原因，但是立即闡述對於這麼眾多象徵圖繪的需求性質，則是很重要的⑮⑩。

註　釋

①這是西塞羅(Cicero)下的定義：Gentiles sunt qui inter se eodem nomine sunt（「具有同一名字的那些人即是屬於同一 gens 的人」）。

②通常說來，氏族是一個家族群，其親戚關係僅出於共同的名字；正是在這一意義上，gens 才是 clan。但是圖騰氏族是這樣構成的一種特殊類型。

③就某種意義上來看，這種連帶關係擴展到部落領地之外，當不同部落裡的個人擁有了同一圖騰後，他們就有了獨特的相互義務。北美的某些部落中便明顯地存在著這種情況（見 Frazer：*Totemism and Exogamy*，III，P. 57、P.81、P.299、PP.356～357。有關澳大利亞的文獻則沒有清楚談及此事。然而，禁止同一圖騰群體內的成員通婚則可能是到處一樣的。

④ Morgan：*Ancient Society*，P.165。

⑤在澳大利亞，這類詞的使用因部落而異。在格雷考察的地區中稱之為 Kobong；迪利人稱 Murdu(Howitt：*Nat. Tr.*，P.91)；納林葉里人(the Narrinyeri)稱 Ngaitye(Taplin：載 Curr 書，II，P.244)；瓦拉蒙加人則稱 Mungái 或 mungáii(*Nor. Tr.*，P.754)，諸如此類。

⑥ *Indian Tribes of the United States*，IV，P.86。

⑦這個詞彙的命運是比較令人遺憾的，因為我們甚至無法確切知道它是怎麼書寫的。有人寫成 totam，還有人則寫成 toodaim，或 dadaim，或 ododam（見 Frazer：*Totemism*，P.1）。而它的涵義也沒有確切地肯定。據奧吉韋人的最早考察者杰‧朗的報告，totam 一詞用以稱守護神，這是一個個人圖騰——我們將在下面談及它（第 2 篇第 4 章）——而非氏族圖騰。但是其他探險者的記載正好相反（關於這點，見 Frazer *Totemism and Exogamy*，III，PP.49～52）。

⑧窩喬巴盧克部落(The Wotjobaluk)(P.121)和布昂迪克部落(the Buandik)(P.123)。

⑨同上註。

⑩窩爾加爾(the Wolgal)(P.102)、窩喬巴盧克和布昂迪克部落。

⑪莫魯布拉(the Muruburra)(P.117)、窩喬巴盧克和布昂迪克部落。

⑫布昂迪克和凱厄巴拉部落(the Kaiabara)(P.116)。值得注意的是，所有這些例子僅來自五個部落。

⑬例如，史賓塞和吉倫在大量部落裡蒐集到的二百零四種圖騰中，有一百八十八種是動、植物圖騰。無生物圖騰則為飛去來器、寒冷天氣、黑暗、火、閃電、月亮、紅赭石、松脂、鹽水、金星、石頭、太陽、水、旋風、風和冰雹（*Nor. Tr.*，P.733）。參看 Frazer：*Totemism and Exogamy*，I，PP. 253～254。

⑭弗雷澤（*Totemism and Exogamy*，P.10、P.13）引證了大量例子，並將它們專門編入一組，稱之爲「分裂圖騰」(split-totems)。但是這些例子是從圖騰制度已有重大變化的部落中取來的，諸如薩摩亞或者孟加拉的部落。

⑮Howitt：*Nat. Tr.*，P.107。

⑯見史賓塞所製的表格，前引書，II，P.61～72（參看III，P.xiii～xvii）。值得注意的是，這些殘缺圖騰只取自動物圖騰。

⑰Strehlow：II，P.52、P.72。

⑱例如，其中之一便是山貓圖騰的祖先棲息的一個山洞；另一個圖騰是老鼠氏族的祖先所挖掘的地道等等（同上書，P.72）。

⑲*Nor. Tr.*，P.561。及以下諸頁。Streholw：II，P.71，註2。Howitt：*Nat. Tr.*，P.426及以下諸頁；*On Australian Medicine Men*，載*J.A.I.*，XVI，P.53；Further Notes on the Australian Class Systems，載*J.A.I.*，P.63及以下諸頁。

⑳據史賓塞和吉倫的翻譯，Thaballa意爲「笑著的男孩」。擁有此名的氏族成員認爲他們聽得見他在其居住的山岩間歡笑（*Nor. Tr.*，P.207、P.215、P.266註）。據P.422上所載的一個神話，有一群最早的神話塔巴拉（參見P.248）。按史賓塞和吉倫所述，卡提人(the Kati)的氏族「成人」(full-grown men)似乎屬於同一類型(*Nor. Tr.*，P.20)。

㉑*Nor. Tr.*，P.226及以下諸頁。

㉒Strehlow，II，P.71及以下諸頁。他談及了洛里特雅人和阿隆塔人的一種圖騰，這與巨蛇窩龍瓜極爲接近：是神話水蛇的圖騰。

㉓這是指上文所引克拉契(Klaatsch)文章中的情況（見上文，邊碼111註23）。

㉔如我們在前章中指出，圖騰制度對於宗教問題和家族問題都具有意義，因爲氏族(clan)即是一個家族(family)。在低等社會中，這兩個問題密切相關。但是兩者又都是那麼複雜，以致完全需要分別探討。此外，在原始宗教信仰被理解之前，是不可能理解原始家族組織的，因爲前者是後者的基礎。這就是爲什麼在研究做爲家族群體的圖騰氏族之前必須先研究做爲宗教的圖騰制度。

㉕見Taplin：The Narrinyeri Tribe，載Curr書，II，P.244及以下諸頁；Howitt：*Nat. Tr.*，P.131。

㉖*Nor. Tr.*，P.163、P.169、P.170、P.172。應該注意的是，在所有這些部落中，除了馬拉和阿隆塔外，圖騰的父系遺傳只是一般慣例，它是有例外的。

㉗據史賓塞和吉倫(*Nat. Tr.*，P.123及以下諸頁)，祖先的靈魂轉生於母親的體內，因而成了孩子的靈魂；而據斯特雷洛(II，P.51及以下諸頁)，懷孕雖是祖先的作用，但並不意味著任何轉生；但是在兩種解釋中，孩子的圖騰都不一定取決於其父母的圖騰。

㉘*Nat. Tr.*，P.133；Strehlow：II，P.53。

㉙基本上是母親認爲的懷孕地點決定了孩子的圖騰。如我們業已看到，每個
圖騰都有其中心，而祖先們喜歡經常去的地方也就成了他們各自圖騰的
中心。所以孩子的圖騰就是母親認爲受孕之處所用的圖騰。由於這種地點
通常應在其丈夫的圖騰中心附近，所以孩子一般就跟隨了父親的圖騰。毫
無疑問，這就解釋了爲什麼一個固定地點的居民同屬一個圖騰（*Nat. Tr.*，
P.9）。

㉚*The Secret of the Totem*，P.159 及以下諸頁。參看 Fison and Howitt：
Kamilaroi and Kurnai，P.40 及以下諸頁；John Mathews：*Eaglehawk
and Crow*；Thomas：*Kinship and Marriage in Australia*，P.52 及以下
諸頁。

㉛Howitt：*Nat. Tr.*，P.124。

㉜Howitt：P.121、P.123、P.124；Curr：P.461。

㉝Howitt：P.126。

㉞Howitt：P.98 及以下諸頁。

㉟Curr：Ⅱ，P.165；Brough Smyth：P.423；Howitt：前引書，P.429。

㊱Howitt：P.101、P.102。

㊲J. Mathews：*Two Representative Tribes of Queensland*，P.139。

㊳還可提出其他假設來支持這一假設，但是，這就需要考慮到有關家族組織
的問題，而我們卻希望使這兩種研究分開。再說，這一問題對於我們的主
題來說也只有次要的意義。

㊴例如，據布拉夫·史密斯（Brough Smyth），Mukwara 是巴爾金杰（the
Barkinji）、帕魯因杰（the Paruinji）和米爾普科（the Milpulko）部落中的一
個宗族分支的名字，用以稱呼鵰鷹；現在該宗族分支中的一個氏族即以
鵰鷹做爲圖騰。但他們卻用 Bilyara 一名來稱呼該動物了。朗轉引了許多
同類事例，前引書，P.162。

㊵Spencer and Gillen：*Nat. Tr.*，P.115。按豪伊特之説（前引書，P.121、
P.454），在窩喬巴盧克部落的兩個宗族分支中都有鵜鶘做爲圖騰的。馬修
斯提供的有關這一部落的情報似乎指出了這一點（Aboriginal Tribes of
N.S. Wales and Vicloria，載 *Journal and Proceedings of the Royal
Society of N.S. Wales*，1904 年，P.287 及以下諸頁）。

㊶與此問題有關的，見我們的研究報告 Le Totémisme，載 *Année Sociologi-
que*，Vol. Ⅴ，P.82 及以下諸頁。

㊷關於一般的澳大利亞婚姻組的問題，見我們的研究報告 La Prohibition
de L'inceste，載 *Année Soc.*，Ⅰ，P.9 及以下諸頁。專門談及擁有八個
婚姻組的部落的論文是：L'Organisation matrimoniale des sociétés
Australiennes，載 *Année Soc.*，PP.118～147。

㊸並非各地都嚴格地維持著這一原則。尤其是在擁有八個婚姻組的中央諸
部落中，除了正規通婚的婚姻組外，還有一個可以與之建立次要的納妾關

係的婚姻組(Spencer and Gillen：*Nor. Tr.*，P.126)。有些擁有四個婚姻
組的部落亦是如此。每個婚姻組可在另一宗族分支的兩個婚姻組中選擇
一個。卡比部落(The Kabi)即是如此（見 Mathews：載 Curr 書，III，P.
162）。

㊹見 Roth：*Ethnological Studies among the North-West-Central Queens-
lend Aborigines*，P.56 及以下諸頁；Palmer：Notes on some Australian
Tribes，載 *J.A.I.*，XIII（1884 年），P.302 及以下諸頁。

㊺儘管如此，仍能引證一些擁有動、植物名字的婚姻組的例子，即卡比部落
（Mathews：*Two Representative Tribes*，P.150）、貝茨夫人(Mrs. Bates)
所考察的各部落（The Marriage Laws and Customs of the We-. Aus-
tralian Aborigins，載 *Victorian Geographical Journal*，P.47），以及帕爾
默(Palmer)考察的兩個部落。但是這些事例很少，而且其意義也被歪曲
了。有時候婚姻組和性別群體採用動物名字，也是不足為奇的。這種圖騰
命名的異常擴展絕不會修正我們對圖騰制度的概念。

㊻可能這一解釋也適用於東南部或東部的某些其他部落，如果我們相信豪
伊特的情報提供者，那麼那是存在著專屬於各婚姻組的圖騰。這種情況見
於布盧河(Bulloo River)畔的威拉朱里、威克布拉和崩塔－莫拉(the
Bunta－Murra)部落中(Howitt：*Nat. Tr.*，P.210、P.221、P.226)。然而，
他自己也承認所蒐集的證據是令人懷疑的。事實上，他自己所列的表格即
表明，許多圖騰同時見於一個宗族分支的兩個婚姻組中。

　　我們在弗雷澤（*Totemism and Exogamy*，P.531 及以下諸頁）之後提
出的解釋產生了一個問題。大體上說來，每個氏族，亦即每個圖騰在同一
宗族分支裡的兩個婚姻組中都有代表，因為一個婚姻組是孩子的，另一個
則是孩子的父母的（孩子從其父母獲得圖騰）。所以，當氏族消失後，所
遺留下來的圖騰禁忌應該在兩個婚姻組中都存在，但是在現在這些事例
中，每個婚姻組卻都有自己的禁忌。這種差別是怎樣產生的？凱厄巴拉人
（南昆士蘭的一個部落）的例子使我們得以看清這一情況。在這個部落
中，孩子擁有母親的圖騰，但是使用了某種區別性的標記，以便具有獨特
性。如果母親以黑鵰鷹為圖騰，則孩子以白鵰鷹為圖騰(Howitt：*Nat.
Tr.*，P.229)。這似乎即是圖騰趨向於根據婚姻組而加以區別的開端。

㊼只有幾百個成員的部落卻往往擁有五十個或六十個氏族，甚至更多。關於
這點，見 Durkheim and Mauss：De quelques formes primitives de
classification，載 *Année Sociologique*，Vol. VI，P.28 註 1。

㊽西南部的村莊印第安人除外，他們的氏族數目較多。見 Hodge：Pueblo
Indian Clans，載 *American Anthropologist*，第 1 輯，Vol. IX，P.345 及
以下諸頁。擁有這些圖騰的群體究竟是氏族還是亞氏族，這始終是有疑問
的。

㊾見摩爾根所列的表格：*Ancient: Society*，PP.153～185。

(50)Krause：*Die Tlinkit－Indianer*，P.112；Swanton：Social Condition，Beleifs and Linguistic Relationship of the Tlingit Indians，載 *XXVIth Rep.*，P.308。

(51)Swanton：*Contributions to the Ethnology of the Haida*，P.62。

(52)斯旺頓(Swanton)說：「兩個氏族間的區別明顯地體現在一切方面」(P.68)；他用「氏族」來稱呼我們所說的宗族分支。他在另一段文字中說，兩個宗族分支的相互關係猶如兩個民族。

(53)至少，在海達部落中，眞正氏族圖騰的變換甚於宗族分支圖騰。實際上，習俗允許氏族出賣或放棄其圖騰擁有權，結果，每個氏族都有了若干圖騰，有些圖騰則便與其他氏族的相同了（見 Swanton：P.107 和 P.268)。由於斯旺頓稱宗族分支爲「氏族」，所以他只得稱眞正的氏族爲(family)（家庭家族）而稱正規的家族爲〝household〞(家)。但是其術語的實際涵義是無可懷疑的。

(54)*Journals of two Expeditions in N.W. and W. Australia*，II，P.228。

(55)*Kamilarai and Kurnai*，P.165。

(56)*Indian Tribes*，P.240；參見 I，P.52。這一語源十分可疑。參看 Handbook of American Indians North of Mexicu（載 *Smithsonian Inst. Bur. of Ethnol.*，Pt. II〝Totem〞條，P.787)。

(57)Schoolcraft：*Indian Tribes*，II，P.184；Garrick Mallery：Picture Writing of the American Indians，載 *Tenth Report*，1893 年，P.377。

(58)Hearne：*Journey to the Northern Ocean*，P.148（引自 Frazer：*Totemism*，P.30)。

(59)Charlevoix：*Histoire et description de la Nouvelle France*，V，P.329。

(60)Krause：*Tlinkit－Indianer*，P.248。

(61)Erminnie A. Smith：Myths of the Iroquois，載 *Sec. Rep. of the Bur. of Ethnol.*，P.78。

(62)Dolge：*Our Wild Indians*，P.225。

(63)Powell：Wyandot Government，載 *First Rep. of the Bur. of Ethnol.*，1881 年，P.64。

(64)Dorsey：Omaha Sociology，載 *Third Rep.*，P.229、P.240、P.248。

(65)Krause：前引書，P.130 及下頁。

(66)Krause：P.308。

(67)見收在斯旺頓書中的一張海達人村莊的照片（前引書，圖版 IX)。參看 Tylor：Totem Post of the Haida Village of Masset，載 *J.A.I.*，新輯，I，P.133。

(68)Hill Tout：Report on the Ethnology of the Statlumh of British Columbia，載 *J.A.I.*，XXXV，P.155。

(69)Krause：前引書，P.230；Swanton：*Haida*，P.129、P.135 及以下諸頁；

Schoolcraft：前引書，I，P.52～53，P.337，P.356。在最後一例中，圖騰是倒畫的，以示哀悼。同樣的風俗亦見於克里克部落(the Creek)(C. Swan：載 Schoolcraft：V，P.265) 以及德拉瓦部落(the Delaware) (Heckewelder：*Ancient Account of the History, Manners and Customs of the Indi an Nations Who Once Inhabited Pennsylvania*，PP. 246～247)。

⑦Spencer and Gillen：*Nor. Tr.*，P.168、P.537、P.540。

⑦同上書，P.174。

⑦Brough Smyth：*The Aborigines of Victoria*，I，P.99 註。

⑦Brough Smyth：P.284。Strehlow 引證了阿隆塔部落中的同類情況(III，P.68)。

⑦*An Account of the English Colony in N.S. Wales*，II，P.381。

⑦Krause：P.237。

⑦Swanton：Social Condition, Beliefs and Linguistic Relationship of the Tlingit Indians，載 *XXXVIth Rep.*，P.435 及以下諸頁；Boas: *The Social Organization and Secret Societies of the Kwakiult Indians*，P.358。

⑦Frazer：*Totemism*，P.26。

⑦Bourke：*The Snake Dance of the Moquis of Arizona*，P.229；J.W. Fewkes：*The Group of Tusayan Ceremonials Called Katcinas*，載 *XVth Rep.*，1897 年，P.151～263。

⑦Müller：*Geschichte der Amerikanischen Urreligionnen*，P.327。

⑧Schoolcraft：前引書，III，P.269。

⑧Dorsey：Omaha Sociol.，載 *Third Rep.*，P.229、P.238、P.240、P.245。

⑧Spencer and Gillen：*Nat. Tr.*，P.451。

⑧Spencer and Gillen：*Nat. Tr.*，P.257。

⑧這些關係的涵義見下文第 2 篇第 4 章。

⑧Spencer and Gillen：*Nor. Tr.*，P.296。

⑧Howitt：*Nat. Tr.*，PP.744～746；參看 P.129。

⑧*Kamilaroi and Kurnai*，P.66 註。誠然，其他的情報提供者對此有異議。

⑧Howitt：*Nat. Tr.*，P.744。

⑧Swanton：*Contributions to the Ethnology of the Haida*，P.41 及以下諸頁。圖版 XX 和 XXI；Boas：*The Social Organization of the Kwakiutl*，P.318；Swanton：*Tlingit*，圖版 XVI 以下諸頁。在我們專門研究的這兩個民族誌地區之外的一地，這種身紋飾在屬於民族的動物身上。南非的貝專納部落(the Bechuana)畫分成若干個民族，如鱷魚、野牛、獅子等民族，其中鱷魚民族在其牲口的耳朵上割畫出鱷魚頜的圖形(Casalis：Les Basoutos，P.221)。據羅伯遜・史密斯說，這種習俗也存在於古阿拉伯人中 (*Kinship and Marriage in Early Arabia*，PP.221～214)。

⑨然而，按史賓塞和吉倫所述，有些身紋並無宗教涵義（見 *Nat. Tr.*，P.41 及下頁；*Nor. Tr.*，P.45、PP.54～56）。

⑨這一規定在阿隆塔部落中有例外，下文將解釋。

⑨Spencer and Gillen：*Nat. Tr.*，P.162；*Nor. Tr.*，P.179、P.259、P.292、P.295 及下頁；Schulze：前引文，P.221。這樣描畫的事物並不總是圖騰本身，而只是與圖騰相關聯的事物之一，它們被視做同族事物。

⑨例如，見於瓦拉蒙加、瓦爾帕里、窩爾馬拉、欽吉利、翁別亞和恩馬杰拉部落中（*Nor. Tr.*，P.339、P.348）。瓦拉蒙加人在開始描繪圖案時，執行者對新成年者發表如下講話：「那個標記隸屬於你的地方，不要到別處去尋找。」史賓塞和吉倫說：「這話意味著這個青年不得干預不屬於自己圖騰的典禮。它也表明，個人與其圖騰和與圖騰特別的地點之間存在著十分密切的關係」（*Nor. Tr.*，P.584 及註）。在瓦拉蒙加部落中，圖騰由父親傳給子女，所以每個地方都有這一圖騰。

⑨Spencer and Gillen：*Nat. Tr.*，P.215、P.241、P.376。

⑨我們應記住，在這個部落裡，孩子的圖騰往往可能與其父親、母親或親人的圖騰不同（見上文邊碼 127）。而雙方的親人是指定的成年禮的執行者。所以，既然從原則上說來，一個人只有資格成為自己圖騰的禮儀執行者和主祭，那麼在某些情況下，青年的成年儀式就必然關係到一個不屬自己的圖騰。這就是成年者身上的圖畫未必代表自己圖騰的原因。這類情況可見 Spencer and Gillen：*Nat. Tr.*，P.229。下面的事例可以很好地解釋反常情況：如果圖騰組織不擾亂，如果阿隆塔與瓦拉蒙加兩部落情況相同的話，那麼割禮涉及的就是在成年者所屬地方群體中佔有絕對優勢的圖騰，亦即是新成年者本人將擁有的圖騰（見 Spencer and Gillen：同上書，P.219）。

　　圖騰組織的紊亂產生了另一種結果。通常，其影響是稍稍延展了每個圖騰依附於特定群體的紐帶，因為每個圖騰都可能存在於其他地方群體中，甚至存在於兩個宗族分支中。一個圖騰的典禮可能由另一圖騰的個人來舉行，這一概念——它正與圖騰制度的原則相悖，我們等一會兒將更充分地看到——就這樣在沒有強烈反對的情況下被接受了。人們認可了這樣的情況：那個受精靈啟示而知道典禮格式的人有權主持儀式，儘管他並不屬於這個儀式的圖騰（*Nat. Tr.*，P.519）。但這是一種例外，而這一寬容是由下列事實驗證的：典禮格式的受惠者不隨意支配典禮格式，如果他要傳達典禮格式——這種傳達是常見的——也只能傳達給與典禮有關的圖騰成員（*Nat. Tr.*，同上頁碼）。

⑨*Nat. Tr.*，P.140。在此情況下，新成年者便一直保留著這種裝飾，直至隨著時間的推移而自行消褪。

⑨Boas：General Report on the Indians of British Columbia，載 *British Association for the Advancement of Science, Fifth Rep. of the Committee on the N.W. Tribes of the Dominion of Canada*，P.41。

⑱瓦拉蒙加人也有這類法器，但數量少於阿隆塔人；它們雖然在神話傳說中有一席之地，但是不在圖騰儀式中使用 (*Nor. Tr.*，P.163)。

⑲其他部落中還有另外的稱呼。我們之所以賦予阿隆塔人的名稱以普遍意義，是因爲聚靈架在該部落中佔有最重要的地位，並且人們對它的研究也最出色。

⑩ Strehlow：II，P.81。

⑩有少數並無明顯的圖案（見 Spencer and Gillen：*Nat. Tr.*，P.144）。

⑩ *Nat. Tr.*，P.139 和 P.648；Strehlow：II，P.25。

⑩斯特雷洛——他寫成 tjurunga——對於此詞的翻譯略有出入，他說：「該詞義爲『秘密和私人的東西』(der eigene geheime)。Tju 是一個古詞，義爲隱藏和秘密，runga 義爲『我自己的』」。但是肯普(Kempe)——在這個方面，他比斯特雷洛更加懂得將 tju 譯成偉大的、有力的、神聖的 (Kempe：Vocabulary of the Tribes Inhabiting Macdonell Ranges，"Tju" 條，載 *Transactions of the R. Society of Victoria*，Vol. XIII)。其實，斯特雷洛的翻譯並非如初看之下那樣異於其他翻譯，因爲「秘密的」東西就是隱藏著不讓俗人知道，亦即是說，它是神聖的。至於 runga 的涵義，我們則覺得十分可疑。鴯鶓的典禮屬於氏族的所有成員，人人均可參加，因此對任何人都不應是「私人的」。

⑩ *Nat. Tr.*，PP.130～132；Strehlow：II，P.78。若一個婦女看見了聚靈架，或者一個男人讓她看到了聚靈架，則都要被處死。

⑩斯特雷洛把這種地方——他對它的界定與史賓塞和吉倫的完全一樣——稱爲 Arknanaua，而非 ertnatulunga (Strehlow：II，P.78)。

⑩ *Nor. Tr.*，P.270；*Nat. Tr.*，P.140。

⑩ *Nat. Tr.*，P.135。

⑩ Strehlow：II，P.78。然而，斯特雷洛說，如果說，一個殺人兇手在艾納土龍加避難，則仍會被毫不憐憫地追捕和處死。我們發現這一事例與動物之享有特權不太一致，所以不禁懷疑這樣嚴厲地對待罪犯是否屬於近代的事情，這是否應該歸因於原來保護艾納土龍加的禁忌的削弱。

⑩ *Nat. Tr.*，P.248。

⑩同上書，P.545 及下頁。Strehlow：II，P.79。例如，用石頭摩擦聚靈架後剝下的塵垢可以化在水中製成藥劑，致使病人康復。

⑪ *Nat. Tr.*，P.545 及下頁。Strehlow(II，P.79)對此事例有歧見。

⑫例如，把山藥圖騰的聚靈架埋入土中便可促使山藥生長 (*Nor. Tr.*，P.275)。它對於動物具有同樣威力 (Strehlow：II，P.76、P.78；III，P.3、P.7。

⑬ *Nat. Tr.*，P.135；Strehlow：II，P.79。

⑭ *Nor. Tr.*，P.278。

⑮ 同上書，P.180。

⑯ *Nor. Tr.*，P.272 及下頁。

⑰ *Nat. Tr.*，P.135。

⑱ 一個群體向另一群體借聚靈架，是基於這樣的想法：聚靈架會把它擁有的某種功效傳感給他們，以及聚靈架的在場會刺激這個群體和個人的生命力（*Nat. Tr.*，P.158 及以下諸頁）。

⑲ 同上書，P.136。

⑳ 每個個人與一塊專門的聚靈架有著特定的關係，這一聚靈架確保他的生命。他和繼承自父母的聚靈架也有特定的關係。

㉑ *Nat. Tr.*，P.154；*Nor. Tr.*，P.193。聚靈架是完全集體性的，以至於取代了召集外部部落前來參加典禮時必須交給他們的「消息棍」（message-sticks）(*Nat. Tr.*，P.141 及下頁)。

㉒ 同上書，P.326。應該注意到牛吼器的使用方式相同(Mathews：Aboriginal Tribes of N.S. Wales and Victoria，載 *Jour. of Roy. Soc. of N.S. Wales*，XXXVIII，P.307 及下頁)。

㉓ *Nat. Tr.*，P.161、P.256 及以下諸頁。

㉔ 同上書，P.138。

㉕ Strehlow：*Vorwort. in fine*；II，PP.76～77，P.82。阿隆塔人認爲這是祖先本人的軀體；洛里特雅人則認爲這僅是一個形象。

㉖ 孩子一生下來，母親就把她認爲的祖先靈魂附身的地點告訴自己丈夫。於是孩子的父親就由幾個親人陪同，前去尋找據信是祖先轉生時留下的聚靈架。如果在那裡找到了聚靈架，群體中的老人就把它放在那兒（這是史賓塞和吉倫的假設）。如果找不到，則以繪定的模樣做一個新的聚靈架（*Nat. Tr.*，P.132；參看 Strehlow：III，P.80）。

㉗ 這是瓦拉蒙加、烏拉朋納、寫蓋亞、翁別亞、欽吉利和廣杰等部落的情況（*Nor. Tr.*，P.258、P.275 及下頁）。於是，史賓塞和吉倫說：「它們被認爲具有特殊的價值，因爲它們與圖騰結合在一起。」(同上書，P.276)。同樣例子亦見於阿隆塔部落（*Nat. Tr.*，P.156）。

㉘ 斯特雷洛寫成 tnatanja（I，PP.4～5）。

㉙ 凱提什、伊爾比拉、恩馬杰拉等部落；但在恩馬杰拉部落中較爲少見。

㉚ 有時候用極長的首尾相接的聚靈架代替桿棒。

㉛ 有時候，另一個較小的努通雅從其頂端掛下來。此外尚有將努通雅製成十字形或丁字形的。沒有中心支柱的情況更罕見(*Nat. Tr.*，PP.298～300，PP.360～364，P.627)。

㉜ 有時候甚至有三根橫木。

㉝ *Nat. Tr.*，PP.231～234，PP.306～310，P.627。除了努通雅和懷寧架外，

史賓塞和吉倫還區別出第三種聖柱或聖旗，稱爲 Kanana(*Nat. Tr.*，P. 364、P.370、P.629)，他們承認無法確定其功能。他們只注意到它「被看成所有圖騰群體的共同事物」。按斯特雷洛(II，P.23 註 2)、史賓塞和吉倫所講的 Kanana 不過是山貓圖騰的努通雅。由於這一動物是部落的崇拜對象，所以對於該物的崇拜很容易共通於所有氏族。

⑬⑷ *Nor. Tr.*，P.342；*Nat. Tr.*，P.309。

⑬⑸ *Nat. Tr.*，P.255。

⑬⑹ 同上書，第 5 、 6 章。

⑬⑺ 同上書，P.138，P.144。

⑬⑻ 見 Dorsey：Siouan Cults，載 *XIth Rep.*，P.413；Omaha Sociology，載 *Third Rep.*，P.234。誠然，整個部落的聖柱只有一根，而努通雅卻是每個氏族都有一個。但是其本源是一樣的。

⑬⑼ *Nat. Tr.*，P.231，P 308，P.313，P.334 等；*Nor. Tr.*，P.182，P.186 等。

⑭⑴ *Nat. Tr.*，P.346。誠然，有人說努通雅象徵阿爾徹林加(Alcheringa)時代擔任氏族首領的祖先的標槍。但是，它只是標槍的符號性象徵，不是像聚靈架那樣的遺物，聚靈架被認爲來自祖先本身。在此，解釋的第二特性非常值得注意。

⑭⑴ *Nat. Tr.*，P.614 及以下諸頁，尤見 P.617；*Nor. Tr.*，P.749。

⑭⑵ *Nat. Tr.*，P.624。

⑭⑶ 同上書，P.179。

⑭⑷ 同上書，P.181。

⑭⑸ 見史賓塞和吉倫所舉的例子，*Nat. Tr.*，圖 131。這是圖案，其中有許多顯然旨在象徵動物、植物、人頭等等，雖然都很缺創意。

⑭⑹ *Nat. Tr.*，P.617；*Nor. Tr.*，P.716 及以下諸頁。

⑭⑺ *Nat. Tr.*，P.145；Strehlow；II，P.80。

⑭⑻ *Nor. Tr.*，P.151。

⑭⑼ 同上書，P.348。

⑮⑴ 無可懷疑，這些圖案和繪畫也有美學特性；這是最早的藝術形式。由於它們也是──甚至首先是──書寫語言，所以圖案的起源和書寫的起源是一樣的。甚至很明顯，人們在開始畫圖時，與其說是專注於木、石上吸引感官的美麗外形，還不如說是將其思想翻譯成了物質（參看 Schoolcraft：*Indian Tribes*，I，P.405；Dorsey：*Siouan Cults*，P.394 及以下諸頁）。

第二章
圖騰信仰(續)

150

圖騰動物和人

　　但是圖騰形象不是唯一的神聖事物。有些現實事物也是儀式的對象，因爲它們和圖騰有關係，居於第一位的便是圖騰種的生物以及氏族中的成員。

1

　　首先，旣然象徵圖騰的圖案激發了宗敎感情，那麼被這些圖案復現其外貌的那些事物自然也應該具有同樣的性能了，至少至在一定程度上是如此。

　　這類事物中的絕大部分是動物和植物。植物，甚至動物的世俗功能原來只是充任食品；那麼，禁止食用它們便顯示了圖騰動物或植物的神聖特性。誠然，它們旣然是聖物，就能構成某些神秘膳食的一部分，事實上，我們將看到，它們有時候確實是名副其實的聖餐；但是，通常說來，它們仍不能做爲日常的消費。誰要是違反了這條規定，就會面臨嚴重的危險。群體並不總是人爲地參與懲罰這種犯禁行爲；人們認爲褻瀆會自動導致死亡：圖騰動、植物體內存在著一種可敬可畏的本原，它一旦進入凡俗有機體，就必然會使之解體或毀滅①。至少，在某些部落中只有老人

151

才不受這種禁忌的限制②；我們將在下文看到其原因。

然而，即使在許多部落中是正式規定了這一禁忌的③（下文將談及一些例外），那麼毋庸置疑，隨著古老圖騰組織的被擾亂，禁忌也趨向於削弱了。但是，殘留的禁忌表明，這些削弱並不是被輕而易舉地接受的。例如，在允許食用圖騰植物或動物時，也不可以隨意食用，而是每次只能吃一小塊。超過了這個限量就是犯了禮儀錯誤，從而會導致嚴重後果④。況且，對於被視為圖騰物最珍貴的，亦即是最神聖的部分來說，這一禁忌仍然毫無觸動；例如，卵或油脂⑤。還有其他一些部分也不准食用，除非該動物尚未完全長成⑥。在此情況下，他們顯然認為其神聖性亦未完善。所以，隔離和保護圖騰生物的障礙只是緩慢地，並且是伴隨著積極抵抗地屈服的，這證明了最初時的狀況。

誠然，按照史賓塞和吉倫的說法，這些禁忌並不是曾為嚴格禁忌並在現今失去控制的遺跡，而是剛剛開始確立的一種禁忌的開端。這些作者認為⑦，最初可以完全自由地食用它們，目前所見的限制只是晚近的事情。他們認為下列兩個事例即是這一理論的根據。首先，如我們剛才所說，在有些莊嚴的場合，氏族成員或酋長不但可能而且必須吃圖騰動、植物。其次，神話傳說談到，氏族的創建者（他們的偉大祖先）慣常食用其圖騰，所以有人認為這些故事如果不是反映了未曾有過目前禁忌的那個時代，就不可理解了。

但是，事實上，在某些莊嚴的典禮上有節制地食用圖騰乃是禮儀上的需要，而絕不意味著圖騰曾是普通食品。恰恰相反，人們在神秘的膳食中吃的食品本質上是神聖的，因而就禁止凡俗人食用。至於就神話來說，如果它們這麼容易地提供了歷史文獻的價值，那就得使用一下速決的批判方式了。通常說來，神話的目的是解釋現存的儀式，而不是紀念過去的事件；它們是對現狀而不是對歷史的解釋。這樣，傳說時代祖先吃圖騰的傳統就與一直

有效的信仰和儀式完全一致。老人和那些業已獲得高級宗教地位的人不受普通人所受的那種限制⑧。他們可以吃聖物，因為他們本身也是神聖的；這種規定並非圖騰制度獨有，而是可以在一切最不相同的宗教中看到。祖先英雄近乎神明，所以他們之食用聖物更是理所當然的事了⑨；然而，沒有理由對於一般的俗人也給予同樣的特權⑩。

這種禁忌既不確定，甚至也不可能是絕對的。它似乎始終視需要而定，例如，在一個人快要餓死而又沒有其他東西可以維持生命的情況下⑪。當圖騰成為一個人捨此便無法生存的食物時，人就有了吃它的允分理出了。例如，在以水做為圖騰的許多部落中，嚴格的禁忌顯然是不可能的。然而，即使在那裡，特權的賦予也受制於某些禁忌，這些禁忌極大地限制了水的使用，並清楚地表明了它與公認的天性背道而馳。在凱提什和瓦拉蒙加部落中，水圖騰的人不得自由飲水；他不得自己打水，而只能從非本宗族分支的人手中接受水⑫。這一手續的複雜性以及由此造成的窘境又一次證明了：不得隨意接觸聖物。同樣的規定也適用於出於必要或其他原因而吃圖騰的某些中央部落。尚須補充的一點是，當這種繁瑣禮節不可能實行時，即一個人獨處或者只與宗族分支的成員待在一起時，則可以在必要的情況下不用中介者而汲水。顯然，這種禁忌是允許各種修正的。

儘管如此，做為禁忌基礎的觀念根深柢固地留在人們頭腦中，它比形成它的最初原因存在得更久。我們業已看到，宗族分支的各氏族很可能只是業已解體的早期氏族的複分部分。因此，曾有一段時期內所有這些氏族都融合在一起，擁有同一圖騰；那麼，只要對此公共起源的記憶還沒有完全消失，各氏族就會繼續感到自己和其他氏族是統一的，並不認為它們的圖騰與自己毫不相干。有鑑於此，個人就不能隨意食用本宗族分支中各氏族的圖騰；只有在其他宗族分支成員將被禁的動、植物授予他時，他才

能接觸它們⑬。

　　另一個同樣性質的殘留乃是關於母方圖騰的禁忌。有充分的
理由認爲，最初圖騰是按母系遺傳的，因此，無論什麼地方的父
系繼承法之採用可能都經歷了一個漫長階段，而在此期間則使用
著相反的原則，孩子擁有其母親的圖騰以及附著於它的一切限
制。今天，在父系繼承的某些部落中仍舊殘留著原來保護母方圖
騰的禁忌：孩子不能隨意食用母方圖騰⑭。然而在目前，不再有相
當於這種禁忌的事情了。

　　在飲食禁忌之外，往往還有宰殺或採集圖騰（當它爲植物時）
⑮的禁忌。然而，這方面也有例外和寬容，尤其是在必須的情況
下，例如，當圖騰是一種危險動物時⑯，或者當人沒有東西可吃
時。甚至在某些部落中，人們雖然不得爲自己去獵取圖騰動物，
但可以爲其他圖騰的人宰殺之⑰。不過，人們在採取這種行動時所
用的方式則清楚地表明了這是違禁之事：他像犯了過失一樣爲自
己請求原諒，表白他所感到的懊惱和厭惡⑱，同時還採取措施使得
圖騰動物盡可能少受痛苦地死去⑲。

　　除了這些基本的禁忌之外，還有禁止人與其圖騰接觸的例
證。在奧馬哈部落的麋鹿氏族裡，不准任何人觸碰雄麋鹿身上的
任何部位；在野牛亞氏族中，不准任何人觸摸該動物的頭顱⑳。在
貝專納部落中，無人敢用圖騰皮當做衣服穿㉑。但是這類情況甚爲
罕見，它們自然應屬例外，因爲通常說來，一個人必須穿戴圖騰
的形象或者某種使之想起圖騰的東西。如果禁止一切接觸，則紋
身和圖騰服裝都不可能有了。還有令人注意的一點是，這一禁忌
未見於澳大利亞，而只見於圖騰制度遠較其原始形式先進的那些
社會中；因此這種禁忌可能起源較晚，並且可能導源於實際上完
全非圖騰的思想觀念的影響㉒。

　　如果我們把這些形形色色的禁忌和那些以圖騰表記爲對象的
禁忌比較一下的話，那麼就會完全出乎意外地看到，後者似乎比

154

155

前者數量更多，規定更周詳，執行更嚴格。象徵圖騰的各種圖形
都被一種崇敬的氣氛包圍著，這種崇敬明顯地超過了圖形所模仿
的眞實事物激發出來的崇敬。努通雅和懷寧架絕不容許婦女或未
成年者觸摸，甚至難得破例允許她們看上一眼，而且也只能恭敬
地在遠處觀看。反之，爲氏族提供名字的那些植物和動物則可以
讓人人看見和觸摸。聚靈架保存在一種神廟裡，廟門口必須消除
一切來自世俗生活的噪聲，那裡是神聖事物的領地。相反，圖騰
動、植物則生長在世俗世界裡，並且混合在普通的日常生活中。
既然隔離神聖事物的禁忌之數量和重要性是與神聖事物擁有的神
聖度是相一致的，那麼我們就可以斷定，圖騰生物的形象比該物
本身更爲神聖。同樣，在崇拜典禮中，地位最重要的是聚靈架和
努通雅，在典禮上出現動物只是非常例外的情況。在有的儀式
——關於它，我們將有機會談及㉓——上，圖騰動物充任宗教膳食
中的食物，但是它並不扮演主要角色，阿隆塔人圍著努通雅跳舞，
並聚集在圖騰像前祭拜，但是從來不在圖騰物本身面前舉行類似
的表演。如果後者是主要聖物，那麼年輕的成年者被引入宗教生
活時就應該與它——神聖的動物或植物——進行功效傳感了；但
是我們業已看到，事實正好相反，成年禮的最莊嚴時刻是新成年
者進入聚靈架的聖堂。和他進行功效傳感的是聚靈架和努通雅。
所以，圖騰象徵物比圖騰物本身具有更大的威力。

2

　　現在，我們必須確定人類在這份宗教事物清單中佔據什麼地
位。
　　鑑於一整套的後天習慣和語言本身，我們易於認爲普通人，
即一般的信仰者基本上是世俗生物。但是這個概念很可能對於任
何宗教來說都不是完全確鑿的㉔；不管怎樣，它不適用於圖騰制
度。每個氏族成員都被賦予一種神聖特性，這種神聖性實質上並

157 不比我們剛才所見的動物的神聖性差。人們認爲自己既是通常意義上的人，又是圖騰動物或植物，於是就產生了個人的神性。

他擁有圖騰種的名字，而名字的同一性就意味著本質的同一性。前者不但被視爲後者的外表符號，它也在邏輯上假定了後者。因爲名稱對於原始人來說，不僅是一個詞彙或者聲音的組合，而且還是生物的組成部分，甚至是必不可少的一部分。袋鼠氏族的成員稱自己爲袋鼠，所以就某種意義上來說，他是這一物種的動物。史賓塞和吉倫說：「任何人的圖騰被看成是與其本人一樣的事物；當我們和一個土著人談及這個問題時，他指著我們爲他拍的照片說：『那個是和我一樣的東西，袋鼠也是。』袋鼠是他的圖騰㉕。」所以，每個個人就具有了雙重本質：兩種生物共存於其體內，一個人和一隻動物。

爲了使得這種二元性具有一種可以理解的外表——這對我們來說是十分陌生的——原始人發明了神話，這種神話固然沒有解釋而只是迴避了這個問題，但是正是由於迴避了它，所以好像至少減少了邏輯上的反感。除了細節上略有出入外，所有的神話都以相同的格局構成，其目的是在人和圖騰動物之間建立家系關係，使得這一方成爲另一方的親戚。由於這一共同起源——順便提一下，這一共同起源是以各種方式表達的——他們便認爲已證明了共同的本質。例如，納林葉里人(the Narrinyeri)想像某種最早的人具有把自己變成野獸的能力㉖。其他的澳大利亞社會則認爲人類之始存在著一些奇異的動物，後人即以某種未知的方式從其衍生而來㉗，或者存在著介乎人類和動物界之間的混合生物㉘。或者是難以描繪的不成形生物，沒有任何確定的器官，甚至沒有任何明確的肢體，軀體的各部分都幾無輪廓㉙。然而，神話般的威力——有時隱藏在動物外形之中——又介入進去，從這些模糊不

158 清和不可勝數的生物中創造出人來。史賓塞和吉倫說這些生物代表著「動物和植物向人類生物轉化的階段㉚。」這種轉化是用強暴

的形式描繪的，彷彿外科手術一般。在斧子的敲擊下——如果手術者是隻鳥，那麼是在喙的敲擊下——人類個體才從這種無形狀的肉團中雕琢出來，分出四肢，開出嘴巴以及給鼻子穿孔㉛。類似的傳說還見於美洲，除了有些民族由於智力更爲發達，故使用的想像並不包含令人心煩的混亂。有時候，一個傳說中的人物利用其威力的作用，把一種動物——氏族擁有它的名字——變成了人㉜。有時候，神話試圖解釋一種動物如何通過一系列幾乎是自然的事件和自發的演化，使自己逐漸轉變成了人形㉝。

誠然，有些社會（海達、特里吉特、津欣等部落）不再認爲人源自一種動物或植物了；但是圖騰動物與氏族成員之間存在密切關係的觀念依舊殘存著，並在神話中發達出來，這種神話雖與前面所說的不同，但仍然保留著其基本要素。下面談的是這神話中的一個基本主題。賦予氏族名字的祖先被描繪成一種具有人類特點的生物，他在形形色色的漫遊過程中曾在神話動物——賦予氏族以名字的動物——中生活了一段時期。這種親密而持久的關係使他再度變成人的時候已頗像其新同伴了，以致人們認不出他來。所以人們以他類似的動物的名字稱呼他。他從他待過的神話地方帶回來了圖騰表記，以及被認爲是圖騰擁有的威力和功效㉞。於是，在這個以及其他事例中，人就分享了動物的本質，雖然這種分享可用稍微不同的形式來想像㉟。

所以，人類身上也有著神聖的東西了。這種神聖性雖然遍布於整個有機體，但在某些特權部位尤其明顯。特別突顯的器官和組織是：血液和頭髮等。

首先，人的鮮血是極爲神聖的事物，以致在中央澳大利亞的部落中，經常用鮮血來供奉儀式中最受敬崇的法器。例如有些事例談到人們慣常用人血把努通雅從頂塗抹到底㊱。阿隆塔部落中的鵲鵲氏族在浸透人血的地上繪製其聖像㊲。我們將看到血流澆灌在描繪著圖騰動物和圖騰植物的岩石上㊳。鮮血在每個宗教典

禮中都扮演著某種角色㊴。在成年禮期間，成人割開自己的血管，
把鮮血灑在新成年者的身上；他的鮮血是如此神聖，以致當鮮血
在流淌時婦女不准在場；她們甚至被禁止看見它，猶如禁止看見
聚靈架一樣㊵。年輕的新成年者在其必須經歷的粗暴手術中流出
的鮮血具有非常特殊的功效，它用於各種各樣的典禮中㊶。阿隆塔
人把私部切開儀式時流下的鮮血虔誠地保存起來，埋在一個地
方，並在那裡插上木牌，警告過路人注意那裡的神聖性；任何婦
女都不得接近它㊷。鮮血的宗教性也解釋了紅赭石在宗教上的同
等重要性，紅赭石頻繁地使用於典禮中；人們用它來擦拭聚靈
架，並在禮儀裝飾中使用它㊸。這是由於它的顏色使之被視爲鮮血
的同類物。阿隆塔領土內發現的許多紅赭石礦甚至被說成神話時
期某些女英雄的鮮血灑在地上後形成的凝固血塊㊹。

　　人髮具有類似的功能。中部的土著人繫著人髮編成的帶子。
關於人髮的宗教功能我們業已指出：它們也用來包纏崇拜中的某
些法器㊺。不是說有人把他的聚靈架借給了另一個人嗎？那麼，對
方則把頭髮送給他做爲酬謝；因此，這兩件物品是被看做同品級
和等值的㊻。所以，剃髮是一種儀式活動，伴有確定的典禮：被剃
者必須蹲在地上，面向據信其母方氏族從其衍生而來的神話祖先
的宿營之處㊼。鑑於同樣理由，一個男人死後，其頭髮即被剃去，
並放到很遠的一個地方，無論是婦女還是未成年者都無權看見
它，這些頭髮便在這遠離世俗目光的地方編成髮帶㊽。

　　還有一些類似性能的機體組織：諸如鬍鬚、包皮、肝的脂肪
等等㊾。但是，不必再多舉例子了。這些例子已足證明人體上有某
些東西需要遠離世俗事物，並且具有宗教威力；換言之，人體的
器官裡深藏著一種神聖本原，它在某些確定的情況下會顯露到表
面來。這一本原與導致圖騰宗教特性的本原，並無本質區別。實
際上，我們剛才已經看到，體現本原的各種基質特別成了崇拜對
象（努通雅、圖騰圖案）的一部分，或者基質使用於塗油儀式中，

其目的是更新聚靈架或者聖岩的功效；它們是同種事物。

氏族成員與生俱來的宗教地位不是平等的。男人擁有的宗教地位高於婦女；對於他們來說，婦女就像凡俗生物(profane beings)⑤。例如，每次集會時——不論是圖騰群體集會還是部落集會——男人都另有一個遠離婦女的營地，婦女不得進入之：她們是被隔開的⑤。但是，男子也展示了他們不同的宗教特性。尚未成年的年輕男性完全沒有宗教特性，因爲他們不得參加典禮。老人的宗教性強度最高。他們是如此神聖，以致對於普通人來說是禁止的事對於他們卻是容許的，他們可以隨便食用圖騰動物，並且，如我們業已看到的那樣，在有些部落中，他們甚至不受飲食禁忌的限制。

所以，我們必須小心別把圖騰制度看成動物崇拜。一個人對於他擁有其名的那些動植物的態度，根本不像一個信徒對於神的態度一樣，因爲他本人就屬於那個神聖世界。他（它）們的關係不如說是位於同一等級、具有相等價值的兩種生物的關係。充其量可以說，在某些情況下動物似乎在聖物層次中佔據著稍高的地位。正因爲如此，氏族人有時候稱圖騰動物爲父親或祖父，這似乎表明他們感到自己處於精神上的隸屬狀態⑤。但是在其他情況下，甚至更爲常見的情況是，對圖騰動物的稱呼體現了平等的感情。它被稱爲人類夥伴的「朋友」或「大哥」⑤。最後，人們和圖騰動物的關係更像是一個家庭中各個成員之間的關係；動物和人都由同一血肉構成，猶如布昂迪克人所說的那樣⑤，由於這種親戚關係，所以人們把圖騰種動物視爲可以依賴其幫助的仁厚夥伴。只要人們求援⑤，它們就會來臨，在狩獵中指導他們出擊獵物，並在出現危險時向他發出警告⑤。做爲報答，人們就善待它們，從不虐待之⑤；但是這樣的照顧絕不等於崇拜。

有時候，人們對於其圖騰似乎還擁有一種神秘的財產權。當然，宰殺和食用圖騰的禁忌只適用於本氏族的成員；這種禁忌若

擴展到其他人中間，就必然會使人實際上無法生存下去。例如，
在阿隆塔部落中有大量形形色色的圖騰，如果非但禁食與本氏族
同名的動植物，而且禁食做為其他氏族圖騰的一切動植物的話，
那麼食物來源將會減少殆盡。但是，有些部落仍然對外人也實行
限制。在威克布拉部落中，外人必須在該圖騰的成員面前才能食
用這一圖騰食品⑱。在其他地方，則必須獲得圖騰群體的允准。例
如，在凱提什和恩馬杰拉部落中，一個鵲鵲圖騰的人一旦在禾粒
氏族的領地內採集了禾粒，那麼他在食用之前就必須面見酋長，
對他說：「我在您的地方採集了這些禾粒。」酋長則回答說：「好
吧，你可以吃了。」但是如果這個鵲鵲人在獲准前先吃了禾粒，
那麼據信他就會生病，並有生命之虞⑲。甚至還有這樣的事例：群
體領袖必須取一點這種食品，自己吃掉：這是必須繳納的報償
⑳。鑑於同樣原因，聚靈架賦予了獵人一種威力，可戰勝圖騰的相
應動物，例如，用一個聚靈架擦拭身體後，他就更有可能逮住袋
鼠㉑。這證明，分享了圖騰物的本質就能獲得優於圖騰物的權利。
北昆士蘭的克雷恩布爾部落(the Krainbool)是唯一有權宰殺圖
騰動物——或者，若圖騰是樹木，則剝樹皮——的部落。對於所
有為生計而需要圖騰動物血肉或圖騰樹木材的外人來說，圖騰動
植物的配合是必不可少的㉒。這樣，這些圖騰動植物就具有所有者
的作用，儘管這顯然是一類非常特殊的財產，關於這類財產，我
們覺得很難形成一個觀念。

164

註　釋

①例見塔普林(Taplin)：*The Narrinyeri*，P.63；Howitt：*Nat. Tr.*，P.146，P.769；Fison and Howitt：*Kamilaroi and Kurnai*，P.169；Roth：*Superstition, Magic and Medicine*，§ 50；Wyatt：Adelaide and Encounter Bay Tribe，載 Woods 書，P.168；Meyer：同上書，P.186。

②這是瓦拉蒙加部落的情況(*Nor. Tr.*，P.168)。

③例如，瓦拉蒙加、烏拉崩納、溫希邦、尤因、窩喬巴盧克、布昂迪克、恩貢巴(Ngeumba)等部落。

④在凱提什部落中，如果氏族裡的一個人吃了過多的本圖騰食品，其他宗族分支的人就會施行巫術，以期殺死他 (*Nor. Tr.*，P.284；參看 *Nat. Tr.*，P.204；Langloh Parker：*The Euahlayi Tribe*，P.20)。

⑤ *Nat. Tr.*，P.202 註；Strehlow：II，P.58。

⑥ *Nor. Tr.*，P.173。

⑦ *Nat. Tr.*, P.207 及以下諸頁。

⑧見上文，邊碼 151。

⑨還應記住，這些神話從未說祖先慣常食用圖騰。相反，食用這類品只是一個例外。按斯特雷洛，他們的日常食品和圖騰動物的一樣。

⑩同時，這整個理論也基於一個完全任意的假設：史賓塞和吉倫，還有弗雷澤都認為中央澳大利亞的部落，尤其是阿隆塔部落，代表著最古老的亦即最純粹的圖騰制度。我們將要談及，為什麼這一推測與我們的看法很可能正好相反。如果這些作者不拒絕把圖騰制度看成一個宗教，如果他們不因此而曲解了圖騰的基本性質，那麼他們也許不會那麼輕易提出這些看法了。

⑪Taplin：*The Narrinyeri*，P.64；Howitt：*Nat. Tr.*，P.145、P.147；Spencer and Gillen：*Nat. Tr.*，P.202；Grey：前引文；Curr：III，P.462。

⑫*Nor. Tr.*，P.166、P.167。僅為不同圖騰的成員是不足以充任中介者的，如我們將看到，一個宗族分支中的每種圖騰對於本宗族分支中的其他圖騰成員來說都是多少有些禁忌的。

⑬*Nor. Tr.*，P.167。我們現在更容易解釋為什麼當一個禁忌被違反時，都是另一個宗族分支來報復這種褻瀆（見上文邊碼151註4）。這是因為另一個宗族分支會由於這一規定之遵守而獲得好處。他們認為，若規定遭到破壞，則該圖騰物種就不會大量繁殖了。而他們卻是以此為日常食品的，所以受害者當然是他們了。這是另一宗族分支施行報復的原因。

⑭這是洛里特雅(Strehlow：II，P.60、P.61)、窩蓋亞、瓦拉蒙加、瓦爾帕里、馬拉、阿努拉、賓賓加等部落的情況 (*Nor. Tr.*，P.166、P.167、P.

171、P.173)。瓦拉蒙加和瓦爾帕里人可以吃圖騰，但是只有在其他宗族分支成員授予的情況下才可以吃。史賓塞和吉倫注意到(P.167註)，在這個方面，關於父方圖騰和母方圖騰的規定似乎不同。固然，兩者都要求必須由其他宗族分支的人授予圖騰。但是當授予的是父方圖騰（即正確意義上的圖騰）時，則授予者應是非本宗族分支成員；而母方圖騰的授予者則應是本宗族分支成員。可能最初禁忌原則是為前者而設的，此後便無意識地擴展到了後者，雖然形勢已經不同了。保護圖騰的禁忌唯有在邀請其他宗族分支幫忙的情況下才可不予遵守，一旦這一規則確立也就適用於母方圖騰了。

⑮例見瓦拉蒙加 (*Nor. Tr.*，P.166)、窩喬巴盧克、布昂迪克、庫爾內(Kurnai) (Howitt：P.146 及下頁) 和納林葉里(Taplin：*The Narrinyeri*，P.63)諸部落。

⑯甚至這也並非總是如此。阿隆塔部落中的蚊子圖騰成員不得殺死這種昆蟲，即使遭其騷擾亦然，他只能限於驅趕蚊蟲(Strehlow：Ⅱ，P.58；參看Taplin：P.63)。

⑰在凱提什和恩馬杰拉部落中(*Nor. Tr.*，P.60)，甚至有這樣的事：一個老人把自己的聚靈架送給另一個圖騰的年輕人，以便他更容易殺死贈送者的圖騰物 (同上書，P.272)。

⑱Howitt：*Nat. Tr.*，P.146；Grey：前引書，P.228；Casalis：*Basoutos*，P.221。卡薩利斯說：「一個人在犯了這樣的褻瀆罪後必須滌罪。」

⑲Strehlow：Ⅱ，P.58、P.59、P.61。

⑳Dorsey：Omaha Sociology，載 *Third Rep.*,P.225、P.231。

㉑Casalis：同上書。

㉒即使在奧馬哈部落中也不能肯定那些接觸禁忌——我們剛才已引用了其中一些例子——確實具有圖騰性質，因為其中有許多和氏族圖騰無直接關係。例如，在鷹圖騰亞氏族中，其具有特色的禁忌乃是不准碰觸野牛的頭(Dorsey：前引書，P.239)；在另一個鷹圖騰的亞氏族中，不准觸摸銅綠、木炭等等 (同上書，P.245)。

我們沒有談到弗雷澤提及的其他禁忌，諸如呼喚或者觀望動、植物，因為這更不能肯定它導源於圖騰，也許在貝專納人中看到的某些情況例外 (*Totemism*，PP.12～13)。弗雷澤過於輕易地接受了這樣的說法：不准食用或觸摸某種動物的禁忌取決於圖騰信仰。然而，澳大利亞有個事例似乎是禁止看見圖騰動物的。按斯特雷洛所述(P.59)，在阿隆塔和洛里特雅部落中，以月亮為圖騰的人不得長時間地看它，否則他就可能死於敵人之手。但是我們認為這是一個僅見的例子。此外，我們不要忘記，天體圖騰在澳大利亞可能不是原始的，所以這一禁忌當是複雜構想的產物。這個假設被下列事實所證明：在尤阿拉伊部落中，所有的母親和兒童都不准看月亮，無論其圖騰是什麼(L. Parker：*Euahlayi*，P.53)。

㉓見本書第 3 篇，第 2 章，第 2 節。

㉔恐怕沒有宗教會使人變成完全世俗的生物。就基督徒而言，人人都有的構
　成人類本質的靈魂就是有點神聖的事物。我們將看到，靈魂的觀念像宗教
　思想一樣古老。在神聖事物的階層中，人的地位多少是高的。

㉕*Nat. Tr.*，P.202。

㉖見 Taplin：*The Narrinyeri*，PP.59～61。

㉗例如在瓦拉蒙加部落的某些氏族中（*Nor. Tr.*，P.162）。

㉘在烏拉崩納部落中（Nor. Tr.，P.147）。甚至當他們告訴我們說最早的生物
　是人時，這種人實際上也只是半人，它同時還有動物本性。這即是恩馬杰
　拉的事例（同上書，PP.153～154）。在此我們看到了使我們迷惘的混亂的
　思想方式，但是我們必須像他們一樣地接受這種思想方式，如果我們試圖
　採用對於他們是陌生的清晰方式，那麼我們就會改變了他們的性質（參看
　Nat. Tr.，P.119）。

㉙例見阿隆塔部落（*Nat. Tr.*，P.388 及以下諸頁）和恩馬杰拉部落（*Nor.
　Tr.*，P.153）。

㉚*Nat. Tr.*，P.389。Strehlow：I，PP.2～7。

㉛*Nat. Tr.*，P.389。Strehlow：I，P.1 及以下諸頁。毫無疑問，這是成年禮
　的反映。成年禮也有使年輕人變成完全男子的目的，況且，它也包括了真
　正的外科手術（割禮、私部割開、拔牙等）。形成最初人類的過程自然
　是按這一模式想像出來的。

㉜例見擁有九個氏族的莫奎部落(Schoolcraft：*Indian Tribes*，IV，P.86)、
　奧吉布韋部落中的 Crain 氏族(Morgan：*Ancient Society*，P.180)以及諾
　卡(Nootka)部落中的諸氏族(Boas：*VIth Rep. on the N.W. Tribes of
　Canada*，P.43)。

㉝這即是易洛魁人的海龜氏族所取的形式。一群海龜被迫離開其居住的湖
　泊去尋找新的家園。甚中有一隻海龜最大，牠在遷移中因炎熱而痛苦異
　常。牠苦苦掙扎，終於脫出了龜殼。這一轉化過程開始後，就自行繼續下
　去，最後烏龜變成了人，從而成為氏族的祖先(Erminnie A. Smith：The
　Myths of the Iroquois，載 *IInd Report*，P.77)。喬克陶部落(the Choctaw)
　中的蟹氏族也是以類似方式形成的。有些人對生活在附近的許多蟹感到
　很驚奇，就把牠們帶回家中，教牠們講話和走路，最後把牠們收養入自己
　的社會中(Catlin：*North American Indians*，II，P.128)。

㉞例如，有個津欣人的傳說。在一次狩獵中，一個印第安人遇到了一隻黑熊，
　黑熊把他帶回家，教他捕捉鱷魚和製造獨木舟。他和熊一起生活了兩年，
　此後回到了家鄉。但是人們都怕他，因為他已宛如一隻熊了。他不會說話，
　並且只吃生的食物。此後他被魔草擦拭後才逐漸恢復了原狀。在這以後，
　他一遇到麻煩就呼喚熊朋友，熊就會趕來幫助他。他建造了一座木屋，並
　在地基上畫了一隻熊。其妹妹織了一條跳舞用的毛毯，上面也繪著一隻

熊。這就是妹妹的後裔以熊爲圖騰的原因(Boas：*Kwakiutl*，P.323。參看 *Vth Rep. on the N.W. Tribes of Canada*，P.23、P.29 及以下諸頁；Hill Tout：Report on the Ethnology of the Statlumh of British Columbia，載 *J.A.I.*，1905 年，XXXV，P.150)。

於是，我們就看到姆‧凡‧吉納普(M. Van Gennep)所主張的把人與動物的神秘關係做爲圖騰制度顯著特點(Totémisme et méthode Comparative，載 *Revue de L'histoire des religions*，Vol. LVⅢ，1908 年 7 月，P.55)的麻煩之處了。這種關係是另有充分事實依據的神話想像，它可以略去而不致引起圖騰制度基本屬性的喪失。氏族人和圖騰動物之間無疑存在著密切的關係，但是這未必就是血緣關係，雖然人們經常想像成這種形式。

㉟還有些特里吉特神話把人與動物的繼承關係描述得更爲仔細。據說，氏族源自一個混性體——如果我們可以這樣稱呼的話——此物既做丈夫又做妻子，這種動物的名字便爲氏族所用 (見 Swanton：Social Condition, Beliefs, etc. of the Tlinkit Indians，載 *XXVth Rep.*，PP.415～418)。

㊱*Nat. Tr.*，P.284。

㊲同上書，P.179。

㊳見本書第 3 篇，第 2 章。參看 *Nat. Tr.*，P.184，P.201。

㊴同上書，P.204、P.262、P.284。

㊵在迪利和龐卡拉(the Parnkalla)部落中。見 Howitt：*Nat. Tr.*，P.658、P.661、P.668、PP.669～671。

㊶在瓦拉蒙加部落中，割禮時流下的血由其母親喝下(*Nor. Tr.*，P.352)。賓賓加人在私部切開儀式中所用刀上的血則須由新成年者自己舔去 (同上書，P.245)。通常，來自生殖器的血被認爲格外神聖(*Nat. Tr.*，P.464；*Nor. Tr.*，P.598)。

㊷*Nat. Tr.*，P.268。

㊸同上書，P.144、P.568。

㊹同上書，P.442、P.464。這個神話在澳大利亞十分普遍。

㊺*Nat. Tr.*，P.627。

㊻同上書，P.464。

㊼同上書，他們相信，所有這些禮節如果不被嚴格遵守，那麼就會有嚴重的災難降臨到違反者的頭上。

㊽*Nat. Tr.*，P.538；*Nor. Tr.*，P.604。

㊾有時候把經割禮而剝去的包皮像鮮血一樣保藏起來，它具有特殊的功效；例如，能確保某種動物和植物的豐產(*Nor. Tr.*，P.353 及下頁)。鬍鬚與頭髮和在一起，也這樣處理 (同上書，P.604、P.544)。這些東西也在神話中扮演角色 (同上書，P.158)。某些喪儀上使用脂肪，從而顯示了它的神聖特性。

(50)這並非說婦女是絕對凡俗的。她們在神話中——至少在阿隆塔部落的神話中——所起的宗教性作用要比現實中重要得多（*Nat. Tr.*，P.195 及下頁）。即使現在，婦女仍參加成年禮儀式。而婦女的鮮血也有宗教功能（見 *Nat. Tr.*，P.464；參見 La Prohibition de L'inceste et ses origines，載 *Année Sociol.*，I，P.41 及以下諸頁）。

族外婚的限制正是基於婦女如此複雜的地位。關於這點，我們不準備在此談論，因為它們更直接地涉及到家庭和婚姻組織問題，而不是本文要談的問題。

(51)*Nat. Tr.*，P.460。

(52)例見威克布拉部落(Howitt：P.146)以及貝專納部落(Casalis：*Basoutos*，P.221)。

(53)例見布昂迪克、庫爾內(Howitt：同上書) 以及阿隆塔(Strehlow：II，P. 58)等部落。

(54)Howitt：同上書。

(55)羅思說（*Superstition, Magic and Medicine*，*in North Queensland Ethnography*，No.5, § 74)，在塔利河(Tully River)地區，每個人在睡覺前和早上起身後，都要用很低的聲音唸誦給予自己名字的那動物之名，以使自己在狩獵時能幹而幸運，或者事先得到警告，免遭這種動物的襲擊。例如，以巨蛇種為圖騰的人如果一直按慣例祈禱，那麼他就可以免遭巨蛇之嚙。

(56)aplin：*Narrinyeri*，P.64；Howitt：*Nat. Tr.*，P.147；Roth：前引文。

(57)Strehlow：II，P.58。

(58)Howitt：P.148。

(59)*Nor. Tr.*，PP.159～160。

(60)同上書。

(61)同上書，P.225；*Nat. Tr.*，P.202、P.203。

(62)A.L.P. Cameron：On Two Queensland Tribes，載 *Science of Man, Australasian Anthropological Journal*，1904 年，VII，P.28，Col. p.1。

第三章
圖騰信仰(續)

165

圖騰制度的宇宙論體系和類別觀念

我們開始看到，圖騰制度是一種比初看之下要複雜得多的宗教。我們已經區別了三類具有不同程度神聖性的事物：圖騰表記、由表記復現外貌的動植物、氏族成員。然而，這份清單還不是完全的。事實上，宗教並不只是對一些具體物體——如我們剛才討論過的那些物體——的零碎信仰的集合體。所有已知的宗教都是不同程度的觀念體系(systems of ideas)，這種觀念體系傾向於囊括事物的普遍性，並且給人以一種對於世界的完整描繪。如果人們認為圖騰制度可以和其他宗教類比，那麼它就應該也給予我們一個宇宙觀(conception of the universe)。事實上，它確實符合這一條件。

1

人們之所以通常忽略了圖騰制度的這一方面，是因為流行的氏族概念過於狹窄了。氏族一般只被視為人類存在的群體。做為部落的簡單複分單位，氏族似乎只可能僅由人類組成。但是在做這種推論時，我們卻用歐洲人的觀念取代了原始人對於人和社會的觀念。澳大利亞人——他們本身就是事物——認為，宇宙中的

166

每件事物都是部落的一部分；它們猶如其正規成員一樣是部落的
構成要素；這些要素像人一樣，在社會組織的總圖中擁有確定的
地位。法伊森說：「南澳大利亞的蠻人把宇宙看成一個大部落，
他自己便隸屬於這個大部落中的一個分部；和他同屬一類的一切
生物和無生物都是一個共同體──他本身是該共同體中的一部分
──中的各個部分。」① 鑑於這一原則，當部落分成兩個宗族分
支後，一切已知的事物便分配給它們了。帕爾默在談到貝林格里
佛部落(the Berllinger River)時說：「整個自然界也被分成類別
（宗族分支）名稱……太陽、月亮和星辰被說成……像這些黑人
自己屬於各個類別（宗族分支）②。」昆士蘭州的樸特麥凱部落(the
Port Mackay)有兩個宗族分支，名爲揚加魯(Yungaroo)和伍塔
羅(Wootaroo)，與相鄰各部落中的宗族分支名字一樣。正如布里
奇曼(Bridgmann)所說：「一切有生命的和無生命的事物都被這
些部落分成兩類，稱爲揚加魯和伍塔魯③。」但分類還不止於此。
每個宗族分支的人被分配到若干個氏族中去；同樣地，屬於每個
宗族分支的事物接著又分配到組成宗族分支的各氏族中去。例
如，若一種樹分配給袋鼠氏族（只分配給它）；那麼，這樹就如氏
族的人類成員一般，也以袋鼠爲圖騰了；另一種樹就屬於蛇氏
族；雲屬於這一圖騰，太陽屬於另一圖騰，如此等等。所有已知
的事物就這樣編排成包括整個自然界的一種表格，即系統的分
類。

我們在另一本書中已列出了不少這樣的分類④，現在我們只
限於重提其中的少量例子。其中最有名的一個例子見於芒特甘比
爾部落(the Mount Gambier)。該部落包括兩個宗族分支，分別
名爲庫米特(Kumite)和克魯基(Kroki)，每個宗族分支又複分成五
個氏族。於是「自然界中的一切事物便歸屬於這十個氏族中的這
一個或那一個 ⑤。」法伊森和豪伊特說，它們全部「包括」在

部落中了。自然界的事物就像物種一樣分歸這十個圖騰了。下面根據柯爾(Curr)以及法伊森和豪伊特蒐集的資料所製的表格清楚地顯示了這一點⑥。

宗族分支	氏　　族	分歸各氏族的事物
庫米特	魚　　　　鷹	煙、金銀花、某些樹等等。
	鵜　　　　鶘	黑檀樹、狗、火、霜等。
	烏　　　　鴉	雨、雷、閃電、雲、冰雹、冬天等。
	黑色美冠鸚鵡	星辰、月亮等。
	一種無毒蛇	魚、海豹、鱃魚、纖維樹等。
克魯基	茶　　　　樹	鴨、小龍蝦、貓頭鷹等。
	一種可食根	鴇、鵪鶉、小袋鼠等。
	一種白色美冠鸚鵡	袋鼠、夏天、太陽、風、秋天等。
	克魯基的第四、第五氏族的事物不詳。	

這時歸屬各氏族的事物清單很不完整；柯爾自己提請我們注意，他只列舉了其中的一些。但是通過馬修斯和豪伊特的努力⑦，我們今天已有了更多有關窩喬巴盧克部落分類的資料，這使我們能夠更好地理解這種系統爲什麼可以包括土著人所知的整個宇宙。窩喬巴盧克部落也分成兩個宗族分支，名爲古魯吉提(Gurogity)和古馬提(Gumaty)（據豪伊特，做 Krokitch 和 Gamutch ⑧）；我們將不再加長這張表格，而只是限於根據馬修斯的資料指出分歸爲古魯吉提宗族分支中某些氏族的事物。

分歸甘薯氏族的是：草原火雞、本地貓、梟、叮叮貓頭鷹、尤加利雞、玫瑰鸚鵡、山鷸。

分歸蛤貝(Mussel)⑨氏族的事物是：灰鶺鴒、豪豬、麻鷸、白鸚鵡、鴛鴦、尤加利蜥蜴、臭龜、環尾負鼠、靑翅鴿。

168

太陽氏族的事物是：袋狸、月亮、袋鼠、黑鵲、白鵲、負鼠、恩古爾特鷹、橡膠樹蠐螬、金合歡樹蠐螬、金星。

暖風(Warm Wind)⑩氏族中的事物是：灰頭禿鷹、錦蛇、煙鸚鵡、甲殼鸚鵡、莫拉康鷹、迪科莫爾蛇、圓頸鸚鵡、米魯臺蛇、單背蜥蜴。

如果我們記得還有其他許多氏族（豪伊特提到了十二個，馬修斯提到了十四個，並說自己的清單是不完整的⑪），那麼我們就會明白，土著人感興趣的一切事物怎樣在這些分類中找到了其天然位置。

類似的編排見於澳大利亞大陸的各個地方，南澳大利亞州、維多利亞州和新南威爾斯州(New South Wales)［在尤阿拉伊部落(the Euahlayi)中⑫］；中央各部落有非常清楚的分類痕跡⑬。在昆士蘭州，氏族似乎已經消失，那裡的婚姻組是宗族分支的唯一複分單位，事物便分歸這些婚姻組。例如，威克布拉部落(the Wakelbura)分爲兩個宗族分支：馬勒拉(Mallera)和烏塔魯(Wutaru)；前者的婚姻組名爲庫爾吉拉(Kurgilla)和班比(Banbe)，後者的名爲旺戈(Wungu)和奧布(Obu)。屬於班比的事物是負鼠、袋鼠、狗、小蜜蜂等等；屬於旺戈的則爲鴯鶓鵲、袋狸、黑鴨、黑蛇、棕蛇；屬於奧布的是錦蛇、刺蜜蜂等等；屬庫爾吉拉的事物是豪豬、草原火雞、水、雨、火、雷等⑭。

同樣的組織也見於北美印第安人部落。祖尼人有一種分類體系，其基本輪廓與我們剛才描述的完全類同。奧馬哈的分類原則與窩喬巴盧克人的相同⑮。同一觀念的反響甚至殘留在更爲先進的社會中。在海達部落中，主管自然現象的一切神和神話生物都像人一樣分歸入組成部落的兩個宗族分支中；有些屬鷹圖騰，有些屬烏鴉圖騰⑯。事物的神只是這些神所管事物的另一方面⑰。因此，這種神話學分類不過是前一分類的另一形式。所以我們可以十分肯定地認爲，這一思考世界的方式並不取決於任何人種特性

或地理特性；同時，這一思考方式顯然是與整個圖騰信仰的體系
緊密聯繫在一起的。

2

在我們已經提及好幾次的論文中，我們展示了這些事例對於
我們弄明白人類形成類別觀念的方式有多大的作用。事實上，這
些系統分類是我們見到的歷史上最早的分類，我們剛才已經看
到，它們是仿效社會組織的，或者毋寧說，它們把社會形式取來
做爲自己的構架。宗族分支做爲網，氏族做爲種。正是因爲人類
本身群體化了，所以他們才能使事物群體化，因爲在將事物分類
時，他們只限於把事物置於組織他們自己的各群體中。如果說這
些事物類別不但按順序排列，而且還按照統一的格局編排，那麼
這是因爲社會群體——人們本身也混合在其中——是統一的，並
通過其統一性形成了一個有機整體：部落。這些最早的邏輯體系
的統一性僅僅是復現了社會的統一性。這樣，我們就有條件來驗
證本書開頭所提出的假設了，並且使自己確信，基本的智力概念，
即基本的思想範疇乃是社會的產物。上述事例清楚地顯示了，這
就是範疇概念本身的狀況。

然而，我們並不想否認，個人智力本身有能力覺察出不同客
體之間的相似性。正相反，我們認爲，即使是最原始和最簡單的
分類也是以這一能力爲前提的。澳大利亞人不會漫無目的地把事
物分歸同一個氏族或不同的氏族。對於他們來說（跟我們一樣），
相似的形象互相吸引，相反的形象互相排斥，正是以這種吸引或
排斥的感覺爲基礎，他們才把相應的事物分歸這裡或那裡。

還有些事例使我們能夠從中領悟出激發這一分類的原因。兩
個宗族分支十分可能是這些分類的最初和最主要的基礎，因此，
分類在開始時分爲兩支。而當分類簡化爲只有兩個類別時，這兩
個類別就幾乎必然被想像成是對立的；它們主要用來清楚地分離

具有明顯對比性的事物。一些放在右邊，另一些放在左邊。這就
是澳大利亞分類法的特徵。如果白色美冠鸚鵡在一個宗族分支
中，那麼黑色美冠鸚鵡就在另一個宗族分支中；如果太陽在一
方，則月亮和晚上的星辰就在另一方⑱；兩個宗族分支的圖騰生
物具有相對的顏色，這是極爲常見的事⑲。這種對立甚至見於澳大
利亞以外的地方。一個宗族分支傾向於和平，另一個則傾向於戰
爭⑳；如果一方爲田圖騰，則另一方爲土圖騰㉑。這無疑就解釋了
爲什麼兩個宗族分支經常被認爲是天然對立的。有人說，這兩者
之間存在著一種對立，或者甚至是一種固有的敵對性㉒。事物的對
立擴展到了人；邏輯上的對比招致了社會糾紛㉓。

人們也注意到，在每個宗族分支中，分歸同一氏族的事物似
乎與其圖騰有著最大的相似性。例如，月亮與黑色美冠鸚鵡放在
一起，但是太陽以及空氣和風則與白色美冠鸚鵡放在一起。或者，
與一種圖騰動物畫歸在一起的是它做爲食物的一切東西㉔，以及
與它具有最密切關係的其他動物㉕。當然，我們始終無法瞭解導致
這許多關係和區別的模糊心理，但是前面的例子已足以顯示，事
物所引起的有關相似性和相異性的某種直感已對這些分類的產生
發揮了重要作用。

但是相似性的感覺是一回事，而類別觀念又是另一回事。類
別乃是那些被察覺到的形式類似以及內容也多少類似的事物的外
部結構。而內容是無法提供配合它們的結構的。它們由曖昧不清
和變幻不定的意象構成，這些意象是因確定數量的個別意象疊合
部分融合而產生的，它們具有共同的成分。結構則相反，它是一
個明確的形式，具有固定的輪廓，可以適用於不確定數目的事物，
不管這些事物是否被察覺到，也不管它們是實在的還是可能的。
實際上，每個類別都有可能擴展到遠遠超出我們借助直接經驗或
相似性而瞭解的事物範圍之外。這就是爲什麼每個思想家學派都
不認爲——這不是沒有充分根據的——類別觀念和一般意象是一

回事。一般意象只是類似表象同時出現在意識中而留下來的並無明確界限剩餘的表象；而類別則是一個邏輯符號，我們利用它可以明確地思考這一些類似物和那一些相似物。此外，這兩個概念有區別的最好證據是：動物能夠形成一般意象，雖然它一點也不懂綱和種的思想藝術。

類別觀念是一種顯然由人類構想出來的思想工具。但是我們在創造它時至少需要一個原型；因為，如果我們之間和周圍都沒有任何可以啓發我們的東西，那麼這種觀念從何而來呢？假若回答說這是先天的，那麼就根本沒有回答問題；這種懶漢的答案就如已說過的那樣，扼殺了分析。而我們幾無可能在除了集體生活的場景以外的任何其他地方再見到這一必不可少的原型。實際上，類別不是觀念，而是一個清楚限定的事物群體，這些事物存在著類似親屬關係的內在關係。而通過經驗瞭解的唯一這類群體便是人們自己聯合成的群體。有形事物可以組成各種單件的集合體，即沒有內部統一性的堆積或機械的滙集，但是這並非我們所說的那種意義上的群體。一個沙堆或者石堆絕不能與已經形成類別的一個明確和有組織的社會的種類相比擬。如果我們不曾看到人類社會的範例，如果我們在最初沒有把事物本身做爲人類社會的成員，又如果人類集群和邏輯集群最初未曾混淆在一起，那麼我們完全可能從來不會想到把宇宙間的萬物統一在稱爲類別的同質群體內㉖。

還應記住的是，分類是一個將各部分分層編排的體系。其中有支配成員和隸屬成員；種及其特性取決於綱及其特性；又，同一綱裡的各個種都被想像成處於同一等級上。不是有人喜歡用知性的觀點來看待它們嗎？那麼他就是以顛倒的次序來想像它們了：他把最具獨特性和最富於現實性的種置於頂端，而把最一般和最無特質的品種置底層。儘管如此，一切事物還是被想像成分層形式的。我們必須注意別以爲這一表達法在此只有比喩的意

173

義，其實它們有著真正的從屬關係和同等關係，確立這種關係乃是分類的目的。如果不是人類事先知道了層階是怎麼回事，他們絕不會想到用這種方式來編排其認識的。但是，無論是外界自然的景觀還是內心聯想的作用都無法爲人們提供這一認識。層階完全是一種社會事務。唯有在社會中才有優越、低劣和平等。因此，即使事例不足以證明它，僅僅分析這些觀念，也能夠揭示其起源了。我們從社會中取來這些觀念，然後體現在我們對於世界的概念中。是社會提供了裝塡邏輯思想的外形。

3

這些原始的分類對於宗教思想的起源同樣有著直接的意義。

它們意味著這樣分歸一個氏族或宗族分支的所有事物都有相互之間的密切關係以及與氏族或宗族分支的圖騰物也有密切關係。當樸特麥凱部落的一個澳大利亞人說太陽、蛇等屬於揚加魯宗族分支時，他並非意在使用普通和純粹習用的命名法；這個詞對於他來說具有客觀意義。他認爲「鱷魚確實是揚加魯，袋鼠確實是伍塔魯。太陽是揚加魯，月亮是伍塔魯，星宿、樹木、植物等等亦是如此[27]。」一種內在的紐帶把它們束縛在安置它們的那個群體中；它們是群體的正規成員。它們之屬於該群體，恰如許多人類個體構成群體的一部分一樣[28]。因此，是同一種關係把它們與人類統一起來。人們把氏族中的事物視爲親屬或同伴，稱它們爲朋友，並認爲它們和自己都由同一血肉構成[29]。所以，在這兩者之間存在著有選擇的親和性和十分專門的和睦關係。事物和人有著共同的名字，並且以某種方式自然地互相熟悉和協調。例如，當馬勒拉宗族分支的一個威克布拉人下葬時，擱屍體的屍架「必須用屬於馬勒拉宗族分支的一種樹木製成[30]。」覆蓋屍體的樹枝亦然。如果死者屬於班比婚姻組，則必須使用班比的樹。在這個部落中，巫師在作法時只能使用屬於本宗族分支的事物[31]；因爲其

他事物對他來說是陌生者，他不懂得如何使之服從。這樣，一種神秘的共同感情紐帶就把每個人和他所交往的一切有生物及無生物統一起來了；這使得人們相信有可能從他們正在從事的活動中演繹出將要做的或已經做的。在威克布拉部落中，當一個人夢見自己殺死了屬某一社會的動物後，他就預期第二天會和該群體的人對抗㉜。反之，一個氏族或宗族分支所屬的事物不能用來反對本氏族或宗族分支的成員。在窩喬巴盧克部落中，每個宗族分支都有自己的專屬樹木。在獵取古魯吉提(Gurogity)宗族分支的動物時所用的武器只能以另一宗族分支的樹木製成，反之亦然；否則狩獵者肯定會失敗㉝。土著人確信箭矢會轉彎，拒絕射中同族或友好的動物。

　　氏族的人類就這樣和分歸氏族的事物聯合成了一個牢固的體系，體系中的所有部分都統一起來同步地振動。這個起初似乎是純粹邏輯的組織同時也是道德的組織。一個唯一的本原賦予它活力，使之成為統一體，這個本原就是圖騰。正如烏鴉氏族成員的體內有點烏鴉的東西一樣，雨由於同屬這一圖騰，所以必然被認為是「與烏鴉一樣的事物」。鑑於同樣道理，月亮是黑色美冠鸚鵡，太陽是白色美冠鸚鵡，一切黑色堅果樹都是鵜鶘……諸如此類。編排在一個氏族中的所有事物，無論是人、動物、植物還是無生物，都只是圖騰物的形式。這就是我們剛才轉引的套語的涵義，是使得人和事物成為真正同種的原因：就大家都分享了圖騰動物的本質這一意義上來說，他（它）們確實是同樣的生物。此外給予他們的修飾詞即是給予圖騰的修飾詞㉞。窩喬巴盧克人用米爾(Mir)一名兼指圖騰以及分歸它的諸事物㉟。固然，阿隆塔人──那裡依然可見分類痕跡──用不同的名字稱呼圖騰及其所屬事物；但是稱呼事物的名字證明它們和圖騰動物有著密切的關係。它們是圖騰的「知己」、「同伴」、「朋友」；它們被認為與圖騰不可分離㊱。所以就產生了它們密切相關的感覺。

175

我們也知道，圖騰動物是一種神聖事物。一切分歸氏族的事
176 物都具有氏族圖騰動物一樣的特性，因爲在某種意義上來說，它
們是同種動物，正如人一樣。它們也是神聖的，而把它們相對於
宇宙中其他事物而定位的分類，正是這樣賦予了它們在宗教世界
中的地位。出於這個原因，氏族的人類成員就不能隨意食用這些
事物中的動植物了。例如，在芒特甘比爾部落中，以一種無毒蛇
爲圖騰的人不僅禁食這種蛇肉，甚至連海豹、鱒魚等也在禁止之
列㊲。如果他們迫於必要而吃了一點蛇肉，那麼他們至少得通過贖
罪儀式來減輕這一褻瀆罪，好像吃了圖騰本身一樣㊳。尤阿拉伊部
落允許食用圖騰，但是不准濫用，這一規定也適用於氏族中的其
它成員㊴。阿隆塔人保護圖騰動物的禁忌擴展到了與之相關的動
物㊵；不管怎樣，人們肯定對這些相關動物特別照顧㊶。兩者所激
起的感情是一樣的㊷。

圖騰所屬事物的本質與圖騰的本質並無不同，因此也有宗教
特性，這一說法的最好證明是：在某些場合，它們執行著同樣的
功能。它們是從屬的即次級的圖騰，或者按照如今已由慣用法確
177 認的表達法，是亞圖騰㊸。氏族中一直發生著這樣的情況：在種種
共同感情的影響下，獨特的親和關係正在形成，較小的群體和比
較有限的聯合體興起了，它們趨向於過相對自主的生活並且形成
新的複分單位，如較大氏族內的亞氏族。爲了區別自己和使之個
性化，這種亞氏族就需要一個專屬的圖騰，也就是一個亞圖騰㊹。
於是，便在分歸主圖騰的事物中去選擇這些次級群體的圖騰。所
以，這些事物始終是近似圖騰，以致哪怕是最微小的環境變化都
足以使之成爲眞正的圖騰。它們身上存在著的圖騰性質，一旦條
件許可或需要時，它就展現出來。於是，個人就擁有了兩種圖騰，
一種是全氏族共有的主圖騰(principal totem)，另一種則是其亞
氏族專有的圖騰。這有點類似於羅馬人的族名(nomen)和家名
(cognomen)㊺。

有時候我們看到一個亞氏族完全脫離束縛而成了自主群體和獨立氏族；此時亞圖騰(sub-totem)就成了正規圖騰(regular totem)。將這一分離過程推向極端的部落是阿隆塔。史賓塞和吉倫的第一本書中的資料顯示，阿隆塔部落中約有六十種圖騰[46]；但斯特雷洛最近的研究表明，這一數目要大得多。他列舉了至少四百四十二種圖騰[47]。史賓塞和吉倫毫不誇張地說：「實際上，在土著人居地見到的事物──無論是有生命的還是無生命的──中幾乎沒有一件不以其名字賦予某個圖騰群體[48]。」圖騰的這種增殖──其數量與人口相比，是十分龐大的──是由於在某些特殊情況下，原有氏族無限分裂和複分的結果，以致幾乎所有亞圖騰都進入了圖騰階段。

斯特雷洛的考察清楚地證明了這一點。史賓塞和吉倫引用的只是一些準圖騰的孤立例子[49]，斯特雷洛已證明這實際上是種一般的組織。他能列出一張表格，其中幾乎所有的阿隆塔圖騰都按這樣的原則分類：一切準圖騰或副圖騰都隸屬於約六十個主圖騰[50]。前者為後者服務[51]。這一依附狀態很可能反映這樣一個時期：今天所謂的「盟友」，當時只不過是亞圖騰，也就是說，當時部落中只有少量氏族是複分成亞氏族的。大量殘跡肯定了這一假設。這樣聯合的兩個群體往往只有一種圖騰表記，而表記的統一性只能用它們最初只是一個群體這樣的說法來解釋[52]。兩個氏族的這種關係也顯示在雙方都參加並感興趣於對方儀式的這一方面。兩種崇拜的區分仍然是不完善的；這十分可能是因為它們最初是完全混合的[53]。民間傳說把這兩個氏族想像成最初是毗鄰而居的，以此解釋它們的聯合關係[54]。在另一些事例中，則神話故事明確地說其中一個氏族源自另一個氏族。它說，現在的準圖騰動物早先也屬於如今仍為主圖騰的物種，它只是在後階段分化出來了。例如，今日與威徹迪蟬蟪並聯的錢通佳鳥在傳說時代曾是威徹迪蟬蟪，但在後來轉化成了鳥。現在隸屬於蜜蟻的兩種生物早先即是蜜蟻

179 ……，諸如此類⑤。亞圖騰向圖騰的轉化以難以察覺的程度進行
著，所以在某些事例中，其地位無法確定，我們很難說見到的是
主圖騰還是亞圖騰⑥。豪伊特在談到窩喬巴盧克部落時說，那裡有
正在形成的亞圖騰⑦。例如，分歸氏族的各種事物形成了許多核
心，環繞著這些核心能形成新圖騰的崇拜。這是它們激發宗教感
情的最好證明。如果它們沒有神聖特性，它們就不可能被如此輕
易地抬舉到與正規圖騰——比一切其他事物更神聖——同樣尊貴
的地位。

於是，宗教事物的領域便大大超出了起初似乎有限的範圍。
它不但包括了圖騰動物和氏族的人類成員，而且由於沒有一樣已
知存在物不分歸某一氏族並隸屬某一圖騰，所以就沒有一物不獲
得某種程度的宗教特性。在後來形成的各宗教的神——正確意義
上的神——出現時，各自主管一類專門的自然現象，分別管理海
洋、空氣、收割或果實等等，而每一個自然領域都被認爲從它所
依附的神那兒汲取生命力。這些宗教給予我們的宇宙概念即是：
按衆神而區分自然界。所以，只要人類尚未越過圖騰制度階段，
部落裡的各種圖騰就確切地發揮著後來落在神聖人格身上的功
能。在我們做爲主要例子的芒特甘比特部落中有十個氏族，因此
整個世界就分成了十個類別，或者毋寧說是十個家族，每族都有
一個專門圖騰做爲其基礎。分歸氏族的事物正是從這個基礎中獲
得了整個現實性，因爲它們被認爲是各種形式的圖騰物；再看我
們的例子，雨、雷、閃電、雲、冰雹和多天被看成爲各種各樣的
烏鴉。這十個事物族聯合在一起時就構成一幅完善和系統的世界
180 圖畫；這幅圖畫是宗教性的，因爲宗教概念爲它提供了基礎。圖
騰宗教的範圍絕非局限於一、二類生物，它一直擴展到已知宇宙
的最後界限，猶如希臘宗教一般，它使神聖遍布各處，著名的宗
教套語 "παντἀ πλήρη θεῶν"（萬物都有神）也完全可以做爲圖
騰宗教的箴言。

　　然而，如果這樣描繪圖騰制度，那麼長期以來對它所持的觀點就必須在一個基本點上予以修正。在近年的發現以前，人們一直認爲圖騰制度完全在於一個特定圖騰的崇拜，並且界定它爲氏族的宗教。若以這一觀點看來，則每個部落似乎都有與其氏族數量相等的互相獨立的圖騰宗教了。這種概念也與通常對於氏族的看法一致；氏族被看成一個自治的社會⑱，它與其他社會互相封閉，或者只有外部的膚淺關係。但是實際情況要複雜得多。毫無疑問，每個圖騰的崇拜基地是在相應的氏族裡；它是在那兒，也唯獨在那兒才受到膜拜；氏族成員照看著它，它和做爲基礎的信仰一起通過氏族成員而代代相傳。但是同樣確鑿的是，這樣實施於部落中的各個圖騰崇拜，並不是宛如各自構成了完善和自足的宗教那樣互不相干地發展的，雖然它們一直互不瞭解。恰好相反，它們互相暗示；它們只是一個整體中的各個部分，是一個宗教中的各個要素。一個氏族中的人從來不以漠不關心、懷疑或敵意的態度——這通常是一個宗教對待異教的感情——對待相鄰氏族的信仰；他們本身就參與了這些信仰。烏鴉人也相信蛇人的祖先是一條神話巨蛇，相信他們因這一起源而擁有特殊的功效和非凡的威力。我們已經看到，至少在某些情況下，一個人只有舉行了某種祭儀後才能食用不屬於自己的圖騰。尤其是，他還必須徵得該圖騰的任何在場人員——如果有人在場的話——的同意。所以對於他來說，這一食物也不是完全凡俗的；他也承認，非本氏族成員和他們的圖騰動物之間也存在著密切的親和關係。這一信仰共同體有時候也在崇拜中顯示出來。從理論上講，涉及某圖騰的儀式只能由本圖騰成員來執行，但實際上外氏族的代表還是經常出席這些儀式的，有時候他們不只是扮演觀眾的角色。他們固然不主持儀式，但是爲主祭化妝和爲儀式做準備。本圖騰成員則對自己圖騰之被慶祝很感興趣；所以在有些部落中，他們邀請了有資格的氏族來辦理此類典禮⑲。有時候甚至整套儀式都須在全部落

181

在場的情況下舉行，這就是圖騰式的成年典禮⑥。

最後，我們剛才敍述過的圖騰組織，顯然是全部落所有成員之間的不明確默契的結果。每個氏族不可能以完全獨立的方式確立其信仰；不同圖騰的崇拜以某種方式互相調節，是絕對必要的，因爲它們確實在互相完善。事實上，我們已經看到，一個圖騰通常不會在同一部落中重複兩次，整個宇宙是按「同一事物不同時見於兩個氏族」的方式而畫歸各個圖騰的。如果沒有整個部落參與者的一致同意、默契或規劃，就不可能有這樣有條不紊的畫分。所以，這樣產生的信仰群部分地（也只是部分地）是一種部落的事情⑥。

總而言之，要形成關於圖騰制度的正當觀念，就絕不能只限於氏族的範圍內，而必須把部落做爲一個整體來考慮。誠然，各氏族的特定崇拜享有極大自主權；我們可以看到生氣勃勃的宗教熱情是在氏族內產生的。但是同樣確鑿的是，這些崇拜是互相配合的，圖騰宗教是通過它們的統一而形成的複雜體系，恰如希臘多神教一樣是由各種各樣神的個別崇拜統一起來而形成的。我們剛才已經展示了，圖騰制度也有它的宇宙論。

182

註 釋

① *Kamilaroi and Kurnai*，P.170。

② Notes on some Australian Tribes，載 *J.A.I.*，XⅢ，P.300。

③ Curr：*Australian Race*，Ⅲ，P.45；Brough Smyth：*The Aborigines of Victoria*，Ⅰ，P.90；Fison and Howitt：*Kamilaroi and Kurnai*，P.168。

④ Durkheim and Mauss：De quelques formes Primitives de classification，載 *Année Sociol.*，Ⅵ，P.1 及以下諸頁。

⑤ Curr：Ⅲ，P.461。

⑥柯爾和法伊森都由同一人提供資料，即 D. S. Stewart。

⑦ Mathews：Aboriginal Tribes of N. W. Wales and Victoria，載 *Journal and Proceedings of the Royal Society of N. W. Wales*，XXXVⅢ，P.287 及下頁；Howitt：*Nat. Tr.*，P.121。

⑧馬修斯所記的這兩個名字的陰性形式是 Gurogigurk 和 Gamatykurk。這即是豪伊特所復現的形式，只是使用了稍異的表音法。這一名字也相當於芒特甘比爾部落使用的名字(Kumite 和 Kroki)。

⑨該氏族的土語名字是 Dyàlup，馬修斯對此沒有翻譯。這個詞似乎即是 Jallup，豪伊特用它來指稱同部落中的一個亞氏族，並將它譯成「哈貝」。這就是我們敢於冒險採用這一譯名的原因。

⑩這是豪伊特的翻譯；馬修斯把原來的 Wartwurt 譯成「正午太陽的熾熱」。

⑪馬修斯的表格與豪伊特的在許多重要地方都不一致。甚至豪伊特認為屬於克魯基宗族分支的氏族，馬修斯卻認為屬於加莫契(Gamutch)宗族分支，反之亦然。這說明這些觀察產生了大問題，但是這種分歧對於本書中的問題來說無關宏旨。

⑫蘭洛‧帕克夫人 (Mrs. Langloh Parker)：*The Euahlayi Tribe*，P.12 及以下諸頁。

⑬事例將在下文敍述。

⑭Curr：Ⅲ，P.27。參看 Howitt：*Nat. Tr.*，P.112。我們只敍述了最有特色的事例。至於詳情，可以參看已在 *Les Classifications primitives* 談及的研究報告。

⑮同上書，P.34 及以下諸頁。

⑯Swanton：*The Haida*，PP.13～14、P.17、P.22。

⑰這在海達人中尤其清楚。斯旺頓說，在海達部落中，每樣動物都有兩個方面。首先，它是被獵取和食用的普通動物；其次，它也是具有動物外形的超自然生物，人類隸屬於它。相應於宇宙現象的神話生物也具有同樣的雙

重性(Swanton：同上書，P.14、P.16、P.25)。

⑱見上文，邊碼166。這種情況見於古倫迪契－馬拉部落(Howitt：*Nat. Tr.*，P.124)、卡梅倫研究的位於死湖附近的各部落以及窩喬巴盧克部落 (同上書，P.125、P.250)。

⑲J. Mathews：*Two Representative Tribes*，P.139；Thomas：*Kinship and Marriage*，P.53及下頁。·

⑳例如，在奧塞吉部落(the Osage)中，見Dorsey：Siouan Sociology，載 *XVth Rep.*，P.233及以下諸頁。

㉑在托雷斯海峽中的馬布亞克(Mabuiag)島上(Haddon：*Head Hunters*，P. 132)，阿隆塔部落的兩個宗族分支間也有同樣的對立：一方包括了水圖 騰的成員，另一方則爲土圖騰成員(Strehlow：I，P.6)。

㉒在易洛魁部落中，有一種兩個宗族分支間的比武(Morgan：*Ancient Society*，P.94)。斯旺頓説，在海達部落中，鷹和烏鴉兩個宗族分支的成員「經 常被看成公開的敵人。丈夫和妻子（她必須來自另一個宗族分支）毫不猶 豫地互相背叛」(*The Haida*，P.62)。在澳大利亞，這種敵對行動被帶入了 神話傳説。做爲宗族分支圖騰的兩種動物經常被描繪成在一場永無休止 的戰爭中互相爭鬥（見J. Mathews：*Eaglehawk and Crow, a study of Australian Aborigines*，P.14及以下諸頁）。在狩獵中，每個宗族分支是對 方的天然對手(Howitt：*Nat. Tr.*，P.770)。

㉓所以，托馬斯就錯誤地竭力反對我們關於宗族分支起源的理論，認爲它無 法解釋它們的對立(*Kinship and Marriage*，P.69)。我們並不認爲這種對 立必須與凡俗和神聖的對立聯繫起來(見Hertz：La Prééminence de la main droite，載 *Revue Philosophique*，1909年12月，P.559)。一個宗族 分支的事物對於另一個宗族分支來説，並不是凡俗的；兩者都是同一宗 教體系的一部分（見下文邊碼181）。

㉔例如，茶樹氏族的事物包括了各種禾本科植物，因此也就包括了食草動物 （見 *Kamilaroi and Kurnai*，P.169)。這無疑解釋了博厄斯指出的北美圖 騰表記的獨特性。他説：「在特里吉特部落和所有沿海部落中，群體的表 現包括了群體之同名動物做爲食品用的各動物。」(*Fifth   Rep., of the Committee, etc., British Association for the Advancement of Science*，P. 25)。

㉕例如，在阿隆塔部落中，青蛙與橡膠樹圖騰聯繫在一起，因爲青蛙經常見 於這種的樹洞裡；水與鸕有關；與袋鼠在一起的則是經常在袋鼠上空飛 翔的美冠鸚鵡(Spencer and Gillen：*Nat. Tr.*，PP.146～147、P.448)。

㉖原始區別性缺乏的徵狀之一是，有時候以地域基地做爲類別，猶如以地域 基地做爲社會分部一樣，地域基地和社會分部最初是混合在一起的。例 如，在澳大利亞的窩喬巴盧克部落和美洲的祖尼部落中，事物假想地分歸 各個空間區域，就像氏族一樣。事物的這種區域分布與氏族的區域性分布

是一致的（見 *De quelques formes Primitives de classification*，P.34 及以下諸頁）。甚至在相當先前的民族──例如中國──中，分類也保持著一點這樣的特徵（同上書，P.55 及以下諸頁）。

㉗Bridgmann，載 Brough Smyth：*The Aborigines of Victoria*，Ⅰ，P.91。

㉘Fison and Howitt：*Kamilaroi and Kurnai*，P.168；Howitt：Further Notes on the Australian Class Systems，載 *J.A.I.*，XVⅢ，P.60。

㉙Curr：Ⅲ，P.461。這是關於芒特甘比爾部落的情況。

㉚Howitt：On Some Australian Beliefs，載 *J.A.I.*，XⅢ，P.191 註。

㉛Howitt：Notes on Australian message Sticks，載 *J.A.I.*，XVⅢ，P.326 Further Notes，載 *J.A.I.*，XVⅢ，P.61 註 3。

㉜Curr：Ⅲ，P.28。

㉝Methews：Ethnological Notes on the Aboriginal Tribes of N.S. Wales and Victoria，載 *Journ. and Proceed. of the Royal Soc. of N.S. Wales*，XXXVⅢ，P.297。

㉞參看 Curr：Ⅲ，P.461；Howitt：*Nat. Tr.*，P.146。柯爾提到的修飾詞是 Tooman，豪伊特提到的則是 Wingo。

㉟Howitt：*Nat. Tr.*，P.123。

㊱Spencer and Gillen：*Nat. Tr.*，P.447 及以下諸頁；參看 Strehlow：Ⅲ，P.xii 及以下諸頁。

㊲Fison and Howitt：*Kamilaroi and Kurnai*，P.169。

㊳Curr：Ⅲ，P.462。

㊴Mrs. Parker：*The Euahlayi Tribe*，P.20。

㊵Spencer and Gillen：*Nor. Tr.*，P.151；*Nat. Tr.*，P.447；Strehlow：Ⅲ，P.xii。

㊶Spencer and Gillen：*Nat. Tr.*，P.449。

㊷然而，在昆士蘭的某些部落中，分歸社會群體的事物對於群體成員來說是不禁止的，威克布拉的情況尤為顯著。應該記得，這個社會是以婚姻組做為分類結構的（見上文邊碼 169）。婚姻組成員只能吃屬於自己的動物，其它的不准吃。所有其他食品對他們來說是禁止的(Howitt：*Nat. Tr.*，P. 113；Curr：Ⅲ，P.27)。

　　但是我們卻不能因此推斷這些動物是世俗的。事實上我們應該注意到，個人並非簡單地能夠食用它們，而這樣做只是迫不得已的，否則他就無法維持生存。而這一規定的強制性則確證了我們面對的是具有宗教性質的事物，唯有這種宗教性質才導致了積極的義務而不是稱爲禁忌的消極義務。也許並非不可能瞭解這種偏離是如何產生的。我們已在上文看到（見上文，邊碼 163），個人對於其圖騰，因而就對於依附圖騰的事物擁有一種財產權。也許在特殊環境的影響下，圖騰關係的這一方面發展了，人們就自然認爲，只有氏族成員才有權支配自己的圖騰以及一切與之有關

的事物，反之，其他人則無權碰觸它。在此情況下，一個部落只能依靠分歸它的食物來維持生存了。

㊸帕克夫人使用了「複合圖騰」的表達法。

㊹例見尤阿拉伊(Mrs. Parker：P.15 及以下諸頁) 和窩喬巴盧克(Howitt：Nat. Tr.，P.121 及以下諸頁) 部落；參看上述馬修斯的文章。

㊺例見 Howitt：Nat. Tr.，P.122。

㊻見我們的 De quelques formes primitives de classification，P.28 註2。

㊼Strehlow；II，PP.61～62。

㊽Nat. Tr.，P.112。

㊾尤見 Nat. Tr.，P.447 以及 Nor. Tr.，P.151。

㊿Strehlow；III，P.xiii-xvii。有時候一些次級圖騰會同時隸屬於二、三個主圖騰。這顯然是因為斯特雷洛未能肯定哪一個是主圖騰。
表中有兩個有意義的事例肯定了我們業已提出的幾點主張。首先，主圖騰幾乎全是動物，只有極少見例外。其次，星辰始終只是次級圖騰或準圖騰。這又一次證明了星辰是逐漸進入圖騰行列的，最初，人們更喜歡從動物界中選取圖騰。

○51據神話，準圖騰在傳說時代是做為主圖騰成員的食物，或者，若為樹木，則給主圖騰的人遮蔭(Strehlow；III，P.xii；Spencer and Gillen：Nat. Tr.，P.403)。準圖騰之被食用，並不意味著它們被視為世俗的，因為在神話時代，主圖騰本身亦供氏族的創建祖先食用。

○52如在山貓氏族中，刻在聚靈架上的圖案象徵著 Hakea 樹，這是今天的一個明確圖騰(Spencer and Gillen：Nat. Tr.，P.147 及下頁)。斯特雷洛說，這種情況很常見(III，P.xii 註4)。

○53Spencer and Gillen：Nor. Tr.，P.182；Nat. Tr.，P.151 和 P.297。

○54Nat. Tr.，P.151 和 P.185。

○55同上書，P.448 和 P.449。

○56史賓塞和吉倫在談及名為 Inturrita 的鴿子時，有時說它是主圖騰(Nat. Tr.，P.104)，有時又說它是準圖騰 (同上書，P.448)。

○57Howitt：Further Notes，PP.63～64。

○58於是，就經常發生混淆氏族和部落的情況。這種在民族誌學者著述中頻頻引起麻煩的混淆，尤其多見於柯爾的書中(I，P.61 及以下諸頁)。

○59這種情況尤其見於瓦拉蒙加部落 (Nor. Tr.，P.289)。

○60例如，見史賓塞和吉倫 Nat. Tr.，P.380 及其他各處。

○61有人甚至會懷疑，部落圖騰有時是否還存在。例如，在阿隆塔部落中，有個氏族的圖騰是山貓，整個部落對牠都有所禁忌，即使非本圖騰的人也只能非常有節制地食用之 (Nat. Tr.，P.168)。但是我們認為，用這一例子來談部落圖騰乃是一種誤用，因為動物之是否為圖騰並不取決於牠之是否禁食，其他原因也能導致禁忌。部落的宗教統一無疑是確鑿的，不過這

需要借助於其他符號才能肯定。我們將在下文展示這些符號是什麼（見本書第2篇第2章）。

第四章
圖騰信仰(終)

183

個人圖騰和性別圖騰

　　迄今，我們只是將圖騰制度做爲一種公共體制(public insti-tution)而進行了研究：我們談及的圖騰只是通用於氏族、宗族分支或者在某種意義上通用於部落的圖騰①；個人只是以群體成員的身分和它發生關係。但是我們知道，沒有一個宗族不具有個體方面。這個一般看法也適用於圖騰制度。除了佔據首位的非人的和集體的圖騰外，還有個人獨有的圖騰，這種圖騰表達了他的個性，他私人崇拜它。

1

　　在某些澳大利亞部落以及大多數北美印第安部落中②，每人各自與一種確定的對象保持關係，它相當於各氏族與圖騰的關係。這一對象有時是一件無生物或人工製品，但通常是一種動物。在有些地方，是有機體的一個具體部分（諸如頭、足和肝）來執行這一功能③。

184

　　事物的名字也做爲個人的名字。這是個人的教名，它添到集體圖騰的名字上，就如羅馬人的本名(praenomen)添到族名(nomen gentilcium)上一樣。誠然，人們只記載了幾個社會中的

這類情況④，但是它可能是普遍的。我們將展示，個人和這一事物有著同樣的本質；而本質的同一性意味著名字的同一性。由於這一教名是在特別重要的宗教典禮上授予的，所以具有神聖特性。它不在普通的凡俗環境裡唸誦。甚至，在唸誦它時必須把普通語言中指稱此物的名詞做一點修改⑤。這是因為普通語言中的詞彙是排除在宗教生活之外的。

至少在某些美洲部落裡有一種屬於個人的表記，它以各種形式象徵著個人名字指稱的事物，這種表記強化了個人的教名。例如，每個曼丹人(the Mandan)都穿著與其同名的動物皮⑥。如果同名者是鳥，則用其羽毛來裝飾⑦。休倫人(the Hurons)和阿爾公金(the Algonquins)在身上刺繪它們的圖形⑧。圖形還繪在武器上⑨。在西北部落裡，個人表記猶如氏族的集體表記一樣，雕鑿或鐫刻在器具、房屋等上面⑩；它是所有權的標誌⑪。這兩種紋章經常結合在一起，這就部分地解釋了為什麼在這些部落中有各種各樣外觀的圖騰盾⑫。

185　　個人與其同名動物之間存在著最密切的關係。人分享動物的本質，兼具它的優點和缺點。例如，人們認為，以鷹為紋章的人具有預見未來的天賦；以熊為名，則易於在角鬥中受傷，因為熊笨重遲緩，易遭捕獲⑬；若同名者是受人輕視的動物，則此人也成為這種感情的對象⑭。兩者的關係是如此緊密，以致在某些情況下，尤其是處於危險境地時，人能變成動物的形狀⑮。反之，動物亦被視為人的變身，是他的「他我」(alter ego)⑯。雙方的關係密切到其命運常被認為聯結在一起的地步：一方身上發生的事肯定會在對方身上產生反應⑰。如果同名動物死了，則人的生命也受到威脅。於是就產生了「不得宰殺同名動物也不得食其肉」的普遍規定。當這種禁忌涉及氏族圖騰時，尚允許各種緩解和修正，但是在此卻更為正式和絕對⑱。

就動物方面來說，則保護人類並當他的庇護者。它把可能出

現的危險以及躲避的方法通知他⑲；它被說成是他的朋友⑳。它
往往擁有不可思議的威力，並把這種威力傳感給它的人類夥伴，
人們相信這種威力甚至能防禦彈丸、箭矢和一切打擊㉑。個人對其
庇護者的功效深信不疑，以致他能勇敢地面對最大的危險，能毫
無畏懼、鎮定自若地完成最艱巨的事業，是信仰給了他必要的勇
氣和力量㉒。然而，個人與其庇護者並不是純粹的依附關係，他也
能作用於動物。他對它發布命令，施加影響。以鯊魚爲盟友的庫
爾內人相信他能夠用符咒驅散威脅船隻的鯊魚㉓。在另一些事例
中，人們認爲這種關係可以使人成功地捕獲其同名動物㉔。

　　這類關係清楚地顯示了，與個人聯合的事物似乎是個體而非
物種。人不能用物種做爲其「可變的自我」。實際上有些事例中，
肯定是確定的樹木、山岩或石塊在履行著這一職責㉕。在同名者爲
動物以及動物與人的生存相關的情況下，同名者就肯定是個體。
個人不可能與整個物種如此緊密聯合，因爲物種隨時都在喪失其
成員。然而原始人還不具備想到分開個體和物種的能力，所以他
與個體的關係很容擴展到物種，他把兩者都混合在感情中了。於
是，在他看來，整個物種也變得神聖了㉖。

　　這種庇護者在不同的社會裡自然有不同的名字：在墨西哥的
印第安人中名爲納瓜爾(Nagual)㉗，在阿爾公金部落中名爲馬尼
托(Manitou)，在休倫部落中名奧基(Okki)㉘，在某個撒利希部落
中稱斯南(Snam)㉙，在其他撒利希部落則稱蘇利亞(Sulia)㉚，尤因
部落中稱布堅(Budjan)㉛，尤阿拉伊部落中稱揚比(Yunbeai)㉜等
等。有人因爲這種信仰和儀式在北美印第安人中頗爲重要，就打
算創造出一個詞來稱呼它們：「納瓜爾制度」(nagualism)或「馬
尼托制度」(manitouism)㉝。但是，如果賦予它們一個專用和有特
色的名稱，就易於使人誤解它們與圖騰制度中其他現象的關係。
事實上，這個原則在有些情況下應用於氏族，在另一種情況下則
應用於個人。在兩種情況中都可以看到同樣的信仰：事物與人有

186

187

密切關係；事物擁有特殊的威力；人類夥伴可以分享事物的優
點。我們還見到了同樣的習俗：把與人聯合的事物名字給予人，
並且給這一名字添上個表記。圖騰是氏族的庇護者，恰如私人圖
騰是個人的庇護者一樣。所以，我們的術語應該使得這兩種制度
的關係體現出來；這就是爲什麼我們（還有弗雷澤）爲這種個人
對庇護者的崇拜取名爲「個人圖騰制度」（individual totem-
ism）。由於有些地方的原始人自己就用同一名稱來稱呼氏族的圖
騰和個人的動物庇護者，所以我們這一術語的正確性得到了進一
步的證實㉞。泰勒和鮑威爾拒絕這個術語，並要求用不同的名稱來
表達這兩個宗教體制，這是因爲在他們看來，集體圖騰（collective
188 totem）只是一個名字或標籤，沒有宗教特性㉟。但是我們則相反，
我們懂得它是聖物，甚至比庇護動物更爲神聖。此外，我們接著
的研究將會顯示，圖騰制度的這兩個品種是怎樣地不可分離㊱。

　　然而，儘管這兩個制度關係密切，它們卻仍然有著重要的差
別。氏族認爲自己是其圖騰動植物的後裔，而個人卻不認爲自己
與私人圖騰有任何祖承關係。它是朋友、夥伴、庇護者，但不是
親戚。他只是利用了它的功效，然而他（它）們卻不是出自同一
血統。其次，氏族成員允許相鄰氏族食用他們集體擁有其名的動
物，其條件只是執行必要的儀式。但是反之，個人則崇敬私人圖
騰的物種，保護它不受外人侵犯，至少對於涉及人和動物命運的
致命部位是這樣。

　　不過，這兩種圖騰的主要差別在於獲得它們的方式。

　　集體圖騰是每個個人公民地位的一部分，它通常是世襲的；
在任何情況下，它的命名都是與生俱來的；人們自己的願望毫無
作用。有時候，子女擁有母親的圖騰（見於卡米拉羅伊、迪利、
烏拉崩納等部落）；有時擁有父親的圖騰（見於納林葉里、瓦拉蒙
加等部落）；有時則是其母親猜想之地的主宰圖騰（見於阿隆塔、
洛里特雅部落）。個人圖騰則與此相反，它是通過周密的行動而獲

得的㊲：需要一整套儀式活動來確定它。北美印第安人通常使用的方法如下。大約至青春期──臨近成年禮時──男性青年便避入一個遙遠的地方，例如避入森林中。在幾天至幾年不等的時期裡，他在那裡經受使人筋疲力盡的殘忍磨練。他禁食、禁慾、對自己施以種種傷殘。他四處徘徊，發出狂暴的呼喊和名副其實的嚎叫；然後，伸展四肢，靜止和悲傷地躺在地上。有時候他舞蹈、禱告並祈求普通神的保佑。就這樣，他最後進入了一種超興奮的極端狀態，瀕於精神錯亂。達到這種狀態時，他的表象就很容易帶有幻覺性。赫克韋德說：「男孩在成年禮前夕要實行交替進行的禁食和藥物處理。他應戒食一切食品，並服用最烈性的和最令人厭惡的藥物，他不時喝下一種麻醉劑，直到神智完全不清。於是他產生──或者認為自己產生──了幻覺和異常夢境，這當然是由這一系列活動引起的。他想像自己飛越天空，進入地下，從一個山巔跳至另一個山巔，與巨人和怪物搏鬥並降服之㊳。」如果他在這種情況下──夢中或醒著時──看見了一隻動物似乎友好地出現在他面前，那麼他就認為自己發現了他所期待的庇護者㊴。

　　但是這種程序在澳大利亞很少使用㊵。在這塊大陸上，私人圖騰似乎是由一個無關係的人授予的，這或者在他出生時㊶，或者在他成年時㊷。通常是一個親戚，或者是一個擁有特殊威力的人，諸如老人或巫師。有時則以占卦來決定。例如，在夏洛特灣、貝德福角或普羅賽品河畔，祖母或其他老婦人將一小段尚連著胎盤的臍帶猛烈旋轉。同時另一個老婦人則提及各個名字。正巧在臍帶斷裂時唸到的那個名字便被採為私人圖騰㊸。在約克角的亞雷坎納部落(the Yarrakanna)中，人們敲掉成年者的一顆牙齒，然後令其用水漱口並吐在盛滿水的桶中。老人們仔細驗看吐出來的血和唾沫所凝成的塊團，類似其形狀的自然事物便成為該青年的私人圖騰㊹。在另一些事例中，圖騰從一個人傳感給另一人，如從父

親傳給兒子，從叔伯傳給姪兒⑮。美洲也使用這種方式。希爾・陶特的報告中有一事例說，術者爲薩滿(shaman)⑯，他希望將圖騰傳感給姪兒。「伯父拿著其斯南(snam，他的私人圖騰) 標誌——在此例中是一張乾鳥皮——吩咐姪兒對著它哈氣。然後他自己也對著它哈氣，並唸著神秘的詞句，於是在保羅 (他的姪兒)看來這張乾鳥皮就似乎成了一隻活鳥，它繞著他們飛了一會兒便消失了。伯父隨即指示保羅當天就去採購一張同類鳥皮，佩在身上。此事完畢後，保羅在當天晚上就會夢見『斯南』以人形出現在他面前，向他透露了可以召喚它的名字，並允諾庇護他」⑰。

個人圖騰不但是後天的和非給定的，而且通常是非強制性地
獲得的。首先，大量澳大利亞部落似乎根本不知道這種習俗⑱。即使存在個人圖騰的地方也往往是自願的。例如在尤阿拉伊部落中，所有巫師都擁有他們從其獲得威力的個人圖騰，而大量俗人卻沒有任何個人圖騰。這是由巫師賜予的恩惠，他爲其朋友、親信和有志於成爲其同事的人保留著這種恩惠⑲。同樣地，在一個撒利希部落中，只有那些特別希望在戰鬥和狩獵中勝過別人的人或者謀求薩滿職位的人才爲自己設置這類庇護者⑳。所以，至少在某些部落中，個人圖騰似乎只被視爲有利和方便的事物，而非必要的事物。有它固然不錯，無它也可將就。反之，一個人也不一定只限於一個圖騰；如果他希望得到更充分的庇護，那麼他可以毫無阻礙地獲得幾個圖騰㉑，如果其個人圖騰不能很好盡職，他就可以更換之㉒。

但是，個人圖騰制度一方面比較隨意和自由，另一方面還包含著氏族圖騰制度從未有過的抵禦力。希爾・陶特的主要資料提供者是一個已經受洗的撒利希人；然而，他雖然眞誠地拋棄了父親的信仰，成了一個模範的傳道師，卻對於個人圖騰的功效仍然深信不疑㉓。同樣地，雖然文明國家裡沒有集體圖騰制度的可見痕跡，但是，個人與某一動植物或其他物體之間存在著關係的觀念

仍然是至今見於不少歐洲國家的許多風俗的主因⑭。

2

在集體圖騰制度與個人圖騰制度之間還有一種兼具兩者部分　　192
特性的中間形式：性別圖騰制度。它僅見於少數澳大利亞部落
中。特別被談及的是維多利亞州和新南威爾斯州⑮。馬修斯固然聲
稱在他去過的澳大利亞各地都見到了這種現象，但他並未列出詳
確的事例來證實這一點⑯。

在這些不同的民族中，所有的成員不論歸屬什麼氏族都按
男、女性別分成兩方，形成了兩個有區別的甚至是對抗的社會。
兩個性別共同體都相信自己與某一確定的動物有著神秘的關係。
在庫爾內部落裡，男人都認為自己是鴯鶓—鷯鶉(Yeerūng)的弟
兄，婦女則認為自己是紅雀(Djeetgūn)的姊妹；一切男人是耶龍
(Yeerūng)，一切女人是德貢(Djeetgūn)。在窩喬巴盧克和烏龍吉
里部落中則由蝙蝠和歐夜鷹（倉鴞的一種）擔任這種角色。其他
部落則以啄木鳥代替歐夜鷹。每個性別都把如此關聯的動物看成
是必須特別善待之的庇護者；並且禁止宰殺和食用它⑰。

於是，這一庇護動物對於性別社會的作用便和氏族圖騰對於
氏族的作用一樣了。所以，「性別圖騰制度」(sexual totemism)
的表達法（我們借自弗雷澤⑱）就被證明是正確的了。這類圖騰與
氏族圖騰的相似之處尤其在於它也是集體性的，它不加區別地屬
於同一性別中的一切人。其相似之處還在於它意味著庇護者與相
應性別之間的祖承和血緣關係。庫爾內人認為，部落裡所有男人
是耶龍的後裔，所有女人為德貢的後裔⑲。指出這一古怪體制的最
早考察者在一八三四年這樣描述道：「像畫眉那麼大小的提爾蒙
鳥(Tilmun，一種啄木鳥）被婦女想像成女人的最初創造者，它只　　193
受婦女的崇拜。」⑳所以它是一個偉大的祖先。然而在其他方面，
性別圖騰又類似於個人圖騰。人們認為，性別集團中的每個成員

與相應動物種裡的一個確定個體結合。兩種生命密切相關，以致動物的死亡也會導致個人的死亡。窩喬巴盧克人說：「一隻蝙蝠的生命就是一個人的生命⑥。」這就是男女雙方不但崇敬本圖騰，而且強迫對方也這麼做的原因所在。一旦違犯這種禁忌就會導致男女之間的一場眞正血戰⑥。

最後，從某種意義上來說，這類圖騰的本來面目是部落圖騰。它們實際上是人們把部落想像爲一對神秘生物的後裔的結果。這種信仰清楚地體現了部落感情至少在相當程度上擁有抵制氏族獨特主義的力量。至於男女不同起源說的成因則必須在男女生活的分隔狀態中去尋找⑥。

按澳大利亞人的說法，性別圖騰和氏族圖騰有著怎樣的關係？部落之始的這兩個祖先之間又有什麼關係？以及每一個具體氏族是哪一個性別群體的後裔？瞭解這些事情是很有意思的，但是我們目前能支配的民族誌資料不允許我們解答這些問題。此外，儘管這類問題對於我們來說是自然甚至必然地會出現，但是土著人則很可能從未想到過它，他們不會像我們一樣強烈感到需要協調其信仰，並使之系統化⑥。

註　釋

①部落圖騰是這樣意義上的圖騰：它是崇拜的主體，各氏族的圖騰都來自它。

②弗雷澤非常完整地蒐集了有關北美個人圖騰崇拜的文獻(*Totemism and Exogamy*，III，PP.370～456)。

③例如，見於休倫、易洛魁、阿爾公金部落(Charlevoix：*Histoire de la Nouvelle France*，VI，PP.67～70；Sagard：*Le grand voyage au pays des Hurons*，P.160)或者湯普森印第安部落(Teit：*The Thompson Indians of British Columbia*，P.355)。

④例見尤因(Howitt．*Nat. T.*，P.133)，庫爾內（同上書，P.135）及昆士蘭州的幾個部落(Roth：*Superstition, Magic and Medicine, North Queesland Ethnography*，Bulletin：No.5，P.19；Haddon：*Head Hunters*，P.193)、德拉瓦(Heckewelder：*An Account of the History…of the Indian Nations*，P.238)、湯普森印第安部落(Teit：同上書，P.355)和撒利希斯塔龍部落(Hill Tout：Rep. of the Ethnol. of the Statlumh，載 *J.A.I.*，XXXV，P.147 及以下諸頁)。

⑤ Hill Tout：前引文，P.154。

⑥ Catlin：*Manners and Customs, etc.*,London：1876 年，I，P.36)。

⑦ *Lettres édifiantes et curieuses*，新版，VI，P.172 及以下諸頁。

⑧ Charlevoix：同上書，VI，P.69。

⑨ Dorsey：*Siouan Cults*，XIth Rep.，P.443。

⑩ Boas：*Kwakiutl*，P.323。

⑪Hill Tout：前引文，P.154。

⑫Boas：*Kwakiutl*，P.323。

⑬Miss Fletcher：The Import of the Totem, a Study from the Omaha Tribe，載 *Smithsonian Rep. for 1897*，P.583。類似事例見 Teit：前引書，P.354、356；Peter Jones：*History of the Ojibway Indians*，P.87。

⑭例如，撒利希斯塔龍部落裡的狗即是如此，因為他生活在被奴役的環境裡(Hill Tout：前引文，P.153)。

⑮Langloh Parker：*Euahlayi*，P.21。

⑯帕克夫人說（同上書）：「人的靈魂在他的 "Yuanbeai"（個人圖騰）內，而他的 "Yuanbeai" 在其身體內」。

⑰Langloh Parker：*Euahlayi*，P.20。同樣情況見於某些撒利希部落(Hill Tout：Ethn. Rep. on the Stseelis and Skaulits Tribes，載 *J.A.I.*，XXXIV，P.324)。普遍見於中美洲印第安部落(Briton：Nagualism，A

Study in Native American Folkelore and History，載 *Proceed. of the Am. Philos. Soc.*，XXXIII，P.32)。

⑱Parker，同上書；Howitt：*Nat. Tr.*，P.147；Dorsey：*Siouan Cults*，*XIth Rep.*，P.443。弗雷澤蒐集了美洲的事例，並確認了禁忌的普遍性（*Totemism and Exogamy*，III，P.450)。誠然，如我們所見，在美洲個人必須殺死其同名動物，以便用牠的皮來製成民族誌學者所謂的「巫袍」(Medicine -sack)。但是這種習俗僅見於五個部落，可能是這一制度的晚近和改變的形式。

⑲Howitt：*Nat. Tr.*，P.135、P.147、P.387；Australian Medicine Men，載 *J.A.I.*，XVI，P.34；Teit：*The Shuswap*，P.607。

⑳Meyer：Manners and Customs of the Aborigines of the Encounter Bay Tribe，載 Woods 書，P.197。

㉑Boas：*VIth Rep. on the North—West Tribes of Canada*，P.93；Teit：*The Thompson Indians*，P.336；Boas：*Kwakiutl*，P.394。

㉒例見 Hill Tout：Rep. of the Ethnol. of the Statlumh，載 *J.A.I.*，XXXV，PP.144～145。參看 Langloh Parker：前引書，P.29。

㉓據豪伊特給弗雷澤的一封私人信中提供的資料（*Totemism and Exogamy*，I，P.495 和註 2)。

㉔Hill Tout：Ethnol. Rep. on the Stseelis and Skaulits Tribes，載 *J.A. I.*，XXXIV，P.324。

㉕Howitt：Australian Medicine Men，載 *J.A.I.*，XVI，P.34；Lafitau：*Moeurs des Sauvages Amériquains*，I，P.370；Charlevuix：*Histoire de la Nouvelle France*，VI，P.68。在莫塔(Mota)的 atai 和 tamaniu 亦屬此類 (Cordrington：*The Melanesians*，P.250 及下頁)。

㉖於是，動物庇護者與物神之間的界線便不存在了（弗雷澤試圖建立這一界線)。按弗雷澤的說法，物神崇拜開始時，庇護者是個體而非類別(*Totemism*，P.56)；但是在澳大利亞擔任這一角色的往往是一隻確定的動物 (Howitt：：Australian Medicine Men，載 *J.A.I.*，XVI，P.34)。事實是，物神和物神崇拜的觀念並不相當於任何明確的事情。

㉗Brinton：Nagualism，載 *Proceed. Amer. Philos. Soc.*，XXXIII，P.32。

㉘Charlevoix：VI，P.67。

㉙Hill Tout：Rep. on the Ethnol. of the Statlumh of British Columbia，載 *J.A.I.*，XXXV，P.142。

㉚Hill Tout：Ethnol. Rep. on the Stseelis and Skaulits Tribes，載 *J.A. I.*，XXXIV，P.311 及以下諸頁。

㉛Howitt：*Nat. Tr.*，P.133。

㉜Langloh Parker：前引書，P.30。

㉝I. W. Powell：An American View of Totemism，載 *Man*，1902 年，

No.84；Tylor：同上書，No.1，安德魯・朗在 *Social origins*，PP.133～135 表達了類似的看法。而弗雷澤則放棄了先前的觀點，認爲在更好地瞭解集體圖騰與「護衛精靈」的關係之前，最好是用不同的名字指稱它們(*Totemism and Exogamy*，III，P.456)。

㉞此例見於澳大利亞的尤因部落(Howitt：*Nat. Tr.*，P.81)和納林葉里部落(Meyer：Manners and Customs of the Aboriginal of the Encounter Bay Tribe，載 Woods 書，P.197 及以下諸頁。

㉟泰勒說：「圖騰之類似於個人庇護者只不過如紋章盾之類似於聖徒像。」(前引書，P.2)。同樣地，弗雷澤接受泰勒的理論，是因爲他不承認氏族圖騰有任何宗教特性(*Totemism and Exogamy*，III，P.452)。

㊱見下文，本篇第 9 章。

㊲然而據馬修斯的一段文字，在窩喬巴盧克部落裡，個人圖騰也是世襲的。他說：「每個人都聲稱某動物、植物或無生物是他專用的和私人的圖騰，是從其母親那兒繼承來的」(*Journ. and Proc. of the Roy. Soc. of N. S. Wales*，XXXVIII，P.291)。但是很明顯，如果在同一家庭裡的所有孩子都擁有其母親的私人圖騰，那麼他(她)們實際上就都沒有私人圖騰了。馬修斯的意思也許是說，各人是從分歸母方氏族的事物中選擇個人圖騰的。事實上，我們將看到，每個氏族都有做爲獨佔財產的私人圖騰；其他氏族成員不得使用之；在這個意義上說，出身在一定程度上決定了私人圖騰，但只在一定程度上。

㊳Heckewelder：An Account of the History, Manners and Customs of the Indian Nations who Once inhabited Pennysylvania，載 *Transactions of the Historical and Literary Committee of the American Philosophical Society*，I，P.238。

㊴見 Dorsey：*Siouan Cults*，*XIth Rep.*，P.507；Catlin：前引書，I，P.37；Miss Fletcher：The Import of the Totem，載 *Smithsonian Rep.*，1897 年，P.580；Teit：*The Thompson Indians*，PP.317～320；Hill Tout：*J. A.I.*，XXXV，P.144。

㊵但仍然見到些例子。庫爾內部落的巫師在夢中見到啓示給他們的私人圖騰(Howitt：*Nat. Tr.*，P.387；On Australian Medicine Men，載 *J.A.I.*，XVI，P.34)。貝德福德角的人相信，一個老人在夜間夢見的東西便是他翌日遇到的第一個人的私人圖騰(W.E. Roth：*Superstition, Magic and Medicine*，P.19)。但是，恐怕只有補充和輔助圖騰才以這種方式獲得，因爲正如我們已說過的那樣，這個部落在成年禮時是採用另一套做法的。

㊶見於羅思所說的一些部落(同上書)以及瑪麗博羅夫(Maryborough)附近的一些部落中(Howitt：*Nat. Tr.*，P.147)。

㊷在威拉朱里部落中(Howitt：*Nat. Tr.*，P.406；On Australian Medicine Men，載 *J.A.I.*，XVI，P.50)。

㊸Roth：上引文。

㊹Haddon：Head Hunters，P.193 及以下諸頁。

㊺在威拉朱里部落中（與上文註 4 的參考書同）。

㊻通常，似乎從無父親傳子的情況，除非父親是個薩滿或巫師。湯普森印第安人中的情況亦然(Teit：*The Thompson Indians*，P.320)，還有剛才談及的威拉朱里人。

㊼Hill Tout：(*J.A.I.*，XXXV，P.146 及下頁)。主要儀式是向皮上哈氣，如果儀式執行得不正確，就不會發生傳感。如我們將看到，哈出的氣即是靈魂。當兩人都在動物皮上哈氣時，巫師與感受者都呼出了其靈魂的一部分，它們融合在一起，並共享該動物的本性，動物也以其表記的形式參加了這一儀式。

㊽N.W. Thomas：Further Remarks on Mr. Hill Tout's View on Totemism，載 *Man*，1904 年，P.85。

㊾Langloh Parker：前引書，P.20，P.29。

㊿Hill Tout：載 *J.A.I.*，XXXV，P.143、P.146；同上書，XXXIV，P.324。

51Parker：前引書，P.30；Teit：*The Thompson Indians*，P.320；Hill Tout：載 *J.A.I.*，XXXV，P.144。

52Charlevoix：VI，P.69。

53Hill Tout：同上書，P.145。

54例如，在孩子誕生時種一棵樹，並虔誠地照看它，人們認爲樹和孩子的命運是相連的。弗雷澤在 *Golden Bough* 中列舉了不少風俗和信仰。它們以各種方式體現了這個觀念。參看 Hartland：*Legend of Perseus*，II，PP.1～55。

55Howitt：*Nat. Tr.*，P.148 及以下諸頁；Fison and Howitt：*Kamilaroi and Kurai*，P.194，P.201 及以下諸頁；Dowson：*Australian Aborigines*，P.52。皮特里也談到了昆士蘭州的這一體制(*Tom Petrie's Reminiscences of Early Queensland*，P.62，P.118)。

56*Journ. and Proc. of the Roy. Soc. of N.S. Wales*，XXXVIII，P.339。我們在下述瓦拉蒙加人的習俗中就能看到性別圖騰制度的痕跡。人們在埋葬死者後便將其一塊手臂骨保存起來。若死者爲女性，則在裹骨的樹皮上插上鵲鵑羽毛；若爲男性，則插上貓頭鷹羽毛(*Nor. Tr.*，P.169)。

57還有些例子談及擁有兩個性別圖騰的性別群體；例如，烏龍吉里部落的性別圖騰就是結合庫爾內的鴯鶓－鷦鶹和紅雀以及窩喬巴盧克的蝙蝠和歐夜鷹而成的。見 Howitt：*Nat. Tr.*，P.150。

58*Totemism*，P.51。

59*Kamilaroi and Kurnai*，P.215。

60Threlkeld：由馬修斯轉引，前引文，P.339。

61Howitt：*Nat. Tr.*，P.148、151。

㉒*Kamilaroi and Kurnai*，PP.200～203；Howitt：*Nat. Tr.*，P.149；
　Petrie：同上書，P.62。在庫爾內部落中，這種血戰常常以聯姻而告終，
　在此，血戰彷彿是一種禮儀前奏。有時候他們僅僅是鬧著玩（Petrie，前
　引文）。

㉓關於這點，見我們的研究 La Prohibition de L'inceste et ses origines，
　載 *Année Sociologique*，I，P.44 及以下諸頁。

㉔然而，就如我們將要看到的那樣（第9章），性別圖騰和大祁之間存在著
　一種關係。

第五章
這些信仰的起源

194

對諸學說的批判性檢討

我們剛才概述的信仰明顯地具有宗教性質，因爲它們把事物分成了神聖和凡俗。其中肯定沒有關於精神存在的思想，在我們評述的過程中甚至連精靈、守護神或神人這些字眼都沒有提到。但是如果某些作者——關於他們，現在將談得多一點——因此而拒絕把圖騰制度看成一個宗教，那麼是因爲他們對於宗教現象的概念是不確切的。

反之，我們則確信這個宗教是迄今所見——甚至極可能是迄今所存在——的最原始的宗教。它與以氏族爲基礎的社會組織是不可分的。這不僅因爲如我們業已指出的那樣，除了把它與氏族聯繫在一起外就無法界定它，而且假如沒有圖騰，氏族似乎也不可能以大量澳大利亞社會的形式而存在。由於氏族成員未必出自同一血緣，並經常分散在部落領內的各地區，所以他們之互相結合既非出於共同習性，亦非出於共同血統。他們的統一只能是因爲他們擁有相同的名字和表記、相信自己與同範疇事物有共同關係、奉行著同樣的儀式，簡言之，是因爲他們參與了同樣的圖騰崇拜。圖騰制度和氏族就這樣互相包含著，至少在氏族未與地方群體混合時是這樣。以氏族爲基礎的社會組織是我們所知的最簡

195

單的社會組織。實際上，從社會包括兩個最初氏族的時候起，這種社會組織的一切基本成分就存在了；因此我們可以說，只要沒有發現僅有一個氏族的社會(我們認爲至今尚未發現這類痕跡)，那麼就沒有比這更爲原始的社會組織了。與一個擁有無與倫比簡易性的社會制度緊密相關的宗敎，完全可以看成是我們可能知道的最基本的宗敎。如果我們成功地發現了剛才所分析的信仰的起源，那麼我們很可能會同時發現導致人類內心產生這一宗敎感情的原因。

但是，在探討這一問題之前，我們必須檢討業已提出的最有權威性的解答。

1

首先，我們發現有些學者認爲，他們能夠通過把圖騰制度溯源到此前的宗敎而來說明圖騰制度。

在泰勒①和維爾根(Wilken)②看來，圖騰制度是祖先崇拜的一種形式，廣泛流傳的靈魂轉生說充當了這兩種宗敎體系之間的橋樑。許多民族相信，人死後靈魂不會永不轉生，而是不久就賦予另一活物以生命；另一方面，「低等心理由於在人獸靈魂之間並不畫有明確界線，所以至少能毫無困難地接受人類靈魂轉生入低等動物軀體的說法 ③」。泰勒引證了若干事例 ④。在這種情況下，祖先激發出來的宗敎崇敬便十分自然地歸到了現在與人們混淆的動植物身上。於是，做爲被崇拜者軀殼的動物就成了祖先的所有後裔（他們構成氏族）的崇拜對象即圖騰了。

維爾根指出的馬來群島諸社會中的事例，傾向於證明圖騰信仰確實有著這種起源形式。在爪哇和蘇門答臘，鱷魚特別受人尊敬，它們被視爲仁慈的庇護者，不得宰殺，並受到獻祭。它們之所以受到這樣的崇拜，是因爲人們認爲它們是祖先靈魂的化身。菲律賓的馬來人認爲鱷魚是其祖父；鑑於同樣原因，人們也如此

對待老虎。類似信仰亦見於班圖人中⑤。在美拉尼西亞，一個有
影響人物在臨終時有時會聲稱他的願望是轉生某種動物或植物；
很容易理解，選來做爲其身後居所的對象爲什麼能變成整個家族
的聖物⑥。所以，圖騰制度絕非原始，而似乎成了此前更爲複雜
宗教的產物了⑦。

　　但是，提供這些事例的那些社會已經進入了頗爲先進的文化
階段；不管怎樣，它們已超越了純粹圖騰制度的階段。它們擁有
的是家族而不是圖騰氏族⑧。甚至於大多數獲得圖騰敬意的動物
不是由專門的家族群體而是由整個部落來祭拜的。所以，這些信
仰和儀式即使確與古代圖騰崇拜有關，它們現在也只是代表了變
化了的圖騰崇拜形式⑨，因而就不能很好地展示其起源了。我們
不能通過對完全衰落的組織的研究而來瞭解它的形成。我們若要
瞭解圖騰制度的起源，那麼必須研究的既非爪哇，也非蘇門答臘，
也非美拉尼西亞，而是澳大利亞。在澳大利亞，我們既看不到死
者崇拜⑩，也看不到轉生說法。當然，他們相信神話英雄即氏族
創建者，相信自己的定期轉生，但是這只是在人類軀體中的轉生；
如我們將看到的那樣，每次誕生都是這些轉生之一的產物。所以，
圖騰種動物之成爲崇拜對象，並不是因爲人們認爲祖先靈魂寄居
在裡面。固然，最早祖先經常被說成是動物形狀，並且這一共同
的想像確也是必須顧及的重要事實；但是，這並不是輪迴信仰導
致的，因爲澳大利亞各社會不知道這種信仰。

　　此外，這一輪迴說（它絕不能解釋圖騰制度）自以爲它做爲
基礎的主要原則是正確的，也就是說，它把有待解釋的假定做爲
論據。它像圖騰制度一樣，意味著人是動物的近親，因爲如果人
們內心清楚區別開人和動物兩界的話，那麼就絕不會認爲人的靈
魂可以如此輕易地從此界進入彼界。甚至動的軀體必然被看成是
靈魂的眞正居所，因爲他們認爲靈魂一獲自由就去那兒了。而當
輪迴說以這一奇特的親緣爲前提時，未曾做出任何解釋。泰勒的

解釋是：人與動物在身體構造和心理方面的某些屬性是類似的。
「猶如兒童般的好奇性很強的野蠻人察覺了動物的半人的外貌、
行為和性格。動物即是人類相似品性的化身：諸如獅子、熊、狐
狸、貓頭鷹、鸚鵡、蟒蛇、蛆等名字做為人類的性質形容詞時，
它們就濃縮成一個有點人類生活特性的詞彙了⑪。」但是，即使偶
爾見到這種相似之處，它們也是不確定的和例外的；人類主要是
與自己的親戚朋友相似，而不是與動植物相似。這種罕見和不可
靠的相似之處不可能壓倒一致公認的證據，也不可能使得人們把
自己和祖先想成與日常經驗矛盾的形狀。所以，這個問題仍然未
被觸及。而只要它得不到解決，我們就不能說已經解釋了圖騰制
度⑫。

198　　　　最後，這整個理論是建立在一個根本性的曲解上的。在泰勒
和馮特看來，圖騰崇拜只是動物崇拜的一個特例⑬。但是我們卻認
為那是和動物崇拜迥異的事情⑭。動物從未受到崇拜，人類和它大
致平等，有時甚至把它看成自己的財產，他絕不是像信徒專屬於
上帝那樣隸屬於動物。如果圖騰種動物確實被認為是祖先的化
身，那麼人們就不會容許外氏族隨便吃它們的肉了。事實上，人
們崇拜的不是動物，而是圖騰的表記和形象。表記宗教和祖先崇
拜之間沒有任何關係。

　　　　泰勒從祖先崇拜推導圖騰制度的起源，杰文斯則從自然崇拜
推導其起源⑮，他的理論如下。

　　　　自然現象的非常狀況對人類產生了令人驚駭的刺激，致使他
們感到自己與超自然事物一起居住在世界上⑯，便力圖和四周的
這些可怕力量達成諒解。他們知道，避免被壓垮的最好辦法是與
它們結成聯盟，確保獲得其幫助。而在這個歷史時期，人類除了
199　源自血緣關係的聯合形式外，不知道別的形式。氏族中的所有成
員之所以互相幫助，是因為他們是親戚，或者與此差不多，是因
為他們認為他們是親戚；反之，不同氏族之所以互相為敵，是因

爲他們的血緣不同。所以，確保獲得超自然事物幫助的唯一辦法是把它做爲親戚，並且同樣地也被它們當做親戚：衆所周知的血緣契約方法使他們得以輕易地達到這一目的。但是由於在此期間個人尙未有眞正的個性（我們只把他看成是群體即氏族的一部分），所以這種契約關係是整個氏族而不是個人來締結的。鑑於同樣道理，人們不是和特定事物而是和該物所屬天然群體或物種締結關係的；因爲人們思考世界就像思考自己一樣，他們不可能離開氏族而想像自己，所以他們也不可能離開事物所屬的種而思考事物。於是杰文斯就說，用血緣紐帶與氏族聯結起來的事物種就是圖騰。

圖騰制度確實意味著氏族與一類確定事物的密切聯繫。但是把這種聯合說成是經過深謀遠慮的計畫後結成的，並充分意識到了所追求的目標（如杰文斯要使我們相信的那樣），則是與歷史的教導相違背的。宗教極其複雜，反映了極多和極曖昧的需求，以致不可能來源於預先的意願活動。而杰文斯的假設則犯了過分簡單化的錯誤，所以它就完全不能成立了。它說，人類爲了確保取得超自然物的幫助，就更希望與其中的最強者和最能提供利益者攀上關係⑰。但恰好相反的是，與人們建立這種神秘親緣關係的生物往往是可以見到的最卑賤生物。再說，如果這僅僅是尋找同盟者和保衛者的問題，那麼人們就會尋找盡可能多的同盟者，因爲保衛者多多益善。但是事實上每個氏族都有意識地只有一個圖騰，也就是說只有一個庇護者，聽任其他氏族完全自由地享受他們自己的圖騰。每個群體都局限在自己的宗教領域內，從不想干犯其鄰居的宗教領域。這種保留和節制是無法用現在探討這一假設來說明的。

2

此外，這些理論都錯在忽略了主宰整個主題的一個問題。我

們已看到有兩種圖騰制度：個人圖騰制度和氏族圖騰制度。兩者有著十分明顯的親緣關係，以至於不可能不互相關聯。所以，我們完全有理由推想是否一個制度源自另一個制度，如果回答是肯定的，那麼哪一個是更爲原始的制度。圖騰制度的起源問題將按被接受的答案而有不同的表述。這個問題因其普遍意義而變得更需要解決了。個人圖騰制度是圖騰崇拜的個人方面。那麼如果它是原始的，我們就只能說宗教源自個人意識，它首先是個人靈感的反映，其集體形式僅僅是次級的。

　　不恰當地要求簡單化──民族誌學家和社會學家往往受到這種要求的激勵──自然地導致許多學者用簡單解釋複雜，用個人圖騰解釋集體圖騰。實際上，這就是弗雷澤在《金枝》中所持的理論⑱，此外尚有希爾·陶特⑲、弗萊徹女士⑳、博厄斯㉑和斯旺頓㉒。它另一個有利之處是與流行的宗教概念相一致，它被普遍地看成內心深處和私人的事物。從這個觀點來看，氏族圖騰只能是業已普及了的個人圖騰。某個傑出的人通過經驗發現了一個圖騰的價值，便根據自己的意願選擇了它，再把它傳給子孫；子孫數量逐步增多，最後形成了一個擴展了的家族，稱爲氏族，於是圖騰就成爲集體性的了。

　　希爾·陶特認爲他已找到了證據來證明其理論，即用圖騰制度在西北美洲的某些社會，尤其是撒利希部落和湯普森河畔的印第安部落中傳播的方式來證明這一理論。在這些部落中，個人圖騰制度和氏族圖騰制度都有發現；但是它們不是共存的，或者，即使共存，其發展也不相等。它們是成反比的；在氏族圖騰趨向於成爲普遍慣例的地方，個人圖騰趨向於消失，反之亦然。這不等於說氏族圖騰是個人圖騰的更近形式嗎？不是等於說氏族圖騰排斥了個人圖騰，取而代之了嗎㉓？神話傳說似乎肯定了這種解釋。在這些社會中，氏族祖先並不是圖騰動物；群體締造者通常被描繪成人形物，他在某個時期與一種傳說動物發生了親密關

係，逐從它那裡獲得了圖騰表記。神話英雄把表記及其特殊威力
一起傳給了子孫。所以，這些人自己就似乎把集體圖騰看成個人
圖騰，一直保持在同一家族中㉔。此外，今天還有父親將圖騰傳給
子女的事情。因此，如果我們設想集體圖騰通常有著同樣的起源，
那麼可以推測，過去曾經發生過今天仍能看到的事情㉕。

　　依然有待解釋的是，個人圖騰從何而來？各個作者對此有不
同的回答。

　　希爾・陶特認為它是物神崇拜的一個特例。個人感到四周都
有可怕的精靈包圍著，他經歷了剛才所述杰文斯認為是氏族經歷
的感情：人們為了繼續生存，便在這個神秘世界裡尋求一個強大
的庇護者。於是便確立了個人圖騰㉖。在弗雷澤看來，這一制度更
像是逃避衝突的託辭或謀略，人們發明它，以躲避某些危險。按
照大量落後社會中廣泛傳播的一種信仰，人類靈魂能夠比較方便
地暫時離開它所寄居的軀體；但它不管離得多遠，卻繼續以分遣
控制的方式賦予軀體以生命力。在某些危急時刻當生命特別遭到
威脅時，人們就希望靈魂可以撤出軀體，到達一個更為安全的地
方或物體中。有些儀式的目的即是撤出靈魂，以保護它免受某種
現實或想像的危險之害。例如，在人們準備進入新建成的房屋時，
巫師便取出他們的靈魂，置入一個麻袋中，待他們越過門檻後再
返回其靈魂。這是因為進入新屋時是個關鍵時刻，此時可能打擾
並激怒居住在地下尤其是門檻下的精靈，假如不採取預防措施，
則這些精靈就會使人為此魯莽行為而付出沈重代價。但是，當這
種危險過後，以及人們如能預測它們的發怒而舉一些儀式來獲取
其好感，那麼靈魂就可以安全地重返它的故居㉗。就是這種信仰導
致了私人圖騰的產生。為了使自己免遭巫術之害，人們認為最好
是把靈魂藏在某種動物或植物中。這種關係一旦確立，人人都發
現自己與某動物或植物——他認為自己的生命本原寄居在那裡
——密切地聯合在一起了。兩個生物的結合是如此緊密，以致最

終被認爲實際上是不可區分了：雙方都分享著對方的本質。這種
信仰一旦被接受，就促成和加速了私人圖騰向世襲圖騰亦即集體
圖騰的轉化；因爲似乎很明顯，這種親緣關係應該從父親遺傳給
子女。

我們不準備停下來詳盡地討論這兩個關於個人圖騰的解釋：
它們是內心意願的天眞虛構，完全缺乏確實的證據。如果我們準
備把圖騰制度貶低爲物神崇拜(fetishism)，那麼我們必須首先確
認物神崇拜在圖騰制度之前；而現在，不但沒有提出事實來支持
這一假設，而且甚至我們所知的每一件事都與之相悖。以物神崇
拜名義舉行的一組儀式似乎只出現在已有一定文明程度的部落
中，而在澳大利亞卻無人知曉。誠然，有人把聚靈架說成物神㉘，
但是即使這一身分被確認，它也不能證明做爲先決條件的居先順
序。恰恰相反，聚靈架是以圖騰制度做爲先決條件的，因爲它基
本上是圖騰崇拜的一種法器，而且它的功效只來源於圖騰信仰。

至於弗雷澤的理論，則是以原始人的徹底白痴行爲爲前提
的，而已知的事實絕不允許我們把這種行爲加諸其身。原始人有
自己的邏輯，──儘管這個邏輯往往顯得很古怪──他除非完全
喪失了這個邏輯，否則就絕不會犯歸咎於他的那種推理錯誤。最
自然的是，他應該認爲其靈魂只有藏在一個秘密的和進不去的地
方才能保證繼續存在，猶如許多神話傳說中的英雄那樣。但是爲
什麼他會認爲靈魂在動物軀體中比在他本人軀體中更爲安全？當
然，如果靈魂這樣失去一會兒，就有可能更容易躲避巫師的符咒
鎮服，但它另一方面卻必須準備對付獵人的攻擊。把靈魂放在隨
時冒有風險的有形物中，實是一個奇怪的靈魂保護法㉙。但是，最
重要的是，全體人民都陷入這樣一種錯亂狀態簡直是不可思議的
㉚。最後，在許多事例中，個人圖騰的功能與弗雷澤的大不相同；
首先，它是把非同尋常的威力賦予巫師、獵人或戰士的一個途徑
㉛。至於人和事物的親緣關係以及這種關係所包含的一切不便之

處，乃是儀式的結果而不是它想達到的目的。

　　既然沒有涉及到實際問題，我們就更無必要耽擱在這種爭論上了。我們首先必須知道個人圖騰是否確實是衍生出集體圖騰的原始事實，因為我們必須根據這一問題的答案而尋找宗教生活的起源。

　　希爾·陶特、弗萊徹女士、博厄斯和弗雷澤的解釋與大量明確的事例相悖，所以它們之被輕易和普遍地接受實在是令人吃驚的。

　　首先，我們知道，個人不僅自己最崇敬做為私人圖騰的那種動物，而且也關心其同伴是否尊敬它。那麼，如果集體圖騰制度只是個人圖騰制度的普及形式，它就應該也建立在同一原則上。氏族成員不但應該自己禁殺、禁食圖騰動物，而且還應盡其最大努力強迫其他氏族接受同樣的禁忌。但是事實上，每個氏族都絕不是把這種食用權的放棄推廣到整個部落，而是用儀式——下文將談及這種儀式——使其同名植物或動物得以豐產，以確保其他部落的充足食品供應。於是，我們至少必須承認，個人圖騰制度在向集體圖騰制度的過渡中發生了深刻的變化，因而就必須說明這種變化。

　　其次，怎樣用這一觀點來解釋部落中的兩個氏族始終擁有不同圖騰（圖騰制度完全退化的部落除外）的事實？若部落中的兩個或數個成員——即使其間並無親戚關係——選擇同樣的動物做為私人圖騰，並傳給子孫，似乎不會遇到任何阻力。不是今天還看到兩個不同的家族有著相同的姓嗎？圖騰和亞圖騰首先分配給兩個宗族分支，然後再分配給宗族分支的各氏族，這種仔細周詳的調節方式顯然是以社會協調和集體組織為先決條件的。這就是說，圖騰制度並不是自發普及的個人儀式。

　　再次，集體圖騰不可能從個人圖騰演化而來，除非誤解了兩者之間的區別。一種圖騰是在個人出生時獲得的，這是其公民地

位的一部分；另一種圖騰則是在其生活過程中獲得的，它以完成一個確定的儀式和身分改變爲先決條件。有人想在這兩者間插入一個中介項，設法縮小其間差距，這個中項即是每個圖騰擁有者將圖騰傳給寵愛者的權利。但是這種傳讓頗爲少見，除了巫師和其他擁有特殊威力的人外，其他人都不能實行這種傳讓㉜。無論如何，恐怕只有通過儀式典禮才能造成這種變化。所以必須瞭解少數人的這種特權是怎樣變成了全體人的權利的；最初意味著個人的宗教和道德素質中的一個深刻變化是怎樣成了這一素質中的一個要素的；最後，原來是儀式結果的轉移讓後來麼會必然地自動作用而不受任何人類意志干預的。

希爾・陶特爲了證明他的解釋，聲稱某些神話表明了氏族圖騰的個人起源：它們談到了個人如何獲得圖騰表記，然後又把表記傳給子孫。但是，首先值得注意的是，這些神話全部取自已經處於較高文化水平的北美印第安人社會。一個距離事情起源如此遙遠的神話傳說怎麼會即使是稍加肯定地重建一個制度的最初形式呢？有許多做爲中間原因的偶然事件嚴重地破壞了人民能夠保留的記憶。再說，我們可以輕易地用其他神話來解答這些神話，其他神話似乎更爲原始，其涵義也完全不同。其中，圖騰被描繪成氏族的起源生物。所以它肯定構成了氏族的實質；它與生俱來，是人們血肉的一部分㉝。更有甚者，希爾・陶特賴以爲基礎的那些神話也包含著這一古老概念的反響。那個給予氏族名字的創建者肯定具有人形，但他是曾在某種動物中生活過而最後與動物相像的一種人。這無疑是因爲這時人類智力已開化到不肯再像從前那樣認爲人類生自動物了；所以動物祖先——現已變得不可想像了——就由具有人類特點的生物替代了；但是他通過模仿或其他方法獲得動物某些特性的那種觀念仍然存在著。於是，即使這一後期神話也帶著更爲遙遠時代——不把氏族圖騰看成個人創造的時代——的標誌了。

　　希爾‧陶特的這一假設不但導致了嚴重的邏輯問題，而且直接與下列事實相牴觸。

　　如果個人圖騰制度最早的事實，那麼社會越原始，個人圖騰制度就應該越發達和明顯；反之，在比較先進的部落中，它就應該讓位給集體圖騰制度並消失。但是事實卻正相反。澳大利亞的部落遠遠落後於北美洲，但它卻是集體圖騰制度的傳統產地。我們在大量部落中只見到集體圖騰制度，而沒有一個部落裡是只實施個人圖騰制度的㉞。僅在極少數的部落裡見到特殊形式的個人圖騰制度㉟。即使有個人圖騰制度，也通常是一種初級形式，由不具普遍性的個人自願儀式構成。只有巫師才懂得與那些本來無關的動物建立神秘關係的方法。普通人沒有這種特權㊱。而美洲則相反，集體圖騰已完全衰落，尤其是在西北部的社會中，其宗教特性幾乎已全部喪失。反之，個人圖騰卻在那裡扮演著重要角色。人們認為它具有極大的功效，它成了一個真正的公共制度。這是因為它標誌了較高的文明。這無疑就解釋了希爾‧陶特認為自己在撒利希人中看到的這兩種圖騰制度的顛倒現象。如果在集體圖騰制度最充分發展的地方幾乎沒有個人圖騰制度，那麼這不是因為後者在前者之前消失了，而是因為供後者存在的必要條件尚未完全成熟。

　　一個更無可爭辯的事實是：絕不是個人圖騰制度產生了氏族圖騰制度，而是個人圖騰制度以氏族圖騰制度為先決條件。它是在集體圖騰制度的結構內誕生和成長的：它是集體圖騰制度的一個不可缺少的部分。事實上，正是個人圖騰制度佔有絕對優勢的社會中，新成丁者無權以任何動物做為個人圖騰；每個氏族都配有一定數量的物種做為圖騰，在此之外就不得自行選擇。而這樣歸屬於氏族的物種即是它的獨佔財產，其他氏族不得盜用㊲。這些個人圖騰被認為與整個氏族的圖騰有著密切的依附關係。在有些事例中甚至完全可能觀察到這樣的關係：個人圖騰的外貌代表著

207

集體圖騰的一部分或者一個特定方面㊳。在窩喬巴盧克部落中，每
個氏族成員都有點把他同伴的私人圖騰看成自己的圖騰㊴；所以
它們也許是亞圖騰。而亞圖騰是以圖騰為前提的，猶如種以綱為
前提一樣。因此，歷史上出現的最早形式的個人宗教不是一切大
衆宗教的主動本源，而是大衆宗教的一個簡單方面。個人在其內
部意識中爲自己組織的崇拜絕不是集體崇拜的根源，而只是適應
個人需要的集體崇拜。

3

　　弗雷澤在其較近的研究㊵——史賓塞和吉倫的著作啓發了他
——中試圖用一個新解釋來取代他早先關於圖騰制度的解釋（我
們剛才已討論過這一解釋）。這個見解基於的前提是：阿隆塔部
落的圖騰制度是我們所知的最原始的圖騰制度；弗雷澤甚至說這
個圖騰制度與眞正的和完全的原型幾乎沒有什麼區別㊶。

　　這個制度的獨特之處在於圖騰旣不依附於個人也不依附於某
些確定的人類群體，而是依附於地點。每個圖騰都以一個確定地
點爲中心。那裡被認爲是圖騰群體的最初創建祖先的靈魂偏愛的
居所。那裡座落著保存聚靈架的聖所，並擧行崇拜。圖騰的這種
地理分布決定了氏族組成的方式。孩子的圖騰旣不屬父親亦不屬
母親，而是屬於其母認爲最初出現懷孕徵兆之處的圖騰。因爲據
說阿隆塔人不懂生育與性生活之間的確切關係㊷；他們認爲每一
次懷孕都出自一種神祕的繁殖作用。按他們的說法，這是因爲祖
先的靈魂進入了婦女的軀體，並在那裡變成了新生命的本原。所
以當一個婦女第一次感覺到孩子震顫的時候，她就想像主要居住
在她此時所待之地的靈魂之一剛剛進入了她的體內。由於現在生
下的孩子只是這個祖先的化身，所以他必須具有同樣的圖騰；他
的圖騰就這樣由其母神祕懷孕的地點決定了。

　　而就是這種地方圖騰制度代表了圖騰制度的原始形式；兩者

的區別最多只有一小步之差。下面的弗雷澤對圖騰制度起源的解
釋。

　　在婦女感覺到懷孕的時刻，她必定認爲體內懷有的這一精靈
來自周圍的事物，尤其來自在此時吸引其注意力的事物。因此，
如果她正在採集某一植物或注目某一動物，那麼她就認爲是這一
動物或植物的靈魂進入了她體內。在她特別易於視爲懷孕根源的
那些事物中，置於首位的是她剛才吃下的東西。如果她不久前吃
了鴯鶓或甘薯，那麼她就毫不懷疑鴯鶓或甘薯已在她體內誕生，
並正在成長。在這種情況下就可以清楚看到，孩子爲什麼被看成
是鴯鶓或甘薯，他爲什麼認爲自己是這種動、植物的親戚，他爲
什麼熱情地照看它們以及拒絕食用它們等等㊸。從這時候起，圖騰
制度的基本屬性就存在了：是土著人的懷孕理論產生了它，所以
弗雷澤稱這種原始的圖騰制度爲「懷孕的」。

　　一切其他的圖騰形式都從這個原型衍生而來。「當好幾個婦
女相繼在相同地點和環境下感覺到最初的懷孕徵兆後，這一地點
就會被看成是獨特精靈經常出沒之處；於是整個地區就會遍布圖
騰中心，並分爲各個圖騰區㊹。」這即是阿隆塔人的地方圖騰制度
的起源過程。圖騰之所以隨後能從其地區基地分遣出去，完全可
以認爲是因爲祖先的靈魂不是永無改變地固定在某一確定地點，
而是能夠在整個地區自由遷移的，並在旅行中跟隨著與之同圖騰
的夫妻們。婦女雖然居住在與己不同的圖騰區，但也能通過這種
方式由本圖騰或丈夫的圖騰來使之懷孕。子女的圖騰是屬於父親
還是母親，則取決於這樣跟隨家庭周遊而尋找機會轉生的祖先是
屬丈夫抑或妻子的圖騰。廣杰人和翁別亞人，還有烏拉崩納人正
是以這種方式來解釋其血緣體系的。

　　然而這一理論猶如泰勒的理論一樣，是以假定爲論據的。如
果要想像人類靈魂乃是動物或植物的靈魂，那麼就得事先相信，
人們無論從動物界還是從植物界都取得了其中非常基本的東西。

210

而這一信仰乃是做爲圖騰制度基礎的信仰之一。因此，把它做爲
已經顯然的事物來敍述，即是把尚待解釋的東西過早地判爲正確
了。

　　況且，從這個觀點來看，也完全無法說明圖騰的宗教性質，
因爲模糊地相信人與動物的曖昧親緣關係是不足以建立一種崇拜
的。混淆不同物界絕不可能導致神聖和凡俗世界的畫分。固然，
弗雷澤自始至終以看不到精神存在、祭師、符咒及獻祭等等爲藉
口而拒絕承認圖騰制度是宗教。據他說，這只是一個巫術體系，
他的意思是說這是一種低級和謬誤的宗教，是想發現事物規律的
最早努力㊺。但是我們知道，這種關於巫術和宗教的概念是非常不
確切的。一旦區分了神聖和凡俗，就出現了宗教，而我們已經看
到，圖騰制度是一個巨大的神聖事物系統。如果要解釋它，就得
展示這些事物是怎麼會正好取得了這一特徵的㊻。但是弗雷澤甚
至連這樣的問題都沒有提出。

　　弗雷澤的理論體系由於它賴以爲基礎的前提不再成立而被完
全推翻。他的整個論證都建立在這樣的假定上：阿隆塔部落的地
方圖騰制度是我們所知的最原始的圖騰制度，尤其是，它明顯地
早於世襲圖騰制度——無論是父系繼承還是母系繼承。而當我們
使用史賓塞和吉倫的第一部著作中記載的事例時，我們就能認定
阿隆塔人歷史上有一段時期內其圖騰並不依附於地點，而是由母
親世襲地傳給子女的㊼。斯特雷洛發現的新事例㊽，明確地證實了
這一推測，這些事例肯定了舒爾茨早先的考察㊾。這兩位作者都告
訴我們，時至今日，每個阿隆塔人仍然除了地方圖騰外還另有一
個完全獨立於地理條件的圖騰，這是做爲天生的權利而屬於他
的，即其母親的圖騰。這個第二圖騰猶如第一圖騰一樣，被土著
人認爲是強大的朋友和庇護者，它照看人們的食物，警告他們可
能出現的危險等等。人們有權參加對它的崇拜。死人埋葬時，屍
體擱成臉朝母方圖騰中心的方向。於是這個中心也有點像死者的

211

中心了。它的名字叫 tmara altjira，譯意是：與我聯結的圖騰營地。所以可以肯定，阿隆塔部落中的母系世襲圖騰制度並不晚於地方圖騰制度，而是相反，肯定在它之前。因為母方圖騰在今日只扮演輔助和補充的角色了。由於它是第二圖騰，所以就逃過了如史賓塞和吉倫那樣周到仔細的考察。但是它能保持這一次要地位而和地方圖騰一起使用，肯定是因為曾有一段時期內它在宗教生活中佔據著主要地位。它有點兒像是衰落的圖騰，但是它使人看到了阿隆塔的圖騰和組織與今截然不同的時代。所以，弗雷澤理論體系的整個上層建築是位於其基礎之下的⑩。

212

4

安德魯・朗雖然一直積極地與弗雷澤的這一理論爭辯，但是他自己在後來著作中提出的理論⑪與弗雷澤的理論也有不止一處的雷同點。他像弗雷澤一樣，認為圖騰制度在於人和動物同體的信仰，他只是以另一種方式解釋了它。

他完全從「圖騰乃名稱」這一事實來推論。人類群體一旦建立⑫，各群體便感到需要與所接觸的相鄰群體區別開，出於這一目的，它便給相鄰群體取了不同的名字。名字多選自周圍的植物群和動物群，因為人們容易用動作或圖畫來指稱和描繪動植物⑬。人們與這樣或那樣物體的多少相像之處決定了各群體的集體名稱⑭。

而眾所周知的事實是：「在早期人類的心目中，名稱和名稱所指的事物之間存在著一種神秘和超驗的親善關係⑮。」例如，個人的名字並不被看成一個簡單的詞彙或者約定俗成的符號，而是看成個人本身的一個基本部分。所以，如果這是一個動物名稱，那麼他就會認為自己具有該動物最有特色的屬性。隨著這些名稱的歷史起源日益遙遠並從人們的記憶中消失時，上述說法就愈益被人相信。於是產生了神話，以便更容易想像這種古怪而含糊的

213

人類本性。爲了解釋它，人們想像動物是人的祖先，或者兩者起源於共同的祖先。於是就形成了每個氏族與其同名動物種存在著親緣關係的概念。在這位作者看來，傳說中親緣關係的起源一旦得到解釋，圖騰制度似乎就不再含有神秘之處了。

　　但是圖騰信仰和圖騰儀式的宗教特性是從哪裡來的？人把自己視爲某種動物這一事情並不能解釋他爲什麼認爲這種動物具有不可思議的威力，尤其不能解釋他爲什麼崇拜象徵它的圖像。對於這一問題，朗的答覆與弗雷澤的一樣，否認圖騰制度是宗教。他說：「我在澳大利亞沒有發現諸如祈禱、供養或埋葬圖騰等宗教儀式的例子㉚。」圖騰制度只是在後來業已確立了的時代，才被正式吸收入名副其實的宗教的概念體系中。據豪伊特的一個評論㉛：土著人在解釋圖騰規章時，並不歸因於圖騰本身，也不歸因於人類，而是歸因於某個超自然生物，諸如崩吉爾(Bunjil)或貝亞密(Baiame)，朗說：「一旦接受了這個證據，圖騰制度『宗教』特徵的一個起源就立刻揭示出來了。圖騰成員聽從崩吉爾或貝亞密的訓誡，猶如克里特島人聽從宙斯給邁諾斯（克里特島王——漢譯者）的神諭一樣。」按照朗的說法，這些大神的觀念是在圖騰制度以外產生的，所以圖騰制度本身不是宗教，它只是由於和真正的宗教有接觸而被塗上了一層宗教色彩。

　　但是正是這些神話和朗的圖騰制度概念相矛盾。如果澳大利亞人確曾把圖騰制度看成人類和世俗的事物，那麼就絕不可能從圖騰制度中產生出神聖的規章來。反之，如果人們感到需要把它和一個神聯繫起來，那麼肯定是因爲他們已經看到了其中的神聖特性。所以，這些神話學論釋正好證明了圖騰制度的宗教性，只是沒有解釋它而已。

　　其實，朗本人也認識到這樣的解答是不夠的。他承認人們對圖騰事物懷有宗教崇敬㉜；尤其是對待動物和人類的鮮血，它們是許多禁忌的對象，而這種禁忌——或如他所說的「塔布」——是

214

無法用較晚的神話來解釋的⑤。那麼，它們來自哪裡呢？朗的回答
是：「以動物命名的群體演進到了普遍傳播的瓦坎(wakan)或馬
納(mana)（即做爲生命力的鮮血的神秘聖性）信仰階段時，也就
發展了種種塔布（禁忌）⑥。」我們將在下一章裡看到，瓦坎和馬
納兩詞包含了神聖的觀念；一個詞來自蘇人的語言，另一詞則來
自美拉尼西亞語。以神聖特性爲前提來解釋圖騰事物的神聖特
性，乃是用問題來回答問題。而我們必須知道的是，瓦坎的概念
是從何而來的，以及它是怎樣被用到圖騰和一切源自圖騰的事物
上去的。只要這兩個問題得不到解答，就無法解釋任何東西。

5

　　我們已經回顧了學者們提出的關於圖騰信仰的所有主要解釋
⑥，保留了每種解釋的個性。現在這種檢討業已結束，我們可以針
對所有這些理論體系進行批評了。

　　如果根據表達的字面形式，則這些理論似可編爲兩組。一組
（弗雷澤和朗）否認圖騰制度的宗教特性，這實際上等於否認事
實。另一組則承認宗教特性，但是他們認爲可以追溯圖騰制度的
起源至前一個宗教而來解釋它。但是實際上，這兩組的區別只是
表面上的：第一組包含在第二組內。無論是弗雷澤還是朗，都未
能系統地堅持其原則，以把圖騰制度解釋成彷彿不是宗教。鑑於
事實的強大壓力，他們被迫悄悄地在解釋中塞進了宗教性的觀
念。我們剛才已經看到，朗是如何引入了神聖的觀念，而這是一
切宗教的主要觀念。至於弗雷澤，則在其相繼提出的每個理論中
都公開地求助於靈魂或精靈的觀念；因爲按照他的看法，圖騰制
度的產生是由於人們認爲能夠將自己的靈魂安全地置放在某個外
界事物中，或者，是由於人們把懷孕歸因於精靈的超凡的繁殖作
用。而靈魂，尤其是精靈乃是神聖事物和儀式對象；表達它們的
觀念就是宗教性的觀念，所以弗雷澤把圖騰制度說成只是一種巫

215

術體系也就徒勞了，因為他不過是用另一個宗教的術語來解釋了它。

我們已經指出了精靈崇拜說和自然崇拜說的不足之處；所以，假如像泰勒和杰文斯那樣求助於這些說法，就不可能不遭到同樣的反駁。無論是弗雷澤還是朗都從未想到另一種假說的可能性⑫。而我們則知道圖騰制度是與已知的——並完全可能是能設想到的——最原始的社會制度緊密聯繫在一起的。如果說它是從另一個只是程度稍異的宗教發展而來，那麼就是置考察證據於不顧，陷入了隨心所欲和無法驗證的猜測之中。如果我們希望與業已取得的成果保持一致，那就必須在肯定圖騰制度宗教性質的同時，避免從另一個宗教中來推導出圖騰制度。把非宗教的觀念指為它的起因是毫無希望的。但是，在構成圖騰制度產生條件的那些表象中，可能有些表象直接暗示了自己的宗教性質。這即是我們必須尋求的。

註　釋

① Primitive Culture，I，P.402；II，P.237；Remarks on Totemism, with especial reference to some modern theories concerning it，載 *J.A.I.* XXVIII 和新輯，P.138。

② *Het Animisme bij den Volken van den indischen Archipel*，PP.69～75。

③ Tylor：*Primitive Culture*，II，P.6。

④ Tylor：同上書，II，PP.6～18。

⑤ G. MaCall Theal：*Records of South－Eastern Africa*，V II。我們只是通過弗雷澤的一篇文章(South African totemism，發表在 *Man*，1901年，No.111) 才瞭解了這部著作。

⑥ Codrington：*The Melanesians*，P.32 及下頁，以及泰勒在 *J.A.I.*，XXVIII，P.147 上轉引的該作者的一封私人通信。

⑦ 實際上這即是馮特(Wundt)的解答(*Mythus und Religion*，II，P.269)。

⑧ 誠然，按泰勒之説，氏族只是一個放大了的家族，因此談及這種群體的事情也適用於那種群體(*J.A.I.*，XXVIII，P.157)。但是這一概念是極可爭議的；只有氏族才以圖騰爲前提，而圖騰也只有借助於氏族才有其全部意義。

⑨ 關於這一概念，見 A. Lang：*Social Origins*，P.150。

⑩ 見上文，邊碼80。

⑪ *Primitive Culture*，II，P.17。

⑫ 馮等重複了泰勒理論的基本方面，他試圖以另一種方式來解釋人與動物間的神秘關係：是正在腐爛的屍體的模樣啓發了這種觀念。人們看到屍蟲從屍體中生出，便認爲死者的靈魂已轉生於其中，並隨它們而去。所以，蠕蟲——後又擴展到爬行動物（蛇、蜥蜴等）——就成了充當亡靈軀殼的最早動物，亦即最早受到崇拜和扮演圖騰角色的動物。在它以後，其他動物和植物以至無生物才被抬舉到同樣尊貴的地位。但是這一假想甚至連證據的影子都沒有。馮特聲稱，爬行動物比其他動物更普遍地做爲圖騰(*Mythus und Religion*，II，P.297)；他因此推斷它們是最原始的圖騰。但是我們看不到有任何東西能證明這一斷言的正確性，因爲作者並未引證事例來支持這一説法。無論是澳大利亞還是美洲的圖騰清單都沒有顯示出任何一類動物扮演著絕對優勢的角色。各地圖騰隨動植物狀況而異。況且，如果最初可能成爲圖騰的事物範圍如此有限，那麼我們就難以理解圖騰制度是怎麼履行這一原則的；部落中的兩個氏族或亞氏族必須有兩種不同的圖騰。

⑬ 泰勒説：「有時候人們崇拜某些動物，因爲他們把它們看成祖先聖靈的化

身；這種信仰是亡靈崇拜和動物崇拜之間的橋樑」(*Primitive Culture*，II，P.805，參看 P.309)。同樣地，馮特把圖騰制度描述爲人即動物説的一個分支(II，P.234)。

⑭見上文，邊碼 162。

⑮*Introduction to the History of Religions*，P.97 及以下諸頁。

⑯見上文，邊碼 42。

⑰杰文斯自己承認這一點，他説：「據推測，在選擇同盟時，他更喜歡……擁有最大威力的物種」(P.101)。

⑱第 2 版，III，P.416 及以下諸頁；尤見 P.419 註 5。在較近的文章（將在下文分析）中，弗雷澤提出了一個不同的理論，但在他自己看來，這個理論並不完全排斥《金枝》中的説法。

⑲The Origin of the Totemism of the Aborigines of British Columbia，載 *Proc. and Transact. of the Roy. Soc. of Canada*，第 2 輯，VII，§ 2，P.3 及以下諸頁。又：Report on the Ethnology of the Statlumh，載 *J.A.I.*，XXXV，P.141。希爾·陶特答覆了對其理論提出的種種異議，載 *Transact. of the Roy. Soc. of Canada*，Vol.IX，PP.61～69。

⑳Alice C. Fletcher：The Import of the Totem，載 *Smithsonian Report for 1897*，PP.577～586。

㉑*The Kwakiutl Indians*，P.323 及以下諸頁、PP.336～338，P.393。

㉒The Development of the Clan System，載 *Amer. Anthrop., N.S.*，VI 1904 年，P.477～486。

㉓*J.A.I.*，XXXV，P.142。

㉔同上書，P.150。參看 Rep. on the …N.W. Tribes of Canada，載 *B.A. A.S*，P.24。上文中轉引了這個神話。

㉕*J.A.I.*，XXXV，P.147。

㉖*Proc. and Transact., etc.*，X II，§ 2，P.12。

㉗見 *The Golden Bough*，III，P.351 及以下諸頁。維爾根已經指出了類似情況：De Simsonsage，載 *De Gids*，1890 年；De Betrekking tusschen Menschen-Dieren en Plantenleven，載 *Indische Gids*，1884、1888 年；Über das Haaropfer，載 *Revue Coloniale Internationale*，1886～1887 年。

㉘例如，艾爾曼 (Eylmann) 在 *Die Eingeborenen der kolonie Südaustralien*，P.199 所説。

㉙帕克夫人在談及尤阿拉伊部落時説，即使昂比人確實「具有異常的力量，這種力量也使人處於異常的危險之中，因爲對於動物的傷害即是對人的傷害。」(*Euahlayi*，P.29)

㉚在後一部著作中(The Origin of Totemism，載 *The Fortnightly Review*，1899 年 5 月，PP.844～845)，弗雷澤自己提出了這一異議，他説：「如果我把我的靈魂安在一隻野兔體内，而我的弟兄約翰（另一氏族的成員）射

殺那隻野兔，烤熟吃了，那麼我的靈魂會變得怎樣呢？為了解除這種危險，約翰就必須知道我靈魂的狀況，這樣，他無論何時射殺這隻野兔，就都會先把靈魂還給我後再煮燒和食用野兔。」弗雷澤認為他已發現中央澳大利亞人在實施著這做法。每年，在一個典禮（我們將描述這一儀式）上，人們把殺死的第一隻達到成熟期的新一代動物送給屬於該圖騰的人，他們就吃一點兒肉；只有在此以後，其他氏族的人才能隨意吃它。弗雷澤說，這即是歸還圖騰成員靈魂──靈魂已委託給了這種動物──的方式。但是（姑不論對事例的這種解釋是完全隨心所欲的），這種逃避危險的方式實在令人感到奇特。典禮是一年一度的，在動物被殺後要經過許多日子。那麼在整個這段時間裡，動物所庇護的靈魂怎麼樣了？賴此靈魂為生的那個人又怎樣了？堅持這種不可思議的解釋是不必要的。

㉛Parker：前引書，P.20；Howitt：Australian Medicine Men，載 *J.A.I.*，XVI，P.34，P.39 及下頁；Hill Tout：*J.A.I.*，XXXV，P.146。

㉜據希爾·陶特自己說：「只有某些人才能實現私人圖騰的贈送或傳讓，諸如薩滿或擁有巨大神秘力量的人」(*J.A.I.*，P.146)。參看 Langloh Parker：前引書，PP.29～30。

㉝參看 Hartland：Totemism and Some recent Discoveries，載 *Folk -Lore*，XI，P.59 及以下諸頁。

㉞恐怕庫爾內部落除外；但是即使在這個部落裡，除了私人圖騰外還有性別圖騰。

㉟在窩喬巴盧克、布昻迪克、威拉朱里、尤因以及瑪麗博羅夫（在昆士蘭）周圍的部落裡。見 Howitt：*Nat. Tr.*，PP.114～117；Mathews：*J. of the R. Soc. of N.S. Wales*，XXXVIII，P.291。參看 Thomas：Further Notes on Mr. Hill Tout's Views on Totemism，載 *Man*，1904 年，P.85。

㊱例見尤阿拉伊部落以及豪伊特轉引的私人圖騰制度的事例：Australian Medicine Men，載 *J.A.I.*，XVI，P.34、P.35、P.49～50。

㊲Miss Fletcher：A Study of the Omaha Tribe，載 *Smithsonian Report for 1897*，P.586；Boas：*The Kwakiutl*，P.322。Rep. of the Committee ……of the N.W. Tribes of the Dominion of Canada，載 *B.A.A.S.*，P.25；Hill Tout：*J.A.I.*，XXXV，P.148。

㊳博厄斯在談及特里吉特部落時說，gentes（拉丁文「氏族」的複數──中譯者）的本名源自他們所崇拜的圖騰，每個 gens（拉丁文「氏族」的單數──中譯者）有其專門的名字。有時候在名字和（集體）圖騰之間並無非常明顯的關係，但是它始終存在(*Rep. of the Comittee, etc.*，P.25)。個人的名字是氏族的財產，它肯定體現了圖騰的特徵，這種事例也見於易洛魁部落(Morgan：*Ancient Society*，P.78)、懷昻多特部落 (Powell：Wuan-dot Government，載 *1st Rep.*P.59)、肖尼部落(the Shawnee)、索克(the Suck)和福克斯(the Fox)部落(Morgan：*Ancient Society*，P.72，PP.

76～77），以及奧馬哈部落 (Dorsey：Omaha Sociology，載 *IIIrd Rep.*，P.227 及以下諸頁。如今，個人名字與私人圖騰之間的關係業已清楚（見上文，邊碼 184）。

㊴馬修斯說：「例如，如果你問一個瓦特伍特人(the Wartwurt)，他是什麼圖騰，那麼他會首先說出其私人圖騰，並可能隨即列舉其氏族中人的各個圖騰」(*Jour. of the Roy. Soc. of N.S. Wales*，XXXVIII，P.291)。

㊵The Beginning of Religion and Totemism among the Australian Aborigines，載 *Fortnightly Review*，1905 年 7 月，P.162 及以下諸頁，以及 1905 年 9 月，P.452。參看同一作者：The Origin of Totemism，同上書，1899 年 4 月，P.648，以及 1899 年 5 月，P.835。後兩篇稍早一點文章與前面的文章在一個問題上有所不同，但是其理論基礎並無本質區別。兩者都重複了 *Totemism and Exogamy* (I，PP.89～172)中的觀點。同樣的意思見 Spencer and Gillen：Some Remarks of Totemism as Applied to Australian Tribes，載 *J.A.I*，1899 年，PP.275～280，以及弗雷澤對於同一主題的評論：同上書，PP.281～286。

㊶「也許我們可以……說，它差一點就是原始模式即絕對原始的圖騰制度形式」(*Fortnightly Review*，1905 年 9 月，P.455)。

㊷關於這一點，斯特雷洛的證明(II，P.52)肯定了史賓塞和吉倫的觀點。至於相反觀點，見 A. Lang：*The Secret of the Totem*，P.190。

㊸哈登(Haddon)在其文章中表達了一個非常類似的看法：Address to the Anthropological Section(*B.A.A.S.*，1902 年，P.8 及以下諸頁)。他推測，最初每個地方群體都有專用的食物。於是，做為其主要食品的動植物便成了該群體的圖騰。

所有這些解釋都自然地意味著禁食圖騰動物的禁忌並不是原始的，甚至是在一個相反的慣例之後。

㊹*Fortnightly Review*，1905 年 9 月，P.458。

㊺*Fortnightly Review*，1899 年 5 月，P.835 以及 1905 年 7 月，P.162 及以下諸頁。

㊻弗雷澤雖然將圖騰制度看成是一種巫術體系，但是他承認有時候能從中看到真正宗教的最初起源 (*Fortnightly Review*，1905 年 7 月，P.163)。關於他所認為的宗教從巫術發展而來的道路，見 *The Golden Bough*，PP.75～78。

㊼Sur le totemisme，載 *Année Soc.*，V，PP.81～121。關於同一問題，可參看 *Folk – Lore*，XI，P.75；A. Lang：A Theory of Arunta Totemism，載 *Man*，1904 年，No.44；Conceptional Totemism and Exogamy，同上書，1907 年，No.55；*The Secret of the Totem*，第 4 章；N.W. Thomas：Arunta Totemism，載 *Man*，1904 年，No.68；F.W. Schmidt Die Stellung der Aranda unter der Australischen Stämmen，載 *Zeits-*

chrift for Ethnologie，1908 年，P.866 及以下諸頁。

⑱*Die Aranda*，II，PP.57～58。

⑲Schulze：前引文，PP.238～239。

⑳在 *Totemism and Exogamy* 的結論部分(IV，PP.58～59)，弗雷澤説，必須承認，有一種圖騰制度比阿隆塔人的更爲古老，這即是里弗斯(Rivers)在班克斯群島觀察到的圖騰制度(Totemism in Polynesia and Melanesi，載 *J.A.I.*，XXXIX，P.172)。在阿隆塔部落中，據信使母親懷孕的是一個祖先精靈；而在班克斯群島則是一種動物或植物的精靈，猶如該理論所推測的那樣。但是由於阿隆塔人的祖先精靈具有動、植物的外形，兩者的區別就很小了。

㉑*Social Origins*，London，1903 年，尤見第 8 章，題爲'The Origin of Totem Names and Beliefs'；另一本書是 *The Secret of the Totem*，London，1905 年。

㉒尤見 *Social Origins*，朗試圖通過推測來重建原始群體應有的形式；但是似乎不必複述這些假設了，它們並不影響他的圖騰制度理論。

㉓在這點上，朗接近尤利斯·皮克勒(Julius Pickler)的理論(見 Pickler and Szomolo：Der Ursprung des Totemismus. *Ein Beitrag zur materialistirchen Geschichtstheorie*，Berlin，P.36 及以下諸頁，共 8 冊)。這兩個假設的區別是，皮克勒認爲更重要的是名字圖畫象徵而不是名字本身。

㉔*Social Origins*，P.166。

㉕*The Secret of the Totem*，P.121；參看 P.116，P.117。

㉖*The Secret of the Totem*，P.136。

㉗*J.A.I.*，1888 年 8 月，PP.53～54；參看 *Nat. Tr.*，P.89、P.488、P.498。

㉘朗的原話是「以崇敬的態度」(with reverence)(*The Secret of The Totem*，P.III)。

㉙朗補充道，這些塔布（禁忌）是族外婚習俗的基礎。

㉚同上書，P.125。

㉛然而，我們並未談及史賓塞的理論。因爲這種理論只是他的祖先崇拜向自然崇拜轉化的總理論的一部分。由於我們在上文已敍述過這一總理論，所以無須在此重複了。

㉜只有一點除外：朗認爲大神觀念另有起源，如我們已談及，他認爲這來自原始人的天啓。但他在解釋圖騰制度時並未使用這一觀點。

第六章
這些信仰的起源(續)

216

圖騰本原或馬納的概念以及力的觀念

　　由於個人圖騰制度晚於氏族圖騰制度，並甚或源自它，所以我們必須首先看一看氏族圖騰制度的形式。但是由於剛才對它的分析使之成為顯得十分駁雜的信仰複合體，所以在進一步討論之前，我們必須設法瞭解是什麼原因造成了這個統一性。

1

　　我們業已看到，圖騰制度把用圖形表示的圖騰表記放在它視為神聖的各事物的首位；接著是與氏族同名的動物和植物；最後是氏族的成員。由於所有這些事物都同樣是神聖的（雖然程度不同），所以它們的宗教特性不可能來自於將它們互相區別開來的專門屬性。如果某種動物或植物成為敬懼的對象，那麼這並不是出於它的專屬性能（因為氏族的人類成員也程度略低地享有同樣特權），而是因為這種動植物的圖像激發了更為顯著的崇敬。各種事物在信奉者心中激起的類似感情——這種感情賦予了事物神聖特性——顯然只能來自某個共同的本原（principle），圖騰表記、氏族人以及圖騰種的諸個體同樣地分享這一本原。實際上，人們崇拜的正是這個共同本原。換言之，圖騰制度不是某種動物或人

217

或圖像的宗教，而是無個性特徵的和非人的力量。它可以見於所有這樣的事物中，但是卻不與任何事物相混淆。誰也不能全部擁有它，但大家都能分享它。它獨立於它做為化身的事物，以至於它存在於它們出現之前和消亡之後。個體死亡、世代更替，但是這股力量一直存在著、活躍著、保持著原樣。它賦予了過去一代以生命力，也賦予了當今一代以生命力，還將賦予未來一代以生命力。廣義地來講，可以說這是每個圖騰儀式所崇拜的神。但它是非人的神，沒有名字或歷史，固有地存在於世界中，並且擴散入不計其數的事物中。

但是即使到現在，我們對於這個準神聖存在的眞正無所不在性還只有一個不完全的概念。它不只是見於整個圖騰物種、氏族和一切象徵圖騰的事物中，它的作用範圍還超出了這些事物之外。實際上我們已經看到，除了主要的神聖事物外，一切做為主圖騰附屬品而屬於氏族的事物也都具有一定程度的神聖性。它們的身上也有宗教性，因為有些受到禁忌的保護，另一些則在崇拜典禮中有著確定的功能。它們的宗教性和它們歸隸之的圖騰的宗教性並無本質區別；因此其宗教性必定同出一源。這是因為圖騰神——再次使用剛才已用過的比喻術語——存在於它們內部，恰如圖騰神存在於圖騰種和氏族內一樣。我們可以看到，由於圖騰神是如此形形色色事物的靈魂，所以它與它所寄居的事物截然不同。

但是澳大利亞人並未用抽象形式來表達這一非人力量。在我們必須探求的各種原因的影響下，澳大利亞人用動、植物形狀，或者簡言之，用可見物體的形狀來想像這股力量。圖騰的眞相所在是：想像力用物質外形來表達這無形的實質，這種能量擴散至一切異質事物中，唯獨這無形的實質才是眞正的崇拜對象。我們現在已有較好的條件來理解土著人所說的「烏鴉宗族分支的人是烏鴉」這類話的意思了。這並不是說他們眞的是此詞通俗和經驗

意義上的那種烏鴉,而是指在他們（它們）身上都能看到同一本
原,這是他們最基本的特性,是人與其同名動物共有的,並隱藏
在烏鴉的外形之中。於是,圖騰制度所構想的宇宙中就充滿了賦
予它生命力的力量,除了少數例外外,這股力量多被想像成動、
植物的形狀,其數量與氏族數目一樣多,並且各自見於某一事物
類中,這股力量是事物的要素和生命本原。

當我們說這些本原是力時,我們並不是以比喻的意義來使用
此詞;它們恰如真正的力一樣起著作用。從某種意義上來說,他
們甚至是能夠無意識地產生物理效應的物質力。如果有人沒有採
取預防措施就與它們接觸,那麼他受到的震驚可與電擊效應相比
擬。有時候人們把這種力想像成指尖上發出的流體①。如果這種
力輸入了不是用以裝納它們的有機體中,那麼它們就會通過完全
自動的作用而導致疾病和死亡②。它們扮演著人類之外的生命本
原的角色;我們將看到,這種力量能作用於種而確保其繁殖③。
宇宙的生命即是建立在這些力量上。

但是,它們除了這一物理方面外,還有心理特性。當有人問
土著人為什麼舉行儀式時,他就回答說,他的祖先總是舉行儀式,
所以他應該追隨他們的榜樣④。所以,如果他以某種方式對待圖
騰生物,這不僅是因為寄居其中的力在物質上是令人敬畏的,而
且他還在心理上感到自己必須這麼做;他覺得自己是在服從一個
命令、履行一個義務。對於這些神聖事物,他既恐懼又崇敬。此
外,圖騰是氏族道德生活的來源。所有分享同一圖騰本原的人都
認為,正是由於共享了它,所以他們才在道德上聯結起來,彼此
之間才有明確的互助、血親復仇（vendetta）等義務,這些義務構
成了密切的關係。所以,圖騰本原既是圖騰力量,又是道德威力;
我們將看到,它是如何轉化成正確意義上的「神」的。

此外,圖騰制度沒有任何特殊之處。即使最先進宗教中心的
神也幾乎無不保留著一些這種雙重涵義的東西,其功能無不是既

219

宇宙性的又道德的。每個宗教是一種精神戒律，同時又是使人以
更大信心面對世界的手段。即使就基督教來說，天父也既是物質
秩序的衛護者，又是人類行為的立法者和司法者。

2

可能有人會問，這樣解釋圖騰制度是否會把超越了土著人智
力限度的思想觀念加給了他們。當然，我們不打算肯定土著人是
以我們在分析中所能給予他們的那種清晰程度來想像這些力的。
但是我們能清楚展示，這一概念是包含在它所主宰的整個信仰體
系內的，我們只是說不出這個觀念被意識到什麼程度以及被盲目
和混亂地感覺到什麼程度。我們無法測定像這樣的觀念在曖昧不
清的頭腦裡達到什麼清晰度。但不管怎樣，這顯然沒有超越了原
始人的智力，並且正好相反，我們剛才得出的結論可由下列事實
證實：無論在與澳大利亞部落密切相關的社會中，還是這些部落
內部，我們都能看到，他們的概念與上文所說的概念顯然只有程
度上的差別。

薩摩亞群島的土著宗教肯定已經越過了圖騰階段。那裡發現
了真正的神，他們有自己的名字，並且在一定程度上有著人類的
相貌。然而其圖騰制度的痕跡還是毋庸置辯的。實際上，每個神
都依附於一個群體，或為地方群體或為家族群體，猶如圖騰與其
氏族的關係一樣⑤。人們認為，每個神都固有地存在於某一專門
的動物種內。但是這並不意味著他寄居在特定的主體內，他是同
時存在於一切個體之中的；他擴散在整個物種裡。一隻動物死
後，崇拜牠的群體成員便為牠哭泣，為牠舉行虔誠的儀式，因為
有個神居住在其體內。不過這個神並未死亡，他是永恆的，猶如
這個物種一般。他甚至不與目前的一代相混淆，他已是前一代的
靈魂，還將是下一代的靈魂⑥。於是，他就具有了圖騰本原的一
切特性，想像力給他換上了稍具人形的外貌。但是，我們絕不可

誇張了個性，它與這種擴散性和無所不在性幾乎是不可調和的。
如果其外形清楚地確定了，它就絕不可能這樣擴散出去而成爲如
此衆多事物的一部分。

　　然而無可爭辯的是，在這個事例中，非個人宗教力量的觀念
正在開始改變；但在其他事例中則肯定了它的抽象純粹，甚至比
澳大利亞更一般化。即使部落裡各氏族所崇拜的圖騰本原互有區
別，它們實質上也還是可以類比的，因爲大家都在各自的領域中
扮演著同樣的角色。有些社會具有統一自然界的思想，結果就演
進成了獨一宗教力量的觀念，其他一切神聖本原都只是這個宗教
力量的符號，它使得宇宙成爲統一體。由於這些社會仍然遍布著
圖騰制度以及依舊陷在與澳大利亞一樣的社會組織中，所以我們
可以說，圖騰制度潛在地包含著這種觀念。

　　這可見於大量美洲部落中，尤其是屬於大蘇(the Sioux)族的
那些部落：奧馬哈、龐卡(the Ponka)、堪薩斯(the Kansas)、奧
塞吉、阿西尼博因(the Assiniboin)、達科他(the Dakota)、愛荷
華、威尼巴果(the Winnebago)、曼丹、希達察(the Hidatsa)等
等。其中許多部落仍然以氏族組織著，如奧馬哈⑦和愛荷華⑧，
多爾西說，其他部落則在不久以前還能見到「圖騰制度的所有基
礎，就像在蘇人的其他社會中一樣⑨。」而在這些部落中，處於
人們崇拜的一切神祇之上的是一種卓越的威力（所有神不過是其
衍生形式），名叫瓦坎(wakan)⑩。由於這一本原在蘇族衆神中擁
有絕對優勢，所以它有時被視爲最高神，即邱比特和耶和華，而
旅行家又經常把 wakan（瓦坎）翻譯成「偉大精靈」。其實這嚴重
地曲解了其本質。瓦坎絕不是一個個體生物；土著人並未用明確
的形狀表達它。據多爾西所引的一個考察者的話，「他們說從未見
過瓦坎達(wakanda)，所以不能假稱它具有人格⑪。」甚至也不可
能以明確的特性界定它。里格斯(Riggs)說：「沒有詞彙可以解釋
達科他人的這一術語的意思。它囊括了一切神秘、一切秘密威力

221

和一切神聖性⑫。」達科他人崇拜的一切事物,「大切、四方之風、
太陽、月亮以及星辰,都是這一神秘生命和威力的體現」,它成為
一切事物的一部分。有時候它以風的形式表現出來,就像位於四
個基本方位上的微風,吹動著萬物⑬;有時候它是聽來猶如打雷
般的聲音⑭;太陽、月亮和星辰是瓦坎⑮。沒有任何列舉可以窮盡
這一無限複雜的觀念。它不是一種確定的和可以界定的威力或者
可以幹這幹那的威力;它是一種絕對意義上的威力(power),沒
有任何性質定語和限定。各種神聖威力只是它的特定體現和人格
化,是它在其無數外形身上的顯露⑯。這使得一個考察者說:「他
是一個千變萬化的神,他被想像成以不同外貌出現在不同人的面
前⑰。」眾神並不是唯一被它賦予生命力的生物:它是一切生活著
或活動著的事物的本原。「一切生命都是瓦坎。所以瓦坎也就是一
切展示威力的事物,無論是處於活動中的,如風和浮雲,還是處
於被動承受狀態中的,如路邊的卵石⑱。」

　　易洛魁人的社會組織具有更為顯著的圖騰特徵,同樣的觀念
也見於他們之中。表達它的奧倫達(orenda)一詞確切地相當於蘇
人的瓦坎。豪伊特說:「野蠻人想像,構成其周圍環境的種種事
物具有天生的神秘潛力……(無論它們是)岩石、河流、潮水、
植物和樹木、動物和人、風和暴風雨,還是雲和雷以及閃電⑲」等
等。「這種潛力被認為是一切事物的屬性……而由於人類不發達
的心理活動,這一潛力就被看成是其環境中一切現象和活動的動
因了⑳。」一個巫師或薩滿擁有奧倫達,而一個事業上成功的人也
可以說是擁有奧倫達。實際上,世界上無物不具奧倫達,只不過
量有大小而已。有些生物(或人或物)擁有特權,另一些則獲得
較少,宇宙的生命就在於這些強度不等的奧倫達的鬥爭。強者征
服弱者。如有人在狩獵和戰鬥中比其同伴更為成功,那麼是因為
他擁有更多的奧倫達。如果一隻野獸從追逐牠的獵人手中脫逃,
那是因為前者的奧倫達更強大。

　　肖修納人(the Shoshone)把這一概念稱爲波孔特(pokunt)，而在阿爾公金部落中則稱之爲馬尼托(manitou)㉑、夸丘特爾人稱瑙瓦拉(nauala)㉒，特里吉特人稱耶克(yek)㉓，海達人稱斯加那(sgâna)㉔。但是這不是北美印第安人獨有的，它之首次被研究是在美拉尼西亞。誠然，美拉尼西亞某些島上的社會組織不再以圖騰爲基礎了，但是總的說來，圖騰制度還是可見的㉕，而不管科德林頓對它說了些什麼。我們發現這些民族中有個名爲馬納的觀念確切地相當於蘇人的瓦坎和易洛魁人的奧倫達。科德林頓所下的定義是：「有個信仰認爲有一種與物質力完全不同的力量，它幹著一切善事和惡事，佔有和控制了它便能獲得最大利益。這就是馬納。我知道自己指的是什麼意思……它是一種威力或者影響，不是物理性的，並且是有點超自然的；但是它以物理力，即人類擁有的任何威力或特長來展示自己。馬納不固定在任何事物中，而且幾乎能在任何事中傳遞……實際上整個美拉尼西亞宗教就在於爲自己取得這種馬納，或者爲了謀取利益而獲得它㉖。」這不就是無個性特徵和擴散的力概念，即見於澳大利亞圖騰制度中的觀念（後者是前者的萌芽）嗎？在此有著同樣的非個人性；如科德林頓說，我們必須小心別把它看成了一種上帝；任何這類觀念對於美拉尼西亞人的思想來說是「絕對不相干的」。在此還有著同樣的無所不在性；馬納不確定在任何地方，而是遍布各處。一切生命形成和行爲結果──無論是人類的，還是有生物或簡單無機物的──都歸因於它的影響㉗。

　　因此，我們把分析中發現的這樣一個觀念歸因於澳大利亞人，並不算過分輕率，因爲我們在另一些宗教──其起源可以追溯到像澳大利亞社會那樣的制度，並帶有該制度的明顯標記──的基礎中也發現了這種觀念，只是更爲抽象和一般化。這兩個概念顯然相關，它們僅有程度之異，馬納擴散入整個宇宙，而我們所稱的神──或者更確切地說，是圖騰本原──則局限在較

小的生物和事物範圍內。它只是略微專門的馬納，而事實上，這種專門化還是十分相對的。

有一個事例中，這種關係體現得格外清楚。奧馬哈部落裡有著各種類型的圖騰⑳，既有個人圖騰也有集體圖騰，但是兩者都只是瓦坎的特定形式。弗萊徹小姐說：「印第安人對於圖騰功效的信仰是以關於自然和生命的信仰為基礎的。這一複雜概念包括了兩個觀念：第一，一切事物（生物和無生物）都滲透著一種共同的生命力；第二，生命力不會毀滅，始終長存㉙。」這一共同的生命本原便是瓦坎。圖騰只是個體與這個能源發生關係的工具；圖騰之所以擁有威力，是因為它乃瓦坎的化身。違反了圖騰保護禁忌的人受到疾病或死亡的打擊，是因為這一神秘力量反對他這麼做，亦即是瓦坎用相應於所受衝撞的力在對他做出反應㉚。同時，正如圖騰是瓦坎一樣，瓦坎有時候也以人們想像它的方式展示圖騰根源。塞(Say)說，在達科他部落中，瓦康達(wahconda)有時以灰熊外形顯身，有時則為野牛、海狸或其他動物㉛。毫無疑問，對於這一說法不能毫無保留地接受。瓦坎摒棄所有的人格化，所以它簡直不可被人借助於如此明確的符號想像其抽象的一般性。但是，塞的話也許可以適用於它以有形的生命實體使自己具體化的個別例子。如果有可能在過去的某時期內，瓦坎的這種化身證明了與動物形狀的親和關係，那麼這又一次證明了這一概念與圖騰信仰的密切聯繫㉜。

我們可以解釋為什麼這一觀念在澳大利亞不能像在先進社會中一樣地抽象。這不但因為澳大利亞人沒有足夠的天資進行抽象和概括，而且主要是由於社會環境造成了這種個別性。事實上，只要圖騰制度依然是文化組織的基礎，氏族就在宗教社會中保持著自治，這種自治雖然不是絕對的，但卻是很明顯的。當然，我們可以說每個圖騰群體只是某種意義上的部落教會的附屬教堂，但這卻是享有很大獨立性的附屬教堂。那裡舉行的崇拜雖然不是

完全自足的，但與其他崇拜只有外部聯繫，在不互相混淆的情況下進行交流，氏族圖騰只對本氏族來說是完全神聖的。因此，分歸各氏族的事物群——它們如人一般爲氏族的一部分——也就具有同樣的個性和獨立性。它們不可互易地歸入各群，猶如構成了不同的王國。在此情況下，誰都不會認爲這些異質世界乃是同一種根本力量的各種體現；人們相反地會認爲每一種力都是不同系統的馬納，其作用不會越出氏族及其隸屬事物的範圍之外。只有當部落宗教發展到高於氏族宗教，並且基本上完全同化它時，才有可能產生獨一和普遍的馬納觀念。眞正的世界統一體的想法是隨著部落統一體的想法而出現的。如我們將要展示的那樣㉝，誠然，澳大利亞社會已經瞭解了全部落共有的信仰，但是，這種崇拜即使代表了澳大利亞宗教的最高形式，它也不能觸動和修改它們賴以爲基礎的原則，圖騰制度基本上是聯邦式的宗教，它若超出一定程度的中央集權化，就必然會不再存在。

226

　　有一個具有特色的事例清楚地展示了馬納觀念在澳大利亞保持如此專門化的基本原因。人們用圖騰形式想像的眞正宗教力量並不是澳大利亞人被迫重視的唯一力量，另外還有一種由巫師單獨控制的力量。從理論上來說，第一種力量被認爲是健康和有益的，但第二種力量的專門功能則是導致疾病和死亡。它們的作用效果截然不同，它們在社會組織的關係也形成鮮明對照。圖騰始終是氏族的事務，但是巫術卻是部落的甚至跨部落的體制。巫術力量並不專屬於部落的任何部分。只要擁有有效的秘訣便能使用它們。由於每人都易於感覺到它們的作用，所以人人都設法保護自己免遭它的傷害。這是一種模糊的力量，不專門依附於任何確定的社會分支，它甚至不能擴散至部落之外。阿隆塔和洛里特雅部落中有一個令人注意的情況：這種力量被想像成具有簡單外貌和特定形狀的獨一無二力量，阿隆塔人稱之爲阿隆奎塔(Arung-quiltha)和阿隆庫塔(Arúnkulta)㉞。史賓塞和吉倫說：「這是個涵

義有點模糊的術語，但實質上始終與擁有超自然的邪惡威力聯繫在一起……這個名字不加區別地應用於邪惡勢力或者它臨時或永久寄居的物體㉟。」斯特雷洛說：「在土著人看來，阿隆庫塔一詞意爲突然終止所有與之接觸者的生命和給他們帶來死亡的力量㊱」。這一名字指稱產生邪惡作用符咒的那些骨頭和木片，也指稱那些有毒的動植物。所以它可以確切地稱爲有害馬納。格雷談到他考察的部落中存在著一種完全相同的觀念㊲。例如，在這些部落中，正當的宗教力量未能避免一定的異質性，而巫術力量卻被認爲全部具有同一性質；人們把它們想像成一般的統一體。因爲它們處於社會組織及其分支和複分之上，並且進入了同質和連續的空間，在那裡它們不會遇到與之相異的任何事物。另一種力量則相反，它們局限在明確和有區別性的社會形式中，隨環境的形象而多樣化和個性化。

從這裡可以看出，非個人宗教力量的觀念是如何徹底成爲澳大利亞圖騰制度的一部分內涵和精神的。一旦沒有相反原因時，它就清楚地脫離了束縛。誠然，阿隆奎塔純粹是一種巫術力量，但是在宗教力量和巫術力量之間並無性質區別㊳：人們有時甚至以同一名字稱呼之。在美拉尼西亞，巫師及符咒猶如正規崇拜中之執事和儀式一樣擁有馬納㊴；易洛魁人以同樣方式使用奧倫達一詞㊵，所以我們可以正當地從這種力的性質來推斷那神力的性質㊶。

3

上述分析所得出的結果不僅涉及圖騰制度的歷史，也涉及一般宗教思想的起源。

有人往往以早期人類被感官和感官表象所主宰的託詞，認爲他們最初是以明確和人格化生物的具體外形來表達神聖的。然而許多事例並未證實這一臆斷。我們剛才已經敘述了一份系統統一

的宗教信仰清單(我們有充分理由把它看成是非常原始的清單)，但是我們仍然沒有見到這類人格。真正的圖騰崇拜既不是針對確定的動物，也不是確定的植物，甚至也不是針對一個動物種或植物種，而是針對著遍布在這些事物中的一股模糊的威力㊷。甚至在發展到脫離了圖騰制度的最先進宗教──諸如見於北美印第安人的宗教──裡，這種觀念也不是消褪而是更能意識到了，它被人以前所未有的明確度宣布，並同時獲得了更大的普遍性。主宰整個宗教系統的正是這種觀念。

這即是構成古今宗教所崇拜的一切事物的原始材料。每一種精靈、魔鬼、神仙和神只不過是這一活力──或者按豪伊特，稱之為潛力㊸──使自己個性化時、依附於某一確定物體或場所時，或者集體體現理想的和傳說的生物時所取的具體外形，雖然這是通過大眾和想像力才成為現實的一種力。弗萊徹小姐詢問的一個達科他人用十分生動的語言表達了這種一切聖物的基本同質性。「一切事物在運動的時候──此時或彼時，這裡或那裡──就導致了停息。鳥在飛行時停在某個地方築窩，又在另一個地方休息。人在行路時感到需要就停下來。神也是這樣止息的。明亮美麗的太陽即是神停息的一個地方。樹木、動物也是他曾停息的所在，印第安人想到了這些地方，他們派遣祭司到達神的這些止息之所，去祈求幫助和賜福㊹。」換言之，瓦坎（他談的便是它）來往於整個世界，而神聖事物即是它的停留之處。於是，我們在此就像曾經遠離精靈崇拜那樣遠離自然崇拜了。太陽、月亮和星辰之被崇拜，並不是出於它們的獨特內在性質，而是因為人們認為它們分享了能單獨賦予事物神性的力量，這種力量也見於許多其他事物中，哪怕是最小的事物。亡靈成為儀式的對象，並不是因為它們由某種流體和難以捉摸的材料構成，也不是因為它們類似軀體的影子或它在水面的映像。光線和流質不足以賦予神聖性；它們之所以擁有這種神聖性，只在於它們內部含有這種力量

229

——一切宗教性的源泉。

現在，我們已能較好地理解爲什麼不可用神話人格、神或精靈的觀念來界定宗教了；因爲這種象徵方式絕不是宗教事物中固有的。我們在宗教思想的起源和基礎中發現的並不是本身擁有神聖性的確定和有區別性的事物，而是不明確的威力、無個性特徵的力量，或多或少地存在於各個社會中，有時甚至簡約成一個統一體，其非人性可確切地與物理力（其具體化由自然科學研究）類比。至於各特定聖物則不過是這一本原的個性化形式。所以，下述情況也就不足爲奇了：即使在擁有署名神祇的宗教中，有的儀式也還有著不依賴任何神祇參與的很高功效。正因爲這種力可以像依附在血肉上一樣依附在唸誦的詞句上或所做的動作上，所以聲音或動作就可以做爲載體，使它通過這種媒介而產生效應，無須借助於任何神或精靈。當它特別注力於一個儀式時，這個儀式就會創造出神來㊺。這即是幾乎沒有神人不保留非人性的原因。那些用具體和可見形式清楚表達它的人，同時也把它看成只能用其本身功效界定的一種抽象威力，或者看成散布在空間的一種力量，在它的每個效應中至少包含了一部分這種力量。這是產生雨或風、農作物或日光的力；宙斯含在落下的每滴雨中，猶如穀神含在每束莊稼中一樣㊻。實際上，這種功效是極不確定的，以致信徒只能形成一個非常模糊的概念。此外，正是這種不確定性才使得衆神以各種方式分裂、解體和混合的融合與複製過程成爲可能。恐怕沒有一個宗教中心的原始馬納——無論是獨一無二的還是多種形式的——會完全分解成明確數量的可彼此區別和分離的生物；它們始終保留著一點非個人性，致使它們得以構成新的組合，這不是由於宗教力量的簡單的繼續存在造成的，而是宗教力量的本質使之不可能完全個性化。

我們通過單獨研究圖騰制度而得出的這個概念還有另外的長處，許多學者最近都互不依賴地採用了它，致使它成了由各類研

究導出的共同結論了。人們自發地傾向於一致同意這個概念，因爲它是具有客觀性的一個假設。

　　早在一八九九年我們就指出神聖人格觀念不能構成宗教現象的定義㊼。一九○○年，馬雷特(Marrett)說存在著一個他稱爲「前精靈崇拜」的宗教階段，在此階段中，儀式針對著像美拉尼西亞人的馬納和奧馬哈人及達科他人的瓦坎那樣的非個人力量㊽。然而，馬雷特沒有進一步主張精靈觀念在邏輯上和年代上總是後於馬納觀念，並且源自馬納觀念；他甚至似乎打算承認精靈觀念有時是獨立出現的，因而宗教思想有著雙重來源㊾。另一方面，他把馬納說成是事物的固有屬性，做爲其外觀的一個基本成分；因爲按他的看法，這只不過是一切超常事物可激發敬懼感情的特性而已㊿。這實際上等於回到了自然崇拜的理論[51]。

　　稍後，赫伯特和莫斯在試圖對巫術的一般理論做簡述時，確認了整個巫術是以馬納概念爲基礎的[52]。由於巫術儀式和宗教儀式的密切關係是衆所周知的，所以甚至可以預見，這一理論也適用於宗教。這一點可由普羅伊斯同年載在《環球》(*Globus*)上的一組文章所證實[53]。普羅伊斯主要根據取自美洲文明的事例來證明靈魂觀念是威力和非人力量觀念之後發展起來的，並證明前者只是後者的轉化，直至相當晚期，它們還保留著原始的非人性標記。實際上他展示了，即使在先進的宗教裡，這種力量也表達成模糊的散射形式，它們自動地脫離寄居的事物，並且甚至傾向於避免一切使之顯露出來的方式：嘴巴、鼻子以及身體上的一切其他孔腔、呼吸、外貌、言詞等等。與此同時，普羅伊斯指出了它們千變萬化的形狀以及它們的極端適應性，這使它們可以相繼地並幾乎是同時地作用於許多地方[54]。誠然，如果我們拘泥於他所用術語的字面意義，那麼就會以爲他把這種力量的性質看成是巫術的而非宗教的：他稱之爲符咒(Zauber，Zauberkräfte)。但是，他在這樣表達的時候顯然無意置它們於宗教之外；因爲他是在基本爲

宗教性的儀式中來展示其作用的，例如在墨西哥大典中⑤。他之所
以使用這樣的表達法，無疑是因為他不知道如何用其他更好的方
232　式來標誌這些力量以及它們用以產生作用的途徑。

　　於是，這一觀念就傾向於在各個方面顯露出來⑤。這樣的想法
變得越來越流行：即使最基本的神話構想也是遍布著一個更為簡
單、曖昧、模糊和基本的信仰體系的再生品，這種信仰體系形成
了建立宗教體系的堅實基礎。對圖騰制度的分析使我們得到的正
是這個原始的基礎。我們剛才提及的各作者的研究是利用了來自
截然不同宗教的事例才得出這一結論的，其中有的宗教甚至已相
當於非常進步的文明，例如，普羅伊斯就利用了很多的墨西哥宗
教⑤。所以，可能有人會懷疑這一理論是否同樣適用於最簡單的宗
教。但是，既然我們不可能看到比圖騰制度更為低級的宗教，那
麼，我們就不欲冒出現謬誤的風險了，同時，我們倒有機會看到
瓦坎和馬納概念從其衍生出來的那個最初概念：即圖騰本原的概
念⑤。

4

　　這一概念的頭等重要性不僅在於它在宗教觀念的發展中所起
的作用，還在於它對科學思想歷史具有意義這一世俗方面。它是
最早形式的力的觀念。

　　事實上，如蘇人想像的那樣，瓦坎在世界上扮演的角色和科
233　學用以解釋各種自然現象的力扮演的角色一樣。然而，這並不意
味著它只是一種物理能；正相反，我們在下一章將看到，構成這
一觀念的各要素取自最不相同的領域。正是這種性質的複合性使
之可以做為普遍的解釋本原。一切生命都從它而來⑤；「一切生命
是瓦坎」；生命一詞，我們必須理解成是無機界和生物界中作用和
反作用的、運動和被動的一切事物。瓦坎是宇宙中一切運動的原
因。我們已經看到，易洛魁人的奧倫達是「出現在人們周圍的一

切現象和活動的動因。」它是「一切軀體和事物中固有的」威力
⑩。奧倫達使得風吹拂、太陽照亮和加熱大地，或者促使動物繁
殖，它還使得人們強壯、能幹和聰明。當易洛魁人說萬物的生命
都是擁有不等強度奧倫達的各事物紛爭的產物時，他不過是用自
己的語言表達了這樣一個現代觀念：世界是一個互相限制包容並
造成平衡的力的系統。

美拉尼西亞人把同樣的一般功效歸因於他們的馬納。靠了馬
納，一個人才能取得狩獵和戰鬥的成功，果園才會有好收成，牲
畜才會興旺。箭射中了靶子，那是因為它擁有馬納；它也是魚網
捕魚多或者獨木舟安全行駛於海上等等的原因⑪。固然，若按字面
意義來看科德林頓的話，則馬納應是「超出人類平凡能力和自然
界普通過程之外的一切事情」的原因⑫。但是從其所引事例來看，
馬納的實際範圍顯然要大得多。它實際上用以解釋日常現象；在
船舶航行或獵人捕獵等事情中並無超人或超自然的東西。日常生
活中有一些事情由於不重要和司空見慣，所以人們未予注意，正
因為未予注意，所以就沒有人感到有解釋它們的需要。馬納的概
念只使用於那些重要到足以引起反思和足以激起最低限度興趣和
好奇心的事情；但是它們卻不是不可思議的。馬納、奧倫達和瓦
坎的情況完全等同於圖騰本原。氏族人、圖騰動植物種以及分歸
圖騰名下並分享其本質的一切事物的生命都通過圖騰本原而體現
出來。

所以，力的觀念即是宗教起源的觀念。力的觀念首先被哲學，
隨後被科學於宗教中借鑑而來。孔德預見到了這點，這就是他使
得形而上學成為「神學」繼承者的原因。但是他由此推斷力的觀
念註定要從科學中消失；因為他鑑於力的神秘起源而不承認它的
一切客觀價值。然而我們要展示的正好相反，宗教力量是現實的，
儘管人們思考它時所用的符號是多麼地不完善。由此看來，一般
力的觀念的情況亦是如此。

234

註 釋

①例如，在一個夸丘特爾神話中，有個祖先英雄用手指指向一個敵人，從而穿透了他的腦袋(Boas：Vth Rep. on the North. Tribes of Canada，載 *B.A.A.S.*，1899 年，P.30)。

②支持這種說法的參考資料見上文邊碼 128 註 1，以及邊碼 328 註 1。

③見本書第 3 篇，第 2 章。

④例如，見 Howitt：*Nat. Tr.*，P.482；Schürmann：The Aboriginal Tribes of Port Lincoln，載 Woods: *Nat. Tr. of S. Australia*，P.231。

⑤弗雷澤甚至從薩摩亞人中採用了許多他認爲是圖騰的事例(見 *Totemism*，P.6、PP.12～15、P.24)。誠然，我們曾指責弗雷澤在選擇例子時不夠嚴謹，但是如果薩摩亞確實未曾有過重要的圖騰制度殘跡，那麼這許多例子顯然是不可能的。

⑥見 Turner：*Samoa*，P.25 和第 4、5 章。

⑦Alice Fletcher：A Study of the Omaha Tribe，載 *Smithsonian Rep. for 1897*，P.582 及下頁。

⑧Dorsey：Siouan Sociology，載 *XVth Rep.*，P.238。

⑨同上書，P.231。

⑩Riggs and Dorsey：Dakota－English Dictionary，載 *Contrib. N. Amer. Ethnol.*Ⅴ Ⅱ，P.508。多爾西所引的許多考察者都把 Wakan 勘同爲源自它的 wakanda 和 wakanta，但是它實際上有更爲精確的涵義。

⑪*XIth Rep.*，P.372，§ 21。弗萊徹小姐在清楚承認瓦坎達的非人特徵的同時又說，不管怎樣，這一概念仍有一定程度的人格化。但這是關於瓦坎達各種體現的人格化。人們在認爲存在瓦坎達的地方祭拜樹木或岩石，彷彿它是人一般。但是瓦坎達本身卻沒有人格化(*Smithsonian Rep. for 1897*，P.579)。

⑫Riggs：Tah－Koo Wah-Kon，PP.56～57。轉錄自 Dorsey：*XIth Rep.*，P.433，§ 95。

⑬*XIth Rep.*，P.380，§ 33。

⑭同上書，P.384，§ 35。

⑮同上書，P.376，§ 28；P.378，§ 30；參看 P.449，§ 138。

⑯同上書，P.432，§ 95。

⑰同上書，P.431，§ 92。

⑱同上書，P.433，§ 95。

⑲Orenda and a Definition of Religion，載 *American Anthropologist*，1902 年，P.33。

⑳同上書，P.36。

㉑*Tesa, Studi del Thavenet*，P.17。

㉒Boas：*Kwakiutl*，P.695。

㉓Swanton：Social Condition, etc., of the Tlinkit Indians，載ⅩⅩⅥ *th Rep.*，1905 年，P.415 註 2。

㉔Swanton：Contribution to the Ethnology of the Haida，P.14；參看 *Social Condition, etc.*，P.479。

㉕有的美拉尼西亞社會(Banks Islands, North New Hebrides)中有兩個具有澳大利亞特徵的族外婚宗族分支(Codrington：*The Melanesians*，P.23 及以下諸頁)。佛羅里達有正規的圖騰，稱做 butos (同上書，P.31)。關於該問題有個有趣的討論，見 Lang：*Social Origins*，P.176 及以下諸頁。同一主題的文章見 W.H.R. Rivers：Totemism in Polynesia and Melanesia，載 *J.A.I.*，XXXIX，P.156 及以下諸頁。

㉖*The Melanesian*，P.118 註 1。參看 Parkinson：*Dreissig Jahre in der Südsee*，P.178、P.392、P.394。

㉗關於這個觀念的分析，可見 Hubert and Mauss：Théorie Générale de la Magie，載 *Année Sociol.* VⅡ，P.108。

㉘不僅有氏族圖騰還有行會圖騰(A. Fletcher：*Smithsonian Rep. for 1897*，P.581 及以下諸頁)。

㉙Fletcher：前引書，P.578 及下頁。

㉚同上書，P.583。達科他人稱圖騰為 Wakan。見 Riggs and Dorsey：Dakota Grammar Texts and Ethnol.，載 *Contributions N. Amer. Ethn.*，第 1893 年，P.219。

㉛Jame's Account of Lang's Expedition in the Rocky Mountains，Ⅰ，P.268。(Dorsey 轉錄，*XIth Rep.*，P.431，§ 92)。

㉜我們並不是說，凡是用動物形狀來表達的宗教力量都可以追溯到以前的圖騰制度。但是當我們涉及到圖騰制度仍很明顯的社會——如達科他人——時，就十分自然地認為這些概念是不會與之不相干了。

㉝見本篇第 9 章，§ 4，P.322 及以下諸頁。

㉞第一個拼法是史賓塞和吉倫的；第二個拼法是斯特雷洛的。

㉟*Nat. Tr.*，P.548 註 1。誠然，史賓塞和吉倫補充道：「這個觀念最好表達為：阿隆奎塔物體擁有一個邪惡的精靈。」但是他們的這種隨便翻譯是他們自己的不正確詮釋。阿隆奎塔觀念不含有存在精神生物的意思，猶如上下文及斯特雷洛的定義所展示的那樣。

㊱*Die Aranda*，Ⅱ，P.76 註。

㊲稱作 Boyl-ya(見 Grey：*Journal of two Expeditions*，Ⅱ，PP.337～338)。

㊳見上文邊碼 42。史賓塞和吉倫含蓄地承認了這一點，他們說，阿隆奎塔是一種「超自然的力量」。參看 Hubert and Mauss：Théorie générale de la Magie，載 *Année Sociol.*，Ⅶ，P.119。

㊴Codrington：*The Melanesians*，P.191 及以下諸頁。

㊵Howitt：前引文，P.38。

㊶甚至有理由懷疑澳大利亞是否眞的完全沒有類似的概念。阿隆塔人的 Churinga——或按斯特雷洛，tjurunga——一詞即有極大的相似性。史賓塞和吉倫說，它指稱「一切秘密和神聖的事物。它們既適用於物體，也適用於物體具有的品性」(*Nat. Tr.*，P.648，"churinga" 條)。這幾乎即是馬納的定義。史賓塞和吉倫有時甚至用這個詞來指稱一般的宗敎威力或力量。在描述凱提什部落的一個典禮時，他們說主祭充滿了聚靈架」，即是說「發自稱爲聚靈架的物體的巫術威力。」但是聚靈架槪念與美拉尼西亞人的馬納和蘇人的瓦坎相比，似乎仍是不那麼明瞭和確切的。

㊷但我們在下文仍可以看到（本篇第8、9章），圖騰制度並不是和所有的神話人格觀念都不相干的。不過我們將展示這些概念乃是次級形態的產物，而不是剛才分析的信仰的基礎，它們源自這些信仰。

㊸前引文，P.38。

㊹*Rep. Peabody Museum*，Ⅲ，P.276 註（多爾西轉錄，*XIth Rep.*，P.435）。

㊺見上文邊碼 50。

㊻用諸如 Ζεὺς ὕει 或 Ceres succiditur 表達，這表明了這一概念繼續存在於希臘和羅馬。Usener 在其 Götternamen 中已清楚地展示了希臘和羅馬的原始神乃是只按其屬性而想像的非人力量。

㊼Définition du Phénoméne religieux，載 *Année Sociol.*，Ⅱ，PP.14～16。

㊽Preanimistic Religion，載 *Folk-Lore*，1900 年，PP.162～182。

㊾同上書，P.179。在較近的一篇著述 The Conception of Mana（載 *Transactions of the Third International Congress for the History of Religions*，Ⅱ，P.54 及以下諸頁）中，馬雷特傾向於進一步貶低馬納的精靈崇拜概念，但是他關於這方面的思想仍然是躊躇不決和非常保留地。

㊿同上書，P.168。

51這種回到自然崇拜的前精靈崇拜在克洛德(Clodd)的文章中表現得更爲突出：Preanimistic Stages of Religion，載 *Trans. Third Inter. Congress for the H. of Rel.*，Ⅰ，P.33。

52Théorie générale de la Magie，載 *Année Sociol.*，P.108 及以下諸頁。

53Der Ursprung der Religion und Kunst，載 *Globus*，1904, Vol. LXXXVI，P.321、P.355、P.376、P.389; 1905 年，Vol. LXXXVII，P.333、P.347、P.380、P.394、P.413。

54*Globus*，LXXXVII，P.381。

55他很清楚地使它們與一切世俗性質的效應相對立(*Globus*，LXXXVI，P.379)。

56它甚至見於弗雷澤最近的理論中。他爲了使圖騰制度成爲巫術性而否認

了它的一切宗教特性，他之所以能這樣做，正是因爲圖騰崇拜使之發揮作用的那些力量就像巫師使用的力量一樣是非人的。所以，弗雷澤承認了我們剛才確認的基本事實。但是他導出了不同的結論，因爲他只承認有神話人格的才算宗教。

(57)然而，我們並不像普羅伊斯和馬雷特一樣取該詞的這種意義。按他們的看法，宗教進化中有一個階段，人們既不知道靈魂也不知道精靈，這即是前精靈崇拜階段。但是這個假設是頗成問題的，我們將在下文加以討論（本書第2篇第8、9章）。

(58)關於同一問題，見 Alessandro Bruno：Sui fenomeni magico－religiosi della communita Primitive，載 *Rivista italiana di Sociologia*, XII Year，IV-V 分冊，P.568 及以下諸頁，以及伍·博戈拉斯(W. Bogoras)致十四屆美洲學者會議(1904 年在斯圖加特舉行）的一封未發表的信。普羅伊斯分析了此信(*Globus*，LXXXVI，P.201)。

(59)弗萊徹女士說：「一切事物都充滿了共同的生命本原」(Smiths. Rep. for 1897，P.579)。

(60)Howwitt：*American Anthropologist*，1902 年，P.36。

(61)*The Melanesians*，PP.118～120。

(62)同上書，P.179。

第七章
這些信仰的起源(終)

235

圖騰本原或馬納觀念的起源

　　前一章裡確認的命題決定了本章應該提出的圖騰制度起源問題的措詞。旣然圖騰制度被一種準神聖本原——它瀕臨某些人和事物，並被人以動植物形狀思考之——的觀念主宰著，那麼對於圖騰宗敎的解釋基本上即是對此信仰的解釋；爲了達到這一目的，我們必須設法瞭解人們是怎樣形成這一觀念並用什麼素材構成它的。

1

　　顯然，它並非由充任圖騰的事物在人們內心激起的感覺所構成；我們業已證明這些事物是無足輕重的。蜥蜴、毛蟲、老鼠、螞蟻、靑蛙、火雞、鯿魚、李樹、鸚鵡等（這裡只列了經常出現在澳大利亞圖騰清單上的名字）都不具有令人產生重要和深刻印象——有點類似宗敎熱情的印象，它們把神聖特性深深地印在其創造的客體上——的本質。誠然，星辰和大氣現象並非如此，它們相反地必然會強迫人們產生印象；但事實上，這些現象很少用做圖騰。它們甚至很晚才取得這種地位①。所以，氏族擁有其名的事物之所以成爲崇拜對象並非出於其固有性質。此外，如果事

236

物激發的感情確是圖騰儀式和信仰的決定性因素，那麼該事物就應該是最傑出的神聖物，故而圖騰動植物就在宗教生活中扮演首要角色了。但是我們仍知道，崇拜的中心實際上是在其他地方。具有最大神聖性的是這種動植物的圖形象徵和圖騰表記及各種符號；所以，宗教性質的源泉是在它們之中，這些表記象徵的實物只是受到了這一點宗教性質的反射。

因此，圖騰首先是個符號，是另一事物的有形表達②。那麼，是什麼東西的有形表達呢？

按照我們十分注意的分析來看，圖騰顯然表達和象徵了兩類事物。首先，它是我們稱之為圖騰本原(totemic principle)或神的外表可見形式。但它也是稱為氏族的確定社會的符號。它是氏族的旗幟，為氏族和其他氏族相區別的標誌，是其個性的可見記號，是做為氏族一部分的各種稱號（人類、野獸、物體）的事物的標記。所以，如果它兼做神和社會的符號，那麼豈不是因為神和社會是同一事物？如果群體和神性是有區別的實體，那麼群體的表記怎能成為這種準神聖性的符號？所以，氏族神、圖騰本原只可能是氏族本身，它利用圖騰動植物的可見外形人格化了並表達在人們的想像中。

但是，這種神化怎樣成為可能的？它為什麼正好以這種方式發生？

2

一般說來，一個社會肯定只要利用本身對於人們的權威，就能在其內心激起神聖的感情；因為它對於其成員來說，猶如神對於其崇拜者一樣。實際上，神首先就是人們認為優於自己並被自己所依據的存在。無論這種神是有意識的人格，諸如宙斯和耶和華，還是僅僅為抽象的力，諸如在圖騰制度中發揮作用的力，崇拜者都認為自己被某些行為的方式控制著，這種行為方式是他與

237

之交流的神聖本原加給他的。而社會也把這種永久依賴的感覺給予我們。既然它擁有獨特的和異於我們個人的性質，那麼它就追求同樣專屬於它的目標；但是，它除了通過我們的媒介外無法達到這一目的，所以它就強迫我們協助。它無視我們自己的利益，要求我們成為它們的僕人，還使我們屈從於種種麻煩、匱乏和犧牲，如果沒有這些，社會就不可能存在。正因為如此，我們隨著被迫屈從於行為和思想的規則——對於這些規則，我們既未制訂也不希求，它們有時候甚至與我們最基本的愛好和天性背道而馳。

即使社會可以利用物質強制從我們那兒取得遷就和犧牲，但它也只能在我們心中激起一種使我們的需求必須讓路的物質力量觀念，而不是諸如宗教崇拜的道德*威力觀念。但是事實上，社會之所以對道德心握有絕對權力，更多地是因為社會擁有的道德權威，而不是它特有的物質上的至高無上地位。我們服從於社會的命令，並不只是因為它強大得足以戰勝我們的抵抗，而主要是由於它是可崇敬的對象。

我們說，一個客體，無論是個體的還是集體的，當在人類心中表達它的表象具有自動引起或抑制行為的力量——而不顧任何有益或有害後果的考慮——時，這個客體就是激起了崇敬的感情。我們服從某人，是因為我們承認他身上的道德權威，我們遵循他的看法，不是因為它們似乎是明智的，而是因為在我們對他的觀念中有一種瀕臨的物理能，它征服了我們的意願，並使之趨向於它暗示的方向。我們感覺到這種內在和完全精神的壓力作用於我們時所經驗的感情就是崇敬。那麼，我們的思想就不是取決於規定或建議我們接受的態度之是否有利或不便，而是取決於我們內心怎樣看待規定或建議這種態度的行為者。這就是為什麼命

238

---

*原文 moral，這裡譯做「道德的」，在書中其他地方也譯做「精神的」。

令通常採取簡短而強制的形式，不容絲毫躊躇；因爲做爲一個命令並依靠自己力量推行時，它排斥了一切審愼的考慮和計算；它從它所處的心理狀態的感情烈度中取得其功效。正是這種感情烈度產生了所謂的道德優勢。

　　社會深深地依賴於這種作用方式，以致足以強加給社會成員，正因爲如此，它們具有特色的標誌是能夠導致崇敬。由於這些作用方式是由社會成員共同構想的，所以每個內心用以思考它們的活力也保留在其他一切內心中。我們每個內心表達這些作用方式的表象所具有的感情烈度不是任何純粹私人的意識狀態所能獲得的；因爲它們所具有的強度來自於形成它們的無數個人表象。是社會通過了在我們面前肯定這些作用方式的人的嘴巴在說話；我們所傾聽的這些作用的發言者是社會；一切聲音都用一個調門發出，這個調門是任何單個聲音絕不具有的③。社會通過譴責和物質鎮壓來對每一種異議企圖做出激烈的反應，正是這種用爆發的熱情體現共同信念的激烈反應才有助於加強社會的絕對權威④。簡言之，當某事物成爲這種狀態的公衆見解的對象時，每個個人對公衆見解的表象從它的起源處獲得了作用力，甚至那些不順從它的人也受到了作用力的影響。公衆見解傾向於排斥與之牴觸的表象，使之保持在一定距離之處；另一方面，它指揮那些能夠實現它的行爲，它這樣做，並不是通過物質威迫或這類威迫對心智的影響，而是通過它所包含的心理能量的簡單幅射。它的功效只來自於它的心理特性，這就是道德權威的標誌。所以，基本上屬於社會事物的公衆見解即是權威的來源，甚至可以設想，是否一切權威都來自公衆見解⑤。也許有人會持異議，認爲科學往往是公衆見解的敵手，它對抗並糾正公衆見解的謬誤。但是，如果科學沒有足夠的權威就無法勝任這一任務，而科學卻只能從公衆見解本身來獲取權威。如果一個民族對於科學並無信念，那麼世界上的一切科學示範都不會在他們心中產生任何影響。即使

239

在今天，如果科學碰巧與一股非常強大的公眾見解潮流相逆，那麼科學就有喪失其聲望的危險⑥。

既然社會壓力以精神方式施加給人們，那麼它就不可能不使人們感到在他們之外存在著他們所依賴的一種或幾種道德的同時是有效的威力。他們必定把這些威力看成——至少是部分地——在他們自己之外，因爲這些威力以命令的口吻在說話，有時甚至命令他們違抗自己最自然的嗜好。誠然，如果人們能夠看到自己感覺到這些影響來社會，那麼對此進行詮釋的神話系統就不會誕生了。但是，社會作用的方式過於迂迴和模糊，所使用的心理手法又過於複雜，所以普通的觀察者無法看到它是怎麼出現的。只要人們尚未掌握科學的分析，他們就只知道自己被作用，而不知道被誰作用。所以他們必定自己創造了關於他們覺得與之有關係的那些威力的觀念，我們可以由此瞥見他們是如何被導致用實際上與其本質不相干的形式來象徵這些威力並通過想像而使之神聖化的。

但是，一個神不但是我們服從的權威，而且是我們的意志力所依賴的力量。服從於神，並且相信神與他同在的人就會信賴地和充滿激情地看待世界。同樣地，社會作用並不只限於要求我們犧牲、窮困和盡力。因爲集體力量不是完全處於我們之外，它不是完全從外界作用於我們；鑑於社會只可能存在於個人意識之中以及通過個人意識而存在⑦，這種集體力量肯定也在我們內心滲透和組織自己；它就這樣成了人的一個主要部分，正因爲如此，這股力量被昇華和誇張了。

在有些情況下，這種給人以力量和生氣的社會作用尤其明顯。在一個由公共熱情激發起來的集會中，我們變得易於行動和動感情，而我們憑藉自己的力量卻無法達到這一點。當集會解散，我們獨處時，就又回到了普通的水平，那麼我們就能測知自己曾

240

經升到了什麼高度。歷史上大量存在這類例子。想一下一七八九年八月四日之夜就夠了，當時一次會議就突然導致了一個犧牲和權利放棄的法令，會議的每個成員在前一天還拒絕這樣做，而在後一天又都對此舉動驚訝不已⑧。這就是爲什麼一切政治的、經濟的或宗教的黨派都小心地定期聚會，其成員在此場合可以共同地表明他們的信仰而重新激活之。爲了加強這種感情──如果聽任不管，它會很快削弱──只要把具有這種感情的人聚集在一起，並使之互相建立更爲密切和積極的關係就夠了。這就解釋了爲什麼一個人在對一幫人說話時會有一種特殊態度──至少當他與這夥人溝通心靈後就會有這種態度。他的語言是誇張的，而這在平常情況下是很可笑的；他的姿勢顯示，某種主宰氣概；他的思想對於一切規定都不耐煩，輕易地陷入了種種過激狀態。這是因爲他感到自己體內有一股不平常的過量供給的力，這股力氾濫起來並要爆發出來；有時他甚至感到被一股比自己更偉大的精神力量主宰著，自己僅僅是它的翻譯者；正是通過這一特徵，我們才能辨認出常常被人稱爲演說靈感的魔鬼是什麼東西。而這種力量的異常強化是非常實在的；它來自他演說的群體。他的言語激起的感情返回到了他自己的身上，只是它被放大了，因爲加強了他自己的感情。他引發的感情能量在其體內產生反響，並且刺激了他生氣勃勃的語調。現在不再是單獨一個人在講話了，而是一個具體化和人格化的群體在說話了。

除了這些偶然和間歇性的狀況外，還有一種更爲持久的情況，在此情況下，社會的這種強化影響使人感到它更重要、更傑出。有的歷史時期，在某種集體大震盪的影響下，社會的相互作用更趨頻繁和積極。人們互相期待，並且比以往更多地聚會。這樣就產生了普遍的興奮，革命性或創造性時代是它的特色。而這一更大的活力來自個人力量的普遍刺激。人們看到了比正常時代更多和更不相同的東西。這不僅是色調和程度的變化，人也變得

兩樣了。他們被強烈的熱情鼓動著，以至於只能用暴力和無節制
的行動、超人英雄主義或血腥野蠻的行動來使自己得到滿足。這
就解釋了諸如十字軍戰爭⑨或者法國大革命中許多崇高或者野蠻
的場面⑩。在普遍興奮的影響下，我們看到最平庸和最無惡意的
資產階級也變成英雄或者屠夫了⑪。所有這些心理過程——它們
基本上也是宗教的心理過程——是如此清楚，以致個人經常能生
動地描繪出自己以明確的宗教形式對之屈服的這種壓力。十字軍
戰士相信，上帝存在於他們之中，與他們一起征服聖地；貞德認
爲她是在服從天國的召喚⑫。

但是，社會的刺激作用不僅是在異常的環境中才使自己被人
感覺到；在我們的生活中每時每刻都有某種能量從外界流入我們
體內。一個盡了職的人在其同事對他表達的各種方式的敬意和仰
慕面前，就會產生一種平時從未注意到的舒適感覺，這種感覺鼓
舞了他。社會對他的感情使之對自己產生了同樣的感情。因爲他
與其同伴們在心理上是一致的，所以他在行動中有了更大的信
心、勇氣和膽量，就像信徒認爲自己感到神仁慈地關心自己一樣。
於是就產生了所謂的精神活力的永恆食糧。既然這種精神活力隨
著形形色色外界條件——例如我們與周圍群體關係的親疏之分以
及這些群體本身的相互差別——而異，那麼我們就不可能不感到
這種精神支持取決於外界原因；但是我們卻察覺不出原因在何處
以及是什麼。所以我們通常以道德威力的形式來想像它。這一道
德威力雖然固有在我們體內，但卻代表了我們體內的某種不屬於
我們的事物：這即是道德心。順便提一下，人們對於它，除了借
助於宗教符號外，從未有過哪怕是稍微清晰的表象。

除了這些不斷振奮我們的自由力量外，還有一些固定在我們
所用方法和傳統之中的力量。我們操著並非我們創造的語言，使
用著並非我們發明的器具，求助於並非我們奠定的權利，知識寶
庫傳給並未建立它的每一代等等。我們依靠社會而獲得了種種文

243 明利益，即使我們通常看不到從哪兒獲得了它們，那麼也至少知道這不是我們自己的作品。而使人類在衆多事物中取得地位的正是這些事物；人之所以是人，只是因爲他是文明的。所以人不可避免地會感到在他之外存在著賦予他特性的各種動因，它們做爲仁慈的威力幫助他、庇護他和確保他具特權的命運。當然，他肯定把一種與威力導致的美好事物的偉大價值相應的崇敬給予了這些威力⑬。

於是，在我們看來，生活環境中似乎居住著一些和我們有關的旣專橫又有益，旣威嚴又仁慈的力量。旣然它們對我們施加著意識得到的壓力，那麼我們就被迫將它們置於我們之外，正如我們對待知覺的客觀原因一樣。但是，內心激起的感情的性質不同於對簡單可見客體的感情。只要後者仍然如普通經驗那樣顯示出經驗主義特徵以及宗教想像還沒有使之改變性質，那麼我們對它們就沒有類似崇敬的感情，而它們也就不包含能使我們昇華到自己之上的任何東西。因此，我們對它們的表象就似乎與集體影響所導致的表象迥然不同了。這是我們意識中兩種各有特色的心理狀態，就如它們相應的兩種生活形式一樣。因此我們獲得了這樣的印象：我們是在和兩類不同的實體發生關係，它們之間有著清楚的區別界線，一側是凡俗事物的世界，另一側是神聖事物的世界。

我們也看到，過去和現在社會都在不斷地從普通事物中創造神聖事物。如果社會寵愛一個人，認爲他有一種使之感動的基本激情和滿足激情的手段，那麼它就會把此人擡舉到別人之上，使243之神化。公衆見解便將賦予他庇護衆神的莊嚴。被時代信賴的許多君主即使不被奉爲神，也至少被看做神的直接代表。顯然，社會是這些形形色色神化的唯一作者，因爲它經常有機會神化這些按其本身成就來說是無權成爲神的人。人們激發的具有高度社會功能的樸素崇敬和宗教崇敬並無區別。它們的表達方式相同：對

崇高的角色保持一定距離；只有採取預防措施後才能接近之；和
他交談時必須使用不同於普通人的姿勢和語言。人們在這種場合
所產生的感情與宗教感情密切相關，以致許多人都混淆了這二
者。爲了解釋這種對於王公、貴族和政治首腦的看法，人們賦予
了他們一種神聖的特性。例如，在美拉尼西亞和波里尼西亞，據
說影響的人物擁有馬納，其影響即來自馬納⑭。然而，他的地位顯
然是出於公衆見解所賦予的重要性。所以，公衆見解授予的道德
威力和神聖事物擁有的精神威力歸根結柢同出一源，並由相同成
分構成。這就是一個單詞兼稱二者的原因。

社會神化的除了人類之外還有事物，尤其是思想觀念。如果
一個民族全體一致地共有一種信仰，那麼由於上文已指出的原
因，人們就不得觸犯這一信仰，亦即不得否認它或與之爭辯。而
禁止批評和禁止其他事物一樣，證明了某種神聖事物的存在。即
使在今天，儘管我們都認爲自由極其偉大，但是完全否認進步或
者嘲笑現代社會所依賴的人類理想的人，也會犯下瀆聖罪。至少
有一條原則是：最熱衷於自由探討一切的人，想把它置於討論之
外並看成不可觸犯亦即神聖的，這就是自由探討原則本身。

社會把自己打扮成神或者創造神的能力在法國大革命的最初
幾年中體現得最爲明顯。在此期間，在普遍激情的影響下，純粹
世俗性質的事物都被公衆見解轉化成了神聖事物：它們是祖國、
自由、理性⑮。一個宗教趨向於確立，它有自己的教義⑯、象徵⑰、
祭壇⑱和節日⑲，對於理性和上帝的崇拜就是試圖正式滿足這些
自發的激情。誠然，這種宗教革新只是一個很短暫的時期。但那
是因爲最初灌輸給群衆的愛國熱情很快地鬆懈了⑳。原因既已過
去，結果也就不再存在。但是這一短暫的經歷卻完全保留了其社
會學意義。在特定的環境下，我們仍會看到社會及其基本觀念直
接和毫無改變地成爲名副其實的崇拜對象。

所有這些事例使我們看到氏族爲什麼能使其成員產生如下觀

245

念：在他們之外存在著既主宰又激勵他們的力量，總之，即宗教力量，因為沒有其他社會比氏族與原始人保持更為直接和密切的關係了。原始人與部落的聯結紐帶要鬆弛得多，人們對它的感覺也要微弱得多。雖然與部落的關係對原始人來說絕不是奇怪和陌生的，但是他與本氏族的人才有最多的共同事物；他最直接感覺到的是氏族群體的作用；所以，是優先於任何其他群體的氏族才應該用宗教符號＊來表達自己。

但是第一種解釋太一般化了，它可以毫無區別地運用於每一種社會，因而運用於每一種宗教。我們將確切地確定這一集體作用在氏族中所取的形式以及它是如何引起神聖感覺的。在氏族中可以更容易地觀察到這種集體作用，即——其作用結果體現得更為明顯。

246

3

澳大利亞社會的生活交替經歷兩段不同的時期㉑。有時候人群分裂成若干小群體，各自獨立地在佔領地內遊蕩；每個家庭都依靠自己生活、打獵、捕魚，簡言之，以力所能及的一切手段來獲取必不可少的食品。有時候則相反，人群集中聚會在指定的地點，歷時數日至數月不等。當一個氏族或者部落㉒被召集時就出現了這種集中，他們在這裡舉行宗教典禮，或者用通常的民族誌語言來說，舉行所謂的大集合(corrobbori)㉓。

這兩個時期形成鮮明的對照。在前一個時期中，經濟活動是壓倒一切的，它通常只有適中的感情烈度。採集穀物或食用莖草，或者狩獵捕魚，這些事務都不足以煽動異常活躍的熱情㉔。社會所處的分散環境導致社會生活的單調、憂鬱和枯燥㉕。但是舉行大集

＊原文 Symbol 這裡譯做「符號」；書中其他地方——也譯做「象徵」。
　　——譯者

會時則一切都改變了。既然原始人的熱情機能只是不完全地受制
於理智，所以他們很容易喪失對自己的控制。佳何稍微重要的事
件都會使原始人完全脫離自我，他如果獲得了一條好消息就會立
刻欣喜若狂。反之，他會像瘋子一樣東奔西跑，埋頭於各種各樣
無節制的活動，哭、叫、在塵土中打滾、隨地摔倒、咬自己、狂
怒地揮舞手臂等等㉖。集中本身就起著強烈興奮劑的作用。他們一　247
旦聚會，就有一股因集合而形成的電力使他們處於極度興奮之
中。人們表達的每種感情都絲毫無阻地進入到對外界印象非常敞
開的每個人內心；人人都使別人產生反響以及自己對別人產生反
響。最初的衝動就這樣進行著，並且逐步增強，猶如雪崩之不斷
增強一樣。這種擺脫一切控制的激情不可能不爆發出來，到處只
見狂暴的動作、呼喊、眞正的嘷叫以及種種震耳欲聾的嘈雜聲，
這有助於進一步強化其體現的心理狀態。由於集體感情只有在遵
守一定秩序──使配合和一致動作成爲可能的秩序──的情況下
才能表達出來，所以這些姿勢和呼喊便會自然地趨向於有節奏和
有規律，接著變成了歌曲和舞蹈。但是在採取較有規律的形式時，
它們絲毫沒有喪失其自然的狂暴；有規律的喧鬧仍然是喧鬧。人
類的聲音已不足以擔當此任，於是便利用人工方法加強之：互相
發射飛去來器以及旋轉牛吼器。這些在澳大利亞宗敎典禮中使用
得很普通的法器，最初可能是用來適當地表達人們的激動的。人
們在表達它的同時又加強了它。這種興奮往往達到出現駭人聽聞
行爲的程度。沒有任何東西可以抑制住人們釋放出的強烈熱情。
他們遠離了平時的生活環境，並且是那麼徹底意識到了這點，以
至於覺得必須使自己超脫於平時的道德之外。兩性結合違反了控
制性關係的規定。男人們互相交換妻子。有時候甚至一齊亂倫，
這在平時雖然十分可厭，並會遭到嚴厲懲罰，但在此時卻可以公
開性交而不受處罰㉗。如果我們再告訴讀者，這種典禮通常是在點
點火光刺破黑暗的夜間舉行，那麼我們就更容易想像出這種場面　248

會在與會者心中產生什麼影響。人們這種肉體的心理狂暴超興奮
無法維持很久，最後，扮演主角的演員們都精疲力盡地倒在地上
㉘。

　　爲了具體說明這一必然是概要的圖畫，讓我們再描述一些取
自史賓塞和吉倫書中的場景。

　　瓦拉蒙加部落中最重要的宗教典禮之一是關於蛇窩龍瓜
(Wollunqua)的典禮。它由持續好幾天的系列典禮組成。第四天出
現了下述場面。

　　按瓦拉蒙加部落的通用禮儀，兩個宗教分族分支的代表都要
參加，一方爲主祭者，另一方則爲準備者和輔助者。只有伍盧魯
(Uluuru)宗教分支的成員才有資格執行儀式，而金吉利(Kingilli)
宗教分支的人則爲演員打扮，準備好場地和法器，並充任聽衆角
色。他們負責在事先用潮濕的泥沙製成一種土墩，土墩上用紅色
絨毛標誌出一個圖案，象徵窩龍瓜。眞正的典禮要到黃昏以後才
開始。將近十或十一點鐘，伍盧魯和金吉利的男人來到場地，坐
在土墩上唱歌。每個人顯然都很興奮。稍稍入夜，伍盧魯人便把
妻子帶來，交給金吉利人㉙，金吉利男人便與之交合。此後便帶入
新成年的青年，向他們詳細解釋整個典禮。歌聲毫無間斷地持續
至凌晨三點鐘，接著便出現了最野蠻的興奮場面。火把照亮各處，
潔白的橡膠樹在周圍的黑暗中顯得格外醒目，伍盧魯人在土墩旁
並排跪下，旋即爬起來繞著土墩轉，他們的動作一致，雙手放在
大腿上，稍後又跪下，就這樣重複著這套動作。他們同時搖晃著
身體，忽右忽左，並伴著每一個動作而發出尖厲的喊聲，一種名
副其實的嚎叫：「喲唏！喲唏！喲唏！」同時，處於極度興奮狀
態中的金吉利人便發出飛去來器，首領比其部下更激動。伍盧魯
人的隊伍繞土墩二周後就不再下跪，而是又坐下唱歌；歌聲時而
消失時而突然響起。迨至黎明，大家都跳將起來；重新點燃已熄
的火，被金吉利人刺激的伍盧魯人用飛去來器和棍棒猛烈攻擊土

墩，片刻之間土墩便成碎塊。火熄滅了，極度的寂靜又籠罩了那裡㉚。

同一考察者見到的更爲狂暴的場面是瓦拉蒙加人的有關火的典禮。

典禮始於黃昏，各種遊行隊伍、舞蹈和歌唱都用火炬擧行；普遍的興奮不斷高漲。在指定的時刻十二個助手人人手執一個大火炬，其中一人的火炬像把剌刀，他們衝入一群土著人中。對方用棍棒和標槍抵禦。隨後是一場全面的混戰。人們騰挪跳躍，不斷發出野蠻的叫喊聲；燃燒的火炬不斷崩落到人們的頭上和身上，到處是散落的火星。史賓塞和吉倫說：「煙霧、閃爍的火炬、散落四處的火星雨以及舞蹈和叫喊的衆人一起構成了一個眞正野蠻的場面，對此場面，是無法用言詞來表達適當想法」㉛。

可以想像，當一個人達到這種興奮狀態時，就再也認不出自己了。他會感到自己被一種外來威力控制著而至於神魂顛倒，其思想和行爲已迥異於平時，於是他自然會產生「不再是我」的印象了。他似乎覺得自己已成了一種新的生物：他佩戴的裝飾、臉上的面罩及其內心變化時出現的圖形在很大程度上有助於確定該新生物的性質。而他的同伴也同樣地感覺到了這種轉化，並且用呼喊、動作以及普遍的心態來表達這一感情，一切事情都表明他彷彿進入了一個與其原來生活世界迥異的特殊世界，一個充滿了控制著他和使之變質的極強力量的環境。像這樣的經驗，尤其是連續幾星期每天重複的經驗怎會不使他堅信存在著兩個異質的和不能類比的世界呢？一個是他過著疲乏的日常生活的世界；而他要進入另一個世界，就必須和使之興奮得發狂的非凡威力建立關係。前者是凡俗世界，後者是神聖世界。

所以，宗教觀念似乎正是源自這些興奮的社會環境以及這一興奮本身。下列事實肯定了興奮乃宗教觀念之源的理論：在澳大利亞，眞正的宗教活動幾乎全部在擧行集會的期間進行。誠然，

250

沒有一個民族的盛大崇拜典禮不是定期舉行的，在較先進的社會
中，更是天天祈禱或獻祭神祇，或者舉行禮儀活動。但在澳大利
亞則相反，除了氏族和部落的慶典儀式外，世俗事務幾乎充斥了
所有時間。當然，在世俗活動時期也確實保留了某些禁忌，不允
許隨便宰殺和食用圖騰動物，至少在禁忌仍維持最初活力的那些
地方是這樣；但是在此期間幾乎不舉行任何積極儀式和略具重要
性的典禮。這種典禮只在集合時舉行。澳大利亞的宗教生活相繼
經過完全寧靜的時期和超興奮的時期，而社會生活也以同樣的節
奏振動。這使得聯結二者的紐帶清楚地顯示出來，但在那些文明
民族中，則二者的相對連續性模糊了其間的關係。甚至有人會懷
疑這種對比性的破壞是否必然會解除了對前一形式的神聖性感
覺。集體生活由於幾乎全部集中在某些指定時期，所以能夠獲得
最大的感情烈度和功效，因此也就使得人們對其雙重生活和雙重
本性有了更為活躍的感情。

251

　　但是解釋還是不完全的。我們已經展示了氏族如何通過作用
於成員的方式而使之產生了有關外界力量主宰和激勵他們的觀
念；但是我們還必須知道，人們為什麼用圖騰形式即動植物形式
來思考這些力量。

　　這是因為這種動、植物已經把它的名字給予了氏族，充任了
它的表記。眾所周知的法則是：事物引起的感情自發地把依附於
象徵它們的符號。在我們看來，黑色是悲悼的符號；它也暗示了
憂傷的印象和觀念。這種感情的轉移僅僅是因為關於一件事物及
其符號觀念與我們的內心密切相連；結果，一方激發出來的感情
就傳染地擴展至另一方。在符號簡單、清晰和容易表達的情況下，
這種傳染（就一定程度上來說，它發生在任何場合）就更為完全
和顯著，而事情本身則鑑於其大小、組成部分的多少以及編排的
複雜性而難以被內心所掌握。因為我們不會把一個只能費力和混

亂象徵的抽象存在看成是感受到的強烈情感的根源。我們只有把它們與能生動地感受到其現實性的有形客體聯繫起來，才能解釋它們。如果事情本身不符合這一條件，那麼它即使確實導致了這些感情，也不能充當這些感情的基礎。於是就用一個符號取代它，並把激發出的感情與這個符號聯繫起來。它受到愛戴、懼怕和崇敬，受到我們的感謝；我們為了它而犧牲自己。為了旗幟而死的戰士實際是為了國家而死；但在他本人的意識中，旗幟處於首位。有時候符號甚至會直接決定行動。一面孤立的軍旗是否留在敵人手中與國家命運毫不相干，但是戰士卻寧可被殺也要奪回軍旗。他看不到這面旗子只是一個符號，它本身並無價值，不過是用以使人想起它所象徵的那個實體；但是它被看得宛如實體一般。

　　圖騰即是氏族的旗幟。所以很自然地，氏族在各人內心引起的印象應該依附於圖騰觀念而非氏族觀念：因為氏族是個十分複雜的實體，以致這種不發達的智力不可能清楚表達整個複雜統一體。況且，原始人甚至並未看到其印象來自群體。他們並不知道，許多人以同一方式共同生活會導致新能量的分解，從而使人人發生轉化。原始人所知的一切是，他高升到自我之上，過著迥異於平時的生活。他必然會把這和感覺與當做原因的外部客體聯繫起來。那麼他在周圍看到了什麼呢？到處吸引他注意和激發其想像力的事物是眾多的圖騰形象。它們是懷寧架和努通雅，是神聖事物的符號。它們是聚靈架和牛吼器，上面通常刻著具有有同樣涵義的組合線條。它們是遮在他身上各部位的帶有圖騰標記的裝飾物。這種圖形在各個地方以各種形式出現，怎麼會不在人們心中佔有突出的地位呢？它由於處於整個場景的中心，所以就成了象徵物。人們經驗的感情便依附在它上面，它是感情能依附的唯一有形客體。它持續地向人們內心輸入這些感情，甚至在集會解散後仍能激發它們。它被刻在崇拜法器、岩石以及圓盾等物體上，

252

所以比集會存在得更久。它永久地保存並復活人們所經驗的熱
情。一切發生的事情彷彿都由這種象徵物直接激發。把激發出的
感情歸因於它是更為自然的，因為既然感情是共有的，那麼它們
就只能和同樣是群體共有的事物聯繫起來。而圖騰表記即是符合
這一條件的唯一事物。它顯然是大家共有的。在典禮中，它是一
切敬意的中心。而當世代更替後，它仍然不變；它是社會生活中

253 的永恆成分。所以，人們感覺到並與之發生關係的那些神秘力量
似乎正是通過它發射出來的。於是人們就用氏族擁有其名的那些
生物和無生物的形狀來象徵這些力量了。

　　這點一旦確立，我們就能理解圖騰信仰中的一切基本點了。

　　既然宗教力只是集體和無個性特徵的氏族力量，既然人們內
心只能用圖騰形式來象徵它，那麼圖騰表記就宛如神的可見身體
了。因此，儀式設法激發和防止的那些仁慈而可怕的作用似乎正
是從它而來；崇拜儀式便也針對著它了。這就解釋了圖騰在一系
列神聖事物中佔據首位的原因。

　　氏族與任何其他社會一樣，其生命力只有賴於組成它的個人
意識。所以，如果被想像成結合在圖騰表記中的宗教力量顯得超
脫於個人之外並擁有一種超驗性，那麼它就像以圖騰為符號的氏
族一樣，只有依賴於組成它的個人才能被領悟；就這個意義而
言，它瀕臨著他們，他們必然這樣來象徵它。人們覺得這股力量
存在和活躍在他們體內，是它才使他們上升至高級生活中。這就
是為什麼人們相信自己體內包含著可以和圖騰本原類比的本原以
及賦予自己略低於圖騰表記所擁有的神聖特性。因為圖騰表記是
宗教生活的主要來源，人們清楚地知道自己只是間接地分享了
它，他們注意到了把自己送入神聖的那股力量不是其體內固有
的，而是來自外界。

　　但是鑑於另外的原因，圖騰種的動、植物則應擁有同樣的甚
至更高的神聖特性。如果圖騰本原正是氏族，那麼人們以圖騰表

記物質外形來想像的即是氏族；而這種外形就是氏族擁有其名的具體事物的外形。由於這一類似性，這些具體事物就不可能不激發出類似表記本身激發出的感情。既然後者是宗教崇拜的對象，那麼前者也會激起同樣的崇敬，從而顯得神聖起來。由於二者外形極其相像，所以土著人就不會不把同樣性質的力量歸因於它們。於是就禁止宰殺和食用圖騰動物，牠的肉被認為具有儀式所產生的積極功效；這是因為牠類似圖騰表記，也就是說圖騰表記是牠的形象。既然動物天然地比人更像圖騰表記，所以牠在神聖事物階層中就處於更高的地位。這兩種生物無疑有著密切的關係，他（牠）們分享同一本質：二者都是本原的化身。然而，由於本原本身被想像成動物形狀，所以動物就似乎能更加充分地體現圖騰本原。因此，如果人類把圖騰物看成弟兄，那麼它至少是哥哥[32]。

但是，即使圖騰本原更喜歡居於某種動物或植物體內，它也不會一直留在那兒。神聖特性是高度傳染性的[33]，它從圖騰擴散到與之或親或疏的每一件事物中去。圖騰動物激起的宗教感情傳感到做為牠食品的物質上以及生成和再生其血肉的物質上，傳感到和牠相像的事物上以及與之保持持久關係的種種事物上。這樣，亞圖騰就漸漸隸屬於圖騰而形成了原始分類法所表達的宇宙體系。最後，整個世界就按照每個部落的圖騰本原畫分了。

現在我們已能解釋歷史上宗教力量雙重性的起源以及它們兼具自然和人類性質、精神和物質性質的原因了。說它們是精神威力，是因為它們完全由這一精神存在（即集體）在其他精神存在（各個成員）內心引起的印象構成；這些精神威力不是體現了自然事物影響我們感覺的方式，而是體現了集體意識作用於個人意識的方式。它們的權威是社會對其成員的精神優勢的唯一形式。但是另一方面，既然它們被人以物質外形而想像，那麼它們就不可能不被認為與物質事物有密切關係[34]。所以它們主宰著兩個世

界。它們寄居在人體內，同時又是事物的生命本原。它們賦予人類心靈以活力，同時又使植物生長和動物繁殖。這種雙重性質使得宗教宛如蠕蟲一般：人類文明的一切先導萌芽都源於它。既然它可以包含一切實體：物質世界和精神世界，那麼驅動軀體和心靈的力量就都被人們以宗教形式來想像了。這就是爲什麼截然不同的思想方法和實踐措施——使得精神生活成爲可能的思想方法和實現措施（法律、道德、美術），以及用於物質生活的思想方法和實踐措施（自然科學、技術和實用科學）——都直接或間接地源自宗教㉟。

4

人們往往將最早的宗教概念歸因於人類與世界接觸時所產生的軟弱和依賴以及恐懼和苦悶的感覺。他們做爲夢魘的犧牲者（實際上他們自己是夢魘的製造者），認爲自己被懷有敵意和令人敬畏的威力包圍著，他們的儀式就是設想撫慰這些威力。現在我們已經證明，最初的宗教有著不同的起源。著名的套語 "Primus in orbe deos fecit timor"（世界上最初的神出於恐懼）絕不是經事實驗證的斷語。原始人並未將神看成陌生人、敵人或者是他們必須不惜代價以換取其好感的完全且必然的壞心眼生物；相反地，這些人更像是人類的朋友、親戚或天然庇護者。這些神名不就是人類稱呼圖騰種生物的名字嗎？儀式所供奉的威力並未被想像成高踞於人類之上並利用其優勢壓倒人類；恰恰相反，它非常接近人類，並且授予人類靠自己無法獲得的十分有用的威力。恐怕在歷史上神從來未像這一時期中那樣接近人類；這一時期，它存在充滿於人類周圍環境的事物中，並且部分地內在於人的自身。總之，做爲圖騰制度基礎的感情是愉快的信念而非恐怖壓抑的感覺。如果我們暫時不談喪儀（這是各宗教中的嚴肅方面），那麼我們會發現圖騰儀式是在歌曲、舞蹈和戲劇性的表演中舉行的。如

我們將看到，殘酷的贖罪甚爲罕見；即使成年禮的痛苦和強制傷殘也不屬於這類儀式。可怕和猜疑的神只是在後來的宗教進化中出現的。因爲原始社會並不是巨大的海中怪獸(Leviathan)，它用兇惡的威力壓倒人，並將他置於嚴格的訓練下㊱；人類自動投身於它們，毫不抵制。由於社會精神只由少量觀念和感情構成，所以它很容易成爲個人意識的完全化身。個人內心藏有整個社會靈魂；它是他的一部分，因此當他沈浸在這一靈魂所激發的衝動中時，他並未覺得自己是在屈服於強制力量，而是覺得自己正奔向其本性召喚他的地方㊲。

這種對宗教思想起源的理解方式避免了對公認爲最合格的古典理論的反對意見。

我們已經看到，生物學家和動物學家怎樣自以爲構想出了聖物觀念：聖物源自各種物理和生物現象在人類心中引起的感情。我們則證明了這種說法是不可能的，甚至是有些自我矛盾的。烏有只相當於烏有。物質世界使人產生的印象顯然不會超越這個世界的任何東西。來自可見的，就只能由可見的構成；我們不能用來自聽見的東西構成聽不見的東西。此後，在解釋神聖觀念如何形成的時候，大多數理論家都被迫認爲，人們在現實（諸如觀察所得現實）之上添加了一個不現實的世界，這個世界完全由在夢中擾亂其內心的幻想形象構成，或者由在迷人而欺詐的語言影響下的神話想像所經常產生的荒謬錯亂所構成。但仍然不能理解的是，爲什麼人類在這麼長的時期內依舊頑固地堅持著這些謬誤，因爲經驗會很快證明它們的虛假。

但是按我們的觀點來看，則這些困難都消失了。宗教不再是無法解釋的幻覺，它在現實中已有了立足點。我們可以說，當一個信徒認爲存著一種道德威力——他依賴於此，並從中獲得美好的一切——時，他並未受騙：因爲這一威力確實存在，它即是社會。當一個澳大利亞人超越了自我，感到體內有一種駭人烈度的

新生命在奔流時，他並未被幻覺愚弄；這種興奮是真實的，確實是超越和優於人的那種力量的作用結果。誠然，他把這種活力的增強看成是以動植物為外形的威力之結果確是錯誤的。但是，這一謬誤在於他只顧及了自己內心用以表達這一威力的符號的字面形式以及想像力給予威力的外觀，而沒有顧及威力的存在。在這些外形和比喻的背後有著一個具體而活生生的實在。於是宗教就獲得了一個內涵和合理性，就連最不妥協的理性主義者也不可能誤解它們。它的最初目的並不是給予人們對物質世界的象徵；因為如果這就是它的基本任務，那麼我們就無法理解它竟能存在下來：它在這方面至多是個謬誤的編織物。首先，它是一個觀念系統，每個人利用它來想像自己歸屬的那個社會以及他們與它的曖昧而親密的關係。這即是它最初的功能；這種表達雖然是隱喻和符號的，但它並不是不可信的。正相反，它用另一種形式說明了有待解釋的各關係中的一切基本點：因為「在我們之外存在著與我們共享並比我們更偉大的事物」這一概念乃是永恆的真理。

這就是為什麼我們在事先就能肯定，崇拜的儀式不管是什麼，總比毫無重要性的活動和毫無功效的姿勢來得強。正是由於它們的表面功能是加強信徒對神的依附關係，所以它們同時確實加強了個人對其歸屬社會的依附關係，因為神不過是社會的符號性表達。我們甚至能夠明白這樣包含在宗教中的基本真理為什麼能彌補它幾乎必然包含的次要謬誤，以及信徒們為什麼一直不與宗教分道揚鑣，而不管那些必然會來自謬誤的曲解。無可否認，它向人們推薦的用來作用於事物的秘方經常是無效的。但是這些挫折並無深遠影響，因為它們並不觸及宗教的原則⑧。

然而，可能有人會有異議：即使按照這一解釋，宗教也仍是某種譫狂的對象。經過集體興奮之後，人們認為自己已進入了一個與眼前截然不同的世界，對於這種狀態還能用什麼其他名字來稱呼呢？

　　毫無疑問，如果宗教生活不包含一種彷彿發狂的心理興奮就
不可能獲得一定程度的感情烈度。這就是爲什麼先知、宗教締造
者、偉大聖徒，簡言之，宗教意識異常敏感的那些人經常出現過
分神經質以至病態症狀，這些心理缺陷註定了他們要成爲偉大的
宗教人物。有人用同一方式解釋了禮儀用的麻醉飲料㉟。當然，這
並不是說強烈的宗教信仰必然是昏睡和精神錯亂的結果；但是，
由於經驗很快告訴人們，譫狂者和預言者的心理狀態十分相似，
所以他們就人爲地使前者興奮，以給後者造成機會。如果鑑於這
個道理，可以說宗教不是沒有一點譫狂的，那麼還必須補充道：
這種譫狂──如果它具有我們已歸諸它的那些原因的話──是有
充分根據的。構成譫狂的那些意象並不是如生物學家和動物學家
當做宗教基礎的那種幻覺，它們相應於某種現實事物。當然，它
們所表達的精神力量只有使人超脫自我，陷入可以稱之爲狂喜的
(ecstetic)狀態時才會強烈影響人們的心靈。這一「狂喜的」是以
其詞源意義使用的($\hat{e}\kappa\sigma\tau\alpha\sigma\iota$s)，但是並不是說這些精神力量就是
假想的，正相反，它們引起的心理激動正證明了其現實性。這又
一次證明了極度緊張的社會生活對於器官以及個人意識始終是一
種侵害，這干擾了它的正常功能。因此只能持續一段有限的時間
㊵。

　　此外，如果把譫狂一名給予每一種這樣的狀態：內心擴大了
來自感官的即時信息，並把自己的情感傾注入事物中，那麼幾乎
一切集體表象都是某種意義上的譫狂了；宗教信仰只是一個極其
一般法則的個別例子。在我們看來，整個社會環境中似乎充滿了
只在我們自己內心眞實存在的力量。我們知道在戰士看來旗子是
什麼，而旗子本身只是一片布。人的鮮血只是一種有機液體，但
是即使今天，我們看到它的流淌也會情不自禁地產生激動之情，
這是無法用其生理化學性能來解釋的。從物理觀點看，人不過是
個細胞系統，或者，從心理觀點來看，只不過是一個表象系統；

259

在兩種情況下，人與動物只有程度差別。但是社會仍然把人想像成──也強迫我們這麼做──擁有隔離自己的與眾不同的特性，與一切冒犯保持著一定距離；簡言之，把崇敬加給了人。在我們看來，把人單獨歸爲一類的這種尊貴似乎是人的特性之一，雖然我們在以經驗爲根據的人類本性中找不到任何東西來證明它的合理性。一張蓋銷的郵票可能值一筆財產；但是這一價值肯定不是包含在其天然特性之中。就某種意義上來說，我們對於外部世界的表象無疑只是一種幻覺的編織，因爲我們內心刻畫出的氣味、滋味和顏色並非眞正在那裡，或者至少不像我們所領會的那樣。然而，我們的嗅覺、味覺和視覺器官繼續與所想像的事物客觀狀態保持一致；它們用自己的方式把物質粒子或者以太波的屬性──它們肯定有自己的起源──表達成我們領情爲香、滋味或色彩的實質。集體表象經常把不以任何形式或不在任何程度上存在的一種品性歸諸它們所依附的事物。它們能從最普通的物體中創造出最強大的神聖物。

這樣賦予的威力雖然純粹是觀念的，但是它們仍像現實的一樣作用；它們與物質力量一樣必然地決定人們的行爲。阿隆塔人用聚靈架摩擦後覺得自己更強壯，而他確實強壯了。如果他吃了雖然衛生但對他是禁食的動物肉，那麼他就會有患病之感，並可能因此病死。戰士在保衛其旗幟而倒下去的時候，肯定不會認爲自己是爲了一片布而犧牲的。這都是因爲社會思想包含著強制性的權威，所以有著個人思想所絕不會有的功效；社會利用控制我們心靈的威力，迫使我們按照它的意願來看待事物；它根據情況的不同而擴大或縮小現實。這樣，就有了幾乎可以完全按字面意義應用觀念論套語的一個自然界區分：社會界。在這裡，觀念比在其他任何地方更現實。當然，即使在這種情況下，觀念論也必須做些修改。我們絕對無法避免二元性而完全脫離必然力：我們爲了表達觀念，就必須如上文所述，使它們依附於象徵它們的有

形事物。但是物質部分在此減小到了最低限度。用以維持觀念的客體還不能與觀念的上層建築類比，它消失在上層建築之下了，況且它在上層建築中也毫無價值。假譫狂就在於此，我們在這麼多集體表象的深處發現了它，它只是這個基本觀念論的一個形式④。所以，稱它為譫狂是不恰當的，因為這樣客觀化的觀念是有充分根據的，不是具有其寄居的有形物的性質，而是具有社會的性質。

261

現在我們能夠理解圖騰本原以及一般宗教力量為什麼會超出於它們寄居的那個客體之外了④。這是因為關於它的觀念，絕對不是由該客體對我們的感官或內心直接產生的印象構成的。宗教力量只是群體在其成員中激發起來的感情，並使之超出經驗它們的意識之外而具體化和客觀化。它們為了客觀化而依附的客體就這樣變得神聖了；但是任何客體都可能實現這種功能。原則上說，沒有天生註定要成為宗教力量的專門依附物，但也沒有必然不可能成為宗教力量的依附物④。每樣事物都取決於創造宗教觀念的感情確立在何處的客觀環境。所以，客體所擁有的神聖特性並不包含在客體的固有屬性中：它是加上去的。宗教事物的世界並不是以經驗為根據的自然界的一個特定方面；它是外加上去的。

最後，這種宗教概念使我們得以解釋導致大量神話和儀式的一個重要原則，它可以這樣闡述：神聖事物複分後，每一部分仍然等於其本身。換言之，就宗教思想來說，部分即是整體，部分具有同樣的威力和功效。殘缺的聖骨與完好的聖骨具有相同的功效。一滴鮮血和全部鮮血也具有同樣的活力本源。我們將會看到，靈魂可以分裂得幾乎與有機體中的器官或組織同樣多；每一部分靈魂都與整個靈魂同樣有價值。如果事物的神聖性來自其本身的體質屬性，那麼這一概念就不可理解了；因為在那種情況下，神聖性就應隨事物的大小而變化了。但是，如果事物擁有的功效並非事物固有，而是事物使心靈產生並具體化的某些感情，那麼事

物既然不必具有指定的大小才能扮演提醒者的角色，它的整體和
零件也就具有同樣價值了。既然部分會使我們想到整體，那麼它
就會像整體一樣激發出同樣的感情。旗幟的殘片就像整面旗幟一
樣象徵著祖國：它具有同樣方式和同樣程度的神聖物㊹。

5

　　這個圖騰制度理論即使能使我們解釋這一宗教最具特色的信
仰，但它所依據的一個事實卻尚未得到解釋。當圖騰（即氏族表
記）觀念形成以後，其他一切問題便迎刃而解了，但是我們仍須
探討一下這個觀念是如何形成的。這是一個雙重問題，可以再複
分成下列兩個問題：是什麼原因導致氏族去選擇表記？爲什麼從
動物界和植物界，尤其從動物界借用這些表記？

　　對於任何群體來說，一個表記可以做爲召集中心，這是無庸
贅言的。由於表記用物質形式來表達社會統一體，所以社會統一
體就更加引人注目了，正是鑑於這點，表記一旦被人想出來肯定
就迅速傳播開了。但是這一想法應該是自發地產生於共同的生活
環境中的；因爲表記不但是闡明社會所具感情的方便方法，而且
還能創造這種感情；它是社會的組成要素之一。

　　如果聽任個人意識自流，那麼它們就互相封閉；它們只有利
用表達其內心狀態的符號才能進行交流。如果它們之間的交流變
成了眞正的共享，也就是說，所有的個別感情都融合成了一個公
共感情，那麼表達它們的各個符號也肯定會融合成一個獨一無二
的合成物。這個合成物的外觀使每個人知道他們是一致的，並意
識到他們的精神統一體。他們對某一事物發出同樣的呼喊，唸誦
同一個詞彙或者做出同樣的姿勢，這樣，他們才成爲、感到一致。
誠然，個人表象也在有機體引起了重要的反應；然而可以認爲這
些個人表象和物理反應是脫離的，後者伴隨著前者，但不是前者
的組成部分。但是集體表象則完全是另一回事了。它們以心靈之

間的相互作用和反作用爲先決條件；它們是這些只能通過物質媒介表現出來的作用和反作用的產物。物質媒介不只限於揭示與它們相聯結的心靈狀態，它們也有助於創造心靈狀態。個人的心靈只有各自表現出來後才能進行相互間的接觸和交流；但是只有通過活動才能使心靈表現出來。所以，是這些活動的同質性才使群體意識到了自己，也就使之存在了。這種同質性一旦確立並且這些活動一旦採取了固定的形式，那麼它們就用以象徵相應的表象了。它們有助於形成表象，所以才象徵表象。

　　況且，如果沒有符號，社會感情的存在就不穩定。雖然只要人們匯聚在一起並互相影響，社會感情就會非常強烈，但在聚會結束後，這種感情就只成追憶了，如果聽任自流，它們就會不斷削弱；因爲群體不再存在和活躍，個人情緒就會佔上風。人群解散後，當時爆發的狂熱感情就會衰落和熄滅，人們會對自己曾經遠離正常性格而驚奇萬分。但是，如果表達這些感情的活動與某種持久的事物聯繫起來，感情就會隨之變得持久。這種事物不斷地把感情輸入人們心靈並激發之，彷彿原先的動因還在作用。於是，要使社會被意識到以及確保這一意識持續下去，標記體系始終是必不可少的。

　　所以，我們絕不能把這些在簡單物品上的符號看成各類標籤，這些標籤爲了易於操縱而把各種事實附加於表象之上，它們實際上是表象的一個主要部分。甚至集體感情依附於毫不相干事物的這一情況也不是純粹約定俗成的；它以約定俗成的形式說明了社會事實的一個眞正特性，即社會事實對於個人心理的超越。眾所周知，社會現象並非源自個人而是源自群體。不管我們在它們的起源中扮演了什麼角色，我們每個人都從外界接受了它們⑮。所以當我們把它們想像成從一個物質客體上發射出來的時候，我們並沒有完全誤解了其性質。當然，它們並非源自那個具體事物，但是它們起源於我們之外則是確實的。即使支持信徒的

264

精神力量並非來自他所祀奉的偶像或他所崇拜的表記，但它仍然來自他以外的地方，他對此甚爲清楚。精神力量符號的客觀性只是以另一種方式表現了它的外來性。

所以，社會生活的一切方面以及在其歷史上的每個時期內部只能通過一個龐大的符號系統來組成。物質表記和圖形表象（我們現在將重點研究）是這一符號系統的形式之一，此外還有許多形式。完全可用人或公式*來體現集體感情：有的公式是旗幟；同時還有眞實或者神話的人物，他們也是符號。但是還有一種表記，它構成了未經熟思的早期外觀，這即紋身。衆所周知的事實證明它是在某些條件下幾乎自發地產生的。當落後文化的人結合在一起共同生活時，他們出於一種天性，經常在身上畫繪或刺割，想以此證明他們的共同生活。按普羅科皮尤斯(Procopius)記載，早期的基督教徒在皮膚上印有基督的名字或十字架符號⑯；在相當長的時期內，赴巴勒斯坦的朝聖群體一直在手臂或手腕上刺有象徵十字架或 Christ（基督）花押字母的圖案⑰。據載，赴義大利聖地的朝聖者中流行這樣的習俗⑱。龍勃洛索(Lombroso)還記述了一個古怪的自發紋身例子：一座義大利學院中的二十個青年人在分手時以各種不同的形式在身上紋刺他們在一起度過的年頭⑲。這類情況也常見於同一兵營中的戰士、同一條船上的水手或者同一牢房裡的囚徒之中⑳。應該明白，特別是在思想方法仍然很不發達的情況下，紋身當是鞏固思想交流的最直接和最能表達感情的方式。向其他人證明自己是某群體成員的最好辦法是在身上做上特殊標記。這即是圖騰存在的原因，證據是：如上文已談及，圖騰圖形並非旨在復現事物外貌，而是旨在象徵。它由擁有全部約定俗成意義的各種線條和小點構成㉑。其目的不是想像一個確定的客體，而是要證明有一定數量的個人共同參與了同一精神生

265

＊原文 formulae，義爲用符號表達實際內容。——譯者

活。

　　此外，氏族社會比其他任何社會更不能沒有表記或符號，因此幾乎所有其他社會都不像它那樣缺乏聚合力。氏族不能以其首領來界定，因為即使它並不缺乏中央權威，這種權威也至少是不確定和不穩定的⑤。它也不能以其所據地區來界定，因為其人民做為遊牧人⑬，並不是緊緊依附於任何具體地點的。同時，由由族外婚的規定，夫妻肯定分屬不同圖騰；所以，只要在圖騰按母系遺傳──這種承襲體系現在仍然最為普遍⑭──的地方，孩子即使生活在父親身邊，所屬氏族也與他相異。因此，我們發現在每個家庭中都有幾個不同氏族的代表，在每個地區則比族代表更多。故而群體統一的可見性只體現在所有成員共同擁有的集體名字上，以及復現在該名所稱客體的集體表記上。氏族基本上即是擁有同一名字和會集在同一符號周圍的若干個人的聚合體。如果去掉了這個使之具體化的名字和符號，那麼就再也無法表達氏族了。既然群體的存在只能以此為條件，那麼這就解釋了圖騰表記制度以及它在群體中的作用。

266

　　還有一個問題是：為什麼這些名字和表記幾乎只取自動物界和植物界，尤其是動物界？

　　在我們看來，似乎表記的作用比名字更重要。不管怎樣，在今天的氏族生活中，書寫符號的地位仍然比口頭符號更重要。而表記性圖形的主要依據只可能見於容易用圖案表達的事物身上。另一方面，這些事物也只可能是氏族成員最直接和最習慣接觸的事物。動物極其符合這一條件。對於漁獵民族來說，動物乃是經濟環境的一個基本要素。在這個關係中，植物僅居次要地位，因為只要不是栽培的植物，它們就屬次要食品。此外，動物與人類生活的關係比植物更緊密，天然的親戚關係將這兩者聯結起來了。反之，太陽、月亮和星辰則過於遙遠了，它們的影響屬於另

一世界㊌。況且，只要天體尚未區別和分類，這布滿星星的蒼穹就不會提供足夠多清楚區別的事物來標誌一個部落的所有氏族和亞氏族；而與此相反的是，品種繁多的植物，尤其是動物，則幾乎用之不竭。因此，儘管天體多麼輝煌，並使人類產生鮮明印象，它們仍然不適宜扮演圖騰的角色，而動物和植物則似乎註定要承擔這一角色。

斯特雷洛的考察甚至使我們能夠明確地敍述圖騰表記的選擇方式。他注意到，圖騰中心通常位於群體圖騰動物大量聚集的山脈、泉水或峽谷處，他還引證了一些例子㊏。這些圖騰中心肯定是氏族舉行集會的神化之地。所以，似乎每個群體都把它的例會舉行地點附近常見的動物或植物做為其標誌㊐。

6

這一圖騰制度理論使得我們能夠解釋一個十分古怪的人類心理特性，它雖在以前更為突出，但是至今尚未消失，並且在人類思想史上有著相當的重要性。這一心理特徵還將提供一個機會來展示邏輯進化和宗教進化密切關係以及它們取決於社會的條件㊑。

如果今天有一個似乎是絕對肯定的真理，那麼這就是：事物之異不僅在於其外觀，而且在於其最基本屬性，例如，我們不能認為礦物、植物、動物以及人類是相等的和可互易的。長期的習慣——科學文化使之更牢固地留在我們心中——教導我們在各個物界之間設立了隔欄，進化論並未否認這些隔欄，因為進化論雖然認為生命源自無生命的物質，以及人類源自動物，但是它並非沒有認識到生物一旦形成就與無機物不同，以及人類與動物不同。在同一物界中，也有隔欄分隔各個類別：我們不會認為一種礦物與另一種礦物的特性完全相同，或者認為一種動物與另一種動物的特性完全相同。但是，在我們看來，這些區別顯然不是原

始的。在最初，一切物界都互相混淆。岩石有性別，它們具有生育能力；太陽、月亮和星辰是能感覺和表達人類感情的男人和女人；而人類則反而被認為是動物和植物。這種混淆狀況見於一切神話傳說的主要成分中。因此，神話中描繪的生物就出現了二元性；它們無法歸入任何確定的物群，因為它們同時參與最對立的物群。人們也傾向於認為它們能從一個物群進入另一物群；因為長期以來，人們相信自己能用這種變形來解釋事物的起源。

精靈崇拜論者賦予原始人的擬人本能，並不能解釋他們在混淆物類上顯示出來的心理狀態。實際上，這種混淆並非在於人類過分擴展了人類界，致使其他事物成為它的一部分，而是在於他們混淆了截然不同的物界。他們一方面用自己的形象想像世界，另一方面又用世界的形象想像自己，二者同時進行。他們使得人類要素成為其事物觀念的一部分，又使事物要素成為人類觀念的一部分。

但是，經驗中仍然沒有任何東西可以啟發這些聯繫和混淆。就感官觀察而言，萬物都相異而分離。我們在任何地方都看不到真正混淆品性和互相變形的生物。因此，必然有一種異常強大的動因參與了其間，把實體改變成看上去不像其實際的樣子。

這種變形的執行者便是宗教，宗教信仰用另一個世界取代了感官知覺到的世界。圖騰制度的情況清楚地展示這一點。該宗教的基本要點是：氏族的人和圖騰表記復現其外形的種種生物被認為是由同一本質構成。這個信仰一旦被認定，不同物界間的橋樑就已建立。人被想像成一種動物或植物；植物和動物則被視為人類的親戚，或者不如說，對於感官而言是迥異的一切事物都被認為參與了同一本質。這種混淆事物的顯著傾向，顯然是因為人類智力用以佔據世界的最初力量是由宗教構成的。由於它們由取自不同物界的要素構成，所以人們就想像出了最相異事物共有的一種本原，它具有獨一無二的本質。

　　但是我們還知道，這些宗教概念導源於確定的社會原因。由於氏族沒有名字和表記便不能存在，以及該表記始終在人們眼前，所以社會在其成員中激發出來的感情就依附在表記及其描繪的事物上了。於是人們就只能用做爲群體旗幟的這一事物的外形象徵他們感到其作用的集體力量了。所以在該力量的觀念中，截然不同的物界混合起來；就某種意義上說，它基本上是人類的，因爲它由人類的觀念和感情構成；但是它同時又不可能不顯露出與給予它外形的生物和無生物的密切關係。此外，這種動因並非圖騰制度獨有，它活躍在任何社會中。通常說來，集體感情只依附於物質客體才能被人意識到㊾；有鑑於此，它就分享了客體的本質，客體也分享了它的本質。所以，把起初顯得頗有區別的概念融合起來乃是社會的必然，社會生活利用它所決定的巨大精神興奮促進了這一融合㊿。這又一次證明了認識是一種社會功能，因爲邏輯認識所取的形式和態度是社會加給它的。

　　這種邏輯固然使我們感到很困窘，但我們仍得注意不能小看了它：儘管在我們看來它顯得很淺薄，但它對於人類智力的進化卻有著極重要的作用。事實上，早期人類是通過它才解釋了世界。當然，它所包含的心理習慣使人看不到感覺所展示的實體；但是感官所展示的就不能進行任何解釋。因爲解釋即是確立事物之間的相互關係，並使我們看清其相互作用以及如何按其本性中的內部法則而同步振動。但是，只能從外部理解事物的知覺，則絕無可能揭示事物的這些關係和內部紐帶；只有智力才能創造關於它們的概念。當我得知甲有規律地居於乙之前時，我的知識中增加了一個新資料；但是我的智力對於這個未展示原因的敍述並不滿意。只有當我有可能以某種方式想像乙，明白它並非與甲毫不相干，而是與之關係密切時，我才算是理解了。宗教對於思想的巨大幫助是：它們構想了事物之間可能存在的親密關係的第一個表象。在做這種嘗試時，取得的結果顯然是不可靠的。但是，不是

270

從未取得過明確的結論才始終需要重新考慮嗎？並且，嘗試比成功更重要。根本要點是不讓心靈盲從於可見外觀，而是要主宰這些外觀，並且把感官所分開的東西聯繫起來；因為，從人們產生「事物間有內在聯繫」的觀念時起，科學和哲學才成為可能。宗教為它們開闢了道路。這個觀念之所以能夠勝任這個角色，是因為它是一種社會事物。要給感官印象制訂一條法則，用表達現實的新方式來取代感官印象，就必須建立一個新思想：集體思想。只有集體思想才具有這種功效，因為要創造一個理念世界——經驗的現實世界通過它而變形——就必須有一種超興奮的智力力量，而這種智力力量只可能依賴社會而存在。

　　所以說，原始人的心理與我們的心理沒有關係是絕非真實的。我們的邏輯即源自這一邏輯。當代科學的解釋肯定是客觀的，因為它們更加有條理，並且建立在更為仔細核實過的考察基礎上，但是就本質上而言，它們與滿足原始思想的解釋是一致的。今天和從前一樣，所謂解釋，就是展示某件事物如何參與在另外一件或幾件事物中。有人說，神話意味著的這種參與違反了矛盾的原則，並與科學解釋意味的參與相對立⑥。說人是袋鼠或者太陽是鳥，不就是將二者完全等同起來嗎？但是，當我們說熱是運動或者光是以太的振動等等時，其思想方式無異於原始人。每當我們用內在紐帶統一異類詞彙時，就被迫認同相反的事物。當然，我們統一的詞彙與澳大利亞人的不同；我們按不同的標準和出於不同的原因而選擇這些詞彙；但是把它們聯繫起來的心理過程則無根本性區別。

271

　　誠然，就如有人認為的那樣，原始思想普遍和系統地無矛盾⑥，那麼它在這方面倒真是和現代思想公然牴觸了，後者是始終小心翼翼地使自己保持一致。但是，我們並不認為落後社會的智力特徵就是無與倫比地愛好模糊。即使原始人混淆了我們所區別的事物，他們也區別了我們所混淆的事物，他們甚至採用鮮明反對

物的形式來表達這種區別。分歸兩個宗教分支的兩類事物非但有
區別，甚至還有對立㊸。出於這一原因，澳大利亞人把太陽和白色
美冠鸚鵡合在一起，同時以黑色美冠鸚鵡與之對照。在他們看來，
這二者分屬兩類，其間並無共同之處。更爲明顯的對立存在於神
聖事物和凡俗事物之間。它們互相排斥和牴觸的力量是如此之
大，以致可以迫使內心同時想到它們。它們之互相排斥來自於意
識。

所以，在宗教思想邏輯和科學思想邏輯之間並無深淵。二者
由同樣的成分構成，雖然其發展的程度和方式都不一樣。宗教思
想邏輯的特殊之處，似乎在於它對過度混淆和鮮明對比的天然嗜
好。它在這兩方面都自發地過度了。當它聯繫事物時，它就混淆
272 之；當它區別事物時，它就對立之。它不懂得細微的差別和適中
的度量；它追求極端；結果它就笨拙地運用了邏輯方法，不過它
並未意識到這就是邏輯方法。

註　釋

①見上文，邊碼 124。

②皮克勒在上文提及的一本小書中已經以一種稍具辯證的方式表達了這樣的看法：圖騰基本上就是這樣。

③見我們的 *Division du travail social*，第 3 版，P.64 及以下諸頁。

④同上書，P.76。

⑤至少整個群體所承認的一切道德權威就是這種情況。

⑥我們希望這個以及下面的分析能消除對於我們思想的不確切詮譯產生了不只一個的誤解。由於我們論證了強制是使社會事實最易辨認並與個人心理事實相區別的外表符號，有人就以為我們的觀點是說物理強制是社會生活的基本事物。實際上我們始終認為這種強制只是純粹觀念的內在和深奧事實——即道德權威——的物質和外觀的表達。社會學問題——如果我們可以說一個社會學問題的話——在於在各種不同形式的外表強制中等求相應於它們的各種道德權威，以及發現決定道德權威的原因。我們在本書中探討這個特定問題的主要目的是發現一切宗教性事物中固有的特種道德權威產生時所取的形式以及構成它的成分。我們將看到，即使我們確實把社會壓力說成社會學現象的特徵之一，這也不意味著說它是唯一的特性。我們將要展示集體生活的另一方面，它幾乎與前一方面相對立，但儘管如此，它仍然是真實的（見下文，邊碼 243）。

⑦當然，這並不是說集體意識沒有自己的特徵（關於這點，見 Représentations individuells et representations collectives，載 *Revue de Métaphysique et de Morale*，1898 年，P.273 及以下諸頁）。

⑧辯論時間的長度和熱烈程度便證明了這一點，在辯論中以法律形式確定了集體熱情高漲時做出的決議。在教會中和貴族都有不只一人稱這著名的夜晚為盲從者之夜，或者，如里瓦羅爾所說，是三級會議的巴托羅繆之夜（見 Stoll：*Suggestion and Hypnotismus in de Völker psychologic*，第 2 版，P.618 註 2）。

⑨見 Stoll：前引書，P.353 及以下諸頁。

⑩同上書，P.619、P.635。

⑪同上書，P.622 及以下諸頁。

⑫恐懼和憂傷的感情能在同樣條件下發展和強化。如我們將看到，它們相當於宗教生活的截然不同的另一方面（本書第 3 篇，第 5 章）。

⑬這即是社會的另一方面，在專橫的同時又顯得善良仁慈。它主宰和幫助我們。如果我們用第一個而非第二個特性來界定社會，那麼這是因為前者更

易察覺，它已轉化成了外表的可見符號；但我們從未認爲要否認第二種特性（見我們的 *Règles de la Méthode Sociologique*，第 2 版前言，P.20 註 1）。

⑭Codrington：*The Melanesians*，P.50、P.103、P.120。通常也認爲，在波里尼西亞語言中 mana 一詞最初具有「權威」的意思（見 Tregear：*Maori Comparative Dictionary*，該詞條）。

⑮見 Albert Mathiez：*Les origins des cultes révolutionaires（1789～1792）*。

⑯同上書，P.24。

⑰同上書，P.29、P.32。

⑱同上書，P.30。

⑲同上書，P.46。

⑳見 Mathiez：*La Théophilanthropie et la Culte décadaire*，P.36。

㉑見 Spencer and Gillen：*Nor. Tr.*，P.33。

㉒例如，舉行與成年有關的典禮，並邀請外部落成員參加。一整套通訊和通訊員系統組織起來以供集會之用，若無這種通訊系統盛大典禮就無法舉行（見 Howitt：Notes on Australia Message-Sticks and Messagers，載 *J.A.I.*，1889 年；*Nat. Tr.*，P.83、PP.678～691；Spencer and Gillen：*Nat. Tr.*，P.159；*Not. Tr.*，P.551）。

㉓大集會不同於眞正的宗敎典禮，它是向婦女和未成年者開放的。但是即使這兩種體現有所區別，它們也仍是密切關聯的。

㉔當然，大圍獵的情況除外。

㉕史賓塞和吉倫說：「其生活中寧靜單調的一部分」（*Nat. Tr.*，P.33）。

㉖Howitt：*Nat. Tr.* P.683。他說的是遣往外群體的使者帶著好消息回到營地時所舉行遊行的情況。參看 Brough Smyth：I，P.138；Schuize，前引文，P.222。

㉗見 Spencer and Gillen：*Nat. Tr.*，P.96 及下頁；*Nat. Tr.*，P.137；Brough Smyth：II，P.319。這種儀式性的亂交尤其見於成年(Spencer and Giller：*Nat. Tr.*，P.267、P.381；Howitt：*Nat. Tr.*，P.657)和圖騰典禮中(*Nor. Tr.* P.267、P.381)。在後一典禮中，人們違反了通常的族外婚規定。有時候在阿隆塔部落中，父女、母子以及兄弟姊妹之間發生關係（即在存在血緣關係的情況下）仍然是被禁止的(*Nat. Tr.* P.96 及下頁)。

㉘Howitt：*Nat. Tr.* P.535、P.545。這種情況極爲普通。

㉙這些婦女本身就是金吉利人，所以這種交合與族外婚的規定是相悖的。

㉚*Nor. Tr.*，P.237。

㉛*Nor. Tr.*，P.391。宗敎典禮上的這種集體興奮的例子尚可見 *Nat. Tr.*，PP.244～246，PP.365～366，P.374，PP.509～510（最後的例子與喪儀有關）。

參看 *Not. Tr.*，P.213、P.351。

㉜所以我們看到，這一兄弟關係乃是圖騰制度合乎邏輯的結果，而不是它的基礎。人們並未想像對於圖騰動物的義務，因爲他們把它們看成是親戚，但是他們想像用親戚關係來解釋以它們爲對象的信仰和儀式的性質。動物被視爲人類親戚，是因爲它像人一樣是聖物，但它又未被人類做爲聖物對待，是因爲它只被視做親戚。

㉝見下文，第3篇，第1章，第3節。

㉞這一概念的深處有一種有根據和持久的感情。現代科學也日益傾向於承認，人和自然的二元性並不排斥他（它）們的統一，並承認物理力量和心理力量雖然有區別，但仍密切相關。毫無疑問，我們對於這種統一和關係的觀念與原始人的並不一樣，但是在這些不同符號的背後，二者所肯定的眞理卻相同。

㉟我們這種衍止有時是間搞的，是因爲在許多情況下工業方法是通過巫術媒介而源自宗教的（見 Hubert and Mauss：Théorie générale de la Magie，載 *Année Sociol.*，Ⅶ，P.144 及以下諸頁）；因爲如我們認爲的那樣，巫術力量只是特殊形式的宗教力量。我們將有機會再次談及這點。

㊱至少在原始人成年或完全成年後是這樣，因爲把年輕男子介紹入社會生活的成年禮是對他們的一種嚴格訓練。

㊲關於原始社會的這一獨特方面，見我們的 *Division du Travail Social*，第3版，P.123、P.149、P.179 及以下諸頁。

㊳我們暫時只限於這個一般說明，當我們談及儀式時（第3篇），將再來談這個觀念並提出更清楚的論據。

㊴關於這點，見 Achelis：*Die Ekstase*，Berlin，1902 年，尤見第1章。

㊵參看 Mauss：Essai sur les variations saisonnières des sociétés es-kimos，載 *Année Sociol.*，Ⅸ，P.127。

㊶於是，我們明白那些理論爲什麼是錯誤的了，它們像拉采爾(Ratzel)的地理唯物主義一樣（尤見其 *Politische Geographie*），設法從社會生活的物質基礎——經濟的或地區的——中導出整個社會生活。他們所犯的錯誤極爲類似。猶如莫茲利把個人的整個精神生活歸結爲只是其生理基礎的附帶現象一樣，他們試圖把群體的整個精神生活歸結爲它的物質基礎。但是他們忘記了，觀念是實體和力量，並且集體表象是比個人表象更強大、更活躍的力量。關於這點，見我們的 Représentation individuelles et rep-résentations collectives，載 *Revue de Métaphysique et de Marale*，1898年5月。

㊷見上文，邊碼 216、222。

㊸甚至排泄物也具有宗教特性。見 Preuss：*Der Ursprung der Religion und Kunst*，尤其見第2章，題爲'Der Zauber der Defäkation'，(*Globus*，LXXXVI，P.325 及以下諸頁)。

㊹這個原則已經過宗教而進入了巫術：它是煉金術士的「部分圖騰」(totem ex parte)。

㊺關於這點，見 *Règles de la méthode Sociologique*，P.5 及以下諸頁。

㊻Procopius of Gaza：*Commentarii in Isaiam*，P.496。

㊼見 Thévenot：*Voyage au Levant*，Paris，1689 年，P.638。在 1862 年左右仍有此類情況。

㊽Lacassagne：*Les Tatouages*，P.10。

㊾Lombroso：*L'homme criminel*，P.292。

㊿Lombroso：同上書，I，P.268、P.285、P.291 及下頁；Lacassagne：前引書，P.97。

(51)見上處，邊碼 149。

(52)關於首領的權威，見 Spencer and Gillen：*Nat. Tr.*，P.10；*Nor. Tr.*，P.25：Howitt；*Nat. Tr.*，P.295 及以下諸頁。

(53)至少在澳大利亞是這樣。在美洲，居民較普遍地定居；但美洲的氏族代表著相對先進的組織形式。

(54)為了確定這點，只要看一下托馬斯編排的圖表就行了：載 *Kinship and Marriage in Australia*，P.40。為了正確領悟這張圖表，我們得記住，作者出於我們所不知道的原因，把按父系遺傳的圖騰承襲體系擴展到了澳大利亞的西海岸，雖然我們幾乎毫無有關該地區部落的資料，況且，那個地區基本上是片沙漠。

(55)甚至澳大利亞人也往往把星辰看成是靈魂和神話人物的居地，如我們將在下一章中確認的那樣，這意味著人們將星體看成迥異於現實世界的另一個世界。

(56)前引書，I，P.4 及下頁；Schulze, *loc. cit.*，P.243。

(57)當然，應該懂得，如我們業已指出的那樣（見上文，邊碼 181），這種選擇並非全無群體間在一定程度上的正式協議，即每個群體取異於鄰人的表記。

(58)本節研究的心理狀態即是萊維—布律爾(Levy-Bruhl)稱之為（又譯為「互滲律」)(the law of participation)的那種心理狀態(*Les fonctions mentals dans les sociétés inférieures*，P.76 及以下諸頁)。這本著作問世時，我們下文的內容已撰寫完畢，並且未做更動就發表了。在此，我們只限於補充一些解釋，以展示我們在對事例的理解上與萊維—布律爾的不同之處。

(59)見上文邊碼 262。

(60)導致這種融合的另一個主要原因是宗教力量的極度感染性。宗教力量可以感染給它們力所能及的一切物體。所以單一的宗教力量便賦予種種事物以生命力，使之變得密切相關，因而分在一個組內。我們將再次談及這種感染性，展示它源自社會性的神聖觀念（詳見本書第 3 篇，第 1 章）。

(61)Lévy-Bruhl：前引書，P.77 及以下諸頁。
(62)同上書，P.79。
(63)見上文，邊碼 171。

第八章
靈魂觀念

273

　　在前面幾章裡我們研究了圖騰宗教的基本原理。我們已看到，其中沒有關於靈魂、精靈或神秘人格的觀念。但是，即使在圖騰制度（亦即一般的宗教思想）的基礎中沒有精神存在的觀念，卻仍然應該肯定，沒有一個宗教裡不伴有這種概念。所以，重要的是看看它是如何形成的。要確信它是次級形態產物，就必須發現它從更為基本的概念——我們剛才對此已做了敍述和解釋——中衍生出來的方式。

　　在形形色色的精神存在中，有一個應該首先引起我們的注意，因為它是其他精神物構想的原型（prototype）；這即是靈魂。

1

　　正因為沒有一個已知社會不存在宗教，所以沒有一處看不到一整套關於靈魂及其起源和命運的集體表象體系，儘管其組織是多麼粗淺。我們利用民族誌的資料判斷時，發現靈魂觀念似乎與人類本身同時產生，它似乎從一開始就擁有了系統闡述的一切基本特徵，它們被表達得如此完美，以至於更為先進的宗教和哲學的作用實際上只不過使之更加精練，而沒有補充任何真正基本性的東西。實際上，所有的澳大利亞社會都認為人人軀體中都隱藏著一個內在物，生命本原賦予其活力，它即是靈魂。誠然，在有些部落中婦女會成為這一普遍規律的例外，她們被認為沒有靈魂

274

①。如果道森(Dawson)的話可信，那麼在考察的諸部落中，幼兒也沒有靈魂②。這是這些的例外，並可能是晚期的情況③；而兒童無靈魂之說甚至十分可疑，很可能是錯誤地解釋了事例④。

要確定澳大利亞人的靈魂觀念並非易事，因為它相當模糊和游移不定，但是這不足為奇。如果詢問我們的同時代人——即使那些堅信靈魂存在的人——他們是如何想像靈魂的，那麼所得到的回答絕不會是一致和確切的。這是因為我們涉及的是一個夾雜了大量拙劣分析的印象的複雜概念，它的構成已經歷了漫長的歲月，雖然人類一直沒有意識到這一點。然而這一概念仍然有著最基本的——雖然往往是最矛盾的——特徵以界定自己。

某些事例說，靈魂的外觀和軀體一樣⑤。但是有時候它也被說成只有沙粒大小，它可以縮小到通過最小的縫隙和最精細的織物⑥。我們還應看到，它被描繪成動物的外貌。這表明靈魂的形狀是變幻無常和不確定⑦；它隨環境或神話及儀式的需要而異。構成它的本質同樣是模模糊糊的。它並非一無所有，因為它有形狀，儘管其形狀有多模糊。事實上，即使在這種生活中它也有物質需求：它吃，反之也可能被吃。有時候它離開軀體，在旅程中往往吃不相識的靈魂⑧。它一旦徹底脫離有機體後就過著完全類似於塵世的生活了；它吃、喝、打獵等等⑨。它在樹叢間飄游時發出的劈啪啦聲和沙沙聲就連世俗人的耳朵也能聽見⑩。但是據說俗人又看不見它⑪。固然，巫師或者老人擁有看見靈魂的功能，但這是靠著他們因年歲和專門訓練而獲得的特殊能力，這可以察覺到我們的感官所知覺不到的東西。據道森說，普通個人只有在夭折的前夕才享有這種特權。所以，這種準奇蹟的視覺被看成是不祥的兆頭。而不可見性卻被視為靈性的象徵。於是，人們把靈魂想像成了一定程度上的無形物，它不像軀體那樣影響人的感官，如塔利河畔(Tully River)的諸部落所說，它沒有骨頭⑫。為了調和這一切對立的特性，人們把靈魂想像成由無比稀薄和不可

捉摸的材料構成，就像以太一樣⑬，並類似於影子和呼吸⑭。

它與軀體有區別，並獨立於它，因爲在這段生活期間，它可以在任何時刻離開軀體。在軀體睡眠、被符咒鎭壓等時候它離開軀體⑮。它甚至可以離開一段時間而不致使軀體死亡；然而，在靈魂脫離的期間，生命削弱了，甚至如果靈魂不回來，生命就會停止⑯。但是，靈魂對於軀體的這種區別性和獨立性之最淸楚展示是在人死以後。當軀體不再存在，並且沒有絲毫遺跡留下時，靈魂卻繼續在另一個世界裡過著自主的生活。

但是，儘管這種二元性多麼確實，它卻不是絕對的。如果認爲軀體只是靈魂的寄居之所，靈魂與之只有外部關係，那就是嚴重曲解了。正相反，靈魂和軀體有著極爲緊密的關係；靈魂和軀體的分離並不完全，而且十分困難。我們已經看到，靈魂具有——至少能夠具有——軀體的外貌。因此，對於一方的傷害也就殃及另一方，軀體上的每個創傷都會傳給靈魂⑰。靈魂與有機體的生命是如此密切相關，以至於它隨同軀體一起生長或衰弱。這就是上年紀的人享有靑年所不得享有的特權的原因：他體內的宗教本原隨年歲的增長而獲得了更大的力量和功效。但當瀕臨老邁之年，不能再在涉及部落重大利益的盛大宗教典禮上發揮有用的作用時，他就不再受到崇敬。人們認爲軀體的衰弱會傳感給靈魂。旣然他不再擁有同樣的威力，也就不得再享受同樣的特權了⑱。

靈魂和軀體不但密切地聯合，而且還有部分的混合。正如靈魂裡有點軀體的東西（它有時復現其形狀）一樣，軀體裡也有點靈魂的東西。有機體的某些部位和生成物被認爲與靈魂有著特別密切的關係：諸如心臟、呼吸、胎盤⑲、血液⑳、影子㉑、肝臟、肝臟的脂肪，以及腎臟㉒等等。這些形形色色的有形基質不僅是靈魂的寄居之所，而且從外部看來，它們即是靈魂本身。鮮血流掉時，靈魂便隨之而去。靈魂不是存在於呼吸之中，它即是呼吸。靈魂和它寄居的那部分軀體即是同一事物。於是就出現了人有若

干靈魂的概念。靈魂由於分散在有機體的各個部分，所以就分裂成許多互不相干的零塊。每個器官都使自己包含的那部分靈魂個性化，它遂成了有特色的統一體。心臟的靈魂不能成爲呼吸或影子或胎盤的靈魂。它們儘管互相有關，但仍然互相有別，甚至各有不同名稱㉓。

　　此外，靈魂即使更專門地位於有機體的某一部位，也不是完全不存在於其他部位。靈魂程度不等地擴散至整個軀體，猶如喪儀所展示的那樣。最後的呼吸停止後，靈魂便出走了，彷彿利用了這一重獲自由的機會而隨意遊蕩，而且能在一瞬間返回它在任何地方的老家。儘管如此，它仍經常逗留在屍體附近；聯結二者的紐帶鬆弛了，但並未斷裂。需要有一整套專門儀式使靈魂徹底離去。人們用動作或含有意義的活動來請它離去㉔。爲了使它容易離去，道路敞開著，並安排好出口㉕。這是因爲靈魂尚未完全離開軀體，它與軀體的結合極爲緊密，以至於無法一下子脫離。於是就出現了常見的食人肉喪儀；死者的肉被食，是因爲它含有神聖本原，它是實際上的靈魂㉖。爲了將靈魂徹底驅出體外，人們把死者的肉消融掉，或者置於酷熱的太陽下㉗，或者利用人工的火煮㉘。於是靈魂就與這種液體分離了。但是即使乾枯的骨頭裡也仍保留著一部分靈魂，所以它們就被做爲聖物或者巫術法器㉙；或者，如果想讓它含有的本原完全自由，就把骨頭擊碎㉚。

　　當靈魂最後分離的時刻一到，它就自由地驅走了。不過，由於它生來與軀體緊密結合，所以只有在其狀態發生重大變化的情況下它才有可能脫離出去。它便有了一個新名字㉛。靈魂雖然保持了接受其活力的那人的一切特性：脾氣、優點和缺點，但它仍成了一個新生物。從那時起，它就開始了新的生存。

　　它來到亡靈之鄉。各部落對於亡靈之鄉的想像各不相同，有時候一個社會中也會並存著不同的概念。有的認爲它位於地下，每個圖騰群體在那裡都有一塊屬地。其地點似乎即在最初的氏族

創建祖先某時進入地下以及死後一直居住的那個處所。在地下世界中，死者也有相當於生者的地理安排。那裡太陽一直照耀，河水始終奔流，從不涸竭。這就是史賓塞和吉倫所載㉜中央諸部落，即阿隆塔㉝、瓦拉蒙加㉞等部落的概念。亦見於窩喬巴盧克部落㉟。在其他部落中，則認爲一切亡靈，無論屬於什麼圖騰，都生活在同一個地方，那裡不太確切地位於海外，在一座海島上㊱或一個湖泊之側㊲。最後，還有部落認爲靈魂是去了雲層以外的天上。道森說：「那是一塊樂土，袋鼠和種種野獸充斥各處，人們過著幸福的生活。靈魂在此再度聚會，互相招呼㊳。」這幅圖畫中的某些特色可能取自基督教傳教士的天堂㊴；但是靈魂——至少是某些靈魂——在人死後進入天堂的觀念顯然是當地固有的。因爲這也見於澳大利亞的其他地方㊵。

　　一般說來，一切靈魂的命運都相同，生活也一樣。然而，有時候其所受待遇則隨它們在人間的行爲而異。我們可以從中看到後來世界分成的兩個互相區別甚或對立的部分的最早輪廓。在生時的優秀人物，如獵人、戰士、舞師等人的靈魂不與其他普通人靈魂混居，它們有個專門地方㊶。有時候就位於天上㊷。斯特雷洛甚至說有個神話講惡人的靈魂是被可怕的精靈吞食和毀掉的㊸。不管怎樣，在澳大利亞，這些概念仍是很模糊的㊹；它們只是在更先進的社會(諸如美洲的社會)中才開始變得清晰和明確的㊺。

2

　　這即是有關靈魂及其命運的信仰，它們採取最原始的形式，並且簡約到了只有最基本的屬性。現在，我們必須解釋它們。是什麼原因使得人們想到他們由兩種存在構成，其中之一擁有我們列舉的那些具體特性？爲了找到這一問題的答案，讓我們首先看看原始人自己所談的這一精神本原的來源，如果我們對此進行較好的分析，那麼他們自己的概念就會引導我們找到答案。

279

280

我們將遵循自己的方法來研究已被特別精細地考察過的一組
已知社會中的這些概念；這些社會是中央澳大利亞的諸部落。我
們考察的地區雖然並不窄小，不過總覺有限。然而，我們有充分
理由認為，即使在澳大利亞以外，人們也以種種形式十分普遍地
持有同樣的概念。同時也應注意到，中央部落中的靈魂觀念和其
他部落並無特殊區別，各地靈魂觀的基本特性都相同。由於同樣
的結果只可能源自同樣的原因，所以我們完全可以認為，這個處
處一樣的觀念不可能在此源自某原因，在彼處又源自其他原因。
因此，我們歸諸靈魂觀念的起源——這是我們對各部落的研究成
果——同樣適用於其他部落。這些部落將給予我們一個實驗的機
會，就像每一個做得出色的實驗一樣，這些實驗的結果是能夠普
遍化的。澳大利亞文明的同質性本身就足以證明這一歸納是正確
的；但是我們此後還要用採自澳大利亞和美洲的其他民族的事例
來仔細謹慎地證實它。

由於將做為我們論證依據的那些概念被人以不同措詞所報導
（以史賓塞和吉倫為一方；斯特雷洛為另一方），所以我們必須
依次敘述這些說法。當我們完全理解他們的轉述後，就能看到它
們之相異僅在於形式而非實質，它們都具有社會學意義。

按史賓塞和吉倫的說法，賦予每一代新生軀體以生命的靈魂
並不是專門和最初的創造物；所有部落都認為，有個指定的靈魂
世系，其靈魂數目一點也不能增加⑯，它們定期地去轉生。人死
後，寄居其中的靈魂就撤離了，並在喪儀完畢後前往亡靈之鄉；
但是經過一段時間後它又回來轉生，這種轉生即是懷孕和分娩的
原因。萬物之始，這些基本靈魂把生命賦予了氏族的創建祖先。
在想像力能夠達到的最早時代（即時間開始之時），有一些不源自
任何其他東西的生物，阿隆塔人稱它們為阿爾吉蘭加米杰納(Alt-
jirangamitjina)⑰，即自存物，永恆存在的東西；而按史賓塞和吉
倫，人們把這些神話生物的生活時期稱為阿爾徹林加(Alcheinga)

㊽。它們像今天的人一樣組織在圖騰氏族中，在旅行中消磨光陰，在此期間它們完成了一切驚人的事業，神話中便保留了這些業績的追憶。當這種地面世界生活的結束時刻到來時，它們就單獨或集體地進入地下。但是它們的靈魂永遠存在，它們是不朽的。這些靈魂甚至繼續經常出沒於前宿主結束存在的那些地方。此外，出於對它們的紀念，這些地方都具備了神聖性；俄克南尼基拉(oknanikilla)、氏族聚靈架的收藏聖所，還有種種圖騰崇拜中心都座落在這裡。當一個靈魂在聖所周圍徘徊並進入婦女體內時，便導致了懷孕和此後的分娩㊾。所以各人都被看成是某個已知祖先的新相貌：是這個祖先回到了新的軀體裡，並有了新外貌。那麼，這個祖先是什麼呢？

首先，它們擁有的威力遠遠超過今日人們的威力，甚至超過最受崇敬的老人和最傑出的巫師。我們今天談及它們的功效，猶如奇蹟一般：「它們能在地上、空中和地下旅行；只要其中任何一個在手臂的血管上開個口子，就能淹沒整個地區或者使得平原升高；它們能使高峻的山中突然出現水池，或者使深邃的峽谷橫貫山脈。在它們豎立聖柱（努通雅）的地方就會長出岩石或樹林做為標誌㊿。」它們使大地具有了今天的外貌。它們創造了一切生物，包括人類和動物。它們幾乎是神，所以其靈魂也具有了神聖特性。既然人類的靈魂就是在人體中轉生的這些祖先靈魂，那麼人類就也是神聖物了。

其次，這些祖先不是正確意義上的「人」，而是動物或植物，或者是以動、植物成分為主的混合物。史賓塞和吉倫說：「在土著人看來，生活在阿爾徹林加時代的祖先們與其同名動植物的關係極其密切，以至於一個袋鼠圖騰的阿爾徹林加人有時被說成人袋鼠，有時稱為袋鼠人。這種人類個體的本體往往隱匿在他起源的那種動植物中[51]。」它們的不朽靈魂必然具有同樣的性質；其中也是人類與動物的成分相混，並有一點後者主宰前者的傾向。所

282

以它們是由像圖騰本原一樣的基質構成的，因為我們知道，這種基質的特性就是二元性，並且把兩個物界綜合和混合於一身。

既然除了這些存在外再無其他靈魂，那麼我們就可以得出這樣的結論：通常說來，靈魂就是圖騰本原在各人體內的化身。靈魂的這種由來絲毫不令人吃驚。我們已經知道這一本原是每個氏族成員內在的。但是在滲透入個人體內後，它就必然會個性化。由於各人的意識（這一本原是意識的一個主要部分）互不相同，所以本原也就隨人而異；由於每人都有自己的相貌，所以各人體內的本原也有特殊外貌。當然，它仍然是人以外並且異於人的東西，但是每個人擁有的那部分本原不可能不與其寄居的主體建立密切關係；它在一定程度上屬於他了。於是就有了個矛盾的特性，它們的共存是靈魂觀念的特色之一。今天就如從前一樣，靈魂是我們體內最好和最奧妙的東西，並是我們的傑出部分；然而它仍是從外界來的過路客，它過的生活與軀體不一樣，並且遲早會重新獲得完全獨立。簡言之，正如社會只能依賴於個人而存在一樣，圖騰本原也只有依賴於個人意識——它們的聯合形成了氏族——而存在。如果人們感覺不到它，那麼它就不存在，是他們將它置入事物之中的。所以它必然分歸入這些事物中。它的每一碎片即是一個靈魂。

見於中部許多社會中的一個神話——只是上述諸神話中的一個特殊形式——更好地展示了圖騰本原確實是構成靈魂觀念的素材。在這些部落中，傳說所描述的各氏族的起原不是許多祖先，而是兩個⑤甚至一個祖先⑤。這個獨一無二的生物體內含有全部圖騰本原，因為在那時沒有其他事物可供這個本原傳感。而按照同一傳說，一切存在的人類靈魂——包括正賦予人們生命的靈魂以及目前不用而保存著以備今後使用的靈魂——都源自這個獨一無二的角色；它們由它的基質構成。它在地面上旅行或來回晃動時，就使得這些基質脫離了它的軀體，並把它們移植到他經過的

各個地方。這不就是用象徵方式說出了它們是圖騰神的一部分嗎？

　　但是這個結論是以剛才談及的那些部落承認轉生說(the doctrine of reincarnation)爲前提的。而按斯特雷洛之說，則阿隆塔人不知轉生說，這個社會是史賓塞和吉倫研究得最長最好的。如果兩個考察者對於這個事例竟誤解到如此程度，那麼他們的整個理論都將令人懷疑了。所以確定這一分歧的確切程度是很重要的。

　　按斯特雷洛的說法，靈魂經喪儀而完全脫離軀體後就不再轉生了。它前往亡靈之島，白天睡覺，晚上跳舞，直至重新回到人間。它返回活人之中，擔任年輕兒子們的守護神角色。如果其兒子已死，則保護已故父親撇下的孫子；他進入他們體內，幫助他們成長。就這樣，他在前家庭中待上一年或兩年，然後回到亡靈之鄉。隔了一段時間後，它再度來到人間做另一次逗留，不過這是最後一次了。時間一到，它就得啓程回去，並且再無返回的希望了；隨後，經過了種種事件（這些細節毋須談及）之後，便有一陣風暴襲擊它，在風暴中它會被一道閃電擊中。於是其經歷就完全結束了㉽。

　　所以，它是不能轉生的；因而懷孕和分娩也並非出於定期使新軀體開始新生活的靈魂轉生。誠然，斯特雷洛與史賓塞和吉倫一樣，聲稱在阿隆塔人看來，性交並非生育的決定性條件㊝，生育被看成是神秘作用的結果，但是這種說法與其他考察者的說法不一樣。懷孕是通過下述兩種方式中的某一種而發生的：

　　據信，阿爾徹林加(Alcheringa)時代㊞的一個祖先進入地下的那一地點有一塊石頭或一棵樹代表他的軀體。與這位已故英雄有著神秘關係的樹和石頭被稱爲南迦(nanja，按史賓塞和吉倫㊟；或者按斯特雷洛做 ngarra㊠)。有時候它是一個水坑。在這樣的每棵樹、每塊岩石和每個水坑中都生活著孩子胚胎，稱爲拉塔

帕(ratapa)⑤，它與相應的祖先同屬一個圖騰。例如，在代表袋鼠圖騰祖先的橡膠樹上的拉塔帕都以袋鼠為圖騰。如果一個婦女正好經過它，而她又是拉塔帕的母親所屬婚姻組的成員⑥，那麼其中之一便會經其臀部進入其體內。婦女因一種特殊疼痛而獲知這一作用，這便是她懷孕的第一個徵兆。這樣所懷的孩子的圖騰當然與孩子轉生前身上的寄居祖先的圖騰一樣了⑥。

在其他事例中，使用的程序則稍有不同：祖先本身親自作用。在一個確定時刻，他離開地下居所，用一種稱為那馬土納(namatuna)的特殊形式的小聚靈架⑥扔到過路婦女身上。這個聚靈架便進入婦女體內，並在那兒形成人形，而祖先則又消失在地下了⑥。

這兩種懷孕方式都被認為是經常使用的。孩子的外貌會揭示出懷孕方式，他的臉型是寬還是長則說明他是拉塔帕還是那馬土納的化身。除了這兩種得胎方式外，斯特雷洛還指出了第三種，然而這要罕見得多。祖先在其那馬土納進入婦女的體內後，自己也隨後跟入，自願新生。因此這種懷孕便是真正的祖先轉生了。但這是十分例外的，而且這樣誕生的人他日死後，賦予他生命的祖先靈魂也就離去了，猶如普通靈魂一般前往亡靈之島，並在那裡經過通常的耽擱後完全消失。那麼它就不再經歷進一步的轉生了⑥。

以上即是斯特雷洛的轉述⑥。按他的看法，他的轉述與史賓塞和吉倫的描述根本是對立的。但是實際上這僅是表達的字眼不同而已，我們覺得兩種轉述都是用稍異的形式表達了同一個神話主題。

首先，他們都同意，每種懷孕都是轉生的結果。只是按斯雷洛的說法，轉生的不是靈魂而是拉塔帕和那馬土納。但什麼是拉塔帕？斯特雷洛說那是一個完全的胚胎，由靈魂和軀體構成。但是靈魂總是以物質形式來表達的；它睡覺、跳舞、打獵、吃等等。

所以它也具有肉體成分。反之，普通人看不見拉塔帕，沒有人看
見它進入婦女體內⑥；這就等於說，它是由十分類似於靈魂的材
料構成的。於是，似乎就不大可能在這方面清楚區別二者。實際
上，它們顯然是按同一原型想像出來的神話生物。舒爾茨稱它們
為孩子的靈魂⑥。況且拉塔帕恰如靈魂一樣，和以聖樹或聖石做爲
物質化外形的祖先保持著密切關係。它與這位祖先同屬一個圖
騰、一個宗族分支和一個婚姻組⑧。它在部落社會組織中的地位即
是該祖先在以前擁有的地位。它有著同樣的名字⑥，這證明了這兩
個個體至少有著極其密切的關係。

然而，還不止於此；這種關係甚至達到完全等同的地步。事
實上，拉塔帕是在祖先的神秘軀體上形成的；它猶如軀體的分遣部
分一樣源自它。所以拉塔帕確實是祖先的一部分，它進入母親的
子宮，成爲其孩子。於是我們再來看史賓塞和吉倫的概念：生育
來自祖先的轉生。當然，轉生的不是個人而只是來自其發射物。
但是這一差異只有次要的意義，因爲一個神聖事物分裂和複製自
己後，其一切基本特性又都見於其分裂成的各碎片中。所以，阿
爾徹林加祖先確實是完整地存在於變成拉塔帕的各部分中的⑩。

斯特雷洛區別的第二種概念模式也具有同樣的意義。實際
上，聚靈架，尤其名爲那馬土納的特殊聚靈架被視爲祖先的化身；
按斯特雷洛⑪，那馬土納祖先的軀體，就如南迦樹是其軀體一樣。
換言之，祖先的個性、其聚靈架以及南迦樹都是神聖事物，它們
激發了同樣的宗教感情，它們都具有同樣的宗教價值。所以它們
從一種形式嬗變成另一種形式：在祖先失掉其聚靈架的地方，就
有神聖的樹或岩石自土中長出，就如他進入地下的那些地點的情
況一樣⑫。這就是阿爾徹林加時代的人物與其聚靈架的神話學等
值；因此，當前者把那馬土納投入婦女體內時，就彷彿自己也進
入了其體內。實際上，我們已經看到，他有時確實是繼那馬土納
之後而親自進去的；根據其他故事，他則是在那馬土納之前進去

288 的；可以說，他爲那馬土納開闢了道路⑬。這兩個主題並列地存於
神話完全證明了：一方僅僅是另一方的對偶物。

此外，無論以什麼方式懷孕，每個個人顯然都與阿爾徹林加
時代的某一祖先有著緊密的關係。首先，每人都有指定的祖先；
兩人不能共有一個祖先靈魂。換言之，阿爾徹林加時代的一個生
物絕沒有一個以上的活人代表⑭。而且，這個代表只是另一方的外
形。實際上，如我們已瞭解，祖先留下的聚靈架便表達了他的個
性；如果我們取斯特雷洛的解釋（它也許更令人滿意），那麼我們
可以說，聚靈架是祖先的軀體。而同一聚靈架以同樣方式與據信
在該祖先影響下被懷孕的個人相關聯，他就是祖先神秘作用的果
實。當年輕的成年者被導入氏族的聖所時，人們向他展示其祖先
的聚靈架，有人對他說：「你是這個軀體；你與它是同一事物。」
⑮於是，用斯特雷洛的話說，這個聚靈架就是「個人與其祖先的共
同軀體了⑯。」他們有了同樣的軀體，那麼他們的兩個個性至少在
一個方面是混同了。斯特雷洛清楚地認識到了這一點，因爲他進
一步說：「個人通過這個聚靈架和他的私人祖先統一在一起了
⑰。」

所以，在斯特雷洛和史賓塞與吉倫看來，都存在著一種位於
每個新生兒體內的神秘宗教本原；它從阿爾徹林加時代的一個祖
先那裡發射出來。正是這個本原形成了每個人的本質，亦即成了
它的靈魂，不管怎樣，靈魂都由同一材料和基質構成。我們只有
289 以這個基本事實爲基礎，才能確定靈魂觀念的性質和起源。而用
以表達靈魂觀念的各種比喻對於我們來說只具有次要的意義⑱。

斯特雷洛最近的考察絕不是與我們理論賴以爲基礎的論據牴
牾，而是爲確認它而提供了新的證據。我們的論證在於從祖先靈
魂的圖騰本質推斷出人類靈魂的圖騰本質，而人類靈魂則是祖先
靈魂的放射物和複製品。如今，斯特雷洛的一些新事例甚至比以
前我們自己掌握的事例更爲明確地展示了兩者的這一特性。首

先，斯特雷洛像史賓塞和吉倫一樣，堅持「把每個祖先與一樣動
物、植物或一個其他天然物聯結起來的密切關係。」他說：「某
些阿爾杰蘭加米杰納（即史賓塞和吉倫所說的阿爾徹林加時代的
人）會直接做為動物出現；另一些則以稍具動物形狀的面目出現
⑦。」即使現在，他們還是不斷地轉化成動物⑧。不管怎樣，無論
他們具有什麼外貌，「動物的專門和特殊的品性清楚地體現在他
們每個人身上。」例如，袋鼠氏族的祖先們猶如真袋鼠一樣地吃
草，並且在獵人面前逃跑；鴯鶓氏族的祖先則像鴯鶓一樣奔跑和
飲食⑧諸如此類。更有甚者，以某種植物為圖騰的祖先在其死後便
變成了這種植物⑧。此外，祖先與圖騰物的緊密關係被土著人十分
敏銳地感覺到，以致在他們的術語中也顯示出來。在阿隆塔部落
中，孩子把做為其第二圖騰的母方圖騰稱為阿爾杰拉(altjira)⑧。
由於最初按母系承襲，所以曾有一個時期每人除了其母親的圖騰
外就沒有其他圖騰了，這樣，「阿爾杰拉」一詞當時很可能是指稱
真正的圖騰。而它顯然就是義為「偉大祖先」的阿爾杰蘭加米杰
納(altjirangamitjina)一詞的一個組成部分⑧。

有時候，圖騰觀念與祖先觀念密切相關到似乎混淆的地步。
例如，在談過母方圖騰（即阿爾杰拉）後，斯特雷洛繼續說道：
「阿爾杰拉出現在土著人的睡夢中，並且給予他們警告，就像把
他們的情況告訴其入睡的朋友們一樣⑧。」這個親自說話並依附於
每個人的阿爾杰拉顯然是個祖先；它也是圖騰的化身。羅思書中
有一段談到向圖騰祈禱的文字，這肯定應該用這一涵義來解釋
⑧。所以，有時候圖騰似被想像成一群難以與祖先區別的理性生物
或神話人物。簡言之，祖先是圖騰的碎片⑧。

如果祖先是如此易於和圖騰存在混淆，那麼與祖先靈魂十分
近似的個人靈魂就不可能不與圖騰存在混淆了。況且，這正是每
個人與其聚靈架緊密結合的真正結果。我們知道，聚靈架實際上
象徵了據信生自它的個人的個性⑧；但它也表達了圖騰動物。教

290

化英雄芒迦孔葉孔雅(Mangakunjekunja)把私人圖騰給予袋鼠
氏族的每個成員時說：「這是袋鼠的軀體⑧。」於是聚靈架就既是
祖先的軀體，又是個人的軀體，又是圖騰動物的軀體了；因此，
按斯特雷洛合理而公正的說法，這三物便形成了「堅固的統一體。」
⑩它們是幾乎完全等同並可互易的三個名詞。這就差不多等於說
它們被視為同一實在的三個不同面向，這個實在由圖騰的獨特屬
性界定。它們的共同本質即是圖騰本質。語言本身表達了這種同
一性。拉塔帕(ratapa)一詞以及洛里特雅語言中的阿拉塔皮
(aratapi)都指稱來自祖先並變成小孩的神話胚胎；而同樣的詞
也用以指稱這個孩子的圖騰；孩子的圖騰由其母認為自己得胎的
地點來決定⑨。

3

迄今，我們只研究了中央澳大利亞各部落的轉生說法；因此
可能有人會指責我們推論的基礎過於狹窄。但是首先，鑑於我們
業已指出的原因，該實驗在我們直接考察的社會之外也能很好進
行。大量事例證明，同樣或類似的觀念見於澳大利亞絕大部分地
方，或者至少留有明顯的痕跡。它們甚至見於美洲。

豪伊特談及了南澳大利亞迪利人的這種概念⑫。莫拉—莫拉
(Mura-mura)一詞——加森把它譯成「善良精靈」，並認為它表達
了對創造之神的信仰⑬——是個真正的集合名詞，用以指稱神話
中部落之初的一群祖先。他們像以前一樣生活至今。「他們被認為
居住在樹林中，因此那裡是神聖的。」有些不規則的地面、岩石
和泉水據信即是莫拉—莫拉⑭，它們因此就以獨特的方式類似於
阿隆塔人的阿爾杰蘭加米杰拉。吉普斯蘭的庫爾內人雖然只保留
了少量圖騰制度痕跡，但是也相信名為莫克庫爾內(Muk-kurnai)
的祖先的存在，並認為這是介於人和動物之間的生物⑮。在寧巴爾
迪部落(the Nimbaldi)部落中，塔普林見到一種類似斯特雷洛所

說的阿隆塔的觀念⑯。我們發現維多利亞州的窩喬巴盧克人完全
信仰這種轉生說。馬修斯說：「死者的精靈集合在他們各自氏族
的密苑(miyur)中⑰；當有利時機到來時，他們就離開密苑，再生
成人形⑱。」馬修斯甚至肯定：「轉生，即靈魂遷移的信仰在所有
的澳大利亞部落中都是根深柢固的⑲。」

　　如果我們看一下北方地區，就會發現西北的尼俄爾─尼俄爾
人(the Niol-Niol)中間流行的說法與阿隆塔人的完全一樣；一
切生育都歸因於事先存在的祖先的轉生，他主動進入婦女體內
⑩。北昆士蘭的神話只以不同形式表現了完全相同的觀念。彭尼法
瑟河畔的各部落認爲，每人有兩個靈魂：一個名恩蓋(ngai)，居於
心臟中；另一個名喬伊(choi)待在胎盤中。生育後，胎盤被埋在一
塊聖地上，一個特定的保護神安杰─亞(Anje-a)負責生育事宜，他
取走這個喬伊，一直保存到孩子成年並結婚。當他應該有兒子時，
安杰─亞就取出一點他的喬伊放入製造好的胚胎中，並插入母親
的子宮中。所以，孩子的靈魂是由父親的靈魂構成的。固然，孩
子在起初並不全部接納父親的靈魂，因爲只要父親在世，其恩蓋
就一直留在他心臟裡。但是他死後，被解放了的恩蓋也就轉生入
孩子們的軀體裡去了；如果有幾個孩子，則他們就均分恩蓋。於
是，世代之間就有完善的精神延續性了；這個獨一的靈魂從父親
傳給孩子，並再從這些孩子傳給他們自己的子女，它儘管不斷分
裂和複分，但始終維持原樣，它即是在萬物之始賦予最早祖先以
生命力的靈魂⑩。這個說法與中央部落並無重大差別；唯一的差
別是：轉生並非祖先本人的作用結果，而是負責這一事務的專門
神的作用結果。但是，這個守護神恐怕是諸說混合的產物，它把
大量早期祖先的形象融合成了一個單獨生物。下列事實至少使該
假設成爲可能：安杰亞(Anje-a)和安杰(Anjir)二詞顯然密切相
關；而後者則用以指稱最早的人，即一切人從其衍生的原始祖先
⑩。

292

293

這種觀念也見於美洲印第安人的部落中。克勞斯說，特里吉特人認爲離去的靈魂會回到人間，並進入家裡的孕婦體內。「所以，當婦女在懷孕期間夢見某個已故親人時，便認爲這個親人的靈魂業已進入自己體內。如果嬰孩和死者的相貌有點相像，那麼，人們就認爲死者返回了人間，於是用他的名字稱呼孩子⑩。」這種信仰也普遍見於海達人中。薩滿告訴人們，是哪個親人轉生了，並因此該給孩子取什麼名字⑩。夸丘特人則認爲，家庭中最近死去的成員重新投生於第一個出生的孩子⑩。休倫、易洛魁、庭納(the Tinneh)和美國的許多部落都流行此說⑩。

當然，這些概念的普遍性擴展了我們剛才演繹出的結論，即擴展了我們所提的對靈魂的解釋。下列事實也可證實它的普遍性。

我們知道⑩人人體內都含有分布在神聖物種裡的無個性特徵的力量；他即是這一物種裡的一個成員。但由於他是經驗和可見的生物，所以他不是這股力量，儘管他身上飾有象徵性的圖案和記號，其體內仍無絲毫可以啓示動植物形狀的東西。所以，他必定含有另一種可以從中認出自己的存在，他只是把這個存在想像成動植物外形。那麼，這個變身不是很顯然地只能是靈魂嗎？因爲靈魂已經是它賦予其生命的主體的變身了。下列事實完全肯定了這一認同：最明顯體現體內所含圖騰本原碎片的那些器官即是靈魂寄居的器官。鮮血的情況就是如此。鮮血含有圖騰性質，它在圖騰典禮中扮演的角色證明了這一點⑩。但它同時又是靈魂的居所之一；或者說從外部看來，它即是靈魂。鮮血流淌時，生命流出來了，同時靈魂也就逃逸了，所以，靈魂與瀕臨血液中的神聖本原是混淆在一起的。

從另一個觀點來看，如果我們的解釋是有充分根據的，那麼滲透入個人體內的圖騰本原就應該保持一定的自主性，因爲它與體現它的主體截然不同。而這正是豪伊特聲稱他在尤因部落中看

到的情況：「在這個部落裡，圖騰有點被認為是人的一部分，這清楚地見於翁巴拉(Umbara)事例中，翁巴拉告訴我說，多年以前，一個花條蜥蜴圖騰趁他入睡時進入他的喉嚨，幾乎把他胸膛裡的圖騰吃掉，所以他差一點死去⑩。」顯然，圖騰是分裂出來而使自己個性化的，這樣分遣出的每一部分都扮演著寄居體內的精靈角色⑩。

　　但是，還有更為清楚的證明事例。如果靈魂只是個性化的圖騰本原，那麼它就應該至少在某些情況下與圖騰復現的那種動植物具有比較密切的關係。「吉威—加爾人(the Geawe-Gal，新南威爾斯的一個部落)有一種迷信：人人體內都有對於某種飛禽、走獸或爬行動物的親和力。這不是由於他衍生自這種事物，而是因為其體內的精靈類似於他的精靈⑪。」

　　有些事例還表明，人們認為靈魂直接從圖騰動、植物發射出來。按斯特雷洛的說法，在阿隆塔中，一個吃了大量水果的婦女會被認為將以這種水果做為其孩子的圖騰。如果她最初感到孩子震顫時正在看袋鼠，那麼就認為袋鼠的拉塔帕已進入其體內使之懷孕了⑫。赫貝斯道(H. Basedow)報導了窩蓋部落中的同樣例子⑬。我們還知道拉塔帕和靈魂幾乎是無法區別的事物。如果人們不認為靈魂的構成材料與圖騰動植物的相同，那麼絕不會把這種起源歸諸靈魂。

　　於是，靈魂經常被描繪成動物形狀。眾所周知，落後社會中的人從來不把死亡看成是自然事件，而是認為它完全出於外界原因的作用；通常歸咎於巫的邪惡作用。在大量澳大利亞社會中，確定這一謀殺者所依據的原則是：謀殺者的靈魂必定會來探視其犧牲者。所以，他們把屍體擱在屍架上，並將屍身下面及周圍地面仔細整理平滑，以便檢察出哪怕是最小的痕跡來。人們於第二天返回；如果此期間曾跑過一隻動物，那麼牠的足印就極易辨認。人們根據足跡形狀判斷動物種，並由此推斷罪犯的圖騰群體。

按照該動物爲某一婚姻組成氏族的圖騰而確定罪犯歸屬的群體⑭。所以,靈魂是被認爲以動物形狀顯露的。

296 　　在圖騰制度衰落或消失的社會中,靈魂被想像成動物形狀。貝德福德角 (在北昆士蘭) 的土著人認爲孩子在當初進入母體時是一隻麻鷸 (是爲女孩) 或者一條蛇 (是爲男孩) ⑮。它只是在此後才取了人形。維特親王說,北美洲的許多印第安部落認爲人體內有隻動物⑯。巴西的博洛洛人(the Bororo)把靈魂想像成鳥的形狀,因此認爲自己都是這種鳥⑰。在其他地方,靈魂則被想像成蛇、蜥蜴、蒼蠅、蜜蜂等等⑱。

　　靈魂的這種動物本性尤其在人死亡以後表現出來。人在世時,這種特性被人體外形部分地遮蔽了。但是當死亡使靈魂獲得自由後,它又恢復了本相。奧馬哈部落裡至少有兩個野牛氏族的人認爲死者的靈魂是去和它們的創造者野牛重新聚會的⑲。霍皮人(the Hopi)分成若干氏族,其祖先是動物或者具有動物形狀的生物。而斯庫克拉夫特告訴我們,霍皮人說他們在死後又變成了原來的形狀;各人按其所屬氏族而變成熊或鹿⑳。人們經常認爲靈魂轉生在動物的軀體中㉑。也許,廣泛傳播的輪迴說正是導源於此。我們已經看到,泰勒是怎樣艱苦地證明它的㉒。如果靈魂

297 基本上是人類本原,那麼,存在於大量社會中的對動物形狀的突出嗜好就令人莫名其妙了。反之,若靈魂天生就是與動物密切相關的話,那麼一切問題就都得到解釋了。因爲在這種情況下,當靈魂在人的生命結束後回到動物世界時,它只不過是恢復了眞正的本性。所以,轉生信仰的普遍性又一次證明了靈魂觀念的組成元素基本上取自動物界,猶如我們剛才陳述理論所推測的那樣。

4

　　所以,靈魂概念即是神聖事物信仰的一個特殊應用。這就解釋了這一觀念最初出現在歷史上時就有的、以及至今仍然保留著

的宗教特性。實際上，靈魂始終被看成一種神聖事物；正是由於這一點，它才對立於本身是凡俗的軀體。它與其物質軀殼的區別不但猶如內部和外表的區別；它不但被想像成由不可捉摸的材料構成，更有甚者，它可以激發出到處儲存著的對於神聖事物的感情。它即使未被造成一個神，也至少被視爲神性的一個火花。假若靈魂觀念確實只是近代科學出現以前對於睡夢問題的一個答案，那麼這一基本特性就不可理解了；因爲睡夢中沒有可喚起宗教熱情的東西，所以解釋它們的原因就不可能具備這樣一個特性了。但是，如果靈魂是神聖基質的一部分，那麼它就代表了我們體內不屬於我們的某種東西；如果它由像神聖存在同樣的精神材料構成，那麼很自然地，它就應該成爲同樣感情的對象。

這類這樣賦予自己的神聖性並非純粹幻想的產物；就如宗教力觀念和神聖觀念一樣，靈魂概念並非毫無現實基礎。完全可以肯定的是，我們由兩個不同部分構成，它們像神聖和凡俗一樣相對立，所以我們可以說，在某種意義上，我們自己有神性。至於社會，這個一切神聖事物的唯一源泉，並不只從外部來感動我們以及暫時影響我們；它長久地確立在我們內心。它在我們內心造成了整個觀念和感情世界，這些觀念和感情表達了它，同時形成了我們不可缺少的和永久性的部分。澳大利亞人離開宗教典禮後，這一共同生活在他們內心引起或再引起的表象是不會瞬息即逝的。偉大祖先的形象和英雄的開拓——儀式使之永遠留在人們記憶中——以及他本人通過崇拜而參與的每件大事，簡言之，他與同伴共同活動時構成的一切觀念都繼續活躍在他的意識中，並且通過依附於它們的熱情及其整個人的優勢，而明顯地區別於他在日常生活中與外界事物接觸時所產生的模糊印象。道德觀念具有同樣的特性。社會把它們強加給我們，並且由於社會所激發的崇敬會自然地擴展至一切源自它的事物上，所以社會的強制性行爲準則也鑑於同一起源而擁有了任何其他內心狀態不得分享的權

298

威和尊嚴。因此我們給予它們在心理生活中的另一種地位。雖然
道德心是我們意識的一部分，但是我們並未感到自己和它是平等
的。在只以下達命令和宣布禁忌而使自己被聽見的聲音中，我們
辨認不出自己的聲音；它的口吻警告我們：它表達的是存在於我
們內心但又不屬於我們的某種東西。這就是靈魂觀念的客觀基
礎：構成我們內心生活的那些表象是兩種不可互易的表象。有些
是關於外部和物質世界的表象，另一些則是關於具有壓倒性優勢
的觀念世界的表象。所以我們確實由兩種存在構成，它們面向不
同甚至相反的方向，其中一方發揮著真正主宰另一方的作用。這
即是所有人多少清楚感覺到的軀體與靈魂之間以及並存於我們體
內的物質存在與精神存在之間的對立的深奧涵義。倫理學家和傳
教士往往主張，任何人否認了義務的現實性和神聖性就必然會陷
入唯物主義。確實，如果我們沒有了道德觀念和宗教命令，我們
的整個心理生活就會都處於同一水平上⑫，我們的一切意識狀態
將都處於同一平面上，所有的二元性感覺都會被摧毀。當然，絕
不是為了使得這種二元性易於理解，就必須想像出一種神秘和不
可表達的基質與軀體相對立，稱之為靈魂。但是在此就像關於神
聖性一樣，謬誤影響的只是所用符號的字面意義，而不是符號化
事實的現實性。我們的本性仍是雙重性的；在我們內心確有神聖
的粒子，因為我們內心存在著做為群體靈魂的偉大觀念的粒子。

　　所以，個人靈魂只是群體靈魂的一部分；它是做為崇拜基礎
的無名力量，只是以肉體化為個人並從中體現個性；它是個性化
的馬納。也許睡夢有助於確立這個觀念的某些次要特性。在夢中
充斥我們心靈的變化無常和不確定的形象，以及這些形象變形的
傑出才能都可能為這種不可捉摸和千變萬化的構成靈魂的材料提
供了原型。也許昏厥等情況啓發了「靈魂易動，它在人在世時能
暫時脫離軀體」的觀念；反過來，這些觀念又被用來解釋夢境。
但是所有這些經驗和觀察只具有次要的和表面的影響，很難確立

靈魂觀念的存在。這個觀念中的一切真正基本的東西來自其他地方。

　　那麼，這一靈魂觀念起源是否曲解了它的基本特性呢？如果靈魂是散布在群體、圖騰物種以及隸屬於它們的一切事物中的非個人力量的特殊形式，那麼靈魂實質上也是非個人的了。所以，靈魂和這股力量有著同樣的屬性，只是程度不同而已，它尤其是應該同樣具有擴散性、傳染性和無所不在性。然而靈魂卻被自發地想像成有形和確定的事物，完全包容在本身之中而不可與其他事物交流；它構成了個性的基礎。

　　但是，我們應該知道，這樣想像靈魂的方式乃是晚期和哲學構想的產物。從共同經驗中自發形成的大眾想像則與此截然不同，尤其是在早期。在澳大利亞人看來，靈魂是個非常模糊的東西，形狀不確定和飄忽不定，並且散布至整個有機體。它雖然特別明顯地體現某些部分，但是可能沒有一處不存在。所以，它具有和馬納類同的擴散性、傳染性和無所不在性。它像馬納一樣能無窮分裂和複製，而每個部分仍保持著完整性；大多數靈魂正是導源於這些分部和複製品。另一方面，我們已確立其普遍性的轉生說，也顯示了靈魂觀念是由許多非個人成分構成的，以及這些成分是非常基本的。因為，如果同一靈魂表現每一代裡的新個性，那麼它逐次體現自己的那些個體外形就必須都是完全外表的東西，必須對靈魂的真正本性毫無影響。它是一般的基質，其個性化只是次要的和表面的。此外，這種靈魂概念至今沒有完全消失。聖骨崇拜表明了即使今天這一概念仍有大量信徒，聖徒的靈魂與其一切主要威力繼續依附在他各塊骨頭上；這就意味著，他能夠擴散、複分，並同時進入各種事物中去。

　　正如馬納的特殊屬性見於靈魂中一樣，次要和表面的變化也足以使馬納以靈魂形式個性化。於是我們就毫無間斷地從第一個觀念過渡到了第二個觀念。以專門方式依附於確定事物的每一種

300

宗教力量都分享了該物的特性，具有它的外貌和成爲它的精神變
身。特里基爾在其《毛利語—波利尼西亞語詞典》中認爲，可以
把 mana（馬納）一詞和另一組詞（諸如 manawa、manamama
等等）聯繫起來，它們似乎同屬一個詞族，具有心臟、生命、意
識等意思⑫。這不就等於說，在相應的觀念之間也應該存在著某
種親族關係嗎？亦即在非人力量觀念和內心生活、精神力量觀
念，即靈魂觀念也應該存在親族關係。這就是爲什麼在我們看來
下述問題是沒有意義和不具有社會學重要性的。史賓塞和吉倫認
爲，聚靈架之神聖是出於它做爲靈魂的寄居處；斯特雷洛認爲它
的神聖來自其非人功效。聖物的功效無論以抽象形式表達還是歸
因於某個代理者，實際上都無關緊要。兩種信仰的心理根源都是
一樣的：物體之所以神聖，是因爲它能以某種方式激起脫離凡俗
冒犯的集體崇敬感情。人們爲了解釋這一感情，有時候求助於一
種模糊的和不確切的原因，有時則求助於擁有名字和歷史的確定
精神存在；但是，這類解釋對於兩種情況共有的一個基本現象來
說則是多餘的。

此外，這一心理根源還解釋了見於我們論證過程中的那些獨
特的把事例加以混淆的原因。個人、發射個人靈魂的祖先靈魂、
個人的聚靈架，以及圖騰種動物都如我們所說的是部分等值和可
以互易的事物。因爲它們在某些方面都以同樣方式影響了集體意
識。聚靈架之所以神聖，是因爲刻在其表面的圖騰表記激發了集
體的崇敬感情；同樣的感情也依附於做爲圖騰原型的動植物；這
種感情還依附於個人的靈魂，因爲它被想像成圖騰的外形；最
後，還依附於祖先靈魂（個人靈魂只是它的個別方面）。因此，這
些形形色色的對象無論是現實的還是觀念的，都有一個共同成
分，這些對象利用這一共同成分在人們內心導致了同樣的激動狀
態，通過這一點它們自己便混同起來了。只要它們由同一種表象
表達，它們就是不可分辨的。這就是爲什麼阿隆塔人會把聚靈架

看成個人、祖先甚至圖騰物的共同軀體。這即是他們對於不同事物對象表達同一感情的方式。

　　然而，根據靈魂觀念源自馬納觀念這一事實，並不就能認爲靈魂觀念產生於相對晚期，或者認爲歷史上有一段時期內人們只以非個人力量的形式瞭解宗敎力量。如果有人要用「前精靈崇拜」一詞來指稱完全不知精靈崇拜的一段歷史時期，那麼他們就做了一個武斷的假設⑫；因爲沒有一個民族不是靈魂觀念和馬納觀念並存的。所以沒有理由把它們想像成形成於兩個不同的時代；相反地，一切情況表明這二者是同時代的事物。正如沒有不存在個人的社會一樣，從群體中分解出來的這些非個人力量如果不體現在使自己個性化的個人意識中，就不可能確立自己。實際上，我們並沒有兩種不同的發展，而只有同一發展的兩個不同方面。誠然，它們的重要性並不相同，一方具有更爲根本的重要性。馬納觀念並不以靈魂觀念爲前提；因爲如果馬納要個性化並分裂成各別的靈魂，它首先就必須存在，並且其內在的東西並不取決於它個性化時所取的形式。但是靈魂觀念則相反，它除非和馬納觀念聯繫在一起，否則就無法被理解。所以，可以說靈魂觀念只是次級形態的產物；但是我們所說的次級形態是從該詞的邏輯意義上而不是從年代意義上來說的。

5

　　但是，人們爲什麼認爲靈魂存在得比軀體長久，並甚至能永遠存在下去呢？

　　從我們已做的分析來看，永生的觀念顯然不是在道德觀念影響下而確立起來的。人們並未想到要在死後繼續存在，以便來世獲得其道德行爲的公正報應──如果現世不公正的話；因爲我們已看到，所有這類考慮與原始的來世概念都不相干。

　　另一種假設也不更好些，按此假設，來世被想像成逃避個人

完全被毀的途徑。首先,「人類最初就強烈需要永生」的說法並不
確實。原始人通常是漠然處之地接受死亡。他已磨練得對自己的
個性毫不關心,並習慣於生命不斷遭到危險,所以他會輕易地捐
棄生命 ⑫。況且,他奉行的宗教所允諾的永生並不屬於個人。在
大量事例中,靈魂並不繼承死者的個性,或者並不長久地繼承它,
靈魂忘記了以前的存在而去賦予另一個軀體以生命,於是成了一
個新個性的活力本源。即使在最先進的民族中,冥府的幽靈過的
也是一種黯淡和憂鬱的生活,並且很難淡化因追憶失去的生活而
引起的惋惜之情。

　　一個比較令人滿意的解釋是把死後生命的概念歸因於睡夢的
經驗。已故的朋友和親人在夢中再現:我們看見他們行動,聽見
他們說話;於是自然地推斷他們是繼續存在的。但是,即使這些
情景能夠證實已經誕生了的觀念,它們似乎也不可能無中生有地
創造靈魂觀念。我們夢見死者復活的次數太少,時間也太短了,
並且只留下極模糊的回憶,所以人們無法依靠自己來啓發出這麼
一個重要的信仰體系。在結果和指歸於它的原因之間存在著顯著
的比例失調。

　　更使這個問題窘困的是,靈魂觀念本身並不包含著靈魂長存
的觀念,而倒像是排斥這種觀念的。實際上,我們已看到,靈魂
雖然有別於軀體,但仍與軀體密切相關,它隨軀體而衰老,並感
覺得到軀體上的一切疾病反應,所以它顯然應該與軀體一起滅
亡。至少,人們應該會認為從完全喪失其原來外形的時刻起就不
再存在了。此時它已不再是以前的它了。然而也在此刻,一個新
生命出現了。

　　我們已敘述過的神話提供了關於這一信仰的唯一可能解釋。
我們已看到新生兒或是祖先靈魂的發射物,或是這些靈魂的親自
轉生。但是,他們要親自轉生或者定期釋放新的發射物,就必須
比其最初宿主活得長久。所以,原始人似乎是為了解釋活人的誕

生才容忍死者的繼續存在。原始人並沒有關於從無中創造靈魂出來的全能之神的觀念。在他們看來，靈魂似乎只能由靈魂產生。所以，這些新誕生的人只可能是以前靈魂的新外形；結果就必然地要使以前的靈魂繼續存在，以使其他的人可以誕生。總而言之，靈魂永存的信仰是人們能夠解釋必然吸引它們注意的那個事實的唯一方式，這個事實即是群體生活的永恆性。個人死了，但氏族繼續存在著。所以，給予氏族生命的那些力量肯定具有同樣的永恆性。而這些力量即是賦予個人軀體以活力的靈魂；群體是依賴它們才成為現實的。所以，這些力量必然是持久的，甚至必然是一成不變的。因為正如氏族始終保持它具有特色的外觀一樣，形成氏族的精神基質也必定被認為是不會改變性質的。既然始終是具有同一圖騰本原的同一氏族，那麼靈魂也就必然是同樣的了，因為它不過是圖騰本原分裂後的個體化而已。於是，一種神秘的、具有發育力的原生質就代代相傳了，並在這整個期間造成了（至少被認為造成了）氏族的精神統一體。這一信仰儘管有著象徵特性，但仍不是沒有一點客觀真理的。因為雖然群體並不是絕對意義上的永存，但它確實比個人持久，並在新生的每一代中誕生和重新體現。

　　有個事實肯定了這一解釋。我們已看到，按斯特雷洛論證，阿隆塔人區別了兩類靈魂：一類是阿爾徹林加時代的祖先靈魂，另一類是歷史上各個時期中真正組成活生生部落主體的那些個人的靈魂。第二類靈魂殘留的時間比較短暫，它們旋即完全消滅了。只有第一類靈魂是永存的；它們是自存的，所以不會毀滅。還應注意到，只有用它們的永恆性才能解釋的永久性；因為保證氏族的永久性是它們──也只是它們──義不容辭的責任，每次懷孕都是它們的作用結果。在這一點上來說，其他事物發揮不了任何作用。所以，靈魂的永恆性只在於它有助於解釋集體生活的連續性。

305

於是，導致最初來世信仰的原因與後期來世制度所執行的功能就毫無關係了。但是當來世制度一旦出現後，它們除了用於最初做爲其存在原因的目的外，還很快地用於其他目的。甚至在澳大利亞社會中，我們也看到它們爲了這一另外目的而開始組織起來了。此外，也不必爲了這另一目的而做根本性的變革。同一社會制度確實能夠相繼執行不同的功能而無須改變其性質！

6

靈魂觀念長期以來是（現在還部分是）個性觀念的通俗形式[127]。所以靈魂觀念的起源應該有助於我們理解個性觀念的形成。

從我們已談及的來看，人的概念顯然是兩種因素的產物。其中之一基本上是非個人的：它是做爲群體靈魂的精神本原。實際上，正是這個精神本原構成了個人靈魂的基質。而這不是任何個人所獨自擁有的，它是集體的世襲財產的一部分；一切意識都依靠它而進行交流。但是在另一方面，爲了具有分開的個性，就必須有另一個因素參與其間來分裂和區別這一本原，換言之，一個個性化的因素是必要的。履行這一功能的即是軀體。由於軀體互相區別，並且佔據著不同的空間和時間位置，所以其中每一個都形成了一個專門的中心，集體表象不同地反映了它們和使自己具有特徵。結果，即使這些軀體中的所有意識都被導向同一世界，即導致群體精神一體的觀念和感情的世界，這些意識也不全都從同一角度來看待這個世界；每個意識都用自己的方式來表達它。

在兩個同樣是必不可少的因素中，前者肯定是同樣重要的，因爲它是爲靈魂觀念提供最初素材的一個因素。也許有人看到把這麼大的作用歸結爲個性觀念起源中的非個人因素，會感到驚奇。但是，遠遠跑在社會學分析之前的對於個人觀念的哲學分析已在這一點上獲得了同樣的結果。在所有的哲學家中，萊布尼茲是最逼眞地感覺到什麼是個性的人之一；因爲首先，遊牧人是個

人的和自主的生物。但是在萊布尼茲看來，一切單子的內容仍然都是一樣的。實際上，一切都是表達同一客體——世界——的意識；並且，由於世界只是一個表象體系，所以每一個各別意識確實只是普遍意識的反映。然而，每一意識都從自己的角度和用自己的方式來表達普遍意識。我們知道，這種看法的差異是因為各個單子相互間的位置以及對於它們構成的整個體系的相對位置是各不相同的。

康德表達了同樣的感覺，雖然形式不同。在他看來，個性的柱石乃是意願。而意願是與理性一致的行為官能，理性則是我們內心極為非個人的東西。因為理性不是我的理性，它是一般的人類理性。以普遍形式思考的是內心所具有的超越於個別部分和個人之上的威力。所以從這個觀點來看，我們可以說，使得一個人成為個人的事物即是將他混同於他人的事物，該事物使他成為一個人，但不是成為一定的人。感官、軀體以及一切個性化的東西，反被康德看成是個性的對應物。

這是因為個別化並不是個性的基本特徵。一個人並不是區別於一切其他人的單獨主體，他尤其是對其直接接觸環境擁有相對自主權的一個生物。他被想像成能在某種程度上移動自己：這即是萊布尼茲在說到單子完全對外界封閉時用誇張方式所表達的東西。而我們的分析使我們可以看到，這種概念是如何形成的，以及它相應於什麼。

307

實際上，靈魂——即個性的符號表象——具有同樣的特徵。它雖然與軀體緊密地聯結在一起，但與軀體有著重大區別，並且享受著較大程度的獨立性。靈魂在人活著時可以暫時離開軀體而人死後則完全撤離軀體。它絕不是依賴於軀體，而是用它包含的更高的威嚴來主宰軀體。它完全可以用軀體的外形使自己個性化，而無須對它負有根本性的義務。許多民族認為靈魂具有的這種自主性也不是純粹的幻想；我們知道它的客觀基礎是什麼。十

分肯定的是，形成靈魂觀念的要素和組成軀體表象的要素來自兩
個互不相干的來源：一類由來自有機體各部的形象和印象構成；
另一類則由來自社會和表達社會的觀念和感情構成。所以前者並
不導源於後者。我們自己確實有一部分並不緊密依賴有機體因素
的：這即是內心表達社會的一切表象。宗教或科學使我們內心產
生的一般觀念、這些觀念以其爲必須條件的心理活動、做爲我們
道德生活基礎的信仰和感情，以及社會使我們產生的所有高等心
理活動，這一切都不像我們的知覺和一般肉體意識那樣具有肉體
狀態的屬性。如我們業已展示的那樣，這是因爲社會生活所經歷
的表象世界是疊加在其物質基礎之上的，而不是從它產生的；主
宰它的決定論比我們機體組織深處的決定論更易受影響，它留下
了關於行爲者的最自由的驗證印象。我們這樣進入的媒介是不太
模糊和較少阻力的：我們覺得自己在那裡更爲舒適。簡言之，我
們使自己脫離自然力量的唯一辦法是使它們與集體力量對立起
來。

但是不管我們從社會接受什麼東西，我們總是和同伴共有。
所以，說我們越是個性化就越具私人性，是完全不確實的。這兩
個詞絕不是同義詞：在某種意義上來說，它們是互相對立而不是
互相暗示。熱情個性化了，但它還是被束縛的。我們的知覺基本
上是個人的；但是，我們仍然越具私人性就越能不受感官影響並
能用概念來思想和行動。所以，堅持個人的一切社會成分的人並
不意味著要否認或貶低個性。他們只是拒絕將它與個別化混淆起
來⑿。

註　釋

①例見格南杰部落；見 *Nor. Tr.*，P.170、P.546；參看布拉夫·史密斯書中所載的一個類似例子，II，P.269。

② *Australian Aborigines*，P.51。

③肯定有一段時期內格南杰婦女是有靈魂的，因爲今天還存在著大量婦女靈魂。然而，她們從不再生，因爲在這個部落呈給新生兒生命的是一個老的再生靈魂。於是從婦女不再生育上引伸出了婦女無靈魂的說法。此外，我們可以解釋婦女不再生之說是怎樣產生的。格南杰人起初按母系承襲，現在則爲父系承襲，母親不再將圖騰遺傳給子女。所以婦女再無後裔來使之永存了；她成了 finis familiæ suæ（「自己家庭的終結」）。有兩種可能的假設來解釋這種地位：要麼婦女沒有靈魂，要麼在其死後靈魂被毀。格南杰人採用了前一種假設；昆士蘭的一些部落則傾向後者（見 Roth *Superstition, Magic and Medicine*，載 *N. Queensland Ethnog.*，No.5，§68）。

④道森說：「四、五歲以下的兒童既無靈魂也無來世生活。」但是他的事例中只談及幼兒沒有喪儀。我們將在下文看到其眞實涵義。

⑤ Dawson：P.51；Parker：*The Euahlayi*，P.35；Eylmann：P.188。

⑥ *Nor. Tr.*，P.542；Schürmann: The Aboriginal Tribes of Port Lincoln，載 Woods 書，P.235。

⑦這是道森使用的表達法，P.50。

⑧ Strehlow：I，P.15 註 1；Schulze：前引文，P.246。這是吸血鬼神話的主題。

⑨ Strehlow：I，P.15；Schulze：P.244：Dawson：P.51。誠然，有時候靈魂被說成毫無物質性；按艾爾曼蒐集的一些證據(P.188)，靈魂「沒有血肉」(ohne Fleisch und Blut)。但是過分的否定引起了我們的懷疑。不供祭靈魂決不是像羅思所說的那樣(*Superstition, Magic, etc.*，§65)是意味著它們不吃東西。

⑩ Roth:同上書，§65；*Nor. Tr.*，P.530。有時候靈魂也會散發出氣味(Roth:同上書，§68)。

⑪Roth:同上書，§67; Dawson:P.57。

⑫Roth:同上書，§65。

⑬Schürmann：*Aborig. Tr. of Port Lincoln*，載 Woods 書,P.235。

⑭Parker：*The Euahlayi*，P.29、P.35；Roth:同上書，§65, §67, §68。

⑮Roth:同上書，§65;Strehlow:I,P.15。

⑯Strehlow:I,P.14 註 1。

⑰Frazer: On Certain Burial Customs, as Illustrative of the Primitive Theory of the Soul，載 *J.A.I.*，XV，P.66。

⑱例見凱提什和恩馬杰拉部落；見 *Nor. Tr.*，P.506；以及 *Nat. Tr.*，P.512。

⑲Roth:同上書，§ 65，§ 66，§ 67，§ 68。

⑳Roth:同上書，§ 68；這是說若失血而昏厥即是因爲靈魂出竅了。參看 Parker：*The Euahlayi*，P.38。

㉑Parker：*The Euahlayi*，P.29、P.35；Roth:同上，§ 65。

㉒Strehlow:I,P.12、P.14。在這些段落中，他談到了邪惡精靈，它們殺死小孩，並吃掉其靈魂、肝臟和油脂，或者吃掉靈魂、肝臟和腎臟。靈魂與各種腑臟和組織處於同等地位並同樣可以充任食品，這表明了靈魂和他們的密切關係。參看 Schulze:P.245。

㉓例如，在彭尼法瑟河畔的部落中（Roth,同上書，§ 68）居於心臟中的靈魂名爲 Ngai,胎盤中的名 Cho-i，與呼吸融合的靈魂則名 Wanji,尤阿拉伊人則有三個甚至四個靈魂（Parker：*The Euahlayi*，P.35。）

㉔見關於阿隆塔部中的 Urpmilchima 儀式的描述(*Nat. Tr.*，P.503 及以下諸頁）。

㉕Spencer and Gillen：*Nat. Tr.*，P.497、P.508。

㉖*Nor. Tr.*，P.547、P.548。

㉗同上書，P.506、P.507 及以下諸頁。

㉘Meyer：The Encounter Bay Tribe，載 Woods 書，P.198。

㉙*Nor. Tr.*，P.551、P.463，*Nat. Tr.*，P.553。

㉚*Nor. Tr.*，P.540。

㉛例見阿隆塔和洛里特雅部落(Strehlow:I，P.15，註 2; II，P.77)。人活著時，其靈魂稱爲 gumna，死後則稱 Ltana。斯雷洛所說的 Ltana 即是史賓塞和吉倫所說的 ulthana(*Nar. Tr.*，P.514 及以下諸頁)。在盧姆菲爾德河畔的部落亦同此例(Roth：*Superstition, etc.*，§ 66)。

㉜Eylmann:P.188。

㉝*Nat. Tr.*，P.524、P.491、P.496。

㉞*Nor. Tr.*，P.542、P.504。

㉟Mathews：Ethnol. Notes on the Aboriginal Tribes of N.S. Wales and Victoria，載 *Journal and Proc. of the Ray. Soc. of N.S. Wales*，XXXVIII,P.287。

㊱Strehlow,I,P.15 及以下諸頁。例如，按斯特雷洛記載，阿隆塔人認爲亡靈住在一座島上，但按史賓塞和吉倫所載，則亡靈居住地下。也許兩種神話並存，並且也不是唯有這兩種。我們還可見到第三種說法。關於亡靈之島的概念，見 Howitt: *Nat. Tr.*，P.498；Schürmann: Aborig. Tr. of Port Lincoln，載 Woods 書，P.235；Elymann:P.189。

㊲Schulze:P.224。

㊳Dawson:P.51。

㊴在這些部落中還可以看到一個更古老神話的明顯痕跡。據它說，亡靈居住在地下(Dawson：同上書)。

㊵Taplin: *The Narrinyeri*，P.18 及下頁;Howitt: *Nat. Tr.*，P.473；Strehlow, I,P.16。

㊶Howitt: *Nat. Tr.*，P.498。

㊷Strehlow:I,P.16; Eylmann:P.189; Howitt: *Nat. Tr.*，P.473。

㊸它們是一個專門氏族的祖先精靈，這個氏族的人有一種毒腺(Giftgrüsenmänner)。

㊹有時候傳教士的影響甚爲明顯。道森談及了一個與天堂相對的眞正地獄；但是他也傾向於認爲這是歐洲的舶來品。

㊺Dorsey: *XIth Rep.*, PP.419～420、P.422、P.485。參看 Marillier: *La survivance de L'âme et L'idée de justice chez les peuples noncivilisés, Rapport de L'Ecole des Hautes Etudes*, 1893 年。

㊻如我們將在下一章中見到，它們可以臨時地加倍；但是這些複製品對於能夠轉生的靈魂的數量毫無影響。

㊼Strehlow:I,P.2。

㊽*Nat. Tr.*，P.73,註 1。

㊾關於這組概念，見 *Nat. Tr.*，P.119、PP.123～127、P.387 及以下諸頁；*Nor. Tr.*，PP.145～P.174。在格南杰部落中，不一定在俄克南尼基拉附近才懷孕。但是他們認爲，每對夫妻在整個大陸上漫遊時，都有一群屬丈夫圖騰的靈魂體隨著。當時機成熟時，其中一個靈魂便進入妻子體內使之懷孕，而不論她在什麼地方(*Nor. Tr.*，P.169)。

㊿*Nat. Tr.*，P.512 及下頁；參看本篇第 10、11 章。

51*Nat. Tr.*，P.119。

52見於凱提什部落(*Not. Tr.*，P.154)和烏拉崩納部落(*Not. Tr.*，P.146)。

53例見瓦拉蒙加部落及有關部落：瓦爾帕里、窩爾馬拉、窩蓋亞、欽吉利(*Nor. Tr.*，P.161)以及翁別亞、格南杰部落 (同上書，P.170)。

54Strehlow:I,PP.15～16。關於洛里特亞部落，見 Strehlow: P.7。

55斯特雷洛竟說性關係不被人認爲是懷孕的必要條件或準備手段(II，P.52，註 7)。誠然，他在下文補充了幾行，說老人完全知道性交與生育之間的關係，而孩子們只知道動物中的這種關係。這就使其第一個斷言幾無價值了。

56我們通常用史賓塞和吉倫的術語，而不用斯特雷洛的，因前者現在已由長期的慣用法肯定下來了。

57*Nat. Tr.*，P.124、P.125。

58I,P.5。按斯特雷洛，Ngarra 義爲不朽。洛里特雅部落中只有岩石才具有這種功能。

⑤斯特雷洛把它譯成 Kinderkeime（孩子胚胎）。如果説史賓塞和吉倫不知道關於拉塔帕的神話傳説以及與之相關的風俗習慣，那是不確鑿的。他們在 *Nat. Tr.*，P.336 及以下諸頁和 P.552 上清楚地談到了它。他們注意到，在阿隆塔領地的各個地方有種稱爲 Erathipa 的岩石，「精靈孩子」，即孩子的靈魂便是從這岩石分解而來，並進入婦女體內使之生育。按史賓塞和吉倫的説法 Erathipa 義爲孩子，雖然他們又説，在一般談話中人們很少以這個意義使用此詞（同上書，P.338）。

⑥阿隆塔部落分成四個或八個婚姻組。孩子的婚姻組取決於父親；反之，亦可從孩子的婚姻組來推導父親的婚姻組（見 Spencer and Gillen: *Nat. Tr.*，P.70 及以下諸頁；Strehlow,I,P.6 及以下諸頁）。下文我們將再談及拉塔帕是怎樣擁有其婚姻組的。

⑥Strehlow:II，P.52。有時候也會對孩子的圖騰種類發生爭執，雖然這種情況並不多見。斯特雷洛列了一個例子(II，P.53)。

⑥這與史賓塞和吉倫書中見到的 namatwinna 是同一個詞(*Nat. Tr.*，P.541)。

⑥Strehlow:II,P.53。

⑥Strehlow:II,P.56。

⑥馬修斯説欽吉利部落(The Tjingilli,又名 Chingalee)有一個類似的懷孕理論(*Proc. Roy. Geogr. Trans. and Soc. Queensland*，XXII, 1907, PP. 75～76)。

⑥有時候，被認爲投擲那馬土納的祖先會以動物或人的外形向婦女展示自己；這又一次證明了祖先靈魂喜愛物質外形。

⑥Schulze:同上文，P.237。

⑥這是因爲拉塔帕只能轉生於和神話祖先的母親同屬一個婚姻組的婦人體內。所以我們不能理解，斯特雷洛怎麼能説除了一個例子外，各個神話都不認爲阿爾徹林加時代的祖先們有著確定的婚姻組(I,P.42，"Anmerkung" 條)。他自己的懷孕理論證明了這矛盾（參看，II,P.53 及以下諸頁）。

⑥Strehlow:II,P.58。

⑩如果不是拘泥於字面意義地理解史賓塞和吉倫敍述祖先靈魂在婦女體內轉生時所用的措詞，那麼這兩種轉述的差異就變得更小了，甚至小到幾乎不再存在。使母親生育的不是整個靈魂，而只是來自這個靈魂的發射物。實際上，按他們自己的闡述，靈魂的威力等於甚至優於繼續生活在南迦樹和岩石中的轉生者（見 *Nat. Tr.*，P.514），我們將有機會再談這點（參看下文，邊碼311）。

⑪II,P.76、P.81。按史賓塞和吉倫的説法，聚靈架不是祖先的靈魂，而是其靈魂寄居的客體。實質上，這兩個神話學解釋是等同的，我們很容易看到一個解釋是如何變成另一個解釋的：軀體是靈魂寄居的地方。

⑫Strehlow,I,P.4。

⑬Strehlow:I,P.53 及下頁。在這些故事中，祖先自己先進入體內，引起懷孕徵兆。然後他就出來，在這個時候才留下了那馬土納。

⑭Strehlow:II,P.76。

⑮同上書，P.81。這是所用措詞的逐字翻譯，與斯特雷洛一樣："Dies du Körper bist; dies du der näm nämliche"。在神話中，一個敎化英雄Mangarkunjerkunja 說他把祖先的聚靈架送給了每一個人：「你們生自這個聚靈架」(同上書，P.76)。

⑯Strehlow:II,P.76。

⑰Strehlow:同上書。

⑱實質上，斯特雷洛和史賓塞與吉倫的唯一眞實的差別是：按史賓塞和吉倫的說法，個人在死後，靈魂就回到了南迦樹，在那裡再次和祖先靈魂混合(Nat. Tr.，P.513)；按斯特雷洛的說法，則靈魂前往亡靈之島，並在那裡最終消滅。在兩個神話中，靈魂都不是獨立存在下去的。我們不想探求這一分歧的原因。可能史賓塞和吉倫這方面在考察中有失誤，他們沒有談及亡靈之島。也可能在阿隆塔人（史賓塞和吉倫單獨地考察了他們）中的神話與部落中其他部分的神話不一樣。

⑲Strehlow:II,P.51。

⑳同上書，II,P.56。

㉑同上書，I,PP.3～4。

㉒同上書，II,P.61。

㉓見上文，邊碼211。

㉔Strehlow:II,P.57;I,P.2。

㉕Strehlow:II,P.57。

㉖Roth: *Superstition, Magic, etc.*，§ 74。

㉗換言之，圖騰物種是由一群祖先和神話物種構成的，而不是由正式的動植物構成。

㉘見上文，邊碼288。

㉙Strehlow:II,P.76。

㉚Strehlow:同上。

㉛Strehlow:II,P.57、P.60、P.61。斯特雷洛稱圖騰淸單爲拉塔帕淸單。

㉜Howitt: *Nat. Tr.*，P.475 及以下諸頁。

㉝The Manners and Customs of the Dieyerie Tribe of Australian Aborigines，載 Curr 書,II，P.47。

㉞Howitt: *Nat. Tr.*，P.482。

㉟同上書,P.487。

㊱Taplin: *Folk－Lore, Customs, Manners, etc. of the South Australian Aborigines*，P.88。

⑰每個祖先的氏族在地下都有專門的宿營處；這種營地即是 miyur。

⑱Mathews，載 *Tour. of Roy. Soc. of. N.S. Wales*，XXXVIII，P.293。他指出了維多利亞洲其他部落中的同樣信仰（同上書，P.197）。

⑲Mathews:同上書,P.349。

⑳ J.Bishop: *Die Niol－Niol*，載 *Anthropos*，III,P.35。

㉑ Roth: *Superstition, etc.*，§ 68；參看 § 69a,其中記載了普羅塞平河畔土著人中的一個類似例子。爲了簡化敍述,我們姑且不談性別差異導致的複雜性。女兒的靈魂由其母的喬伊構成,雖然它們亦如弟兄靈魂一般分享父親的恩蔭,這種奇特性可能出於一直使用著的兩種承襲制度,但它們對於靈魂永恆原則並無影響。

㉒同上書,P.16。

㉓ *Die Tlinkit－Indianer*，P.282。

㉔Swanton: *Contributions to the Ethnology of the Haida*，P.117 及以下諸頁。

㉕Boas: *Sixth Rep. of the Corrm. on the N.W. Tribes of Canada*，P.59。

㉖Lafitau: *Moeurs des sauvages Amériquains*，II,P.434;Petitot: *Monographie des Dênè-Dindjié22,P.59*。

㉗見上文，邊碼 *156* 及以下諸頁。

㉘見上文，邊碼 *159*。

㉙ *Howitt: Nat. Tr.*，P.147；參看同上書，P.769。

㉚斯特雷洛(I,P.15，註2)和舒爾茨（前引文,P.246)就像豪伊特在此談到圖騰一樣,談到了靈魂出竅去吃另一靈魂的事。同樣,如上文所見,altjira（即母方圖騰）在夢中現身,就如靈魂或精靈的現身一樣。

㉛ Fison and Howitt: *Kurnai and Kamilaroi*，P.280。

㉜ *Globus*，Vol.CXI,P.289。不顧倫哈迪之異議,斯特雷洛仍然堅持這一點（見 Strehlow:III,P.xi)倫哈迪覺得這和拉塔帕發自樹木、岩石或聚靈架的説法有矛盾。但是圖騰動物之體現圖騰和南迦樹或岩石之體現圖騰一樣,所以它們可以履行同樣的職責。這兩種事情在神話學上是等值的。

㉝ Notes on the West Coastal Tribes of the Northern Territory of S. Australia，載 *Trans. of the Roy. Soc. of S. Aust.*，XXXI(1907),P.4。參看 *Man*，1909 年,No.86。

㉞按柯爾和豪伊特的説法,在威爾布拉部落中,各婚姻組都有自己的圖騰,動物標明了婚姻組（見 Curr:IV,P.28）；在布昂迪克部落中,則動物揭示了氏族(Mrs. James S. Smith; *Buandik Tribes of S. Australian Aborigines*，P.128)。參看 Howitt: On Some Australian Beliefs，載 *J.A.I.*，XIII,P.191;XIV,P.362;Thomas: An American View of Totemism，載 *Man*，1902,No.85;Mathews: *Journ. of the Roy. Soc. of N.S. Wales*，XXXVIII,PP.347～348；Brough Smyth:I,P.110; *Nor. Tr.*，P.513。

⑮ Roth: *Superstition, etc.*，§ 83。這可能是一種性別圖騰形式。

⑯ Prinz zu Wied: *Reise in das inner Nord － Amerika*，II,P.190。

⑰ K.von den Steinen: *Unter den Naturvölken Zentral － Bräsiliens*，1894
年,P.511、P.512。

⑱見 Frazer: *Golden Bough2*，II,P.250、P.253、P.256、P.257、P.258。

⑲ *Third Rep.*，P.229、P.233。

⑳ *Indian Tribes*，IV,P.86。

㉑例如，見於蘇門答臘的巴塔部落(the Batta)（見 *Golden Bough2*，III,P.
420），美拉尼西亞(Codrington: *The Melanesians*，P.178)，馬來群島
(Tylor: Remarks on Totemism，載 *J.A.I.*，新輯 I,P.147)。值得注意的
是，亡靈呈動物形狀的事例都來自圖騰制度漸趨衰落的社會。這是因爲圖
騰信仰比較純粹時，靈魂觀念必然是二元性的。圖騰制度即意味著它同時
參與兩個物界之中，所以靈魂不可能只變成此物或彼物，而是隨環境而呈
不同外形。隨著圖騰制度的發展，這種二元性日益失去必要性，同時，精
靈則更積極地要求引起注意。於是，靈魂對於動物界的顯著親和力便體現
出來了，尤其是在它脫離軀體而獲得自由後。

㉒見上文，邊碼 198。關於輪迴說的普遍性，見 Taylor:II,P.8 及以下諸頁。

㉓即使我們認爲宗教和道德表象構成了靈魂觀念的基本要素，我們也不是
說它們是唯一的。在這個中央核心周圍聚集著其他意識形態，它們具有同
樣的特性，雖然程度較差。這就是一切高級智力的情況，它來自於社會賦
予的特殊的價值和尊貴。當我們專心於科學或藝術生活時，我們感到自己
是在超越肉體知覺的事物領域內活動，我們在結論部分將有機會更確切
地來展示這一點。這就是爲什麼智力的最高功能總是被看做靈魂的具體
體現。但是它們也許還不足以確立靈魂的觀念。

㉔ Tregear: *The Maori － Polynesian Comparative Dictionary*，PP.203～205。

㉕這即是普羅伊斯在其載在 *Globus* 上的文章中的主題，我們已屢次引用。似
乎萊維—布律爾也傾向於這個概念（見 *Fonctions mentals, etc.*，PP.
92～93)。

㉖關於這點，見我們的 *Suicide*，P.233 及以下諸頁。

㉗有人也許會有異議：統一性是個性的特徵，而靈魂卻始終被想像成是複
合的和能夠無窮分裂及複分的。但是我們現在知道，個人的統一體也是由
各部分組成，並且它也是能夠分裂和分解的。然而個性概念並沒有因爲我
們不再把個性想像成超自然和不可分割的原子而消失。它和用靈魂觀念
表達的通俗個性概念是一樣的。這表明了人們總是覺得人類個性並不具
有某些形而上學者歸於它的絕對統一性。

㉘總之，我們並不否認個人因素的重要性；用我們的觀點來解釋它，就像解
釋其反對命題一樣容易。如果個性的基本成分是我們的社會部分，那麼反
之，只有不同的個人聯合起來才會有社會生活，而且個人的數量越多以及

相互差異越大，社會生活就越豐富。所以，個人因素是非個人因素的條件。反命題同樣如此，因爲社會本身是個人差異的重要來源（見我們的 *Division du travail social*，第 3 版，P.267 及以下諸頁）。

第九章
精靈和神的觀念

309

當我們接觸到靈魂觀念時，我們已離開了純粹非人力量的範圍。澳大利亞宗教已經承認在靈魂之上有著高級的神話人格：精靈、教化英雄，甚至正確意義上的神。儘管沒有必要詳細敍述這些神話傳說，但是我們至少必須探索一下這三類精神存在在澳大利亞所取的形式，以及它們與整個宗教體系發生關係的方式。

1

靈魂並非精靈。實際上，它被禁閉在一個確定的有機體內，雖然在某些時刻可以離開有機體，但在通常情況下是個囚徒。它只有在人死亡以後才能完全脫離有機體，並且如我們已見，完成這一過程仍是十分困難的。而精靈則截然不同，它雖然往往與某一特定客體緊密結合，諸如泉水、岩石、樹木、星辰等等，並且還特別喜愛居住在那裡，但是它卻可以隨意離開，在無拘無束的空間過著獨立的生活。所以它的活動範圍更爲廣泛，它可以作用於接近它的或者它接近的個人。靈魂則相反，它只對自己賦予生命力的那個軀體產生影響；在人間生活期間，它只在極爲例外的情況下才能影響外界客體。

但是，靈魂即使沒有精靈的那種特性，它至少也能在人死後部分地獲取之。實際上，它在脫離化身後只要不再降生另一軀體，就能像精靈一樣地自由行動。當然，在追悼儀式結束後，它被認

310

爲前去亡靈之鄉了，但是在此以前它要在墳墓周圍逗留較長時間。而且，甚至在完全脫離軀體後它也在營地附近的叢林中遊蕩①。它通常被描繪成一個仁慈者，對於其家中的生者來說尤其如此；我們已經看到，父親靈魂前來幫助子女甚至孫兒女的成長。但是有時候也會顯示出名副其實的殘忍樣子來；一切事情都取決於它的脾氣以及生者對待它的態度②。所以，人們勸告大家，尤其是婦女和兒童，不要在夜裡離開營地，以免遭與它相遇的危險③。

然而，鬼魂並非眞正的精靈。首先，它通常只有有限的作用威力；其次，它也沒有明確的領地。它是一個流浪漢，不承擔確定的義務，因爲死亡使之不再具有任何正規形狀，它過的是一種流亡生活。反之，精靈則始終擁有某種威力，並且它正是由此界定的；它管理著某一類宇宙或社會現象，它在宇宙體系中有著基本上明確的職能。

但是有些靈魂是符合這種雙重條件的，因此它們就是本來意義上的精靈。這就是神話人物的靈魂，大眾的想像把他們置於萬物之始，即阿隆塔人所說的阿爾杰蘭加米杰納（即阿爾徹林加時代的人）、埃爾湖畔各部落所說的莫拉—莫拉、庫爾內人的莫克—庫爾內等等。就某種意義上來說，它們仍然是靈魂，因爲它們以前曾賦予軀體活力，並在某時從軀體中分離了出來。但是如我們已見到的，它們即使在世時也已擁有了非凡的威力；它們的馬納優於普通人，並且一直保持著。它們還有著明確的職責。

311　　首先，無論按史賓塞和吉倫，還是按斯特雷洛的說法，它們確保了氏族的定期聚集，並負有使婦女懷孕之責。

甚至在婦女懷孕後，祖先的任務也還沒有結束。守護新生兒也是他們的義務。日後孩子成人後，祖先靈魂還要陪伴他打獵，幫助他獲取獵物，並在夢中警告他可能出現的危險，使之免遭敵人傷害等等。在這一點上，斯特雷洛和史賓塞與吉倫完全一致④。

誠然，有人可能會問，按史賓塞和吉倫的轉述，祖先怎麼可能履行這種職責；因為他既然已在使婦女懷孕時轉生了，就應該和孩子靈魂混合了，因而也就不能從外界來保護孩子。但事實上他並未完全轉生，他只是複製了自已。他的一部分進入婦人體內使之生育，另一部分則繼續留在外界，並以阿龍布林加(Arumburinga)的專名履行著守護神的職責⑤。

於是，我們就看到，祖先靈魂與拉丁人的 genius（守護神）或希臘人的 δαίμων（守護神）之間有著極其密切的關係⑥。它們的職責完全相同。其實，最初的 genius 即有「產子者」(quigignit)的涵義；他表達和人格化了生育能力 ⑦。他同時又是他依附的個人的庇護者和指導者 ⑧。他最後便與個人的個性融混起來了；他代表了個人特有的整個脾氣和性格，並使之具有了區別於他人的特殊外貌 ⑨。因此，眾所周知的 indulgere genio, defraudere genium 就具有了「模仿他的天然脾性」的意思。實際上 genius 即是另一種形式的個人靈魂。可以由 genius 和 manes 兩詞的部分同義證明之⑩。manes 是人死了以後的 genius；它也就是死者的殘留物，即靈魂。同樣地，阿隆塔人的靈魂以及他們的守護神祖先靈魂，也只不過是同一事物的兩個方面。

但是，祖先不僅在人體中有確定居所，在事物中也有確定居所。人們雖然認為其真正居所是在地下，但也認為他一直在其南迦樹或南迦岩石的所在地作祟，或者在水坑——自然形成於他消失在地下結束其第一次生命的地點——所在地作業。由於這種樹或岩石被認為代表了這種英雄的軀體，所以人們想像靈魂也一直返回這裡，有點永久性地居住在那裡；正是通過這一靈魂的存在，人們才解釋了這些地方激發出來的宗教崇敬。任何人折斷了南迦樹的樹枝都會有生疾之虞⑪。「從前，折斷或損傷它的行為會受到死亡的懲罰。在那兒避難的走獸和飛禽不會被人殺死。甚至周圍的樹叢也必須受到尊敬：人們不得焚燒青草，並且必須敬奉

312

岩石，不得移動或擊碎它們⑫。」由於這種神聖性被歸諸祖先，所
以祖先就成了這些樹木、岩石、水坑或者泉水的精靈了⑬。如果泉
水被認爲和雨有關係，那麼祖先就成了雨的精靈⑭。同樣，許多做
爲人類守護神的精靈就都同時履行著宇宙職責。毫無疑問，我們
必須在這個意義上來理解羅思的原文，他說，在北昆士蘭，自然
界的精靈是居住在森林或山洞裡的亡靈⑮。

313 　　這樣，我們已看到一些精神存在了，它們不同於那些沒有明
確威力到處遊蕩的靈魂。斯特雷洛稱之爲神(gods)⑯；但是這個
表達法是不確切的，至少在大多數情況下是這樣。如果按此表達
法，那麼像阿隆塔這樣一個社會中人人都有庇護祖先，豈不是就
會有像活人一樣甚至更多的神了？這只是會使我們用以稱呼做爲
唯一崇拜者的神聖存在的術語「神」(god)發生混亂。當然，祖先有
可能上升到類似眞正神的地位。如我們業已指出，在瓦拉蒙加部
落中，整個氏族被認爲是從一個單獨的祖先衍生而來⑰。我們很容
易理解，爲什麼這種集體祖先可能在某些條件下變成集體信仰的
對象。突出的例子是窩龍瓜蛇的情況⑱。同名氏族導源於牠的這一
神話生物被認爲一直生活在水坑中，那裡因此籠罩著宗教崇敬的
氣氛。於是它就成了氏族的集體崇拜對象：人們通過一定的儀式
祈求它的恩惠，並對它舉行種種禱告等等。所以我們可以說，它
就像氏族的神。但是這是十分例外的，若按史賓塞和吉倫的說法，
這甚至是唯一的例子。通常，「精靈」是唯一適用於指稱這種祖先
的詞。

　　至於這一概念的形成方式，則我們可以說它顯然來自此前的
概念。

　　如我們已展示的那樣，除非想像在萬物之始有導出一切其他
靈魂的基本靈魂供應源，否則個人靈魂的存在就是不可理解的。
而這些原型靈魂只能被想像成是包容著一切宗教功能的源泉；因
爲既然想像力無法超越它們，那麼人們只可能認爲一切神聖事物

都導源於它們了，即儀式法器、氏族成員和圖騰種動物都由此而來。它們使散布在整個部落和整個世界上的一切神聖性具體化，所以它們擁有的威力就顯著地優於一般人類靈魂所享有的威力了。此外，時間本身也強化了事物的神聖性。一個極爲古老的聚靈架激發出來的崇敬遠比新聚靈架的強烈，並有更大的功效⑲。以聚靈架做爲對象的崇拜感情經過世世代代人的崇拜而越積越甚。基於同樣道理，千百年來做爲衆口傳誦的神話主題並經儀式定期發揮作用的那些祖先人物，就不可能不在大衆的想像中取得特殊的地位了。

　　但是，它爲什麼並未留在有組織的社會之外，而是成了社會的正式成員了呢？

　　這是因爲每個個人都是一個祖先的孿身。當兩種存在如此密切相關時，他們自然被想像成是結合在一起的了；既然共享同一本質，那麼似乎一方所受的影響也應該即是另一方所受的影響。所以神話祖先就依附於活人社會了；雙方有了共同的利益和熱情，被視爲並聯物體。然而，前者的地位高於後者，所以在公衆心目中，這種聯合是優秀和低劣、保護者和被保護者、施主和受惠者之間的協議形式。於是就出現了依附於個人的保護神的奇妙觀念。

　　祖先爲什麼不但與人而且與物也發生關係？這個問題顯然更令人窘困。因爲乍看之下，我們不明白這類人物和岩石或樹木之間怎麼會有關係。但是我們得感謝斯特雷洛的一個事例爲我們提供了解決這個問題的答案。

　　這些樹木和岩石並不位於部落領土內的任何地方，而是大部分聚集在收藏氏族聚靈架的聖所周圍，史賓塞和吉倫稱這種聖所爲艾納土龍加(ertnaturunga)，斯特雷洛則稱阿克納納瓦(ar-knanaua)⑳。我們知道，這些地點之所以享有這樣的崇敬，只是因爲那裡保存著最珍貴的崇拜法器。每個聚靈架都將其神聖性傳

至周圍的一切事物。正因爲如此，附近的樹木和岩石才顯得神聖起來，從而禁止人們毀壞損傷，一切對它們的粗暴行爲都被視爲瀆聖。這種神聖特性實際上是由簡單的心理傳染現象造成的；但是，土著人爲了解釋它就必須認爲這種種物體和擁有整個宗教威力源的種種生物（亦即阿爾徹林加時代的祖先）有著關係。於是就出現了我們已談及的神話系統。人們想像，每個艾納土龍加都標誌著一群祖先進入地下的地點。覆蓋在這片地上的土堆或者樹木則被認爲代表著祖先的軀體。但是，由於靈魂一般都與它寄居的軀體保持著親密的關係，所以人們很自然地會認爲這些祖先靈魂繼續經常出沒於置放其有形軀殼的地方。於是，他們就位於岩石、樹林或水坑中了。這樣，每個祖先雖然仍舊依附於某個確定個人，但他已演化成一種「地方守護神」(genius loci)，並履行其職責了㉑。

如此闡述的這些概念使得我們能夠理解迄今尚未解釋的一種圖騰制度形式：個人圖騰制度。

個人圖騰大致可由下述兩個特徵界定：(1)它是具有動、植物形狀的生物，其責任是庇護個人；(2)個人的命運與其庇護者的命運密切相關：一切觸犯後者的事情也同步傳感到前者。而我們剛才談及的祖先精靈則符合這一定義。他們也屬於（至少部分地）動物或植物界。他們也是守護神。最後，交感的紐帶把每個個人與其庇護祖先聯結起來。如果代表這一祖先神秘軀體的南迦樹被毀，這個人就肯定會有遭受威脅之感。固然，這種信仰今天正在喪失其力量，但是史賓塞和吉倫已經觀察到它了。不管怎樣，他們相信它在以前是十分普遍的㉒。

甚至在細節上也可以看到這二者的同一性。

祖先靈魂居住在被視爲神聖的樹木或岩石中。同樣地，尤阿拉伊人認爲個人圖騰動物的精靈居住在一棵樹或一塊石頭裡㉓。這一樹木或石塊是神聖的，除了圖騰所有者外任何人都不得觸碰

它；如果這是石頭或岩石，則禁忌更爲絕對㉔。結果，它們就成了名副其實的避難所。

最後，我們已看到，個人靈魂只是祖先靈魂的另一面，據斯特雷洛的說法，它勉強可以算做第二個自我㉕。同樣地，按帕克夫人的表達法，則名爲「昂比」的尤阿拉伊人的個人圖騰是個人的「他我」：「人的靈魂存在於他的昂比裡，而他的昂比的靈魂則存在於他的體內㉖。」所以，這實質上是兩個軀體中的一個靈魂。這兩個概念的關係是如此密切，以至於有時候人們用一個詞彙來表達它們。這種情況見於美拉尼西亞和波里尼西亞：穆塔島上的 atai、奧羅拉島上的 tamaniu 以及莫特勞的 talegia 都是兼指個人的靈魂及其私人圖騰的㉗。薩摩亞的 aitu 亦是如此㉘。這是因爲個人圖騰只不過是自我或個性的外表可見形式，而靈魂則是其內在的不可見形式㉙。

於是，個人圖騰就具有了守護祖先的一切基本特性，並且扮演著同樣的角色：因爲它具有同樣的起源和出自同樣的觀念。

實際上，個人圖騰即是靈魂的複本。圖騰像祖先一樣，是個人的靈魂，它只是客觀化了，並且被賦予的威力優於有機體的威力。而這一複本是心理必然性的結果；因爲它只是表達了雙重性的靈魂本質。就某種意義上來說，它是我們的：它表達了我們的個性。但與此同時，它又是超越於我們之外的，因爲它只是進入我們體內的外界宗教力量。我們無法使自己與它完全等同，我們賦予了它優越和尊貴，使之高高地踞於我們和我們的經驗個性之上。所以，我們傾向於設想自己有一整個部分處於外界。這種思考自己的方式異常牢固地確立在我們的本性中，以致我們無法避免它，甚至當我們試圖不借助任何宗教象徵來看待自己時也不能避免這種思考方式。我們的道德意識就像一個核心，靈魂觀念環繞著它而形成自己；但是當它對我們說話時，它仍然產生了一種優於我們的外界威力的作用，這種威力給予我們法律並審判我

317

們，但也幫助和維護我們。當我們感到它在身旁時，就會更堅強地對付生活的考驗，並更有把握克服它們，就如信任祖先和私人圖騰的澳大利亞人一樣，感到自己能更英勇地抗擊敵人㉚。所以在這些概念的基礎中有著客觀的東西，而不論我們心中想到的是羅馬人的守護神還是個人圖騰，抑或阿爾徹林加時代的祖先；這就是它們能以種種形式保存至今的原因。一切表明，我們彷彿眞有兩個靈魂，一個在我們內部，或者說它即是我們自己；另一個則在我們之上，其職責是控制和協助第一個靈魂。弗雷澤認爲個人圖騰是外部靈魂，但是這種外在性是策略和巫術計謀的結果。它實際上包含在靈魂觀念的體系中㉛。

318

2

我們剛才談及的精靈基本上是施惠者。當然，人們若不以恰當態度對待它們就要受到懲罰㉜。但是它們的職責卻不是作惡。

然而，精靈確是旣能爲善也能作惡的。這就是爲什麼我們看到有一類惡魔自成一幫，與幫助和庇護人類的精靈爲敵，這使得人們能夠解釋自己不斷遭到的不幸、夢魘㉝、病痛㉞、旋風和暴風雨㉟等等。當然，這並不是說所有的人類不幸都異常到只能用超自然力來解釋的地步；而是說，人類是用宗教形式來思考這些力量的。由於被視爲生命之源的是宗教本原，所以一切騷擾和破壞生命的事件都應合乎邏輯地追溯到同樣類型的一種本原。

這些有害精靈似乎是按業已談及的善良精靈的同一原型想像出來的。它們被描繪成動物形狀或者半獸半人形狀㊱；但是人們自然傾向於給予它們龐大的軀體和兇惡的相貌㊲。它們像祖先靈魂一樣居住在樹木、岩石、水坑以及地下洞穴中㊳。史賓塞和吉倫以阿隆塔人做爲特例，清楚地說其名爲惡龍恰(Oruncha)的惡魔
319 是阿爾徹林加時代的生物㊴。許多惡魔被描繪成是過著人間生活的人類靈魂㊵。這些傳說時代的角色有著各式各樣的性格：有些

保留著殘忍和邪惡的本性㊶。有些則天生地體質差、消瘦、衰弱；所以在它們進入地下後，那裡長出的南迦岩石便被看成危險勢力的故地了㊷。

　　但它們的具體特性還是有別於其同行阿爾徹林加時代的英雄。它們不轉生，在活人中沒有代表，沒有人類的後裔㊸。當人們根據某些症狀斷定初生的嬰孩即是這些惡魔的作用結果時，就立刻處死孩子㊹。此外，惡魔不屬於任何確定的圖騰群體，它們是在社會組織之外的㊺。所有這些屬性表明它們是巫術威力而非宗教威力。事實上，它們確實與巫師特別有關，巫師經常從它們那裡獲得威力㊻。這樣，我們已經到達了宗教世界和巫術世界的分界線了；由於後者不在我們的研究範圍之內，所以我們不必做進一步的探討了㊼。

3

　　精靈概念的出現標誌著邁向宗教力量個性化的重要一步。

　　然而，我們迄今談及的精神存在仍然只是次要角色。它們或是屬於巫術而非宗教的惡魔，或是依附於確定個人或地方的精靈，它們只可能在相當有限的範圍內使人感受到其影響。所以它們只能成為私人和地區儀式的崇拜對象。但是這個觀念一旦確立，它就自然地擴散至宗教生活的更高領域，於是高級神話人格就誕生了。

　　雖然各個氏族的典禮互異，但是均屬同一宗教；而且，其中還有不少基本的類同之處。既然所有氏族只不過是同一部落的各個部分，那麼部落的統一性必定會通過大量各別的崇拜而被人感覺到。實際上，沒有一個圖騰群體沒有聚靈架和牛吼器，而且這些法器在各處的使用方法都相同。分成宗族分支、婚姻組和氏族的部落組織以及隸屬於它們的族外婚禁令都是名副其實的部落制度。所有的成年禮都包括了基本的儀式、拔牙、割禮、私部切開

等，它們並不因圖騰的不同而有所變異。由於成年禮總是在全部落在場的情況下舉行，至少是在召集各氏族的集會時舉行，所以它更易確立統一性。這樣做的道理在於成年禮的目的是引導新成人進入宗教生活；這種宗教生活不僅是他出生氏族的，也是整個部落的，所以必須向他當場描繪部落宗教的各個面向。正是在這種場合，部落的道德和宗教統一體才得到了最好的肯定。

　　例如，每個社會中都有若干儀式以其同質性和普遍性而區別於其他一切儀式。這樣令人注目的一致性似乎只能用起源的統一性來解釋。所以，人們想像每一組類似的儀式都是由同一祖先創造的，他向整個部落啓示了這些儀式。例如，在阿隆塔部落中，據說一個名叫普提亞普提亞(Putiaputia)的山貓氏族的祖先㊽曾教導人們製作和使用聚靈架；瓦拉蒙加部落中的這類祖先名爲莫爾土—莫爾土(Murtu-murtu)㊾；烏拉崩納部落中稱威土納(Witurna)㊿；凱提什部落中稱阿那土(Atnatu)[51]，庫爾內部落中稱騰東(Tendun)[52]。同樣地，關於割禮的發明，東迪利人和其他許多部落歸諸兩個專門的莫拉—莫拉[53]；阿隆塔人則把它歸諸阿爾徹林加時代的一個屬蜥蜴圖騰的英雄，名芒迦孔葉孔雅[54]。人們還把婚姻制度及其包含的社會組織的創立、火的發現、長矛、圓盾、飛去來器等等的發明也歸諸芒迦孔葉孔雅。牛吼器的發明者常常被看成成年禮的創建者[55]。

　　這些特殊的祖先不能與其他祖先爲伍。一方面，他們所激發的崇敬感情並不限於一個氏族，而是整個部落共有的。另一方面，他們是部落文明中所有受人重視事物的創造者。鑑於這雙重原因，他們遂成爲特殊看待的對象。例如，據說在阿爾徹林加時代之前阿那土就生於天上了，他創造了自己並取了這個名字。星辰是他的妻子和女兒。在他生活的天之外另有一個天和一個太陽。他的名字是神聖的，不得在婦女或未成人者面前唸誦[56]。

　　但是，儘管這些人物享有多大的特權，仍無根據來創建專門

321

崇拜他們的儀式；因爲他們自己也只不過是人格化的儀式。除了用以解釋現存儀式外，他們沒有其他的存在理由，他們只是這些 322
儀式的另一方面。聚靈架和發明它的祖先只是同一事物；有時候二者都用同一名字(57)。牛吼器鳴響時，人們說那是祖先爲使自己被人聽見而發出的聲音(58)。正是由於每個這樣的英雄都與據信是他創建的崇拜混淆了，人們才認爲他重視對其崇拜的方式。除非崇拜者確切履行義務，否則他就不會滿意；他懲罰那些怠忽的人(59)。所以人們把他看成既是儀式的創建者，又是儀式的守護者，有鑑於此，他被賦予名副其實的道德角色(60)。

4

然而，這並不是見於澳大利亞人中的最高級神話結構。至少有一定數量的部落已有了神的概念，這種神即使不是獨一無二的，至少也是至高無上的，他擁有比其他宗教實在都要高的顯著地位。

很久以前就有不少考察者指出了這一信仰的存在(61)；但是，對於確定其相對普遍性最有貢獻的人是豪伊特。實際上，他已在一片廣大的地區內證實了它，這片地區包括維多利亞州和新南威爾斯州，甚至延伸至昆士蘭(62)。這整片地區中，有許多部落相信存在著一個眞正的部落神，他的種種名字因地區而異。最多使用的名字是崩吉爾(Bunjil)或龐吉爾(Punjil)(63)、達拉木倫(Daramulun)(64)和貝亞密(Baiame)(65)。我們還發現有奴拉利(Nur- 323
alie)或奴雷勒(Nurelle)(66)、科興(Kohin)(67)和芒岡一高瓦(Mangaungaua)(68)等名字。同一概念也見於更西的納林葉里部落，那裡的大神稱爲奴龍德里(Nurunderi)或恩吾龍德里(Ngurrunderi)(69)。在迪利部落中則可能爲莫拉一莫拉（即普通祖先）之一，他對於其他莫拉一莫拉享有主宰權(70)。史賓塞和吉倫聲稱阿隆塔部落裡看不到眞正的神的信仰(71)，但是斯特雷洛對此提出異議，他確信

這個部落和洛里特雅部落都承認一個名叫阿爾杰拉的名副其實的「善神」(good god)⑫。

這種的基本特性各地都一樣。他是一個不朽甚至是永恆的生物，因為他不導源於任何其他事物。在人間生活了一段時間後，他就升入或被接入天堂⑬，他在那裡繼續與家庭生活在一起，通常傳說他有一個或幾個妻子，還有子女和弟兄⑭，他們有時候幫助他履行職責。人們以他和他的家庭拜訪星辰為託詞而常常把他們認同為某些星辰⑮。此外，他還擁有主宰星辰的權力。他調節太陽和月亮的行程⑯，對它們發布命令⑰。他使閃電穿過雲層，並且發出雷霆⑱。由於他就是雷，所以他就和雨聯繫在一起了⑲：每逢旱、澇，人們就祭拜他⑳。

人們把他說成一種造物主：稱他為人類之父，因為他創造了人類。據流傳在墨爾本周圍的一個傳說，崩吉爾用下述方法創造了第一個人。他用白陶土做了個小人像，然後繞著它舞蹈數圈，並把氣吹入其鼻孔，於是人像便被賦予了生命，開始走動㉑。據另一個神話，他點燃了太陽，因此加熱泥土而從中創造了人類㉒。這個神人在創造人類的同時㉓，還創造了動物和樹林㉔；人類依靠了他才有了一切生活技藝、語言和部落儀式㉕。他是人類的恩人，他甚至扮演上帝的角色。他為崇拜者提供了生存的一切必要條件㉖。他和他們直接或間接地進行交流㉗。在做為部落道德監護者的同時，他又嚴厲地懲罰那些違反道德的人㉘。如果我們相信某些考察者的話，那麼他甚至在死後還擔負著司法的責任；他區分了善人和惡人，並使他們受到不同的報應㉙。不管怎樣，他常常被說成統治著亡靈之鄉㉚，並在靈魂到達彼岸後召集它們㉛。

由於成年禮是主要的部落儀式，所以成年禮尤其屬於他，他是儀式的中心。人們經常用刻在樹皮上或滲印在地面上的圖像來象徵他。大家圍著圖形跳舞，並唱歌致敬，甚至向他舉行真正的祈禱㉜。人們告訴男性青年，這個圖形代表著誰，並透露出他的秘

密名字，而婦女和未成年者則不得與聞；人們還把他的歷史以及在部落中的作用告訴年輕男子。有時候，人們舉手伸向據信是其居所的天空，要不然用手臂或手中的禮儀法器指向那個方向[93]；這即是與他交流的方式。人們覺得他無所不在，他監視著退隱入森林裡的新成年者[94]。他重視人們舉行典禮的方式，成年禮是他的儀式，所以他特別注意要求人們確切地執行這些儀式：如果出了任何差錯和疏忽，那麼他就會以可怕的方式懲罰他們[95]。

此外，這種最高神的權力不只限於一個部落，一些相鄰部落都承認同一個神。幾乎整個維多利亞州的部落都崇拜崩吉爾；新南威爾斯州的一大片地區內則崇拜貝亞密；這就是這麼廣大地區內只有極少神祇的原因。所以，以他們爲對象的儀式具有族際性質。有時候各神話傳說甚至融混、組合和互相借鑑。例如，大多數相信貝亞密的部落也承認達拉木倫的存在，然而其地位稍低。他被說成貝亞密的兒子或兄弟，並且隸屬於貝亞密[96]。在整個新南威爾斯，關於達拉木倫的信仰有各種各樣的形式。所以，不能把宗教的族際性說成是最近和最先進宗教的獨特現象。從歷史的初始時代開始，宗教信仰就呈現出不再把自己封閉於嚴格限制的政治社會的趨勢了；它們彷彿有跨越邊界擴散和族際化的自然傾向。當然，在有的部落和時代，這種自發傾向曾遭到社會需要的抵制，但是這並沒有阻止它成爲眞正的和如我們所見那樣的非常原始的宗教信仰。

在泰勒看來，這一概念似乎是高級神學的一部分。所以他除了從中看到歐洲的輸入品外，看不到其他東西：他要使之成爲有點變性的基督教觀念[97]。安德魯·朗則相反，認爲它們是土生土長的[98]；但是，他也承認它與其他一切澳大利亞信仰截然不同，建立在迥異的原則上，所以他斷定澳大利亞的宗教由兩個異質體系構成，一個體系疊加在另一個上，故澳大利亞的宗教有著雙重起源。一方面，有著某些自然現象啓發出來的有關圖騰和精靈的觀念；

326

但是同時還有人類憑藉對於事物性質的直覺⑨而在最初想像出來的獨一無二的神──世界的創造者和道德規範的訂立者。朗甚至估計,這個觀念在開始時比隨後的文明時期更純粹,尤其是在澳大利亞。隨著時間的增長,它逐漸被日益增多的精靈迷信和圖騰迷信掩蓋和搞模糊了。於是它就經歷了一種漸進退化而至今天。現在,它做爲享有特權的文化的結果而獲得了它有權得到的東西,並且比先前更有力、更清楚地重申了自己的地位⑩。

但是,事實既不容忍泰勒的懷疑論假設,也不容忍朗的神學解釋。

首先,今天可以肯定,有關部落大神的觀念起源於當地。在人們尚未受到傳教士的影響時已有了這樣的觀念⑩。但這並不等於說必然要把這類觀念歸因於神秘的啓示。它們絕不是來自異於正規圖騰信仰的其他起源,相反地,它們正是圖騰信仰的合乎邏輯的發展結果,而且是其最高形式。

我們業已看到,神話祖先的觀念是如何包含在做爲圖騰制度基礎的原則之中的,因爲每個神話祖先即是一個圖騰物。這些大神雖然優於神話祖先,但是二者只是程度之差;我們可以不間斷地從前者過渡到後者。實際上,大神本身即是特別重要的祖先。大神經常被說成宛如人類,他固然擁有優於人類的威力,但卻在人間過著人類生活⑩。他被描繪成偉大的獵人⑩、威力巨大的巫師⑩,或者部落的創建者⑩。他也是最早的人⑩。有個傳說甚至說他是個步履艱難的衰弱老人⑩。如果迪利部落中有個名爲莫拉─莫拉的最高神的話,那麼這一名字就很有意義,因爲它是用以指稱祖先階層的。同樣地,墨累河畔各部落中的大神之名奴拉利有時也做爲集體名詞而指稱傳說中萬物之始的一群神話生物⑩。他們完全類同於阿爾徹林加時代的角色⑩。見於昆士蘭的是名爲安杰亞或安杰爾的神,他製造了人類,但是儘管如此,他似乎只是最早的人⑩。

以所謂的教化英雄時期做為中間階段，有助於澳大利亞思想從眾多祖先守護神的觀念過渡到部落神觀念。稱為教化英雄的這些傳說人物是真正的祖先，由於神話賦予了他們部落歷史中的突出地位，他們才高踞於其他祖先之上。我們已經看到，他們通常構成了圖騰組織的一部分：芒迦孔葉孔雅屬蜥蝎圖騰，普提亞普提亞屬山貓圖騰。但是另一方面，他們應盡或已盡職責和大神極為類似。他也給人類引進了技藝文明，也是主要社會制度的創建者以及是至今仍在他控制下的宗教大典的啟示者。說他是人類之父，是因為他製造了而非生育了人類（而芒迦孔葉孔雅也是製造了人類）。在他以前沒有人類，而只有許多不成形的肉團，其中各肢體甚至各個體尚未互相分開。是他切開了這種原始材料而用以製造了真正的人⑪。在這一虛構模式和業已談及的崩吉爾的虛構模式之間只有些微差別。況且，有時候二者還有世系關係，致使這兩類角色更加密切相關。庫爾內部落中的牛吼器英雄通東(Tundun)是大神芒岡─高瓦的兒子⑫。同樣地，在尤阿拉伊部落中，貝亞密的兒子或兄弟達拉木倫被認同為蓋昂蒂(Gayandi)，而他則相當於庫爾內部落的通東⑬。當然，從這些事例中不是必然會導出大神只可能是教化英雄的結論。在有些事例中，這二者是被仔細區別開的。但是，他們即使沒有混同也至少是密切關聯的。所以我們有時候覺得很難辨別他們，其中有些人既可分歸這類也可分歸那類。例如，我們做為教化英雄談及的阿那土就極像一個大神。

最高神的概念深深地依賴於整個圖騰信仰體系，以致它現在還帶著圖騰信仰的標記。如我們剛才所見，通東是個神聖英雄，他極像部落神，而該詞在庫爾內部落中就意為圖騰⑭。同樣，阿隆塔部落裡的阿爾杰拉既是大神名又是母方圖騰名⑮。更有甚者，許多大神都有著明顯的圖騰外形。達拉木倫是隻雕鷹⑯，其母親是鴯鶓⑰。貝亞密也被描繪成鴯鶓的狀貌⑱。阿隆塔部落的

329

阿爾杰拉有著鴝鵲的腿⑲。如我們剛才談及，奴拉利一詞在做爲
大神名之前是用以指稱部落締造者的，而這些締造者中則有烏
鴉、雕鷹等等⑳。按豪伊特的說法㉑，崩吉爾一直被說成是人形
物，而該詞卻用以稱呼一個宗族分支圖騰：雕鷹。他至少有一個
兒子包括在他給予或借用其名的這個宗族分支所擁有的圖騰中
㉒。他的兄弟名佩利昂，義爲蝙蝠，而這是維多利亞許多部落中的
性別圖騰㉓。

　　我們還能更加深入和明確地闡述大神與圖騰制度的關係。我
們剛才已看到，崩吉爾是一個宗族分支的圖騰。達拉木倫如崩吉
爾一般是雕鷹，我們還知道在東南部許多部落中，這種飛禽充任
宗族分支的圖騰㉔。上文指出，奴拉利原來似乎是個集合名詞，
不明確地指稱雕鷹或烏鴉；而在流傳這一神話的部落裡，烏鴉和
雕鷹分別是兩個宗族分支的圖騰㉕。此外，大神和氏族分支的歷
史傳說也極爲相似。神話（有時還有儀式）紀念了這類神人和食
肉飛禽搏鬥的事跡，神人竭盡全力後才戰勝了牠。最早的人崩吉
爾在製造了第二個人卡爾溫(Karween)後就與他發生了衝突，他
在一次決鬥中重創了卡爾溫，並把他變成一隻烏鴉㉖。兩種雙奴
拉利被說成兩個敵對群體，最初一直處於不斷的戰爭狀態中㉗。
貝亞密不得不與食人鷹莫連(Mullian)搏鬥（後者即是達拉木倫
㉘）。而如我們所見，宗族分支的圖騰之間也有一種天生的敵對
性。這種類似性進一步證實了大神神話與這些圖騰的神話是密切
相關的。如果我們注意到神的對手都有規律地爲烏鴉或雕鷹，並
且均爲宗族分支圖騰的話㉙，那麼二者的密切關係更清楚了。

　　所以，貝亞密、達拉木倫、奴拉利以及崩吉爾似乎都是神化
了的宗族分支圖騰；我們並且可以想像得出這種神化是如何發生
的。顯然是在有關成年禮的集合中構想出了這種概念，因爲大神
唯有在這些儀式中才擔任重要角色，他與其他宗教典禮是不相干
的。況且，由於成年禮是主要的部落崇拜儀式，所以只有在這種

場合才會產生部落神話。我們已經看到，割禮和私部切開儀式是如何自發地傾向於以敎化英雄的形式而人格化。然而，這些英雄並未行使最高主宰權，他們的身分與其傳說中的社會施主一樣。但是，社會只要獲得了對於自己的強烈感情，這種感情就會自然地以某個人物爲化身，這個人物就成了感情的符號。各個氏族的人爲了說明他們互相之間的統一關係，就想像大衆源自同一世系，大家都是某一個祖先的後裔，人們依賴了他才得以存在，而這個祖先的存在卻不依靠任何人。於是成年禮的神便註定了要扮演這種角色，因爲按照經常出自土著人自己口中的說法，成年禮的目的是創造或製造人。他們便把創造力歸諸這個神，他就有了特權，得以高踞於其他神話英雄之上。其他的神話英雄遂成了他的副手，成了他的兒子或兄弟，猶如通東、蓋昂蒂、卡爾溫、佩利昂等等一樣。但是其他的神聖生物已經存在了，它們在氏族的宗敎體系中有著同樣顯著的地位，這即是宗族分支圖騰。宗族分支圖騰只要存在著就會使得氏族圖騰依附於它們，它們就必然自己成爲部落神。於是這兩類神話生物之間自然會產生局部的混合，部落的兩個基本圖騰之一以其容貌給予大神。但是，人們必須解釋爲什麼只有一個宗族分支圖騰稱了神，而另一個被排斥了。於是就設想後者在與對手的搏鬥中被擊敗了，這種被排斥便成了失敗的自然結果。這種說法很容易被接受，因爲它與神話傳說是一致的：兩個宗族分支的圖騰通常被認爲是互相敵對的。

　　帕克夫人在尤阿拉伊人中見到的一個神話⑬，有助於證實本解釋，它只是用形象語言表達了這一解釋。它說，這個部落中的圖騰最初只是貝亞密身體上各肢體的名字。所以，從某種意義上來說，氏族僅是神聖軀體上的碎片。那麼，這不就是用另一種方式說大神即是一切圖騰的綜合體，因而就是部落統一體的人格化嗎？

　　它同時還取得了族際性。實際上，參加典禮的不僅有年輕成

332

年者所屬部落的成員，還有從相鄰部落專門召來的代表，所以儀
式就成為族際集會了，既是宗教的又是世俗的⑬。在這種社會環
境中構想出來的信仰不可能依然是任何個別民族的專門世襲遺產
了。外族人把他獲得的一切啟示都帶回了自己的部落，而他遲早
也要邀請其前東道主的，於是部落與部落之間就有了持續的觀念
交流。一個族際神話便創立了，其中，大神十分自然地成了主要
成分，因為他來源於他使之人格化的成年禮。所以他的名字從一
種語言傳至另一種語言，一起傳播的還有依附於名字的想像。不
同部落中的宗族分支名字通常相同這一事實也肯定有助於促進這
種擴散。圖騰的族際性為大神的族際性開闢了道路。

5

我們現在已經看到了圖騰制度所達到的最高概念。這是圖騰
制度影響和為隨後各宗教準備並幫助我們理解這些宗教的概念。
同時，我們還能看到這一最高觀念是毫無間斷地與我們開頭分析
的最粗淺信仰統一起來的。

實際上，部落大神只是最後贏得傑出地位的一個祖先精靈。
而祖先精靈只不過是設計成個人靈魂形象和用以解釋個人靈魂起
源的實在。而個人靈魂又只不過是做為圖騰制度基礎的非個人力
量所取的外形，猶如它們在人體中的個性化那樣。圖騰制度的統
一程度與其複雜程度相同。

在這件作品的構製中，靈魂觀念無疑發揮了重大作用，個性
觀念是通過它才進入宗教領域的。但是精靈崇拜說者主張的靈魂
觀念包含整個宗教的萌芽之說則是不確實的。首先，靈魂觀念是
以馬納即圖騰本原概念為前提的，靈魂只是馬納的具體外形。其
次，即使精靈和神不可能在靈魂之前被想像出來，但它們仍然遠
勝於因死亡而獲得自由的人類靈魂，否則其超自然威力從何而
來？靈魂觀念只是以一種新的方式來指導神話想像，並向它啟示

333

新的結構。但是，這些概念的素材不是取自靈魂而是從這位保管者中取走了構成宗教原始基礎的無個性和擴散的力量。神話人格的創造只是以另一方式來思考這些力量。

至於大神概念則完全產生自部落感情，關於其作用我們已見於最具體的圖騰信仰的起源中。事實上，我們已看到，圖騰制度不是孤立氏族的產物，而始終是以在一定程度上意識到其統一性的部落爲主體而構製成的。有鑑於此，各氏族的不同崇拜按形成統一體的方式而互相交流和完善 ⑱。正是這種部落統一體的感情被表達成整個部落共有的最高神概念。所以，這就是活躍在整個宗教系統中的動因。

然而，迄今爲止我們一直把宗教表象看成彷彿是自足和可以自我解釋的。實際上，它們與儀式是不可分離的，這不但因爲它們通過儀式而體現自己，而且它們也感受到儀式的影響。當然，崇拜取決於信仰，但也反作用於信仰。所以爲了更好地理解信仰，就必須更好地瞭解崇拜。現在，著手研究崇拜的時機已經成熟了。

註 釋

① Roth: *Superstition, Magic, etc.*, § 65. § 68; Spencer and Gillen: *Nat. Tr.*,P.514、P.516。

② Spencer and Gillen: *Nat. Tr.*,P.512、P.515;Dawson: *Austral. Aborig.*,P.58;Roth,前引書，§ 67。

③ Spencer and Gillen: *Nat. Tr.*,P.517。

④ Strehlow:II,P.76 及註 1;Spencer and Gillen: *Nat. Tr.*,P.514、P.516。

⑤ Spencer and Gillen: *Nat. Tr.*,P.513。

⑥關於這個問題，見 Negrioli: *Dei Geniipressoi Romani*；載在 *Dict. of Antiq.* 上的文章 Daimon and Genius; Preller: *Romische Mythologie*, II, P.195 及以下諸頁。

⑦ Negrioli:同上書，P.4。

⑧同上書，P.8。

⑨同上書，P.7。

⑩同上書，P.11。參看 Samter: Der Ursprung der Larencultus，載 *Arhciv f. Religions — Wissenschaft*, 1907 年，PP.368～393。

⑪Schulze:前引文，P.237。

⑫Strehlow:I,P.5。參看 Spencer and Gillen: *Nat. Tr.*, P.133; Gason:載 Curr,II，P.69。

⑬見關於溫泉精靈莫拉—莫拉的例子，載 Howitt: *Nat. Tr.*，P.482。

⑭*Nor. Tr.*，P.313 及下頁; Mathews *Journ. of the Roy. Soc. of N.S. Wales*, XXXIII,P.351。在迪利部落中，有種莫拉—莫拉的職責是降雨(Howitt: *Nat. Tr.*，P.798 及下頁)。

⑮Roth: *Superstition, etc.*, § 67,參看 Dawson,P.59。

⑯Strehlow:I,P.2 及以下諸頁。

⑰見上文，邊碼 283。

⑱*Nor. Tr.*,第 7 章。

⑲Spencer and Gillen: *Nor. Tr.*，P.277。

⑳Strehlow:I,P.5。

㉑誠然,有的南迦樹和南迦岩石不在艾納土龍加周圍,而是分散在部落領內各處。據說這是一個祖先消失在地下的處所,他喪失了一個肢體,流了一些血,或者丟了一個變成樹或岩石的聚靈架。但是這些圖騰地點並不太重要;斯特雷洛稱它們爲 Kleinere Totemplätze（小圖騰地點）(I,PP.4～5)。所以它們具有這一特性可能僅僅因爲類似主圖騰中心。這些樹木和岩石由於這種或那種原因使得人們想起了艾納土龍加附近的樹和岩

石。從而激發了類似的感情，於是關於後者的神話便擴展到了前者。

㉒Nat. Tr.,P.139。

㉓Parker: *The Euahlayi*，P.21。供此用途的樹木通常具有個人亞圖騰的外貌。選擇的理由是，它與個人是同族，所以應很好地對待它以便個人獲得幫助（同上書，P.29）。

㉔同上書，P.36。

㉕Strehlow:II,P.81。

㉖Parker:前引書，P.21。

㉗Codrington: *The Melanesians*, PP.249～253。

㉘Turner: *Samoa*, P.17。

㉙這是科德林頓所用的措詞(P.251)。

㉚個人的靈魂，守護神和道德心之間的密切關係在印度尼西亞的某些部落中表現得尤為明顯。「塔巴巴塔克人(the Tababatak) 的七個靈魂之一隱居在胎盤中，它雖然偏愛那裡，但有時也離開那裡而來警告個人，或者在他處置得當時給予嘉獎。所以在某種意義上來說，它扮演著道德良心的角色。然而它的傳感不僅限於道德情事的範圍內。它被稱為靈魂的兄弟，就像胎盤被稱為兒童的兄弟一樣……在戰爭中，它激發人鼓足勇氣衝擊敵人」(Warneck: Der bataksche Ahnen und Geistercult，載 *Allg. Missions-zeitschrift*, Berlin, 1909, P.10。參看 Kruijt: *Het Animisme in den indischen Archipel*, P.25)。

㉛尚待探討的是，在演化過程中的某時以後，這一靈魂複本怎麼會取了個人圖騰的形式而不是守護祖先的形式。恐怕這一問題所具有的意義是民族誌的而非社會學的。不過，影響這置換的方式可以表達如下：

個人圖騰在開始時只不過扮演著補充的角色。那些希望獲得優於一切人的威力的人沒有也不可能滿足於只有祖先的庇護，所以他們尋找同樣類型的輔助者。例如，在尤阿拉伊部落中，巫師成了唯一擁有或推薦個人圖騰的人。由於每人另外還有集體圖騰，所以他就覺得擁有許多靈魂了。但是這種多靈魂狀況是不足為奇的，這是高級威力的條件。

當集體圖騰一旦喪失存在理由，以及守護祖先概念因而開始在人們心中消褪時，人們就必定要找到一種方法來表達仍然感覺到的靈魂的雙重性。所產生的觀念則是：個人靈魂之外還另有一個靈魂，它負責監督前者。由於這種庇護威力不再由生育體現出來，所以人們很自然地使用類似巫師和幫助他的力量進行傳感時所採用的方式了。

㉜例如，見 Strehlow:II,P.82。

㉝Wyatt: Adelaide and Encounter By Tribes，載 Woods 書，P.168。

㉞Taplin: *The Narrinyeri*, P.62 及下頁；Roth: *Superstition*, *etc.*,§ 116; Howitt: *Nat. Tr.*, P.356、P.358; Strehlow:PP.11～12。

㉟Strehlow:I,PP.13～14; Dawson,P.49。

㊱Strehlow:I,第 11～17 頁;Eylmann:P.182、P.185;Spencer and Gillen: *Nor. Tr.* P.211; Schürmann: The Aborig. Tr. of Port Lincoln, 載 Woods 書，P.239。

㊲Eylmann,P.182。

㊳Mathews: *Journ. of the Roy. Soc. of N.S. Wales*, XXXVIII,P.345;Fison and Howitt: *Kamilaroi and Kurnai*, P.467;Strehlow:I,P.11。

㊴*Nat. Tr.* PP.390～391。斯特雷洛稱這些邪惡精靈爲 Erintja，而它顯然即是 Oruncha。但是，提供這兩詞的方式仍有點差別。按史賓塞和吉倫的説法，Oruncha 是有惡意的，但不是邪惡的；他們甚至説(P.328)阿隆塔人不知道有必然的邪惡精靈；相反，斯特雷洛的 Erintia 則以作惡爲其專務。從史賓塞和吉倫所載的某些神話來看(*Nat. Tr.*，P.390)，他們似乎已稍稍修正了惡龍恰的形象：它們原來是食人魔（同上書，P.331）。

㊵Roth: *Superstition, etc.*,§ 115; Eylmann,P.90。

㊶*Nat. Tr.*, P.390 及下頁。

㊷同上書，P.551。

㊸同上書，P.326 及下頁。

㊹Strehlow:I,P.14。當生下的是雙胞胎時，前一個便被認爲是以這種方式懷孕的。

㊺Spencer and Gillen: *Nat. Tr.*, P.327。

㊻Howitt: *Nat. Tr.*, P.358、P.381、P.385;Spencer and Gillen: *Nat. Tr.*, P.334; *Nor. Tr.*, P.501、P.530。

㊼由於巫師既能引起也能治癒疾病，所以我們有時會發現除了專事作惡的巫術精靈外，還有一些阻止或抵銷前者邪惡影響的巫術精靈。例見 *Nor. Tr.*, PP.501～502。在阿隆塔部落中，二者共用一個名子，這表明了它們都是巫術力量，是一種巫術威力的兩個不同方面。

㊽Strehlow:I，P.9。普提亞普提亞並不是阿隆塔神話中提到的唯一的這類人物：部落的其他地區把另一個名字給予有著同樣發明的英雄。我們切莫忘了，阿隆塔人佔據的廣大地域阻礙了他們的神話傳説的一致性。

㊾Spencer and Gillen: *Nor. Tr.*, P.493。

㊿同上書，P.498。

(51)同上書，P.498 及以下諸頁。

(52)Howitt: *Nat. Tr.*, P.135。

(53)同上書，P.476 及以下諸頁。

(54)Strehlow: I,PP.6～8。Mangarkunjerkunja 的事跡肯定是後來從其他英雄中汲取的；因爲按照一個説法（它不只流行於阿隆塔部落），曾有一個時期人們由於忘記了最早創始者的教導而墮落了。

(55)例如，這即是阿那土的情況(Spencer and Gillen: *Nor. Tr.*, P.53)和威土納的情況(*Nor. Tr.*, P.498)。騰東即使沒有確立這些儀式，也至少負責指

導了它們(Howitt：*Nat. Tr.,* P.670)。

⑤⑥*Nor. Tr.*，P.499。

⑤⑦Howitt: *Nat. Tr.,* P.493; *Kamilaroi and Kurnai,* P.197 和 P.247;Spencer
and Gillen: *Nat. Tr,* P.492。

⑤⑧例見 *Nor. Tr.,* P.499。

⑤⑨*Nor. Tr.,* P.338、P.347、P.499。

⑥⑩誠然，史賓塞和吉倫認爲這些神話存在並未扮演道德角色(*Nor. Tr.,* P.
493)；但這是因爲把此詞的涵義理解得太狹窄了。宗敎的義務即義務：
所以對人們執行儀式的方式進行監督這件事本身就涉及到了道德，尤其
是因爲在這個時期裡所有的道德都具有宗敎特性。

⑥①早在 1845 年艾爾(Eyre)就觀察到了這一情況：*Journals, etc.,* II,P.362,而
在艾爾之前則有 Henderson: *Observations on the Colonies of N.S. Wales
and Van Diemen's Land,* P.147。

⑥②*Nat. Tr.,* PP.488~508。

⑥③見於庫林(the Kulin)、窩喬巴盧克和沃沃龍(the Woeworung)等部落。

⑥④見於尤因、恩加里果和窩爾加爾 (在新南威爾斯州) 等部落。

⑥⑤見於卡米拉羅伊和尤阿拉伊(新南威爾斯北部)以及更往北去的同一州內
的溫希邦和威拉朱里部落。

⑥⑥見於溫拜歐(the Wiimbaio)及下墨累河畔的各部落中(Ridley: *Kamilar-
oi,* P.137; Brough Smyth: I,P.423、P.431)。

⑥⑦見於赫伯特河畔諸部落(Howitt: *Nat. Tr.,* P.498)。

⑥⑧見於庫爾內部落。

⑥⑨Taplin:P.55; Eylmann:P.182。

⑦⑩加森所暗示的無疑即是這個最高的莫拉─莫拉(Curr:II,P.55)。

⑦①*Nat. Tr.,* P.246。

⑦②一方爲貝亞密、崩吉爾和達拉木倫，另一方爲阿爾杰拉，雙方有所不同，
即後者與一切有關人性的東西毫不相干；他不創造人也不參與人們所幹
的事。阿隆塔人對他既不熱愛也不懼怕。但是若將這一概念仔細觀察和分
析一下，那麼是很難認爲它是原始的；因爲如果阿爾杰拉不扮演任何角
色，不解釋什麼，不做任何事，那麼阿隆塔人還憑什麼來想像他呢？恐怕
必然會把他看成是喪失了先前特權的一種貝亞密，就像已被人們淡忘的
古代神祇一樣。也可能斯特雷洛拙劣地解釋了他所蒐集的證據。按艾爾曼
的說法，──應該承認，他既不是非常勝任的也不是非常可靠的考察者
──阿爾杰拉創造了人 (前引書，P.134)。此外，洛里特里人認爲相應的
人物土庫拉(Tukura)親自主持成年典禮。

⑦③關於崩吉爾，見 Brough Smyth:I,P.417；關於貝亞密，見 Ridley: *Kamilar-
oi,* P.136；關於達拉木倫，見 Howitt: *Nat. Tr.,* P.495。

⑦④關於崩吉爾家的組成，例見 Howitt: *Nat. Tr.,* P.128、P.129、P.489、P.

491; Brough Smyth: I,P.417、P.423；關於貝亞密的家庭組成，則見 L. Parker: *The Euahlayi*, P.7、P.66、P.103; Howitt: *Nat. Tr.*, P.502；關於奴龍德里的家庭，見 Taplin: *The Narrinyeri*, P.57 及下頁。當然，人們想像這些大神的方式是形形色色的。在此爲兄弟的在彼便成了兒子。妻子的數量和名字也隨地區而異。

⑦⑤Howitt: *Nat. Tr.*, P.128 。

⑦⑥Brough Smyth:I,P.430、P.431。

⑦⑦同上書，I,P.432 註。

⑦⑧Howitt: *Nat. Tr.*, P.498、P.538; Mathews: *Journ. of the Roy. Soc. of N. S. Wales*, XXXVIII,P.343;Ridley:P.136。

⑦⑨Howitt: *Nat. Tr.*, P.538; Taplin: *The Narrinyeri*, PP.57～58。

⑧⑩L. Parker: *The Euahlayi*, P.8。

⑧①Brough Smyth:I,P.424。

⑧②Howitt: *Nat. Tr.*, P.492。

⑧③按照有些神話，他製造的是男人而不是女人；這說的是崩吉爾。但是女人的起源卻又歸功於他的兒子或兄弟佩利昻(Pallyan)(Brough Smyth: I, P.417 和 P.423)。

⑧④Howitt: *Nat. Tr.*, P.489、P.492;Mathews: Journ. of the Roy. Soc. of N. S. Wales, XXXVIII,P.340。

⑧⑤L. Parker: *The Euahlayi*, P.7; Howitt: *Nat. Tr.*, P.630。

⑧⑥Ridley: *Kamilaroi*, P.136; L. Parker: *The Euahlayi*, P.114。

⑧⑦L. Parker: *More Austr. Leg. Tales*, PP.84～89、PP.90～91。

⑧⑧Howitt: *Nat. Tr.*, PP.495、P.498、P.543、P.563、P.564; Brough Smyth: P.429; L. Parker: *The Euahlayi*, P.79。

⑧⑨Ridley:P.137。

⑨⑩L.Parker: *The Euahlayi*, PP.90～91。

⑨①Howitt: *Nat. Tr.*, P.495;Taplin: *The Narrinyeri*, P.58。

⑨②Howitt: *Nat. Tr.*, P.538、P.543、P.553、P.555、P.556; Mathews:前引文 P.318; L. Parker: *The Euahlayi*, P.6、P.79、P.80。

⑨③Howitt: *Nat. Tr.*, P.498、P.528。

⑨④Howitt:同上書 P.493; L. Parker. *The Euahlayi*, P.76。

⑨⑤L. Parker: *The Euahlayi*, P.76。Howitt: *Nat. Tr.*, P.493、P.612。

⑨⑥Ridley: *Kamilaroi*, P.153; L. Parker: *The Euahlayi*, P.67; Howitt: *Nat. Tr.*, P.585,Mathews:前引文, P.343；有時候達拉木倫被說成是與貝亞密對立的一個必然的邪惡精靈(L. Parker 前引文；Eidley，載 Brough Smyth:II,P.285)。

⑨⑦*J.A.I.*, XXI,P.292 及以下諸頁。

⑨⑧*The Making Religion*, P.187～293。

⑲Lang:同上書，P.331。作者只限於聲稱，聖保羅的假設對他說來並未顯得「最不令人滿意」。

⑳朗的論點又被施密特神父所繼承：*Anthropos*（1908～1909 年）。後者在答覆西德尼‧哈特蘭——他曾在一篇文章中批評過朗的理論：The "High Gods" of Australia, 載 *Folklore*（vol.IX,P.290 及以下諸頁）——時曾答應要證明貝亞密、崩吉爾等都是永恆的神、造物主、無所不能者、無所不知和道德規範的監護者。我們無意於加入這一討論，這似乎既無意義也不重要。如果這些形形色色的形容詞從相對意義上來看符合澳大利亞人的心智，那麼我們完全接受它們，甚至我們已經使用了它們。從這個觀點來看，無所不能者意味著擁有大於其他神聖存在的威力；無所不知者則意味著能夠看到普通巫師甚至最偉大巫師所看不到的事物；所謂道德規範的監護者，即是使得澳大利道德規定受到尊重的角色，儘管其中有許多規定可能與我們的不一樣。但是如果這些詞彙只具有唯心主義基督徒所給予的那種涵義，那麼，討論一個與歷史方法的原則如此牴牾的看法，似乎毫無意義了。

⑪關於這個問題，見 N.W.Thomas: Baiame and Bell – bird——A Note on Australian Religion，載 *Man*, 1905,No.28。參看 Lang: *Magic and Religion,* P.25。韋茲（Waitz）在其著述中已經認可了這一概念的原始特徵：*Anthropologie d. Naturvölker*，PP.796～798。

⑫Dawson:P.49;Meyer: Encounter Bay Tribe，載 Woods 書，P.205、P.206;Howitt: *Nat. Tr.*, P.481、P.491、P.492、P.494;Ridley: *Kamilaroi*，P.136。

⑬Toplin: *The Narrinyeri*, PP.55～56。

⑭L.Parker: *More Austr. Leg. Tales,* P.94。

⑮Brough Smyth:I,PP.425～427。

⑯Taplin,同上書，P.60。

⑰Taplin:同上書，P.61。

⑱「世界由名爲奴拉利的生物創造;這些業已長期存在的生物具有烏鴉或鵰鷹的形狀」(Brough Smyth:I,PP.423～424)。

⑲帕克夫人：「貝亞密對於尤阿拉伊部落來說，猶如阿隆塔部落的阿爾徹林加」(*The Euahlayi*, P.6)。

⑩見上文，邊碼 297 及下頁。

⑪在史賓塞和吉倫記載的另一個神話中，兩個生活在天上的名叫 Ungambikula 的人物擔任了與此完全相同的角色(*Nat. Tr.*, P.388 及以下諸頁。)

⑫Howitt: *Nat. Tr.*, P.493。

⑬Parker: *The Euahlayi*, PP.62～66、P.67。這是因爲這個大神和牛吼器有關係。牛吼器的叫聲與打雷的隆隆聲相似，所以人們把它看成打雷。

⑭Howitt: *Nat. Tr.*, P.135。豪伊特把意爲圖騰的這一詞寫成 Thundung。

⑮Strehlow:I,PP.1～2 及 II,P.59。應記住，阿隆塔人的母方圖騰很可能最初

即是真正的圖騰。

(116) Howitt: *Nat. Tr.,* P.555。

(117) 同上書，P.546、P.560。

(118) Eidley: *Kamilaroi*，P.136、P.156。在卡米拉羅伊部落的成年期間，他被畫成這副模樣。按另一傳說，他是黑天鵝(L.Parker: More Aust. Leg. Tales, P.94)。

(119) Strehlow: I,P.1。

(120) Brough Smyth:I,PP.423～424。

(121) *Nat. Tr.,* P.492。

(122) Howitt: *Nat. Tr.,* P.128。

(123) Brough Smyth:I，PP.417～423。

(124) 見上文，邊碼128。

(125) 有些宗族分支名爲基爾帕拉（烏鴉）和莫克瓦拉。這即是布拉夫·史密斯記錄的神話本身的解釋。見 Brough Smyth:I,PP.423～424。

(126) Brough Smyth:I,PP.425～427。參看 Howitt: *Nat. Tr.,* P.486。在該事例中，卡爾溫被認同於蒼鷺。

(127) Brough Smyth:I,P.423。

(128) Ridley: *Kamilaroi,* P.136;Howitt: *Nat. Tr.,* P.585;Mathews: *J. of R. S. of N.S. Wales,* XXVIII(1894 年),P.111。

(129) 見上文，邊碼170。參看施密特神父 The Origin of the Idea of God，載 *Anthropos,* 1909 年。

(130) 前引書，P.7。在這個部落中，貝亞密的正妻也被説成是一切圖騰的母親，但她本身則不屬任何圖騰（同上書，P.7、P.79）。

(131) 見 Howitt: *Nat. Tr.,* P.511 及下頁。P.513、P.602 及以下諸頁;Mathews: *J. of R. S. of N.S. Wales,* XXXVIII,P.270。他們不但邀請與之有正式婚姻關係的部落,而且還邀請與之有著尚待解決的爭端的部落,半儀式半認眞的血親復仇便在這時進行。

(132) 見上文，P.180。

第三篇
儀式的主要心態

第一章
消極崇拜及其功能

337

苦行性儀式

我們不打算在下文中對原始崇拜做出完整的描述。由於我們
預先定下的研究目標是宗教生活中最初始、最基本的東西，因此
我們不打算在細節上再現所有崇拜形式常常引起混淆的多樣性。
但是，從這種極度駁雜的活動中，我們將論及原始人在參加崇拜
儀典時所懷的最具特徵的心態；我們將對最一般的崇拜形式進行
分類，並指明它們的起源和重要性，這就使我們能夠檢查研究結
果，並且如有機會，使之更加確定，這些結果是從對宗教信仰的
分析中獲得的①。

每一種崇拜均有雙重的兩個方面，一是消極的(negative)，另
一是積極的(positive)。事實上，我們如此命名的這兩個方面當然
是密切相關的，我們將看到它們是互相支持的。但它們仍是截然
不同的，即使為了瞭解它們的聯繫，也有必要區別它們。

1

根據定義，神聖的東西就是被隔離的東西。在它們與世俗之
間有著鴻溝，這就使它們具有神聖的特性。一般情況下，前者是
超脫於其他東西之外的。有一整套儀式來實現這一必要的隔離。

338

既然這些崇拜的作用在於防止聖凡兩個領域發生不適當的混合以
保證這兩者互不干擾，那麼它們僅須實施禁忌這種消極行為便可
以了。因此，我們把由這些特殊儀式所形成的體系命名為消極崇
拜(negative cult)。它們不要求採取某些行動增強信仰，而僅限
於禁止某些行動方式；所以它們全都表現為禁忌，或者用民族誌
學家時常所用的話來說，就是塔布(Taboos)。這個詞原是波里尼
西亞語，用以說明這樣一種制度：它要求保存某些東西，在日常
生活中絕不使用它們②。它又是一個形容詞，用來描述這些東西
的非一般特性。我們已經說過，將這樣全然是土語方言的一個詞
譯成通用的術語是多麼地困難。沒有禁忌，或禁忌不起很大的作
用，便沒有宗教；因此，宗教術語學界用波里尼西亞的特例來概
括如此普遍的制度是令人遺憾的③。對我們來說，禁止或禁忌這
樣的詞則更為可取。然而，塔布這個詞就像圖騰這個詞一樣，早
已為人們習知，以至於假如全面地不採用它，反而顯得敘述不嚴
密了；然而，一旦需要強調它的真正涵義和重要性而使用它的時
候可能會引起的不便已被人淡忘了。

　　但是，禁忌有多種多樣，區別它們是十分重要的，我們在本
章中不打算將所有種類的禁忌一一羅列。

　　首先，除了宗教的禁忌之外還有巫術的禁忌。它們宣布某些
事物是不相容的，必須採取隔離措施才行。這是兩種禁忌的共同
之處。但這兩者之間還存在著巨大的差別。最主要是表現在懲罰
的不同上。當然，對宗教禁忌的越軌常被認為會立即帶來肉體的
痛苦，犯禁者將自食其苦果，人們也認為他咎由自取。但即使如
此，這種自然發生的懲罰還不是唯一的，必須由另一種懲罰，即
人類的介入來完成它。一種真正的懲處在人的精心安排下施行
了，或者至少受到責備和公眾的非難。甚至在瀆神者遭罰得了病
或者自然死亡後，他還得受譴責；因為犯禁也就冒犯了公論，它
反過來也與犯禁作對，它認為犯禁者就是有罪過的。相反地，違

背了巫術的禁忌卻只受到肉體的懲罰，據信，這是由犯禁行爲造成，是物質上的必然性。不遵守這種禁約，就如同病人不遵醫囑一樣；但在這種情況下，犯禁卻不是過失，它不會激起衆怒。在巫術中是不存在罪過的。進一步說，懲罰的不同是由於兩種禁忌的性質是截然不同的。宗教的禁忌必然體現出神聖的觀念，它來自對崇拜對象的尊敬，它的目的是使這種尊敬永不消失。而巫術的禁忌僅體現出一種全然是世俗的關於事物屬性的觀念。巫師要求隔離的事物是那些根據其特定屬性不能放在一起、不能混淆，否則便會帶來危險的事物。即使巫師有時要他的求助人遠離某些聖物，那也不是出於對它們的尊敬或害怕它們會被玷污，因爲我們知道，巫術是以瀆神爲生的④。它僅出於暫時的功利考慮。總而言之，宗教的禁忌是至高無上的命令，而其餘的則是有用的箴言，是攝生術和醫藥配伍禁忌的最初形成。我們不可能同時研究如此名同實異的兩碼事而不發生混淆。在此，我們只關心宗教的禁忌⑤。

然而，對這些宗教禁忌有必要重新加以區分。

有些宗教禁忌的目的是隔離兩種不同類別的聖物。例如，我 340
們還記得在威克布拉人中，停屍臺必須全部用死者同一宗教分支的材料搭建；這就是說，屍體這個聖物與其他宗族分支的東西（也是聖物，但不同類）之間的接觸是禁止的。在別的地方，打獵用的武器不能用與被獵動物同屬一個社會群體的木頭製造⑥。這些禁忌中最爲重要的卻是我們在下一章中將要研究的那些，它們企圖禁絕純潔聖物與不潔聖物，吉祥聖物與不祥聖物之間的全部交往。所有這些禁忌有一共同特性，它們並非來自這樣的事實，即有些事物是神聖的，有些則否；而是來自聖物之間也存在著不平等性和相容性這一事實。所以說，它們對於神聖觀念的基本點還未接觸到。這些禁忌只能發生在一些孤立的、特殊的、幾乎是例外的儀式中，而不能形成眞正的崇拜，因爲崇拜首先是由凡俗與

神聖本身之間的有規律的關係形成的。

但是還有另一個禁忌體系，它的範圍更廣，也更重要；它所隔離的不是不同類別的聖物，而是所有的聖物與所有的俗物。因此，它是從神聖觀念本身直接產生的。它的作用僅限於表現這種觀點，實現這種觀點。它給眞正的崇拜，甚至是做爲其他一切崇拜的基礎的眞正崇拜提供了材料；因爲它所要求的，正是拜神者在他與神聖者的整個關係中須與不可分離的心態。它就是我們所說的消極崇拜。可以說它的禁忌是最典型的宗敎禁忌⑦。我們在下文將要討論的正是這些禁忌。

341　　　它們以多種形式出現。以下我們在澳大利亞觀察到的最主要的幾種。

首先是接觸的禁忌，它們是最原型的塔布，其他的禁忌都不過是其變體罷了。它們基於一個本原的觀念，即凡俗絕不應該接觸神聖。我們已經知道未成年者在任何情況下都不可觸摸聚靈架或牛吼器。成年人可以任意使用它們，那是因爲成年禮已經將神聖的品格授予他們。血，特別是成年禮中流的血具有宗教功效⑧，處於同一種禁忌狀態⑨。毛髮也是如此⑩。死人是神聖的，因爲使身體具有生機的靈魂還同屍體在一起；正是這個原因，有時禁止搬運死人的骨頭，除非用樹皮把它們裹起來⑪。甚至死之發生的地點也須避開，因爲他們相信死者的亡靈還在那裡遊蕩。這就是他們拆散營地，搬遷他處的原因⑫。在某些情況下，他們摧毀營地和那裡所有的東西⑬，必須過一段時間他們才回到原地來⑭。這樣就出現一種情況，一個垂死的人周圍空無一物，人們將他盡可能安排舒適後便丟下他不管了⑮。

進食會引起特別直接的接觸。於是就禁止食用某些被視爲神聖的動物或植物，尤其是被奉爲圖騰的東西⑯。這種犯禁被認爲是

342　如此嚴重的褻瀆，以至於連成人都要禁止，或至少大部分成年人；只有德高望重的老人有時才能免受禁約。有時用神話傳說中動物

與以牠命名的人之間有著血緣關係來解釋這種禁忌；說是由於血緣關係，人對這種動物產生同情心，這就使牠們免遭殺戮⑰。然而，事實上人們還相信吃了禁食的肉會生病或死掉，這就說明這種禁忌的起源並不是簡單的關於家庭親族關係的感情問題了。另一種力量在起作用，這是所有的宗教共有的，凡是瀆神的人都應遭罰。

此外，如果說某些食物禁止凡俗之人食用是因為食物本身是神聖的；反之，有些食品卻禁止具有神聖品格的人食用，那是因為食物是凡俗的。常常可以看到某幾種動物被指定為婦女食物；出於這種原因，他們相信她們能從中吸取到女性的氣質，她們是凡俗的。另一方面，新成年者必須通過一系列極度嚴格的儀式來接受新的品格，這將使他進入神聖的世界，原先他是被拒之門外的，現在人們把一股特別強大的宗教力量灌輸給他，他被聖化了，必須與凡俗保持一定的距離。此後，他就再也不允許食用專門給婦女們吃的獵物了⑱。

然而，接觸除了觸摸以外還有其他方式。人們只要注視了某個東西，便同它建立了聯繫，因此看也是一種接觸。這就是為什麼在某些情況下禁止世俗之人看到聖物。女人永遠不應該看見舉行儀式用的器具：最多也只能站在遠處瞟上一眼⑲。在特別重要的儀式中，主持者身上繪製的圖騰也不能讓女人看到⑳。成年禮非常神聖，有些部落不讓女人看到儀式舉行的地點㉑。甚至新成年者也不許讓她們看到㉒。儀式的神聖性自然是由主持者或參加者帶來的，結果就是不許新成年者擡眼看他們，這種禁忌甚至在儀式結束之後還繼續下去㉓。有時，搬運死人也不能讓人看見，他的臉被遮蓋使人看不見㉔。

要同人或物發生聯繫，話語是另一條途徑。呼出的氣也能同他人他物發生交往，因為它是身體溢出的部分。這樣一來，就必須禁止世俗之人向神聖者致意，也不允許在神聖者面前互相講

343

話。新成年者不能問候他的儀式主持人或助手，除了打手勢，他不能同他們交談。這種禁忌用特殊的儀式使神聖者保持其地位㉕。通常在重大儀式的過程中，有些時刻必須保持肅靜，在阿隆塔人中便是如此㉖。每當聚靈架出現時，所有人都安靜下來，如有人說話也只是輕輕地或者只動動嘴唇㉗。

除聖物外，有些詞和聲音也具有相同的性質，凡俗之人不應該說也不應該聽見。有些儀式的歌唱，女人至死也不允許聽到㉘。她們可能會聽到牛吼器的喧鬧聲，但只能從遠處聽聽而已。每個人的名字都被認爲是他的基本組成部分，它同這個人的形象緊密相聯因而也就成了對這個人的情感的一部分。所以，如果人神聖，名字也同樣神聖。因此，在世俗的生活中就不能提起這個名字。在瓦拉蒙加部落中有一個特別受尊崇的圖騰，牠是一條叫做窩龍瓜(Wollungua)的蛇，牠的名字是塔布㉙。在貝亞密部落、達拉木倫部落和崩吉爾部落中也是如此，他們的秘密名字不能告訴未成年者㉚。在辦喪事時，男性死者的名字不允許被提到，萬不得已時只能悄悄提起，但他的父母絕不可以說出他的名字㉛。對於寡婦和某些親戚，這種禁忌則是終生的㉜。在某些部落中，這種禁忌甚至超出家庭範圍，所有與死者同名的人都暫時改名字㉝；更有甚者，親戚和密友有時會避免使用某些日常用語，顯然，它們是死者常用的，親友們繞彎子的說法或藉別的部落語言用詞來代替它們㉞。除了公開的、日常使用的名字，每個男人都另有一個秘密的名字，不爲女人和小孩所知，在日常生活裡也從不使用。這是因爲它有著宗教的性質㉟。有些儀式裡必須說一種特殊的語言，它從不用於世俗目的。它是宗教語言的發端㊱。

不僅是神聖的東西與世俗的東西要隔離，而且凡是與世俗生活有直接或間接關係的一切東西都不得與宗教相混同。對被允許參加儀式的土著人來說，裸體是個先決條件㊲。他得取下所有慣常使用的飾物，對那些最貼身的、因爲主人相信它有護身作用而最

不願意取下的飾物也不例外㊳。如果在儀式中他必須裝飾自己，這種裝飾必須是專爲這種儀式而做的，這是禮服，是節日盛裝㊴。由於這些裝飾是神聖的，在日常生活中禁止使用，儀式結束後就把它們埋掉或燒掉㊵。人們還要徹底清洗自己，使得受崇拜時進行的裝飾不留一絲痕跡㊶。

　　一般而言，在宗教生活的行爲發生時，凡與日常生活有關的行爲都要禁止。吃飯就是其一，它是世俗行爲，因爲飯是天天要吃的，而它滿足的是功利性和物質性的需要，它是我們謀求生存的一部分㊷。這就是何以在宗教活動時要禁食。當一個圖騰群體把聚靈架借給外族後，在取回它重新放入艾納土龍加時，這是非常神聖的時刻，所有參加典禮的人必須在儀式舉行期間禁食，而儀式常常延續很長的時間㊸。在下一章將要講到的一些儀式中㊹，以及成年禮的某個時刻，都能觀察到同樣的規定㊺。

　　出於同樣的原因，在舉行重大宗教活動時，所有日常活動都中止了。我們已經引用過史賓塞和吉倫的記載說㊻，澳大利亞人的生活分成明顯不同的兩大部分：一部分用於狩獵、捕漁和戰爭；另一部分則用於崇拜，這兩部分互不相容，互相排斥。普遍存在的宗教休息日就是建立在這種原則上的。所有宗教中，饗宴日的明顯特徵是停止工作、中止公共和私人的活動，因爲它們沒有宗教目的。這種休息並不單純是人們給自己安排的暫時輕鬆，使自己更自由地感受饗宴日帶來的歡快心情，因爲它們是悲傷的宴會，奉獻給哀悼和自省的宴會。停止工作是強制性的，因爲工作是世俗活動的顯著形式：它除提供日常所需之外，並無其他可見的目的，在工作中人們也僅同普通的東西打交道。相反，在饗宴之日，宗教生活佔到非常大的比例。所以兩種生存形式在這種時刻表現出特別鮮明的對比，其結果是使它們互相間永遠不能接近。一個仍然帶有日常生活印記的人不能同諸神表示親近，反之，剛在崇祀中獲神性的人也不能回到日常生活中去。所以宗教性的

345

346

休息日僅是隔離神凡兩界的普遍現象中的一個特殊形式，它是禁忌的結果。

即使僅僅把在澳大利亞觀察到的不同禁忌形式一一列舉也是不可能的。正如禁忌所由產生的神聖觀念一樣，禁忌體系已擴展到形形色色的關係中去，它甚至被精心地應用在功利性的目的方面⑰。然而，無論它多麼複雜，最終都可以歸納成兩種基本禁忌，從而可以進行概括。

首先，宗教生活和世俗生活不能存在於同一個地方。對於前者，必須有一個特別地點來進行安排，後者不能進入。這樣就發展成建造寺廟和聖殿。那是神聖居住受奉的地方。這種地點不能任意選擇，需要有一定的距離。在所有的宗教生活中，這種安排都是不可缺少的，甚至在最低級的宗教中也不能沒有它們。存放聚靈架的地方艾納土龍加是真正的聖殿，不允許未成年者接近它。在那裡，任何世俗活動都不許舉行。我們還將看到其他舉行重大儀式的聖地⑱。

同樣，宗教生活和世俗生活不能存在於同一段時間。必須為前者定下特別的日子或時期。在這些時間裡，任何世俗活動都得排除。這樣，饗宴日產生了。沒有任何宗教，沒有任何社會不把時間分割成兩個不同的部分，由於種族、文明的不同，被分割的時間做不同的交替；正如我們已經指出的那樣，可能是這種交替把某種差別、變化引入永恆延續中去⑲，而自然的時間延續中本來並不存在這種差別或變化。當然，要宗教生活把自己完全限定在屬於它的地點和時間內幾乎不可能，小部分宗教生活溢出範圍是不可避免的。在聖地以外，還存在一些聖物，有些儀式也可以在平常日子進行。但這些聖物的地位較低，儀式也不太重要。集中崇拜維繫著群體的支配特性。一般而言，集中崇拜是為所有關心它的人而進行的，因此必須共同舉行。個人私下的崇拜不過是非常接近日常生活的形式。人類生活互相交替的聖凡兩面在初級社

會中形成最強烈的對照，因爲在那裡個人崇拜還只具雛形(50)。

2 348

到目前爲止，消極崇拜對我們來說還僅僅是一個禁忌體系。它只是在阻礙人們的行動，而不是鼓勵、修正人們的行動。然而，它還起著培養個人的宗教和道德品性的最重要的積極作用，這是人們未曾料到的。

事實上，由於存在著分隔聖凡兩界的屏障，一個人如不放棄自己凡俗的東西，便不能同神聖建立起親密關係。他如果開始不或多或少地從世俗生活中退出，便不能過宗教生活，哪怕是一點點地不行。因此，消極崇拜對於目的來說是一種手段，是達到積極崇拜的條件。它不限於保護聖物，使之不受世俗的接觸，它還影響著拜神的人，積極地改善他們的條件。一個遵守它提出的禁忌的人不再是原來的他了。原先，他是個普通人，因此不得接近宗教中人。後來，他與他們能站在較爲平等的地位上，通過脫離凡俗的行動，他已經接近了神聖，他捐棄凡質便能純化、聖化自己。所以說消極的儀式同積極的儀式一樣可以提高個人的宗教情緒。據可靠記載，每個可以參加重要宗教儀式的人都必須先經歷成年儀式，這個儀式把他逐步領入宗教世界(51)。塗油式、潔淨式、祝福禮或任何基本的積極行爲可以起到這個作用；但是用禁食、徹夜不眠、獨處、沈默這些禁忌也能達到同樣的目的。

如果只有一些特殊的、孤立的消極崇拜，它們的積極作用就不容易覺察到。但當整個禁忌體系作用在一個人身上的時候，其
影響就積極累積起來，變得很明顯了。在澳大利亞成年禮中就是 349
如此。新成年者必須遵從大量的消極儀式。他必須離開他原先生活在其中的社會，甚至要離開所有的人群。他不僅不能看見女人和未成年者(52)，還要遠離同伴住進叢林，只有幾個老人，像是他的教父，指導他的行動(53)。可以說，森林才是他天然的環境，在某一

些部落，表示成年儀式的本意是「來自森林」⑭。出於同樣理由，在需要他當助手的儀式中，他要用樹葉裝飾起來⑮。就這樣，他要經歷好幾個月的時間，常常從一地轉移到另一地點，隨時都有他必須參加的儀式⑯。這一段時期是他全面禁忌的日子。各種各樣食物被禁止食用，他只能吃到少得勉強維持生命的東西⑰，有時甚至完全禁食⑱，或者必須吃腐敗的食物⑲。當他吃東西的時候，也不能用手碰食品，須由他的教父放進他的口中⑳。在有些情況下，他必須去乞討食物㉑。同樣，他只能睡得很少㉒，他不能講話，甚至連一個字都不行；只能用手勢說明他需要什麼㉓。他不能洗臉㉔，有時還不能動。他必須四肢伸直一動不動地躺在地上㉕，不穿任何衣服㉖。這麼多禁忌的結果就是他在成年禮中發生了根本的變

350　化。在成年禮之前，他同女人生活在一起；他不能參加宗教崇拜。在這之後，他進到男人的社會中，他參加各種儀式，他獲得了一種神聖的品質。這種變化是如此巨大，以致有時稱它為第二次生命。他們想像那個凡人，即參加成年禮的那個男孩已經死去。他是被成年之神崩吉爾、貝亞密、達拉木倫殺死的，另一個人代替了現已不存在的那個人了㉗。因此從這裡，我們發現了消極崇拜可能達到積極作用的核心。當然，我們不是說這種巨大轉變全是消極崇拜帶來的，但它起了作用，並且是大部分作用，則是無庸置疑的。

通過以上事實，我們可以窺探到諸如苦行主義（asceticism）的本質是什麼，苦行主義在宗教生活中佔有什麼地位，苦行主義何以會提高人的宗教德性這一類問題的端倪。事實上從所有禁忌行動中都可觀察到不同程度的苦行主義特徵。只有受到外界壓力或嚴格律己，才能棄絕有用的東西或尋常的、因而能滿足人類需要的行為方式。因此，為了達到真正的苦行主義，這些實踐必須獲得充分發展，變為基本的生活常規才行。在正常情況下，消極崇拜只不過是為積極崇拜開闢道路，做好準備。但有時，它卻喧

賓奪主，禁忌體系自己膨脹擴大以致佔領整個地盤。所以說，系統的苦行主義來自畸形發展的消極崇拜。據信是由苦行而獲得的功效僅不過是任何禁忌都能產生的功效的放大形式而已。它們的出發點是一樣的，因為它們都建立在這樣一種原則上，那就是：人只有努力使自己與世俗隔離，才能變得神聖。真正的苦行主義者通過禁食、不眠、獨處、沈默、備嘗艱辛，使自己獲得神性，位於衆人之上，而不採取積極的虔敬（如奉獻、祭祀、祈禱等）。通過這種方式，一個人究竟能達到多高的宗教地位，歷史做了說明：佛教聖徒是完美的苦行主義者，他可以與諸神平起平坐，甚至超過諸神。

351

　　苦行主義並不像有些人所想的那樣是宗教生活罕見的、特殊的或幾乎不正常的後果；恰恰相反，它是宗教生活的基本要素之一。每種宗教都包含著它，至少是它的萌芽，因為沒有哪種宗教裡不存在禁忌體系。各種不同信仰的宗教在禁忌方面的差別僅僅在於它的發展程度不同。此外，可能沒有哪種宗教中禁忌體系的發展不是以苦行主義的面目出現的，至少在短時期內。在某個轉折時期，當需要在短期內促使某種事物產生巨大的變化時一般都會有苦行主義的行為發生。這樣，在把一個人引入他必須與之發生聯繫的神聖領域的時候，為了加快進程，需要用強有力的方式使他脫離凡俗世界，此時禁忌體系發揮了巨大的作用。這就是澳大利亞成年儀式中發生的事情。為了使少年變成成人，必須讓他們過真正的苦行主義生活。帕克夫人(Mrs. Parker)非常精確地稱他們為貝亞密的僧侶⑱。

　　但是服從戒律、歷盡艱辛是十分痛苦的。我們肌肉的每根纖維都維繫著凡俗世界，我們的感覺附著它，我們的生存依賴它。它不僅僅是我們行動的一個天然舞臺，它從各方面滲透到我們體內，它是我們本身的一部分。當要我們從凡俗世界分離出去時，不能不對我們的天性施加暴力，不能不使我們的本能遭受慘痛的

傷害。換句話說，如不造成痛苦，消極崇拜便不會產生，痛苦是它的必要條件之一。有些人從這一點出發，認為造成痛苦本身就形造了一種儀式；他們從中看到了一種公平交易，因為服從禁忌遭受了磨難，同時卻自然而然地獲得了權利和地位，舉辦儀式就是要喚醒和追求這種公平。就我們所知，普羅伊斯是第一個認識到低等社會中遭受宗教作用折磨的人⑩。他記載了阿拉帕斯部落的情況，他們為了在危險的戰鬥中變得安全而對自己施加實實在在的折磨。大貝利印第安人在軍事遠征前夜對自己先施酷刑。赫帕人為了在困難的事務中獲得成功，他們先在結冰的河水中游泳，然後伸直四肢盡可能長時間地躺在河岸上。卡拉亞人為了增強肌肉，經常用魚牙齒在自己的手臂和腿上劃出血來。多爾芒哈芬（威廉皇帝在新幾內亞的屬地）人為了治療不孕的婦女，在她們的大腿根割開血淋淋的口子⑩。

　　但不離開澳大利亞也能找到類似的事例。特別在成年禮過程中。此時舉行的許多儀式包括對新成年者施加系統的折磨，以便改善他的條件，使他獲得做為男人必須具備的品質。例如，在拉拉基亞人中，當一個青年避居在森林中時，他的教父或監護人隨時隨地都要痛打他，既沒警告，也沒有原因⑪。在烏拉崩納人中，新成年者在某個時候要臉朝下平躺在地上。所有在場的男人都要痛打他；然後再在他的背上脊骨兩側割開八道口子，在頸背割一道縱向的口子⑫。在阿隆塔人中，成年禮的第一個儀式，就是把新人放在毯子上顛簸，人們把他拋到空中，落下時又接住他然後再拋⑬。在同一部落裡，在這長時間的典禮快要結束時，青年人要躺在樹葉鋪成的床上，樹葉下放著燃燒的煤；在灼熱和令人窒息的煙氣中，他不能動彈一下⑭。類似的儀式在烏拉崩納人中也可以發現，只是還要加上抽打處在如此難受地步的人的背部⑮。在忍受了這些考驗被允許重新回到日常生活中時，他顯得很可憐，常常表現出茫然不知所措的樣子⑯。所有這些安排常常被認為是一種審

判，以證明新人的價值，確定他是否值得被吸收到宗教社會中來⑦，這是正確的，但是實際上，儀式的考驗作用僅僅是它的效能的另一個方面。因爲經歷這些儀式後，一個人發生的變化證明了這種儀式的效果，也就是說，它能將宗教品性施加到凡人身上，這才是它存在的根本原因。

在其他情況下，這些儀式性的殘酷行爲不是施加到全部機體，而是施加在特定的器官或組織上，其目的是刺激它們的活力。在阿隆塔人、瓦拉蒙加人和許多其他部落中⑱，在成年禮的某個時刻，有人負責狠狠地咬新成年者的頭皮。被咬的人都會忍不住痛得喊起來。它的目的是要促進頭髮生長⑲。爲了促進鬍子生成，要做同樣處理。豪伊特提到的其他部落裡拔掉頭髮的儀式似乎也是出於同樣的理由⑳。根據艾爾曼的記載，阿隆塔和凱提什部落的男女用燃著火的木棒在自己的手臂上造成燙傷，爲了在生火時更有技巧，也爲了增強體力能搬運沈重的木頭㉑。他還記載了瓦拉蒙加的姑娘將一隻手的食指從第二關節或第三關節處砍掉一節，認爲這樣在找尋山芋時更加合適㉒。

354

掉牙齒有時也產生諸如此類的影響，這種看法也不是不可能存在的。在任何情況下都可以確信，舉行割包皮和私部切開這種殘酷的儀式的目的是爲了使生殖器具有特殊的力量。實際上，沒有經歷過這種儀式的年輕人是不允許結婚的，是這種儀式給他帶來了特殊的功能。那麼，是什麼原因促使這種獨特的儀式成爲必定要經歷的環節呢？原來，在所有的低級社會中兩性的結合都帶有宗教色彩。人們相信，如果不經什麼宗教程序使一個男人獲得必要的抵抗力，那麼他在兩性交合時便有可能受到傷害㉓。因此，一整套積極的和消極的宗教活動被用於此種目的，而割包皮和私部切開則是其最初形式。以痛苦的手段使器官傷殘，能賦予它神聖的特質，因爲在抵抗外力的過程中，它逐步成熟起來，這種以其他方式無法施加的外力同樣是神聖的。

在本書開頭，我們說過在所有宗教思想和宗教生活中可能會發現的基本要素，都可以在最原始的宗教中找到，至少是它們的萌芽。上述事實更堅定了我們的信念。在最近期的唯心主義宗教中，如果有哪種信仰被人們認為是最特殊的話，可能就是那種相信痛苦能夠聖化個人的信仰了。我們剛看到的那些儀式同樣也建立在這種信仰的基礎之上。當然，在不同的歷史時期這種信仰有不同的理解。對於基督教，它作用在精神上；滌除精神上的污垢，使之高尚、純潔。對於澳大利亞宗教，它要起作用的對象是身體，它增強身體的活力，使它的鬍子、頭髮生長，使它的器官強健。但這兩種情況的基本點是同樣的。兩者都承認經受苦難會產生出特別的力量來。而這種信仰並非沒有基礎。事實上，只有當一個人勇敢地面時痛難時，他的偉大才會明顯地呈現出來。只有當他克制了自己的天性，逆著天性自動引導的方向前進時，他才會上升到自己最光榮的境界。據此，他把自己同周圍盲目地追隨著逸樂的其他人區別開來；據此，他為自己在世上爭得一席之地。受難是一種標誌，說明把他同世俗環境綑在一起的某些繩索已經斷了；由此能證明他從這個環境中取得了一部分自由，結果會認為受難是幫助脫離苦難的工具。所以，當他相信自己已經被賦予一種能夠主宰事物的能力時，這個以受難的方式而獲救的人並不是幻覺的犧牲品，他確已超脫於事物之上，他斷然棄絕它們，他使天性降低了地位，他比天性更堅強。

如果認為這種品德只有美學價值，就大錯特錯了。全部宗教生活都以它為必要條件。犧牲和折磨，對拜神者來說都得付出巨大的代價。即使崇拜儀式並未向他提出物質性的要求，他也得花費時間和精力。為了侍奉神，他必須忘掉自己；他必須在自己的生活中為神留下適當的地位；他必須犧牲自己世俗的利益。只有當人受教導，學會了棄絕世俗凡物，學會了克己、忘我以及忍受痛難時，積極崇拜才有可能。必須不怕痛苦，甚至在某種程度上

熱愛痛苦，才能愉快地完成宗教任務。除了受教，人們還必須自己教育自己，各種苦行主義行為就是由此而來的。它們施加的磨難並不是專橫的、毫無結果的殘忍，而是一座必要的學校，人們在那裡培養鍛鍊自己以獲得平靜、忍耐等品質，沒有這些品質就沒有任何宗教。一旦有了收穫，如出現幾個特殊的人物，在他們身上苦行主義的理想特別明顯地、甚至過分地體現出來，這是件大好事，因為他們能像許多活榜樣一樣激勵人們去努力。這就是偉大的苦行主義者的歷史作用。在詳細分析他們的事跡和行為時，人們會問自己：他們這麼做有什麼目的呢？看到他們對缺乏熱情的普通人所表示的有些過分的蔑視時，人們會留下深刻的印象。然而，為了在廣大信仰中充分保持對安逸生活和一般享受的厭惡，這些誇張言行是必要的。如果群眾的目標並不低，精華人物有必要把目標定得更高；如果平均水平已經很適中，就有必要使有些人做得過分一點。

但是苦行主義並不僅僅為宗教目的服務。在這裡，就像在其他任何地方一樣，宗教利益僅僅是社會和道德利益的象徵形式。宗教儀式的崇拜對象並不是唯一要求他的追隨者對痛苦表示出某種輕視的力量，社會本身可能也有這種要求。為了提高人類的能力，社會對個人常常是粗暴的，它要求他們做出永久的犧牲；它對我們天然的慾望橫加壓制，僅僅是為提高我們自己。如果我們要去完成我們的社會任務，那麼，我們必須準備好同我們自己的本能做激烈的鬥爭，在必要的時候提高我們墮落的天性。所以，存在著這樣一種苦行主義，它是所有社會生活的天生成分，在神話傳說和民間流傳下來的戒律中都可以找到它，它是人類文化必不可少的部分。最後我們可以說，這種苦行主義就是所有時代的宗教所教導我們的東西得以存在、得以證明的根本原因。

3

　　弄清了禁忌體系包括哪些方面以及它的積極和消極功能之後，我們現在必須尋求它產生的起因。

　　從一種意義上說，它必然起因於神聖觀念。所有神聖的東西，都是被尊敬的對象；而尊敬這種情感在感受者心中轉化成抑制。事實上，被尊敬者在意識中總是以表象出現，由於它激起的感情在起作用，它顯得具有較高的道德力；結果，它被擡高到這樣的地步：任何其他表象，不管是全體還是部分地不接受它，都在排斥之列。神聖世界和凡俗世界兩者互不相容。對應於它們的兩種生活形式也互不相容。或者至少說不能在同時以相同程度過這兩種生活。我們不能既把自己完全奉獻給我們崇拜的聖者，同時又完全專注於自己和自己的利益；我們不能既全心爲群體服務，同時又實行徹底的利己主義。這裡，存在著兩種意識狀態：一種接受指導，另一種則在指導我們的情趣向相反的方向發展。所以力量較強的一個便傾向於把另一方從意識中排斥出去。當我們想到神聖的事物時，凡俗的念頭要進入我們的心中就會遭到激烈的抵抗，我們身體內部的某種東西阻礙它自己佔據應有的地位。這是因爲神聖物的表象不允許別的東西與它分庭抗禮。但是這種心靈的對抗，這種思想的相互排斥將自然地引起它們各自相應的事物的相互排斥。如果思想不能共存，事物也不能接觸或發生任何關係。這正是關於禁忌的本原觀念。

　　進一步說，神聖的世界顯然是隔離的世界。既然，如上所述，它以種種特徵表示出對凡俗世界的排斥，那麼就必須以它自己特有的方式對待它。當我們不得不與神聖事物打交道時，如仍使用與凡俗事物打交道時所採用的姿勢、語言和態度的話，就將會誤解神聖事物的性質，把它們同其他事物混爲一談。由於我們在處理凡俗事物時可以無拘無束，我們隨隨便便地談論它們；所以在

與神聖事物交往時，我們不能同它們接觸，或者在發生接觸時保持肅靜；我們在它們面前不能說話，或者不說常用的語言。與一種事物打交道時所採用的所有方式，在與另一種事物打交道時都不能採用。

如果這種解釋尚稱精確的話，它仍然是不充分的。事實上，還有許多值得尊敬的東西，如我們提到的那樣，並未受到嚴厲的禁忌體系的保護。當然，我們心中有一種總的傾向，要把不同的東西，特別是那些不可相混的東西放在不同的地方。但是凡俗世界和神聖世界不僅僅有區別，它們互相還緊密地聯繫在一起，它們之間並沒有鴻溝。在神聖事物的屬性中應該能找到一些特殊的原因，它引起了隔離和相互排斥。事實上，神聖世界有一種向凡俗世界滲透的趨勢，而這正是它所排斥的同一個凡俗世界。由於這種矛盾狀態，它在排斥的同時，又有迅速向之靠攏的趨勢。這就是將兩者分開，在它們之間造成真空的原因。

358

人們之所以要採取這種預防措施，是因為神性具有異乎尋常的感染性。為了避免某些感染發生而採取了迴避的做法。甚至最表面、最間接的接觸已足以使它從一物傳向另一物。宗教力在人心裡變成了這樣一種狀態：它好像隨時都準備跑出自己所處的地方，進入在它可及範圍的所有物體裡。祖先靈魂居住的南迦樹對他的後代來說是神聖的，他認為自己是這位祖先轉世投胎。但是，每一隻停落在樹頂的小鳥都具有這種神聖性質；於是就不許碰這些鳥⑭。我們已經有機會提到，無論多麼簡單地接觸了聚靈架便足以使人和物神聖化⑮。

這種神性的傳染性原則，也是所有授人以神性的儀式的思想基礎。聚靈架的神威是如此巨大，甚至在遠處就能感到。我們還記得，它不但影響保存它的山洞，而且還擴展到整個周圍地區。它擴展到逃到那裡去的野獸身上，於是禁止殺死牠們；也擴展到生長那裡的樹上，於是不許接觸這些樹⑯。一個蛇圖騰住在一個有

水塘的地方，圖騰的神性便傳給這個地方，傳給這個水塘，甚至水塘裡的水。對這個圖騰群體來說，所有這些都禁止接觸⑧新成年者生活在充滿宗教色彩的氣氛中，而且他自身好像也充滿了這種氣氛⑧，於是，凡他所有的，凡他所接觸過的，女人都被禁止接觸，甚至連他打的鳥，他刺死的袋鼠或者他釣的魚都不例外⑧。但在另一方面，他曾經順從地經歷過的那些儀式，以及他已經部分地獲得了的那些神聖東西，都比他具有更高的神聖性。它們傳遞給各種東西，誘發出這樣那樣的念頭。被敲掉的牙齒被認為是很神聖的⑨。由於這個原因，他不能吃長有鋒利牙齒的動物，因為這會使他想起他自己失去了的牙齒。庫林加人結束儀式時要進行儀式性的洗滌⑨，禁止新成年者吃某些鳥，因為這會使他想起這次儀式。爬到樹頂的動物，因為太接近生活在天上的接納之神達拉木倫，所以與他有同等的神性，他被禁止獵取牠們⑨。死人的靈魂是神聖的東西，我們已經知道它怎樣傳給屍體埋葬的地方；怎樣傳給它活著時生活過的現已摧毀或放棄的營地，傳給他的名字，他的妻子和親屬⑨，他們也因而獲得了某種神性。結果，人們都要避開他們。這些與死者有關的人、物、地點都不再被當做單純的凡俗物來對待了。在道森觀察過的社會裡，死者親屬的名字也同死者的名字一樣，在喪期內不能被提起⑨。死者生前吃過的某種動物也可能被禁止食用⑨。

對於神聖事物的感染現象，人們已經非常瞭解⑨，不必一一例舉眾多的事例來加以證明。我們只希望表明，在圖騰崇拜中，也同更為發展了的宗教一樣，存在著這種現象。一旦被證實，它就能解釋為什麼隔離聖凡兩界的禁忌要求採取如此極端嚴厲的形式。憑藉這種異乎尋常的擴展能力，最微不足道的接觸和接近，也不論是肉體的還是純粹精神的，都足以讓宗教力離開自身的領域。在另一方面，這種分離與它們的本質相矛盾，這就需要一整套措施來維持聖凡兩界的分隔。這就是為什麼非但嚴禁世俗之人

觸摸聖物，甚至嚴禁看見和聽見它們。這也解釋了為什麼在他們的意識中宗教生活和世俗生活不能相混，因為這兩類生活有相互混同的趨勢。

當我們理解了這些禁忌的複雜性時，便也理解了它們產生影響的方式以及它們所具有的神聖性質。由於所有神聖事物固有的感染性質，一個凡俗之徒在觸犯禁忌時，就與宗教力發生了不當的接觸，後者便傳遞到他身上並控制了他。但兩者之間有對抗，他現在受到一種敵對力量的控制，而這種力量的敵意必然以暴力的方式顯現出來，它要摧毀他。這就是犯禁者何以會生病或者死亡的道理。這種後果被認為是咎由自取，帶有某種必然性。犯禁忌者會感到有一種他無法抗拒的力量在攻擊他。他吃了做為圖騰的動物了嗎？那麼，他就感到牠在撕咬、吞噬著他的元氣，他躺在地上等待死亡降臨⑰。每種瀆神的舉動實際上都隱含著神聖化的影響，只不過這種神聖化無論對被祀奉者還是對接近它的人都是可怕的。正是承認聖化才帶來了如此可悲的懲罰⑱。

必須注意的是，關於禁忌的這種解釋並不受宗教力得以體現的各種象徵的不同的影響。不論宗教力是以無名無形的力量體現，還是以有形、有思想、有感情的形式出現，結果都一樣。當然，前者對褻瀆神的犯禁行為以自發的、不知不覺的方式做出反應；而後者則以狂暴方式。但說到底，這兩種概念都有同樣的實際影響，它們是用不同的兩種語言敘述的同一種精神機制。兩者都有著同一種思想基礎，那就是聖凡兩界是對抗著的，前者有向後者擴展的傾向。因此，不論神聖性來自盲目的力量還是有意識的力量，它們與凡俗物的衝突以及對後者的傳遞卻是共同的。這樣看來，那種認為真正的宗教生活只是起源於神話中人格神的看法離開事實有多遠，因為我們看清了無論宗教的神是否被人格化，它們在這方面的本質是相同的。關於這種情況，我們在以下各章有機會時還要論及。

361

4

然而，如果說神聖性的感染作用有助於解釋禁忌體系的話，那麼它自己又將怎樣解釋呢？

有人試圖用著名的聯想法則來做解釋。他人或他物在我們心中引起的感情，會從此人此事的概念上蔓延到與其有關的表象上，然後又蔓延到這些表象所代表的其他客體上。因此，我們對神聖物的尊敬蔓延到任何與它接觸、與它相像或者會引起我們聯想到它的東西上。當然有教養的人不會受這些聯想的欺騙，他知道，這些情感都是想像力玩弄的把戲，完全是一種精神現象。所以，他不會被由這些幻象帶來的迷信所擺布。但他們說原始人天真地將他的印象不加批判地客體化了。他的內心有沒有什麼東西使他產生敬畏之情呢？在他斷然相信了某件東西內存在著威力後，便會遠離它，儘管它並不是聖物，它還是受到像聖物一樣的對待⑨。

362　　　但是，不論這些話是誰說的，他們都忘記了這麼一種事實：由神性的感染作用這種觀念產生的宗教並不僅限於最原始的宗教，甚至在最近代的崇拜中也包括了大量建築在此基礎上的儀式。採用塗油或洗滌方式的各種加入儀式不正包含了將神聖物的特性轉移到凡俗者的身上嗎？雖然如此，人們仍很難將今日開明的天主教徒與落後的土著野人歸爲同類。他們認爲這些人至今仍被聯想所欺騙。這種思想方式無法根據事物的性質加以解釋，加以證明。然而，要說這種觀念起源於原始人盲目地物化他的情感的傾向，也仍舊太武斷。在他的日常生活中，在世俗活動的細小地方，他並沒有將一種事物的性質與另一種相互轉移。如果說同我們相比，他對明確性、區別性之類的概念不太關心的話，但他絕不會因爲資質魯鈍就把各種東西搞得混淆不淸。只是在宗教思想方面才有這類混淆的跡象。因此，只有從宗教事物的特定性質

上，而不是人類智力的一般法則上去尋求這種混淆傾向的起因。

　　當一種力或屬性是某種東西的固有成分時，我們不能輕易地想像出它能脫離本體跑到其他地方去。物體是以質量和原子結構定性的，因此我們不會想到它在與別的物體接觸時會將這種區別性的特徵傳遞給他物。但另一方面，如果我們處理的是外加到物體上的力的話，要想像它重新與此物分離卻不怎麼困難，因為它本來就是外加的。因此，從外部施加到物體上的熱或電能夠傳遞給周圍的媒介物；而我們的智也樂於接受這種傳遞的可能性。所以，如果我們把宗教力看成是神聖事物外部的力量而不是固有的屬性，那麼我們看到它的具有如此的流動性和傳染性時就不會感到驚訝了。這就是我們提出的理論的涵義。

　　事實上，它們不過是人格一體了的集體力量，即道德力量。它們是由社會現狀在我們心中喚起的思想和感情構成的，而不是來自物質世界的感知。所以它們與我們把它們安置其中的東西是不同源的。它們可以從這些東西中選擇自己外表的、物質的形式，但這些東西並不能增添它們的效能。宗教力同它們棲身的各種東西之間並沒有外部聯繫，它們在那裡沒有紮根，它們是外加的，這是我們已經用過的說法⑩，它很能說明宗教力的特徵。所以並不存在什麼物體是註定要排斥其他的物體接受宗教力的，甚至最微不足道、最卑賤的東西也可能接受它們；純粹是偶然事件決定什麼東西接受了宗教力。必須記住科德林頓在談到馬納時說過的話，他說，它是一種力，它「並不固定在任何東西上，它幾乎可以轉移到任何東西上去」⑩。弗萊徹小姐記載的達科他人把瓦坎想像成一種無所不在的力，它總是在世界上進進出出，一會兒停在這裡，一會兒停在那裡，但從不停留在固定的地方⑩。甚至人類固有的宗教特性也沒有不同的性質。當然，在經驗世界裡，沒有其他東西比人的心靈更接近所有宗教生活的源頭；沒有其他東西能比它更直接地參與宗教生活；因為認真研究宗教力的正是人的

363

意識。然而，我們也知道，使人，也就是說，使人的心靈充滿生機的宗教力卻是外界的。

如果宗教力在任何地方都沒有自己的地盤，那麼要解釋它的流動性就十分容易了。既然它們與我們認爲它們所在的物體之間並沒有聯繫，在輕微的接觸中（儘管不是出於它們自己原因），它們將會溢出，擴散到遠方就是件十分自然的事了。它們的本性也激勵這種擴散，這是任何東西都歡迎的。我們的心靈，雖然被各種個人的約束禁閉在身體中，也一直在預示著它的離開；全身每個孔穴、每個毛孔都是它向外逃逸的無數通道⑩。

但是，我們將更證明我們正試圖理解的這種現象，那就是等我們對宗教力的觀念做了比現在更系統的研究之後，再回到這個精神過程的討論上。

364　　我們已經看到，事物的神聖性質實際上與它的任何內在屬性並不相關。並不是圖騰動物的某個方面或特性引起宗教感情，而是與此種全不相干的外來原因在起作用。它們是由安慰、依靠這一類社會行爲在人心中造成的印象構成的。這類情感本身並不附著在任何特定事物的概念上，但是這情感確實存在，而且還非常強烈，它們帶有明顯的感染性。因而它們就像油跡一樣擴展到佔據心靈的所有精神狀態，它們滲入及塗敷在表象上，特別是那些手邊的、眼前的物體的表象上，例如，身體上的圖騰圖案上、他用以發出響聲的牛吼器上、身邊的岩石上、脚下土地上等等。就這樣，物體本身就獲得了宗教價值，實際上它們並不具備之，它是外加的。所以，神性得以傳播的過程並不是次要的，它的獲得就是從傳播而來，正是這種感染性使它建立起自己的威望。因此，當它把自己傳遞出去時，我們不該感到驚訝。使它變爲實在的，乃是一種特別的情感，當它把自己附著於某個客體時，乃是這種情感發現這個客體。所以，當它從此物向周圍其他物體擴展時就是件很自然的事了，因爲這些物體，不論是接近於還是相似於前

者，總之都同它有心理上的聯繫。

　　至此，我們已根據關於宗教力的理論對神性的傳染性做出了解釋，反過來，它也加強了我們對自己理論的信心⑩。同時，它還幫助我們去理解我們已經提請注意的原始心理特徵。

　　我們已經看到⑯原始人非常容易混淆種類的界限；常常把不同種屬的東西，如人、動物、植物、星辰等混同起來。現在我們知道促使這種混同的最重要原因了。既然宗教力有明顯的感染性，這種觀念同樣地被用於其他對象。它從一物傳到另一物，因為它們之間存在著物質上的相似性甚或表面的類似。就這樣，人、動物、植物和岩石都有了相同的圖騰：人是因為用這種動物做名字，動物是因為它們能夠使我們聯想起圖騰的形象，植物是因為滋養了這種動物，岩石是因為它們是舉行儀式地點的標記。由於宗教力被認為是所有力量的源泉，所以當某些在宗教性質上相同的東西就被進一步當做本質上的相同；至於它們之間的差別，則被認為是次要的。這些東西被歸為同類，被當做同類中能互相轉化的變種，似乎是件非常自然的事，其原因就在於此。

　　這種關係一旦確立，就使感染現象得以新的面目出現。如果就事論事地看，這是不合邏輯的。不問事物的質的差別，不是會把事情弄得一團糟嗎？但是，我們也知道，在最高級的邏輯活動中，這種混淆也是存在的，它不顧我們的感情能不能接受，硬是把我們自認是不同的東西證明為同類。前面論述的那些聯繫和混淆，歸根究柢來自於感染性，人們一開始會把它當成基本上是非理性的，然而這卻是一種錯誤的看法。它為我們進一步的科學研究開闢了道路。

365

註　釋

①還有一種崇拜形式是我們完全沒有涉及的，那就是口頭崇拜(oral rit-ual)，它需要在 *Collection de L'Année Sociologique* 的一本專著中加以研究。

②參見《不列顛百科全書》，塔布(Taboo)條，由弗雷澤撰寫。

③事實證明確有不便之處。這樣的作者大有人在，他們信任塔布這個詞，同時又相信它所表達的制度不但在一般原始民族，甚至在波里尼西亞諸族中都是獨特的。(參見雷維爾：*Religion Des Peuples Primitifs*，P.55；理查德：*La Fenme dans L'histoire*，P.435)。

④參見上文，邊碼 58。

⑤這並不是說在宗教的與巫術的禁忌之間有著明顯的界限。正相反，其眞正性質尚未明確。如有些民間流傳的禁忌很難分清是宗教的還是巫術的。但區別它們卻是必要的，因爲我們相信巫術的禁忌是無法理解的，除非它們還有宗教上的作用。

⑥參見上文，邊碼 174。

⑦聖物之間的許多禁忌都可以追溯到聖物與俗物之間的禁忌。年齡或地位的禁忌就是這種情況。例如，在澳大利亞有些神聖的食品是專給成年者吃的。但這些食品神聖性的程度不一樣，是有等級的。成年者也不平等，開始不能享有所有的宗教權利，只能一步一步進入到宗教領域中去。他們必須經歷整個階段，通過特別的考驗和儀式，花上幾個月，有時甚至要幾年才能達到最高級別。每一級別都被分配到特定的食物，較低級別的人不可接觸較高級別者有權享用的食品 (參見馬修斯：*Ethnol*，註釋；前引文，P.262 及以下諸頁；帕克：*The Euahlayi*，P.23；史賓塞和吉倫：*Nor. Tr.*，P.611 及以下諸頁；*Nat. Tr.*，P.470 及以下諸頁)。由此可見，較神聖的排斥較不神聖的；這是因爲後者對於前者來說是世俗的。最後，所有的禁忌可分爲兩大類：神聖與凡俗之間的禁忌和純潔神聖與不潔神聖之間的禁忌。

⑧見上文，邊碼 159。

⑨史賓塞和吉倫：*Nat. Tr.*，P.463。

⑩ *Nat. Tr.*，P.538；*Nat. Tr.*，P.640。

⑪*Nor. Tr.*，P.531。

⑫*Nor. Tr.*，P.518；豪伊特：*Nat. Tr.*，P.449。

⑬史賓塞和吉倫：*Nat. Tr.*，P.498；舒爾茨：前引文，P.231。

⑭史賓塞和吉倫；*Nat. Tr.*，P.499。

⑮豪伊特；*Nat. Tr.*，P.451。

⑯如果説對於圖騰動植物的進食禁忌是最重要的，但也絕不是唯一的。我們見到一些禁止未成年者食用的神聖食品。有各種原因授予這些食品神聖性。例如，樹頂上的飛鳥是神聖的，因爲它們是上天大神的鄰居。因此很可能出於各種原因將某種動物的肉留給老人，從而使老人分享到神聖的品性。

⑰見弗雷澤；*Totemism*，P.7。

⑱豪伊特：*Nat. Tr.*，P.674——還有一種接觸禁忌，我們完全沒有提，存在一些宗教性的日子，在這段時間禁止男女交媾(*Nor. Tr.*，P.293、P.295；*Nat. Tr.*，P.397)。這是因爲女人是世俗的，還是因爲性行爲是可怕的？這個問題不可能很快得到解決。我們將它同其他所有與婚姻、性儀式有關的問題，一起擱置一邊。它與婚姻、家庭這類問題密不可分。

⑲*Nat. Tr.*，P.134；豪伊特；*Nat. Tr.*，P.354。

⑳史賓塞和吉倫：*Nat. Tr.*，P.624。

㉑豪伊特：*Nat. Tr.*，P.572。

㉒豪伊特：*Nat. Tr.*，P.661。

㉓*Nat. Tr.*，P.386；豪伊特：*Nat. Tr.*，P.655、P.665。

㉔在溫貝奧部落（豪伊特：上引書，P.451）。

㉕豪伊特：上引書，P.624、P.661、P.663、P.667；史賓塞和吉倫；*Nat. Tr.*，P.221、P.282及以下諸頁。*Nor. Tr.*，P.335、P.344、P.353、P.369。

㉖史賓塞和吉倫：*Nat. Tr.*，P.221、P.262、P.288、P.303、P.378、P.386。

㉗上引書，P.302。

㉘豪伊特：*Nat. Tr.*，P.581。

㉙*Nor. Tr.*，P.227。

㉚見上文，邊碼325。

㉛史賓塞和吉倫：*Nat. Tr.*，P.498；*Nor. Tr.*，P.526；塔普林：*Narrinyri*，P.19。

㉜豪伊特：*Nat. Tr.*，P.466、P.469及以下諸頁。

㉝懷亞特：Adelaide and Encounter Bay Tribes，載 wood 書，P.165。

㉞豪伊特：*Nat. Tr.*，P.470。

㉟上引書，P.657；史賓塞和吉倫；*Nat. Tr.*，P.139。

㊱豪伊特：*Nat. Tr.*，P.537。

㊲豪伊特：*Nat. Tr.*，P.544、P.597、P.614、P.620。

㊳例如他常戴的髮帶(Spencer and Gillen：*Nat. Tr.*，P.171)。

㊴上引書，P.624及以下諸頁。

㊵豪伊特：*Nat. Tr.*，P.556。

㊶上引書，P.587。

㊷誠然，如被吃的東西是神聖的，這個行爲便帶有神聖性質。但吃東西是太凡俗了，吃聖物總是意味著瀆神。但是，下面我們還要談到，這種瀆神有

時是被許可甚至是遵命而行的，只要在這之前或同時舉行某些贖罪性的儀式便可以了。這些儀式的存在也說明聖物不應該吃。

㊸*Nor. Tr.*，P.263。

㊹史賓塞和吉倫：*Nat. Tr.*，P.171。

㊺豪伊特：*Nat. Tr.*，P.674。也許在宗教活動中禁止講話也是出於這個原因，因爲人們在日常生活中要講話，特別是大聲講話，那麼在宗教生活中就不應講話或低聲講話。關於食物禁忌也是同理（見上文，邊碼150)。

㊻*Nor. Tr.*，P.33。

㊼關於靈魂的觀念是一種本原的神聖意識。人一生下來就有靈魂，它能使人避開兇險，保護著他。這是禁忌的原初形式。因此，對於殺人者來說，死者的屍體是危險的（史賓塞和吉倫：*Nat. Tr.*，P.492)，是他的塔布。由此，發展起來的禁忌可以被當做工具用來保護個人的日常用品，結果發展成所有權觀念。「當一個人離開營地時」，羅思在記述北昆士蘭帕爾默(Polmer)河上的部落時說，「如果他在留下的武器和食物旁邊小便，它們就成了『塔米』(Tami)，也就是塔布(Taboo)。他確信他回來前東西不會有人觸動」。(見 North Queensland Ethnology，載 *Report of the Australian Museum*，第 7 卷，第 2 期，P.75) 這是因爲，尿，像血一樣，具有一種個人特有的神聖力量，它能阻止陌生人接近。出於同樣的原因，說出的話語也可以產生同樣影響，僅僅一句話就可以阻止別人接近某個對象。這種製造禁忌的威力的大小、因人而異。神性越高者威力越大。男人甚至有權憑此驅逐女人（羅思記載的婦女製造塔布的事例，僅有一宗)。在首領和老人身上，這種威力達到頂點，他們憑此獨佔他們想要的任何東西（羅思：同書，P.77)。這樣，宗教禁忌變成了所有權和管理權。

㊽見下文，第 2 章。

㊾見上文，邊碼 22。

㊿見上文，邊碼 250。

(51)見休伯特和莫斯：Essai Sur La nature et La fonction du sacrifice，載 *Mélanges d'histoire des religions*，P.22 及以下諸頁。

(52)豪伊特：*Nat. Tr.*，P.560、P.657、P.661。甚至連女人的影子也不能落到他的身上（同書，P.663)，他接觸過的任何東西，女人都不能碰一下（同書，P.621)。

(53)上引書，P.561、P.563、P.670 及以下諸頁；史賓塞和吉倫；*Nat. Tr.*，P.223；*Nor. Tr.*，P.340、P.342。

(54)如庫爾內人的「葉拉伊爾」(Jeraeil)，這個詞，又如尤因人和窩爾加爾人中「庫林爾」這個詞。

(55)史賓塞和吉倫：*Nat. Tr.*，P.348。

(56)豪伊特：P.561。

(57)豪伊特：P.663、P.538、P.560。

⑤⑧上引書，P.674；帕克；*Euahlayi*，P.75。

⑤⑨里德利：*Kamilaroi*，P.154。

⑥⑩豪伊特：P.563。

⑥①上引書，P.611。

⑥②上引書，P.549、P.674。

⑥③豪伊特：*Nat. Tr.*，P.580、P.596、P.604、P.668、P.670；史賓塞和吉倫：*Nat. Tr.*，P.223、P.351。

⑥④豪伊特：P.557。

⑥⑤上引書，P.604；史賓塞和吉倫：*Nat. Tr.*，P.351。

⑥⑥豪伊特：，P.611。

⑥⑦豪伊特：P.589。

⑥⑧人們會把這種苦行方式與巫師的接納式中採取的方式加以比較。初習巫術者同新成年者一樣必須服從多種禁忌，以獲特殊的力量（見 L'Origine des pouvoirs magiques，載休伯特和莫斯：*Mélanges d'histoire des religions*，P.171、P.173、P.176。新婚夫婦在婚禮前一天和後一天（已訂婚者和新婚的禁忌日）也是如此。對於這些事實，我們只能簡括地談，不打算深入下去，因為前者與巫術有關，不是我們的主題；而後者與關於兩性交往的法律、宗教體系有關，只有將它與其他原始婚姻道德的禁律一起進行研究才行。

⑥⑨確實，普羅伊斯把這些現象解釋為，受折磨能增加一個人的魔法(die menschliche Zauberkraft)，據此，人們會認為受折磨是巫術的而不是宗教的儀式。但如前所述，普羅伊斯使用巫術這個詞不太精確，他用它表示所有的無法命名的和不屬人類的力量，不管它們屬於巫術還是宗教。固然有些折磨是為了造就巫師，但我們記述的大多數仍是真正的宗教儀式，其結果是改善個人的宗教狀態。

⑦⑩普羅伊斯：Der Ursprung der Religion und Kunst，載 *Globus*，LXXXVIII，PP.309～400。在同個標題下，普羅伊斯記載了大量不屬同類的儀式，例如放血，這是利用流血的積極作用而不是為了造成痛苦。我們只保留那些以痛苦為基本要素的儀式及它們的產生效果的原因。

⑦①*Nor. Tr.*，P.331 及下頁。

⑦②上引書，P.335。迪利人中也能發現類似的做法（豪伊特：*Nat. Tr.*，P.658 及以下諸頁）。

⑦③史賓塞和吉倫：*Nat. Tr.*，P.214 及以下諸頁。從這一事例可以看出成年禮有時具有欺侮戲弄的特性。事實上，欺侮是當兩個精神地位，社會地位不平等的團體發生密切接觸時自然產生的社會情態。在這種情況下。自認為高於他人的一方為了要抵制新來者，便要讓對方知道他的優越地位。這種自動產生的，或多或少帶有殘忍性的反應必然會在新來者身上產生同化作用，使他逐步適應新的環境，所以它也是一種接納。這樣就解釋了為何

接納會採用欺侮戲弄的形式。因爲老年人團體比青年人具有較高的宗教和道德尊嚴，但他們逐漸必須同化後者。這樣，出現欺侮戲弄的所有條件都具備了。

⑦史賓塞和吉倫：*Nat. Tr.*，P.372。

⑦上引書，P.335。

⑦豪伊特：*Nat. Tr.*，P.675。

⑦豪伊特：*Nat. Tr.*，P.569、P.604。

⑦史賓塞和吉倫：*Nat. Tr.*，P.251；*Nor. Tr.*，P.341、P.352。

⑦在瓦拉蒙加人中，這項舉動必須由長有美髮的人來完成。

⑧豪伊特：*Nat. Tr.*，P.675；這是關於達令河(Darling)下游的一些部落。

⑧艾爾曼：前引書，P.212。

⑧上引書。

⑧關於此問題，可參見我們的論文：La Prohibition de l'incest et ses origines(*Année Social.*，Ⅰ，P.1 及以下諸頁)；以及格勞雷：*The Mystic Rose*，P.37 及以下諸頁。

⑧史賓塞和吉倫：*Nat. Tr.*，P.133。

⑧見上文，邊碼 142。

⑧史賓塞和吉倫：*Nat. Tr.*，P.134 及下頁；斯特雷格：Ⅰ，P.78。

⑧史賓塞和吉倫：*Nor. Tr.*，P.167、P.299。

⑧相對於我們已描述過的苦行主義儀式，我們要補充一些積極儀式，其目的是爲了讓新成年者充滿，或者像豪伊特所說，浸透宗教情緒(豪伊特：*Nat. Tr.*，P.531)。確實，豪伊特用的是巫術情緒而不是宗教情緒這個詞，但就我們所知，大多數民族法學者在用巫術這個詞時，指的僅是那些非人力能及的宗教特性。

⑧豪伊特：上引書，P.674。

⑨史賓塞和吉倫：*Nat. Tr.*，P.454；參見豪伊特：*Nat. Tr.*，P.561。

⑨豪伊特：*Nat. Tr.*，P.557。

⑨上引書，P.560。

⑨見上文，邊碼 341、345。參見史賓塞和吉倫：*Nat. Tr.*，P.498；*Nor. Tr.*，P.506、P.518、P.519、P.526；豪伊特：*Nat. Tr.*，P.449、P.461、P.469；馬修斯：載 *J. of R.S. of N.S. Wales*，XXXVIII，P.274；懷亞特 Adelaide and Encounter Bay Tribes，載 wood 書，P.165、P.198。

⑨*Australian Aborigines*，P.42。

⑨豪伊特：*Nat. Tr.*，PP.470～471。

⑨可以參閱羅伯遜、史密斯：*Religion of the Semites*，P.152 及以下諸頁，P.446、P.481；弗雷澤：Art. Taboo，載 *Encyc. Briit*；杰文斯：*Introduction to the History of Religion*，P.56、P.60；格勞雷：*Mystic Rose*，Ch. ii-ix；凡吉納普：*Tabou et Totemisme a Madagascar*，ch.iii。

㊲參閱上文，邊碼 151。參見 *Nor. Tr.*，P.323、P.324；*Nat. Tr.*，P.168；塔普林：*The Narringeri*，P.16；羅思：*North Queensland Ethnography*，*Bull, 10，Records of Austral, Museum*，VII，P.76。

㊳我們還必須記住，當宗教的禁忌被冒犯後，這些懲罰並不是唯一的形式，還有真正的處罰或輿論譴責。

㊴見杰文斯：《宗教史導論》，PP.67～68。我們沒提到格勞雷(*Mystic Rose*，ch.iv-vii)最近的更加直爽的理論。他認爲塔布的感染來自於對感染現象的錯誤轉譯。這樣說是武斷的。正如杰文斯正確地指出的那樣，神聖事物的感染特性是通過演繹推理得到的結論，而不是對經驗的錯誤轉譯的信任。

⑩見上文，邊碼 261。

⑩見上文，邊碼 223。

⑩見上文，邊碼 219。

⑩這一點已由普羅伊斯在他的載於 *Globus* 的論文中做了極好的論述。

⑩確實，傳染性並不是宗教力特有的性質，巫術的法力也具有同樣的性質。但很明顯，它們與客體化了的社會感情之間沒有對應關係。那是因爲巫術法力脫胎於宗教力的原型。我們將在後文重新討論這個問題(邊碼 404)。

⑩見上文，邊碼 267。

第二章
積極崇拜

Ⅰ. 犧牲的要素

　　不論消極崇拜有多重要，它自身都不含有得以存在的根源。雖然它可能有間接的積極作用，把一個人引向宗教生活，但這只是從推斷得出的結論，並非它本身就具備這種作用。如果它要求崇拜者避開世俗世界，這樣就可以看做使他離神界接近了一些。人從來沒有想到，他們對宗教力的責任可以減少到簡單地斷絕交往這種程度；他們總是相信在他們與神聖之間應該有積極的、雙向的關係。於是產生一系列反映神聖世界的規則和組織的集體的儀式性活動。我們將這個特殊的儀式體系稱做積極崇拜(positive cult)。

　　長期以來，我們對圖騰宗教的積極崇拜及其涵義完全忽略了。除了成年禮外，我們幾乎什麼都不知道，即使是成年禮，我們至今瞭解得也不算充分。但是史賓塞和吉倫對澳大利亞中部各部落的觀察，佐以舒爾茨和斯特雷洛的觀察，就使我們能夠部分地填補資料方面的空白。有這樣一種儀式，那是這些探險家們經歷了特殊困難才能向我們描述的，它似乎臨駕於所有的圖騰崇拜之上。這種儀式，在阿隆塔人中，據史賓塞和吉倫的說法，被叫做英蒂丘瑪(Intichiuma)。斯特雷洛確實與別人爭論過這個詞的

涵義。根據他的說法，英蒂丘瑪（或者如他所寫 intijiuma）的意思是「教導」。它指的是一種在年輕人面前舉行的儀式，爲的是要將部落的傳統教給他們，他把我們將要描寫的饗宴儀式稱做巴恰卡丘瑪(mbatjalkatiuma)，意思是「受孕」或「注入好的品質」①。然而我們在這裡並不打算解決這個詞彙學方面的問題，它雖然與實際問題有關係，但關係並不太深，因爲所有這些有爭議的儀式在成年禮過程中全部都要舉行的。另一方面，英蒂丘瑪這個詞已經變成民族誌的一個常用術語，幾乎已經成了一個普通名詞，用另一個詞來代替它似乎不會起作用②。

舉行英蒂丘瑪的日子主要取決於季節。在澳大利亞有兩個截然分明的季節。一個是旱季，它要延續很長時間；另一個是雨季，它正相反，延續時間很短而且來得沒有規律。雨季一到，植物立即就長出地面，好像受到魔法的影響一樣，動物也大量繁殖。剛剛還是不毛之地，一下子變得綠草遍野，動物成群。英蒂丘瑪舉行的日子就定在這樣的好時光即將來臨的時刻。但是由於雨季來臨的時日變化極大，舉行儀式的日期不能一勞永逸地定下來，它隨著氣候的變化而變化，只有圖騰群體的首領——阿拉通迦(Alatunja)才有資格決定。在某一個適當的日子，他會告訴他的同伴時間到了③。

各個圖騰群體，都有自己的英蒂丘瑪。這種儀式在中部各群體中是普遍舉行的。但各處都不相同，瓦拉蒙加人的儀式不同於阿隆塔人的儀式。不僅在不同部落中儀式各異，就是在同一部落的不同民族中，儀式也不一樣。但是可以看出，不同儀式中的不同表現方式間存在著十分密切的聯繫，不可能將它們當成完全不同的東西。也許，所有慶典儀式都是由處在不同發展階段的相同部分組成的，在一個儀式中呈萌芽狀態的部分，在另一個儀式中卻處於最重要的地位。但對它們仍必須加以小心的辨別，因爲由它們組成的許多不同儀式正是我們準備分別加以描述和解釋的。

然後，我們還要找出它們的共同來源。

讓我們先從在阿隆塔人中觀察到的儀式開始。

1

這種儀式包括兩個階段。第一階段儀式的目的，是爲了保證被當做氏族圖騰的動物或植物物種繁榮昌盛。爲此目的而採用的方法可以簡化爲兩個最基本的形式。

必須記住，神話傳說中的祖先以前曾生活在地上，他們在那裡留下了生活的遺跡。每個氏族都是這些祖先的後代。祖先的遺跡特別會保存在他們放置在某些地點的石塊或岩石中。在祖先埋葬地附近的岩石中也留下了他們的蹤跡。這些岩石和石塊被當做至今記憶猶新的祖先的遺體或遺體的一部分，岩石代表祖先。結果，它們又代表著被祖先當做圖騰的動物和植物，因爲個人和他的圖騰是同一個東西。它們具備與活著的同類動植物一樣的實在性和屬性。與後者相比，它們還有一個好處，那就是它們不會生病、不會死亡，它們是不朽的。所以它們就像是一個經久不衰、隨時可用的動植物生命保留地。而每年，在某些情況下，他們要集合到這個保留地來，以確保圖騰物種的繁衍。

這裡所舉的例子是阿利斯斯普林(Alice Springs)的威徹迪蟒蟮氏族(the Witchetty grub clan)舉行英蒂丘瑪的過程④。

在首領指定的那一天，圖騰群體的所有成員集合在主營地。其他圖騰的人退到一邊⑤。因爲阿隆塔部落舉行儀式時，他們是不允許在場的。雖然屬於不同圖騰，但是屬於同一個宗族分支的人，有可能被邀請參加，這是一種榮譽。他只可旁觀，無論如何都不能有積極的舉動。

本圖騰的男人集合以後，便留下兩、三個人，其餘的都離開營地。他們一個跟一個，保持絕對的沈默。所有的人都赤身裸體，不帶武器，也不戴常用的飾物。他們的神態和步伐都顯示出莊重

369

的宗教色彩，因為在他們眼裡，正在進行的儀式具有特殊的重要
性。此外，在儀式結束前他們必須禁食。

　　他們穿越的地區充滿了光輝的祖先遺物。他們到這一個地
點，那裡有一塊巨大的水晶，它周圍還有一些圓形的小石塊。這
塊水晶代表威徹迪蟒蟀成蟲。阿拉通迦用一隻名叫阿普瑪拉(Ap-
mara)⑥的木盆敲打它，同時口中念念有詞，其目的是請求這種動
物多多產卵。他對周圍被當做蟲卵的小圓石一一如法炮製，然後
拿起一塊小圓石磨擦每個助手的肚皮。事成之後，他們全體下山，
來到一處峭壁腳下。早在神話中的阿爾徹林加時代，這裡就是舉
行儀式的地方。這裡也有一塊代表威徹迪蟒蟀的石塊。阿拉通迦
仍用他的可普瑪拉敲打它，他的同伴們也用沿途採來的樹枝敲
打，所有的行動都是在請求這種動物產卵的聖歌中進行的。他們
一個接一個，大約拜訪了十個地點，它們之間有的相距一英里多。
在每個地點，都有一塊石頭，或在山洞，或在岩穴，它們都代表
著威徹迪蟒蟀的某個方面或者牠在不同生長期的形態。在每一處
都重複相同的儀式。

　　這種儀式的涵義十分明顯。當阿拉通迦敲打神聖的石塊時，
那是要敲下一些粉末來。這些神聖的粉末被當做無數生命的細
胞，每一個顆粒中都含有神靈，一旦它們被導入同種生物的機體，
它們將使新的生命誕生。助手們使用的樹枝將這種寶貴的粉末灑
向四面八方，在各處萌發新生命。他們確信，借助這種手段，他
們氏族守護的——或者說——依賴的那個動物物種定然會蓬勃興
旺。

　　這是土著人自己對這種儀式所做的解釋。在伊爾皮拉〔一種
「嗎哪」(manna)〕族中，儀式以下述方式舉行。當舉行英蒂丘瑪
的日子來臨時，全體集合在一塊高達五十英呎的巨石旁。在這塊
巨石上還頂著一塊外形相同的石塊，周圍是一圈較小的石塊。這
些都代表大量的嗎哪。阿拉通迦在岩石腳下挖掘泥土，直到挖出

370

一個聚靈架來，據信也是在阿爾徹林加時代埋在那裡的，它是嗎哪的精髓所在。然後，他爬到上面那塊岩石上，先用聚靈架，後用周圍的小石塊摩擦岩石，最後他用樹枝掃除如此獲得的粉末。每個助手輪流幹著同樣的事。對此舉動，史賓塞和吉倫說土著人認為四處飛揚的粉末將「落到摩爾加樹上，這樣就使嗎哪生長」。事實上，他們的一舉一動都是伴隨著聖歌進行的，歌中表達了他們的上述想法⑦。

在其他群體中也存在相同的儀式，只是略有變化。在烏拉崩納部落中，有一塊代表壁虎族祖先的岩石。從岩石上敲下來的碎塊被扔向四方，為的是確保壁虎的大量繁殖⑧。在同一個部落中還有一片沙灘，虱子圖騰的遠古時代遺物與它極有關係。在這個地方有兩棵樹，一棵叫普通虱子樹，另一棵叫蟹虱樹。他們拿一些沙在樹上摩擦後扔向四面八方，心裡確信這樣做的結果是虱子的大量繁衍⑨。馬拉部落的英蒂丘瑪散播從神聖岩石上取下的粉末，為的是促進蜜蜂繁殖⑩。至於平原地區的袋鼠族，舉行的儀式稍有不同。他們用袋鼠最喜歡的某種草包一些袋鼠糞，然後把這些包起來的糞便放在兩堆這種特定的草堆之間，再放火燒它們。他們從這火堆上點燃手中的樹枝並到處揮舞，弄得火星四散。這些火星與前面提到的粉末起的是同樣作用⑪。

在相當數目的氏族中⑫，人們將自己身上的東西與石頭上的東西混合，以期使儀式更有效驗。年輕人割開血管讓血流到岩石上。在阿隆塔部落的哈基花氏族的英蒂丘瑪中就有這種情況。儀式在一個聖地舉行，那裡同樣有神聖的岩石，在土著人眼裡，它們是哈基花。在一些初步儀式之後，「當年的首領教一個年輕人割開手臂的血管，他照辦了，讓血不斷地淋灑。此時其他人繼續唱歌。血四下流淌，最後完全布滿了岩石⑬。」這樣做的目的，是或多或少使岩石的神性更具活力，更有神效。我們不能忘記，氏族中的人與他們的名字所代表的植物或動物是親屬，在它們體內，

371

特別在血裡，有著相同的生命本質。所以，人用自己的血和血裡的神秘胚芽來保證圖騰物種生生不息，乃是極自然的事情。在阿隆塔部落中常有這樣的事發生：當一個人病了或累了，他的年輕夥伴會割開血管用自己的血淋他，使他恢復健康⑭。如果用這種方法能使人重新充滿活力，那麼，它一定也能使動物或植物生氣勃勃，氏族的成員與這些動植物是無法區分的。

在阿隆塔部落中，恩迪亞拉袋鼠族的英蒂兵瑪也有相同的步驟。儀式舉行地點是一個被尖頂岩石覆蓋的水潭。這岩石代表一個阿爾徹林加時代的動物袋鼠，它被同時代的人袋鼠殺死並放置在那裡。據信，有許多袋鼠的靈魂居住在這裡。在一定數目的聖石以我們描述過的方式被摩擦過後，一些助手爬到岩石頂上，讓他們的血流淌⑮。土著人說這個儀式的目的是用人袋鼠流到岩石上的血，將動物袋鼠的靈魂向四方驅趕，這樣一來，就能夠增加這種動物的數量⑯。

在阿隆塔人中，甚至還有這麼一種情況，那就是在儀式中，人血擔當了主要的角色。鴯鶓族不使用聖石或其他類似的東西。阿拉通迦和他的一些助手，將他們的鮮血灑在地上，然後用各種顏色的線將灑上血的地面分割開來，它們代表了鴯鶓的不同身體部位。他們圍著這個圖形跪下，唱起單調的聖歌。他們相信，這個想像中的鴯鶓以及他們用來繪製鴯鶓的鮮血會向四處散發出生命的元質，使新一代的鴯鶓胚胎生長發育。這樣，這種動物就不會滅種⑰。

在溫克崗加魯部落（Wonkgongaru）中，有一個以某種魚為圖騰的氏族。在這個圖騰的英蒂丘瑪中⑱，人血也是首要的部分。氏族首領在全身塗上典禮的圖案之後，走進一個池塘在水中坐下。他用尖利的骨針刺破自己的陰囊和肚臍周圍的皮膚。「傷口裡流出的血進入水中便生出魚來」⑲。

迪利人以完全相似的儀式來確保他們的兩個圖騰的子孫繁

衍。他們的圖騰一個是錦蛇，另一個是窩馬蛇(Woma，普通的蛇)。據豪伊特記載，一個名叫敏卡尼(Minkani)的莫拉—莫拉，據信住在一座沙丘下。一些獸類和爬行動物的骨化石是牠的象徵。在流入埃爾湖的河流三角洲地區常能發現這類化石。當舉行儀式的日子來臨時，人們集合前往敏卡尼的居所。他們不停地挖掘，直至到達濕土層，他們稱做「敏卡尼糞便」。這時他們開始十分小心地挖掘，直至發現「敏卡尼的手肘」時爲止。然後，兩個青年割開血管讓向流到神聖的化石上。在歌頌敏卡尼的聖歌中，助手們變得茫然失神，並瘋狂地互相毆打，直至回到大約一英里外的住所。在那裡，女人們出來調停，使鬥毆平息下來。他們把傷口中流出的血蒐集起來與「敏卡尼的糞便」混合在一起，再把混合物撒在沙丘上。當這個儀式完成後，他們確信錦蛇將會大量繁殖[20]。

在某些情況下，他們使用他們希望大量產生的東西做爲催生劑。在凱提什部落中，他們把水潑灑在代表水氏族的神話英雄的聖石上，希望能獲得大量的水。很明顯，他們相信用這種方法能增加岩石的增殖能力就像別人用血一樣，其原因也一樣[21]。在馬拉部落中，參加儀式的人從一個聖洞中取水，然後把水含在口裡噴向四面八方[22]。在窩蓋亞部落中，在山芋開始發芽時，山芋族的首領請不是本氏族但屬同一宗族分支的人找一些山芋來。他們照辦後，把山芋交給這位首領。他嚼碎一只山芋，把碎塊扔向四方[23]。凱提什人還有許多儀式，我們不想在此一一羅列，我們只想再提一個。當某種叫做厄列平那(Erlipinna)草的種籽成熟時，這個圖騰氏族的首領把一些草籽帶回營地，把它們用兩塊石頭磨成粉末。這些粉末被虔誠地蒐集在一起。首領放一些粉末在嘴唇上，再把它吹向四方。讓粉末與首領具有神聖性質的嘴唇接觸，其目的不容懷疑，那就是要刺激粉末中包含的胚芽發育成長。既然它們已被吹向四面八方，就必然會將生殖能力傳給這種植物[24]。

土著人從不懷疑這些儀式的有效性。他確信它們一定會產生

374　預期的效果，此中有某種必然性。如果後果並不像他希望的那樣，他僅會想到這是由於某個敵對群體的巫咒在從中作祟。不論怎樣，他從不會想到用任何其他方法也會取得令人滿意的結果。如果出現植物或動物在他舉行儀式之前就已經繁殖這樣一種偶然情況時，他就會設想，那是因為地下的祖先已經舉行過一場英蒂丘瑪了。活著的人只是坐享其成㉕。

2

　　以上是儀式的第一部分。

　　在緊接著儀式的一段時間裡，再沒有什麼常規的儀式。然而，宗教生活還保持在一定的程度上。從禁忌體系的更嚴格地被遵守上可以看出這種情況，好像圖騰的神聖性被加強了，他們簡直碰都不敢碰它一下。在普通日子裡，阿隆塔人可以吃他們當做圖騰的動物或植物，只要適度就行。但在英蒂丘瑪以後的第二天，這

375　種權利暫時被取消了，食物的禁忌非常嚴格，毫無例外。他們相信，對這禁忌的冒犯會沖淡儀式的良好效果，圖騰物種就不會大量繁殖了。自然，別的圖騰的人如正巧在同一地方，他們就不必遵守禁忌。但他們也不能像平時那樣的自由行事。他們不能在任何地方，例如，在樹林中，隨便吃圖騰動物，而必須將動物帶回營地，也只有在那裡才能燒烤㉖。

　　結束這個非同尋常的禁忌期，需要一個最終儀式，它也結束了長時間的一系列宗教活動。在不同氏族，這些儀式有所不同，但基本要素在各地都是相同的。這裡記述阿隆塔人的最重要的兩種形式，一種與螞蟥族有關，另一種與袋鼠族有關。

　　當螞蟥生長成熟，大量出現時，圖騰成員和其他人盡可能地捕捉牠們，然後帶回營地。他們將螞蟥燒烤得又硬又脆，保存在名叫皮切(pitchi)的木桶裡。捕捉螞蟥的時間可能很短，因為只有在雨後牠們才出現。當牠們的數量開始減少的時候，阿拉通迦便

要所有的人都回到營地，每個人都帶上他的蟳蟺。不是圖騰成員的人將他們的一份放在圖騰成員面前。阿拉通迦拿走一個木桶，在其助手的幫助下，將桶內的東西用兩塊石塊磨成粉末。在這之後，他先吃一點這種粉，他的助手也同樣如此。剩下的東西讓其他氏族的人分享。此時，他們可以隨意地吃，但他們也是像阿拉通迦一樣只嘗一小口。此後，本圖騰所有的男人和女人都可以吃了，但每次只能吃一小口。如果超出了限量，他們便會喪失舉行英蒂丘瑪的必要能力，而蟳蟺就再也不會繁殖了。相反地，如果他們一點也不吃，特別是阿拉通迦本人在這種情況下不吃，他同樣也會喪失能力。

在以恩迪亞拉(Undiara)為中心的袋鼠圖騰群體中，儀式的某種特徵表現得更為顯著。在我們描述過的聖石上儀式結束後，年輕人就出發去捕捉袋鼠，把獵物帶回營地。在那裡，以阿拉通迦為中心的老年人吃一些袋鼠肉，然後將袋鼠油塗在參加英蒂丘瑪的人身上。剩下的肉由集合的男人分享。下一步是圖騰成員在身上畫上圖騰標記，整夜唱著紀念祖先的聖歌，歌頌阿爾徹林加時代的人袋鼠和動物袋鼠的豐功偉績。第二天，年輕人又到樹林中去打獵，帶回比第一次更多的袋鼠，上一天的儀式又照常舉行㉗。

在阿隆塔人其他氏族㉘、在烏拉崩納部落㉙、在凱提什部落㉚、在思馬切拉部落㉛，以及因康特灣(Encounter Bay)諸部落中㉜，都能發現同樣的儀式，只有一些細節上的不同。各地的儀式都含有相同的基本要素。被奉為圖騰的一些動物或植物被送到氏族首領面前，他以莊嚴的神態吃掉它們，他必須吃它們。如果他沒能完成這項職責，他將失去有效地舉行英蒂丘瑪儀式的能力，換句話說，他將不能使這個物種年年繁殖。有些時候，在儀式性地食用動植物之後，還要用動物的脂肪或植物的某些部分塗擦身體㉝。這種儀式一般要由全體圖騰成員一個接一個地去做，或至少由

老年人來做。在所有儀式結束之後，特殊的禁忌也就解除了。

　　在更北部地區的部落裡，在瓦拉蒙加部落及其鄰近部落中㉞，從未發現過這種儀式。然而，還是能找到一些痕跡，說明在他們中間曾經有過這種儀式。確實，這裡的氏族首領不再儀式性地食用圖騰，他沒有這種義務。但在某種情況下，當英蒂丘瑪儀式剛結束，不屬於這個圖騰氏族的人要將此種動物或植物帶到他們的營地，放在首領面前，問他是否想吃它。他會拒絕並回答道：「這是我為你們創造的，你們隨意吃吧㉟！」這樣可以看出，獻禮的習慣還保存著，而從對首領的發問中好像也能追溯到食用圖騰的儀式曾經舉行的時代㊱。

3

　　我們對剛剛描述的一系列儀式的興趣，在於從中我們發現了構成一個偉大的宗教行為的所有的基本原則，雖然它們尚處在我們所知的最原始狀態。這個偉大的宗教行為註定成為高級宗教中積極崇拜的奠基石。它就是犧牲奉獻制度。

　　我們知道，羅伯遜·史密斯的工作給傳統的犧牲理論帶來多麼革命性的變化㊲。在他之前，犧牲被以為是貢奉或尊崇，不論它是出於自願還是強制性的，就像臣民對君主所表示的態度那樣。是羅伯遜·史密斯第一個指出這種經典的解釋不能說明儀式的兩個基本特徵。首先是關於吃：它的內容是食物。其次還是吃：貢獻犧牲的崇拜者與他們所尊崇的神共享犧牲。

　　犧牲的某些部位保留給神，其他部分就由貢獻者享用。這就是為什麼《聖經》提到犧牲時，常常是指在耶和華面前的饗宴。在眾多的社會中，共同進食能在幫助他們的人之間建立起人為的血緣紐帶。事實上，親屬是自然用同樣的血肉形成的人群。但是食物始終是使我們肌體生長的物質。因此，共同的食品也能產生與共同起源一樣的影響。據史密斯說，犧牲饗宴的目的是使崇拜

者與他的神通過共同的食品進行交往，爲的是在兩者之間建立起血緣關係。以這個觀點來看，犧牲就有了全新的面目。它的基本要素不再是放棄（犧牲這個詞常做此解），而是共享。

　　當然，對犧牲饗宴的作用做如此解釋，在細節上要有所保留。並不單純是在一起吃飯就能產生這種結果。一個人如果常常以某種方式同神坐在同一張桌子上，他是不能使自己神聖化的。但是在帶神聖性質的儀式性的宴席上進食就能起作用。我們已經提到這這些預備性的儀式，如頌揚、塗油、祈禱等等，使將要奉獻的動物成爲聖物，牠的神聖性質隨後又轉移到吃掉牠的崇拜者身上㊳。因此，假如說共享食物是犧牲的基本要素之一，那就完全正確了。現在，當我們回過頭來看看英蒂丘瑪的結束儀式時，便能發現它也包含著這種要素。在圖騰動物被殺死之後，首領和老人莊嚴地食用牠。因此，他們與動物體內的神聖本質進行了交流，他們吸收子它。所不同的是在於，這種動物是天然帶有神聖性質，而在獻牲儀式中，必須首先人爲地使犧牲帶有此種性質。

　　況且，這種共享的目的也是很明顯的。圖騰氏族的每個成員體內都有一種神秘的東西，它是潛在的，他的靈魂就由它而構成。他所具有的能力來源於它，他的社會地位亦由它決定，因爲是它使他成爲人。因而他盡力去保護它，維持它，使它永保青春。不幸的是，所有的力量，即使是最精神的力量，如不補充能量的話，也會在日常工作中隨著時光的流逝而消耗殆盡。我們將會看到，這裡存在著第一需要，它也是積極崇拜的眞正原因。因此，一個圖騰的成員，除非他們是定期地使自己體內的圖騰原質獲得新的能量，否則便不能保持他們的地位。而圖騰原質又是以某種植物和動物的形式出現的，他們於是就從這種動植物身上獲得使自己恢復活力的補充力量。一個袋鼠族的成員，相信自己是袋鼠，也感覺到自己確實是袋鼠。他以這種袋鼠特性區別於其他人，做爲他社會地位的標誌。爲了保持它，他每隔一定時間就要將同類動

379

物的一小塊肉呑到身體裡去。一小塊就足夠了，這是根據這條定
理：部分等於整體㊴。

如果這種行動是爲了產生所有預期的影響，那麼，它就不可
擇時而行。最好的時光是當新一代動植物達到完全成熟的時候。
因爲這也正是促進圖騰物種生長的力量達到最大限度的時候。這
些力量是努力從生命的寶庫中，也就是聖樹或聖石中提取出來
的。而且，爲了使這些力量進一步增強，各種手段都用上了，那
就是在英蒂丘瑪第一階段儀式中採用的方式。再者，從體態外形
看，第一批果實確實處處顯示出充沛的精力，圖騰之神在爲它的
新一代歡呼。這就是第一批果實被視爲非常神聖的原因。它們必
須保留給聖者。由此可見，澳大利亞人食用它們以獲得精神的新
生是十分自然的事情。至此，舉行這種儀式的日期和過程都已做
了解釋。

也許有人對如此神聖的食物卻被世俗之人吃掉表示驚訝。但
我們首先要說，沒有什麼積極崇拜不面對著這種矛盾。神聖事物
的固有神性會因世俗事物的接觸而消失；但另一方面，如神聖事
物眞的不能與世俗的崇拜者接觸的話，它們的作用就沒有了對
象，因而也就失去它們存在的理由。然而在崇拜者方面，他們必
須與神聖者之間保持一定的距離以示尊崇。歸根結柢，任何積極
崇拜中都包含著眞正的瀆神行爲，因爲一個人如果要與神保持聯
繫就必然會逾越在一般情況下將聖凡兩界分離開來的藩籬。重要
的是，如果採取一些預防措施，這種行爲的瀆神性質就可以得到
消滅。在這些措施中，最常用的是安排一個過渡階段，將崇拜者
漸漸引入神聖事物的圈子裡去。經過這種措施的處理，瀆神性質
被沖淡，也就不會同宗教感情激烈衝突，這時與神聖事物的交接
就不被認爲是瀆神的了。這正是我們面對的情況。在莊嚴地食用
圖騰動物之前舉行的一系列儀式，都是爲使參加儀式的凡人神聖
化而採取的措施。他們規定了一個基本的宗教活動時期，凡俗之

人經過這個階段的活動就改變了他的宗教處境。禁食、與聖石的接觸、聚靈架⑩、圖騰化裝等等將漸漸地在他身上注入前所未有的特質，使他能夠在接近這種令人神往而又可畏的食物時，不會驚嚇和褻瀆神靈。因為這種食物在平時是不許他碰的⑪。

如果犧牲是指將一個神聖物先殺死以祭神，然後崇拜者再吃掉牠的這種行為，那麼，我們剛描述過的儀式也完全可以稱做犧牲。其重要性還在於它與大量的農業時代的崇拜活動有著驚人的相似之處。即使在具有更高文明的民族中，收穫的第一批果實被用於儀式性的饗宴中，這是個非常普遍的法則，逾越節的宴席就是最好的例子⑫。另外，由於農業時代的儀式是最高形式崇拜的基礎，所以我們看到澳大利亞社會的英蒂丘瑪離我們比想像中的要近得多，而根據它的蠻野外表是不會下這種論斷的。

史密斯憑著他天才的直覺感受了所有這些情況，雖然他對事實瞭解不多。通過一系列巧妙演繹推理(這裡不必重複，因為它們的作用已成歷史)⑬，他認為他可以證實在犧牲儀式中被殺死祭神的動物，在開始時一定已被當成準神聖的東西，被當成殺死牠的人的近親。這些特徵正是圖騰所具備的。史密斯竟然猜想到，圖騰宗教一定知道並舉行一種同我們現在正在研究的儀式十分類似的儀式。他甚至認為他能找到這種類型的犧牲儀式的起源⑭。犧牲的基本精神並不是要在人與神之間製造一條人為的血緣紐帶，而是要維持和加強他們之間從一開始就有的、天然的血緣關係。在這裡，同在任何地方一樣，人事總是在模仿天然。但是在史密斯的心中，這種臆想只不過是一種根據當時已知的事實設法很完善地加以論證的理論。他用以做為論據的少量關於圖騰犧牲的事例不能起預期的作用，他提到的動物也不是真正的圖騰⑮。但如今我們可以宣布，至少在這一點上，事實很清楚了。實際上，在我們以上描述中可以看到，大量的社會中都舉行圖騰犧牲儀式，正如史密斯想像的那樣。當然，我們還無法證明這種犧牲是圖騰宗教

所固有的，也無法證明所有其他形式的犧牲是否由它發展而來。總之，如果說這種儀式的普遍存在已不是一種臆測的話，那麼關於它是否存在的問題就不必再爭論了。從此以後，我們將認為以下觀點已經成立，即：共享食物這種最不可思議的形式，即使在已知的最原始崇拜中也能發現。

4

但是在另一點上，我們掌握的新證據突破了史密斯的理論。

據他說，共享不但是犧牲的基本要素，而且，至少在開始時，它也是唯一的要素。不僅在一個人把犧牲降低到奉獻的地步是錯誤的，而且從一開始犧牲中就不包含奉獻精神，只是後來在外界影響下，奉獻的意識才加入到犧牲儀式中去的。因此，與其說它能幫助我們理解犧牲，還不如說它在犧牲的真正面目上加了一副假面具。因此，史密斯聲稱他在獻祭觀念中發現了一種荒謬的情形，它是那麼不近情理，根本不可能成為一個偉大思想的源頭。神最重要的義務是確保人的食物，因為它是維持人的生命的必需品，所以，構成犧牲儀式的主要部分是獻給神的食物，這似乎是不可能存在的。因為這是自相矛盾的，神的食物要靠人來提供，而人自己的食物卻是從神那兒獲得的。為什麼神要人來幫助，難道是為了讓人扣除神應享的一部分食物嗎？經過這番思考，史密斯得到一個結論，他認為犧牲的奉獻精神只是在後期的大宗教中產生的。在這些宗教中，神已經脫離了原先的混亂處境，成為主宰大地萬物的君主。從此以後，犧牲就與貢奉聯繫在一起了，就像臣民向君王貢奉一樣，因為他們承認君王的權利。但是這種新的解釋是對原始概念的徹底改變，甚至是一種墮落。因為「財產觀念將所有與之接觸的東西都物質化了」；它將自己引入了犧牲精神，改變它的本質，使它能成為人與神之間的某種討價還價⑯。

然而，我們已經描述過的事實駁斥了這種論點。這些儀式當

然屬於已經觀察到的最原始儀式。其中，沒有確定的、神話式的人格神，但存在著神或精神卻是不成問題的，雖然它們僅僅是模糊不清的、無名的、不具人格的力量。儀式就是爲這種力量舉行的。然而，舉行犧牲儀式正好就是出於史密斯認爲荒謬，因而不可能存在的那種原因。

讓我們回到英蒂丘瑪的第一部分儀式來看一看。這些儀式是爲了保證做爲氏族圖騰的動物或植物的繁殖。這個物種是極其顯赫的神聖物，它的體內蘊藏著圖騰的神性。但是，我們已經看到，爲了使自己不至於斷種，它需要人的幫助。正是人類每年使新一代獲得生命，如果沒有他們，新生命就不會誕生。如果他們停止舉行英蒂丘瑪，這些神聖物種就會從地球上消失。因此，從某方面來說，是人使這個物種得以存在。但另一方面，是此物種使人得以存在，因爲只有在它們達到成熟階段時，人才能獲得必要的能量來支持，改善他們自己的精神。這樣，我們可以說，是人製造了神，或至少說，使它們活下去；但同時，又是神使人活下去。所以，在這個循環中，人常常感到自己有罪；他們給予神的，又是神所給予的一小部分，他們得到的是神給予的全部。這裡隱含著的正是史密斯所說的犧牲的奉獻意識。

但是還有一些東西需要說明：他每年不得不做的奉獻與後世的宗教儀式中眞正稱得上犧牲的東西，在性質上沒有什麼不同。獻祭者宰殺動物，這爲了讓動物體內的生命原質脫離本體去滋養神。同樣，澳大利亞人從聖石上磨刮下來的粉末也就是大量的生命原質，它們被散在四方去使圖騰物種充滿活力以確保它的繁殖。散布粉塵的舉止儀態與後世奉獻儀式中的舉止儀態是一種東西。在有些情況下，這兩種儀式在細節上都非常相像。我們已經看到，凱提什人爲了獲得雨水，在聖石上澆水；而在有些民族中，祭司爲了同樣的目的將水灑在祭壇上㊼。在某些英蒂丘瑪中常見的灑在聖石上的血是眞正的祭品。就像阿隆塔人或迪利人把血灑

在聖石或圖騰圖案上一樣，許多較爲發展的宗教崇拜中也常有這樣的儀式。被獻祭犧牲的血或拜神者自己的血被灑在祭壇前或祭壇上㊽。在這些情況下，血是獻給神的，是神喜愛的食物，而在澳大利亞，血是獻給神聖物種的。因此，如果說奉獻意識都是後世文明的產物，就站不住腳了。

感謝斯特雷洛給我們提供了一份紀錄，它將英蒂丘瑪和犧牲獻祭的血緣關係表現得清清楚楚。它是一首聖歌，是袋鼠族在舉行英蒂丘瑪時詠唱的；他還記錄了儀式；歌詞表達了舉行這個儀式的願望。首領將一小塊袋鼠脂肪放在樹枝做成的架子上，歌詞中說：這塊脂肪將使所有袋鼠的脂肪增長㊾。這個例子中，他們並不撒布神聖的粉塵，也不流人類的鮮血，被殺祭的或成爲犧牲的正是這種動物本身。牠被放在某種祭魂上奉獻給同一個物神。這樣，牠們的生命就能持續下去了。

現在，對於我們所說的「英蒂丘瑪中包含著犧牲獻祭的萌芽」這句話的意義可以看清楚了。在犧牲獻祭完全發展的形式中存在著兩個基本要素：一是共享的行爲，一是奉獻的行爲。拜神者在吃聖餐時與神交通，同時他還對神做出了貢獻。正如我們描述過的那樣，在英蒂丘瑪中也能找到這兩種行爲。所不同者，僅僅是在普通的犧牲獻祭儀式中㊿，這兩種行爲是同時發生，或一個緊接著另一個發生的；而在澳大利亞儀式中，這兩種行爲是分隔開來的。在前者，它們是不可分割的一個儀式的兩個部分；而這裡，它們在不同的時間發生，有時甚至要相隔很長的時間。但歸根究柢，機制是相同的。做爲一個整體，英蒂丘瑪是一種犧牲獻祭，不過它的組成部分還不夠條理分明，組織得也不完善。

將這兩種儀式聯繫起來觀察，更有利於使我們深刻理解英蒂丘瑪和犧牲獻祭的性質。

我們現在對英蒂丘瑪更爲理解了。事實上，弗雷澤將它看做是毫無宗教特性的巫術活動的觀點是沒有理由的。人們怎能想

像把這樣一個偉大的宗教活動的先河排除在宗教儀式之外呢？

　　而我們對犧牲獻祭本身也更加理解了。首先，它包含著兩個同樣重要的組成部分，這種觀念現在可以確立。如果澳大利亞人向他們的神聖物種奉獻，那麼就沒有理由設想犧牲獻祭在初始階段不存在奉獻意識而是後來才加進去的。在這點上，史密斯的理論必須加以修正㊿。當然，犧牲獻祭部分地是一種共享，但它同時也是奉獻，兩者同樣是最本質的要素。它總是以拜神者向他的神獻上身體的一部分或物品爲條件的。想從這兩種要素中的一種去推導另一種要素的起源，是沒有希望獲得成功的。也許，奉獻行爲要比共享更爲經久呢㊼！

　　其次，一般來說，犧牲獻祭，特別是祭品，好像都是獻給具有人格的神。但我們在澳大利亞見到的奉獻中並沒有發現這種觀念。換句話說，犧牲獻祭並不受宗教力的不同表達形式所影響，這是由於它建立在更爲深厚的基礎上。我們現在就來看一看：

> 　　不論在什麼情況下，奉獻行爲總會在人的心裡喚起一種精神上的主宰者的想像，奉獻就是爲了讓它高興。如果把奉獻的接受者看做是人的話，我們描述過的儀式性行爲就更易於瞭解了。因此說，英蒂丘瑪的舉行爲一種不同的概念鋪平了道路，而它們自身卻只對非人格的宗教力奉獻㊾。當然，它們靠自己還不足以形成人格神概念，可是，一旦這個概念形成之後，這種儀式的性質能使它進入到崇拜中去。這樣，爲了在宗教活動中和生活中更直接地與神發生關係，人格神也需要有更大的真實性。因此，我們甚至可以相信，崇拜偏愛那些值得加以關注的神，即人格化的宗教力。

5

　　但我們仍然不得不對羅伯遜・史密斯所說邏輯上的荒謬做出

解釋。

如果神聖者始終一貫地顯示出完美的威力，而人卻想到去爲它們提供服務，那就顯得不可思議了，因爲我們不會知道它們需要什麼。但是，既然它們與其他東西是混淆在一起的，既然被當成是宇宙生命的原質，那麼，它們自己就得服從這種生命的節奏。它是按照規律由向相反方向擺動，一個接著一個的運動組成的。有時候，宇宙生命達到全盛時期，有時候又如此衰落，以致人們會問自己：它會不會就此消亡了？植物每年都要枯萎；它們還會重新萌芽生長嗎？某種動物由於自然死亡或災害造成的大量死亡變得幾乎全部消失了；到了正常時期，它們還會興旺嗎？降雨很少，而降雨期又變化無常，有一個相當長的時期令人覺得再也不會下雨了。自然界這種周期性變化證明了植物、動物、雨水等賴以生存的神聖在相應的時期自己也經歷著嚴重的危機，所以，它們也有自己衰敗的階段。但是人不能面對此番光景做一個無動於衷的旁觀者。如果他想活，宇宙萬物都必須繼續生存，因而神靈不能死。所以他設法去維持、幫助它們。爲此目的，他將自己能調動的一切力量用於幫助神。他血管中流的血具有滋補的性質，他就讓血流淌出來。他的氏族的聖石中潛藏著生命的細胞，他把它們蒐集起來撒向四面八方。一句話，他在做奉獻。

除此之外，外部的、肉體的危機反映著內在的、精神的危機。神聖之物只有存在於人們心中時，它們才眞正地存在。當我們不再相信它們時，它們就好像不存在了。即使那些具有物質外表並且是由合乎理智的體驗而來的神聖之物，也必須依賴它們崇拜者的思想。因爲崇拜對象的神聖特性並不是它們固有的，而是由信仰添加到它們身上去的。袋鼠與其他動物一樣是普通的動物，但對於袋鼠族的人來說，牠身上有一種特質使它不與動物爲伍。這種特質只存在於相信它的人的心中㊶。如果要使人認爲神聖之物並不需要人的幫助，那麼它們的表象必須始終保持不衰退才行。

但這種穩定不變是不可能的。事實上，神是在社會生活中形成的，而社會生活基本上是周期性變化的。所以神的地位也得隨之變化。當人們集合在一起，互相之間建立了親密的關係時；當他們同懷一種思想、一種感情時，神的地位才能達到最高峰。但是，在解散之後，人們各自回復到個人生活中，神便漸漸地失去了原有的力量。隨著日常生活影響的增加，神的地位一點一點地下降，如果我們不採取什麼措施使我們心中保持鮮明的神的形像，那麼它們很快就要被遺忘了。如果我們把神設想得越沒有力量，它們對我們就越不重要，我們也就越不重視它們，結果神的存在變得無關緊要了。至此，我們找到了關於神必須依靠人的幫助的又一原因。這第二個原因甚至比第一個原因更爲重要，因爲這種情況是始終存在的。只有當宗教與它們的宇宙基礎分離時，物質世界的周期性變化才會不影響宗教信仰。在另一方面，社會生活的周期性是不可避免的，即使是最唯心的宗教也不能避開這種影響。

再者，由於神對人的思想的依賴，人便更相信神聖事物的表象，唯一可行的辦法是從宗教生活的根源上，也就是從集體活動上著手。在外部世界經歷的周期性危機中產生的情感，促使目睹此狀的人集合起來，商討如何對付這些危機。然而，一旦他們集合在一起時，他們心裡就踏實了，因爲他們現在追求的是一個共同的目標。在重新集合的群體中，共同的信念自然而然地獲得了新的生命，因爲這種信念最初產生的條件又出現了。重新獲得的信念，立即就壓倒了各人在獨自生活時可能會產生的疑慮。神聖事物的形象重新獲得足夠力量去抵抗內心或外界減弱神的形象的干擾。儘管在維持神的形象方面人們一次次經受挫折，但他們不能相信神會死亡，因爲他們能感到神生活在他們心中。爲了及時地救援神而採取的手段，不論其外表有多殘酷，卻不可能毫無結果，因爲後來發生的事情使人相信它確實在起作用。人們變得更加自信了，因爲他們感到自己更強大了；他們確實也是強大了，

因爲在他們意識中正在消沈的宗教力又煥發起來了。

　　因此，我們要特別小心，不能像史密斯那樣，相信崇拜僅僅建立在人的利益基礎上而神與之毫無關係。神對崇拜的需要不亞於它們的崇拜者。當然，沒有神，人就不能生存；但在另一方面，如果人不報之以崇拜，神也就死了。使凡俗之人與神聖事物發生交通，並不是崇拜的唯一目的。它還使神得以持續不斷的再生和更新，使神活著。當然，並不是物質貢品的內在特性使神獲得新生，而是崇拜活動喚醒的精神狀態在起作用，這是貢品本身所不具備的。崇拜得以存在的眞正原因不應該從崇拜活動中人的行爲中去找，而應該從他們內在的、精神的更新上去探求。人在崇拜儀式中的行爲僅有幫助作用。哪怕是從表面看來，最帶物質性的儀式，亦應做如此分析。崇拜者給予神的眞正奉獻，不是他放在祭壇上的食物，也不是從他血管中流出的鮮血，而是他的思想。雖然如此，在神與它的崇拜者之間互相要求協助的情況是存在的。有時候把犧牲獻祭看成是一種等量交換，這種觀念倒不是後世功利主義理論家的發明，因爲等量交換正明白表示了犧牲獻祭的根本機制，一般來說，也反映著全部積極崇拜的機制。所以說，史密斯指出的循環是眞實的；但它產生的根源也不會使它蒙受羞辱。它來自這樣一個事實：神，雖然超然於眾生之上，也只能生活在人的意識之中。

　　但是，如果我們做進一步的分析，以現實來代替反映現實的宗教象徵，然後再看看它們在崇拜中所起的作用，那麼，上述的循環對我們來說就更顯得十分自然了。如果說神聖觀念只不過是變了形的、人格化了的社會(這一點我們已做了說明)，那麼，就應該能用社會學的、明白易懂的語言來解釋崇拜。而事實上，社會生活同宗教儀式一樣，也是一個循環。一方面，個人從社會獲得他最好的部分：他的智力、道德和文化，這些都使他有別於其他生物，處於特定的地位。如果剝奪了人的語言、科學、藝術和道

德思想，他們就會淪落到和動物一樣的地步。因此，我們說，人的天性中最有特色的屬性來自社會。但在另一方面，社會存在於個人之中。如果個人心中的社會意識消失，群體的信仰、傳統和願望不被個人所感受、所分享，社會也就死亡了。我們關於神的一番論述，也能夠用在這裡：在人類的意識中，社會找到了它的容身之地，這個地方是我們每個人都能提供的。現在我們看到了沒有崇拜者，神便不復存在，沒有神，人也無法生存的真正原因，因為它是社會造成的；神只不過是社會象徵性的表現。社會不能沒有個人，而個人離開了社會也不復存在。

　　至此，我們觸及到了一層堅實的岩石，所有的崇拜都建立在它的上面。自有人類社會以來，崇拜一直能夠存在，就因為它們建立在這層岩石之上。當我們看清了宗教儀式的內涵，以及它們企圖獲得的是什麼東西之後，我們不禁要問：人類究竟是怎麼會想到這些的呢？特別是，他們怎麼會如此忠誠地始終保持它們呢？一小撮隨風飄揚的砂石塵土，或者灑落在岩石或聖壇石板上的幾滴鮮血，便能維持某個物種或神靈生命，這種幻想究竟是怎麼產生的呢？對於這些表面的、顯然是毫無理由的舉動背後的精神機制，我們已經有所瞭解，是這個精神機制使這些舉動變得可以理解，也使它們具有精神上的重要性。這無疑是朝著解決問題的方向前進了一步。但是，我們還不能確定，這個精神機制本身是否也帶有幻象的色彩呢？我們已經指出過使信仰者設想他們通過儀式能重新獲得所需要的精神力量的心理過程。然而，信仰雖然可以從心理上加以解釋，可是它不會帶來任何具體的價值，我們在研究儀式的作用時，除了一系列由人的被濫用了的想像力所創造的荒誕舉動之外，還能看清更進一層的意義，那就是儀式周期性地再造了一種精神，我們靠它以存，它亦靠我們而在。現在我們知道這種東西確實存在，它就是社會。

　　宗教儀式的作用不論多麼小，它至少能使群體行動起來，人

們集合起來舉行儀式。所以，它們的第一個作用是將個人集中在一起，加深他們的關係，使個人之間更為親近。這個行動能使他們意識中的內容改變。在普通的日子裡，人們把大部分注意力集中在實用性的和私人的事務上。每個人都在做自己的事，對於大多數人來說，這些事基本上都是為了滿足物質生活的需要。經濟活動的最重要的誘因始終是個人利益。當然，社會情感絕不會完全泯滅。我們保持著與別人的關係；教育施於我們的習慣、觀念和傾向始終負責指導我們與別人的關係，它們繼續起著作用。但是它們無時無刻不受到與它們相對立的傾向的抵抗和爭鬥，這種傾向是我們在日常生活中必然產生的。它們對這種傾向的抵制或多或少是成功的，這由它們內在的能量所決定。但是這些能量沒能得到補充。它們靠過去生活，如果不對它們在不斷的衝突、摩擦中失去的力量加以補充的話，它們必定會被消耗殆盡。當澳大利亞人分成小群四散各處，把時間全花在捕魚、狩獵上時，他們便會忘記自己的氏族和部落所關心的東西。他們只想捕捉到盡可能多的獵物。但在饗宴之日，情況正好相反，那些日常工作必然會黯然失色，它們基本上是凡俗之事因而被排除在神聖時期之外。此時，他們的思想集中到共同的信仰、共同的傳統上，集中到對偉大祖先的懷念上，集中到集體意識上，而他們是這個集體意識的化身。一句話，他們的思想集中在社會事務上。甚至這些偉大的宗教儀式要滿足的物質利益也與公共秩序有關，因而也是社會性的。收穫豐富，風調雨順或動物正常繁殖，這些都有益於做為一個整體的社會。因此，每種意識的前景是社會，它操縱、指導著一切行為。這就等於是說，與世俗生活時相比社會更有活力，因此也更真實了。所以，在這個期間，人們感到他們之外有某種東西獲得了新生，某種力量獲得增強，一種生命重被喚醒。這並不是他們自己騙自己，這不是想像，每個人都從中得到好處。個人心中的社會存在的火花必然也分享了這種集體的改良。個人

的心靈再次浸潤在它所由產生的源泉中，因此也獲得了新生，它覺得自己更強大，更能把握自己，更不從屬於物質需要了。

我們知道，積極崇拜自然地傾向於周期舉行的形式，這是它明顯的特徵之一。當然也有一些偶然舉行的儀式，它們依當時的形勢而定。但這些插曲總歸是附屬性的，在本書研究的宗教裡，它們幾乎是一些例外情況，積極崇拜儀式的基本構成是饗宴的循環，它們有規律地在特定時期舉行。我們現在已經知道，這種周期性從何而來，這就是社會生活的節奏帶來的結果。社會只有在人們集中起來的時候才能豐富自己的情感。但人們又不能一直集合在一起。生活的緊迫需要不允許人們無限期地待在一起；所以人們分散開來，到有必要時，再集中起來。正是這種必要性的交替出現才帶來了世俗生活和宗教生活的交替。由於這些儀式明顯的目的是使自然現象能正常出現，宗教活動的節律便以宇宙生命的節律為標誌。這就是饗宴很久以來便與季節聯繫在一起的原因。我們從澳大利亞的英蒂丘瑪中已經看到過這種情況。但是季節往往說明了舉行這種儀式的節律的外在原因，還不是最根本的出發點，因為那些只有純粹精神目標的儀式也保留著這種周期性。所以，這種周期性必定另有原因。既然季節變化是大自然的轉折時期，人們以它們做為集合的時間也是很自然的，結果變成了宗教儀式舉行的時間。但是其他的情況也能夠而且已經成功地起了這種特殊的作用。然而，我們必須承認，季節變化節奏，雖然全不影響宗教生活的內容，卻也證明是一股頑強的力量。在追本溯源的研究中，我們發現在與物質基礎完全脫離的宗教裡也有這種節奏。基督教的許多儀式是由遊牧時代和農業時代的古希伯來人的饗宴儀式演變而來，雖然他們自己既不是遊牧氏族也不是農業時代的人。

此外，這種節奏可因社會不同而不同。在離散時期很長、分散得很厲害的社會裡，集合的時間也很長，集體宗教生活的氣氛

392 很濃厚。典祝活動一個接一個，連續幾個星期甚至幾個月，而儀式有時候達到狂亂的程度。這是在澳大利亞人部落和許多西北美洲印第安人部落中發生的情況㊻。在別處，情況與此相反，社會生活的兩個部分交替時間的間隔很短，兩者之間的對比也就較不強烈。社會越發展，兩者交替的周期似乎也越短。

註　釋

①斯特雷洛：I，P.4。

②當然，這種儀式在不同的部落裡有不同的名稱，烏拉崩納人稱它爲 Pit-jinta(*Nor. Tr.*，P.284)；瓦拉蒙加人稱它爲 Thalaminta(上引書，P.297)等。

③舒爾茨：前引文，P.243；史賓塞與吉倫：*Nat. Tr.*，P.169 及下頁。

④ *Nat. Tr.*，P.170 及以下諸頁。

⑤當然，女人也必須這樣做。

⑥阿普瑪拉是他從營地帶出來的唯一的東西。

⑦ *Nat. Tr.*，PP.185～186。

⑧ *Nat. Tr.*，P.286。

⑨上引書。

⑩ *Nat. Tr.*，P.312。

⑪上引書。

⑫從下面，我們將能看出，這些民族的數目比史賓塞和吉倫所說的要多得多。

⑬*Nat. Tr.*，PP.184～185。

⑭*Nat. Tr.*，P.438、P.461、P.464。*Nat. Tr.*，P.596 及以下諸頁。

⑮*Nat. Tr.*，P.201。

⑯上引書，P.206，這裡我們引用史賓塞和吉倫的話，也同意他們的觀點，因此我們說：「袋鼠的靈魂或靈魂部分」脫離岩石。但斯特雷洛（III，P.7）曾就這種說法的精確性爭辯過。據他認爲，這個儀式產生眞正的、有血有肉的袋鼠。但這種爭辯實在是無趣，就像關於拉塔帕觀念的爭辯一樣（見上文，邊碼286）。由此脫離岩石的袋鼠原質是無形的，因此，它們不會產生我們可見見的袋鼠。這就是史賓塞和吉倫所要說的，當然，它們不是基督教徒所能想像的那種純粹的靈魂。與人的靈魂一樣，它們有一個肉體外表。

⑰*Nat. Tr.*，P.181。

⑱這是埃爾(Eyre)湖東邊的一個部落。

⑲*Nor. Tr.*，P.287 及下頁。

⑳豪伊特：*Nat. Tr.*，P.798；參見豪伊特：Legends of the Dieri and Kindred Triber of central Australia，載 *J.A.I.*，XXIV，P.124 及以下諸頁。豪伊特相信儀式是本圖騰的人舉行的，但他不想肯定地這麼說。

㉑*Nor. Tr.*，P.295。

㉒上引書，P.314。

㉓上引書，P.296 及下頁。。

㉔*Nat. Tr.*，P.170。

㉕上引書，P.519。對這些儀式的研究分析僅以史賓塞和吉倫的觀察爲基礎。在本章寫成時，斯特雷洛出版了他的著作的第3卷，其中論述了積極崇拜，特別是英蒂丘瑪，或如他所說，巴恰卡丘瑪儀式。但我們從他的書中未發現任何東西足以使我們修改或補充我們前面論述的內容。斯特雷洛介紹的最有意思的事，就是關於流血獻祭這種儀式常常發生，這比人們看了史賓塞和吉倫的記載後所設想的要多得多（見斯特雷洛：III，P.13、P.14、P.19、P.29、P.39、P.43、P.46、P.55、P.67、P.80、P.89）。

而且，在對待斯特雷洛的關於崇拜的資料時必須小心，因爲他不是描述的儀式的目擊者，他僅限於蒐集口頭的證據，這些證詞一般都是很簡單的（見：fase, III, Preface of Leonhardi，P.v）。甚至還可以問一句，他是否將圖騰的成年禮與他稱爲巴恰卡丘瑪的儀式混爲一談了。當然，他爲區別這兩種儀式做了值得讚揚的努力，他使區分這兩種儀式的兩個特徵更爲明顯。一個是：英蒂丘瑪總是在與祖先留下的遺物有關的神聖地點舉行的，而成年禮則可在任何地點舉行。另一個是：只有在英蒂丘瑪中才有流血的獻祭，這證明這種儀式更接近宗教儀式的核心（III，P.7）。但是，在他關於儀式的描寫中，我們卻分不出這兩種儀式有何不同。事實上，在他敘述的巴恰卡丘瑪儀式中，年輕人是重要角色（例如，該書 P.11、P.13等），而這卻是成年禮的特徵。而且舉行儀式的地點也是隨意決定的。因爲參加者人爲地布置場地，他們挖一個洞，然後自己鑽進去。而且他也從未提到該地有什麼聖樹聖石，以及它們的神聖作用。

㉖*Nat. Tr.*，P.203。參見邁耶：The Encounter Bay Tribe，載 Wood 書，P.187。

㉗史賓塞和吉倫：*Nat. Tr.*，P.204。

㉘*Nat. Tr.*，P.205、P.207。

㉙*Nor. Tr.*，P.286 及以下諸頁。

㉚上引書，P.294。

㉛上引書，P.296。

㉜邁耶：載 Wood 書，P.187。

㉝我們已經引述過一個實例，其他例子可見史賓塞和吉倫：*Nat. Tr.*，P.208；*Nor. Tr.*，P.286。

㉞瓦爾帕里部落、窩爾馬拉部落、欽吉利部落。

㉟*Nor. Tr.*，P.318。

㊱如同對儀式的第一部分一樣，我們對第二部分的記述也採用了史賓塞和吉倫的說法。關於這個主題，斯特雷洛的近著只是進行一步，至少在所有的基本點上，證實他的前輩們的觀察結果。他認識到在第一個儀式之後（他說兩個月之後。P.13），氏族首領要儀式性地吃一點圖騰動物或者植

物，然後就解禁了。他把這種活動稱爲「圖騰對一般需求所表示的慷慨」（III，P.7）。他甚至還告訴我們，這個活動非常重要，以致阿隆塔人語言中有一個專用名詞來表示它。他又說在儀式中吃圖騰並不是僅見的現象，有時在第一個儀式開始之前，首領和老人要吃一點聖物，其他參與者則在儀式結束後吃。這種情況不是不可能發生的。其實，吃一些圖騰動植物只不過是主人和他的助手獲得圖騰所具有的神聖性質的手段而已。因此，即使這種現象很多，也大可不必驚奇。這些事實一點兒也不影響史賓塞和吉倫的記載，因爲他們堅持論證的儀式正是「圖騰的慷慨」。

斯特雷洛與史賓塞和吉倫的論斷只在兩個方面意見相左。第一，他聲稱，儀式性食用圖騰並非任何情況下都會發生。這一點毫無疑問，因爲有些動物和植物是不能吃的。然而，對這種儀式確實能舉出很多例子，斯特雷洛自己就記下了大量的實例（P.13、P.14、P.19、P.23、P.33、P.36、P.50、P.59、P.67、P.68、P.71、P.75、P.80、P.84、P.89、P.93 等頁）。第二；根據史賓塞和吉倫的說法，如果首領不吃圖騰動物，他將會失去他的法力。斯特雷洛用土著人的證言說明並非確實如此。但這個問題對我們來說卻不重要。重要的是食用圖騰這個事實，既然儀式存在，就應該想到它是有用的或必要的。像所有的人神交往一樣，它只能用來使人獲得所需的神聖性質。事實是土著人，或他們中的一些人會忘記儀式的這種作用，而追隨某種不眞實的原因。難道還有必要再說一遍，崇拜者一般都不知道他們的行爲的眞正原因這樣的話嗎？

㊲見 The Religion of Semites, Lecturee，vi～xi，及《不列顚百科全書》（第 9 版）「犧牲」條。

㊳見休伯特和莫斯："Essai Sur La nature et La fonction de sacrifice"，載 *MéLanges d'histoire des religions*，P.40 及以後諸頁。

㊴見關於這條定律的解釋，上文，邊碼 261。

㊵見斯特雷洛：III，P.3。

㊶我們不應忘記在阿隆塔部落中並不完全禁止吃圖騰動物。

㊷其他例子可參見弗雷澤：*Bough*，P.348 及以下諸頁。

㊸*The Religion of the Semites*，P.275 及以下諸頁。

㊹同書，PP.318～319。

㊺關於這一點，可參閱休伯特和莫斯：*Mélanges d'histoire der religions*，前言，P.v 及以下諸頁。

㊻*The Religion of Semites*，P.390 及下頁。

㊼史密斯本人在 The Religion of Semites 一書中也引述了一些例證。見該書 P.231。

㊽例如，《出埃及記》，第 29 章，第 10～14 節；《利未記》，第 9 章，第 8～10 節中描述的情況，祭司們自己的血被撒在祭壇上（《列王紀上》，第 18 章，第 28 節）。

㊾斯特雷洛：III，P.12，第 7 首歌詞。

㊿某些情況下，儀式可以被減少到只剩一個要素。

○51斯特雷洛說：「土著人將這些儀式當做是為神服務，正像基督教徒對他們的宗教的禮拜一樣」（III，P.9）。

○52對於被史密斯看成共享行為的灑血或奉獻頭髮等行為，人們會問這些是否是真正的獻祭行為呢？（見史密斯：前引書，P.320 及以下諸頁）。

○53贖罪性儀式（我們將在本書第五章中詳述）幾乎全是奉獻行為，共享行為僅是次要的。

○54我們在提到這些儀式時，常把它們當做是為有生命的人格神舉行的，其原因就在這裡（見：克里恰夫和肯普的文章，載艾爾曼書，P.202）。

○55從哲學觀點來看，不以表象出現的事物是不存在的。然而，正如我們已經指出的那樣（見邊碼259），這個命題用於宗教力時；就更為正確了。因為在萬物中沒有一樣是與神聖相對應的。

○56見莫斯：Essai sur Les Variations Saisonnieres des sociétés Eskimos，載 *Année sociol.*，IX，P.96 及以下諸頁。

第三章
積極崇拜(續)

II. 模仿性儀式和因果關係的原則

然而，我們剛剛描述過的那些儀式並非僅有的形式。為了確保圖騰物種的繁衍，還有其他一些儀式，不論它們是伴隨前者還是代替它們，其目的都是一樣的。

1

就在我們已描述過的儀式中，除了流血或其他獻祭之外，還有一些儀式也是常常舉行的，它們的目的是為了使前述的儀式更加完善，以及鞏固它們的效果。這些儀式包括一系列的動作和叫喊，模仿他們希望給它帶來新一代的那種動物的各種姿態和行為。因此，我們將把這類儀式稱做模仿性(imitative)儀式。

阿隆塔部落的威徹迪螞蟥族人的英蒂丘瑪，除了我們已經提到在聖石旁舉行的儀式之外，還包括一些儀式。聖石旁的儀式結束之後，人們返回營地，但當他們離營地還有大約一英里路的時候，就停了下來。所有的人都莊重地修飾自己，然後又繼續前進。從他們如此精心地裝扮自己這一點可以看出，一場重要的儀式即將開始。而事實上，當人們離開營地後，留下來看守營地的老人之一，就用樹枝搭起一個窩棚。它叫恩巴那(Umbana)，代表著孵

394 出蟒蟷的蛹。所有參加前一個儀式的人都集中在窩棚所在地附近，然後一步一停，慢慢地走近窩棚，又都鑽進了窩棚。此時，站在遠處協助這場儀式的，不屬蟒蟷圖騰的人立刻臉朝下趴在地上，他們必須毫不動彈地保持這個姿勢，直到允許他們重新站起來時為止。同時，從恩巴那傳出聖歌，它描寫了這種動物生長發育的各個階段，以及以聖石為主題的神話傳說。歌聲停止後，阿拉通迦從恩巴那爬了出來。他慢慢地向前爬行，後面跟著他的族人。他們都再現著蟒蟷從蛹中出來時的各種姿態。這時候又可以聽到歌聲，它好像在對這些動作加以口頭的說明，它描繪了這種昆蟲在這個發育階段的動作特點①。

　　在另一個英蒂丘瑪中②，這種特徵表現得更清楚。這個儀式與另一種蟒蟷——恩恰卡(Unchlka)③蟒蟷有關。這個儀式的參加者在身上畫著代表恩恰卡樹叢的圖案，這種蟒蟷初生時就生活在這種樹上。然後，他們用絨毛在一面盾牌上裝飾成幾個同心圓的圖案。這個東西代表了另一種樹叢，蟒蟷成蟲就在這種樹叢上產卵。當這些準備工作完成之後，他們圍成一個半圓形，面對主祭人坐在地上。主祭人把身體折向前方，然後又跪在地上，同時上下晃動伸出的兩臂，它們代表這種昆蟲的翅膀。他不時地彎腰靠在盾牌上，模仿昆蟲在樹上產卵的動作。這個儀式結束之後，他們無聲地轉移到另一處，開始另一個儀式。這一次，他們用兩面盾牌。在一面盾牌上畫著「之」字形線條，代表蟒蟷爬行的痕跡。

395 在另一面上畫著大小不等的同心圓，它們分別代表這種昆蟲的卵和艾里莫菲爾(Eremophile)樹叢的種籽，蟒蟷就是在這種樹上成長的。就像在前面那個儀式中一樣，他們靜靜地坐在地上，而主祭人則模仿著這種動物脫離牠的蛹，進行第一次飛行的動作。

　　史賓塞和吉倫也舉出過阿隆塔人中類似的某些事例，雖然它們沒有得到重視。例如，鵲鵲族的英蒂丘瑪中，到了某個時刻，參加者須再現這種鳥的姿態和行動④，在水族人的英蒂丘瑪中，

圖騰成員會維妙維肖地學著睢鳩的叫聲，自然地使人聯想起雨季時的情景⑤。但總的來說，這兩位探險家注意到的模仿性儀式數量相當少。然而，這肯定由於他們沒有仔細地觀察英蒂丘瑪，忽略了儀式的這個特色。舒爾茨則不同，他對阿隆塔人儀式中的模仿性特徵留有極深的印象。他說：「拜神的狂歡會一般都是模仿動物的儀式。」他將這些儀式稱作「動物丘龍加」(tjurunga)⑥，他的記載已被斯特雷洛蒐集的資料所證實，後者舉出的事例不勝枚舉。幾乎沒有一種儀式不包括一些模仿性的動作。根據被崇拜的動物的不同特徵，他們或者像袋鼠那樣跳躍，或者模仿牠們吃東西時的樣子。他們有的模仿飛蟻的飛舞，有的發出蝙蝠的喧鬧聲；有的學野雞叫，有的發出蛇的「嘶嘶」聲，還有的學蛙鳴叫；如此等等，不一而足⑦。如果圖騰是植物，他們就學採集它們⑧，或食用它們⑨時的動作。

在瓦拉蒙加人中，英蒂丘瑪往往採取一種特別的形式，我們將在下一章描述它們。它們與我們到目前為止所研究的儀式都有所不同。然而，在這個部落之中有一個典型的、純粹模仿性的英蒂丘瑪。它是崇拜黑色美冠鸚鵡的。史賓塞和吉倫描寫說，儀式從晚上十點鐘開始，整整一夜，氏族首領都在模仿這種鳥的鳴叫，那是一種令人沮喪的單調聲音。只有叫到聲嘶力竭時他才停止，換由他的兒子接替，等他覺得恢復了一點兒力氣後，又立刻開始叫起來。這種令人精疲力盡的活動一直延續到天明，其間絕無中斷⑩。

他們試圖模仿的並不限於生物。在相當多的部落中，雨的英蒂丘瑪中都包含著一些模仿性儀式。烏拉崩納人的儀式是這類儀式中最簡單的一種，氏族首領坐在地上，全身覆蓋著白色絨毛，手中拿著一支長矛。他搖晃著身體，無疑是想擺脫這些黏在身上的絨毛，它們代表天空中飄散的雲。他這樣做，是在模仿阿爾徹林加時代的雲人。根據傳說，他有一種習慣，經常上升到天空聚

396

集雲霓，使雨降落下來。簡單地說，整個儀式代表著雲的形式和升騰，它們帶來了雨⑪。

　　凱提什人儀式要複雜得多。我們已經提過其中一種儀式，主祭人將水澆在聖石和他自己身上，但是還有別的儀式來加強這種奉獻行爲。彩虹常常被認爲與下雨有關⑫。他們說虹是雨的兒子，它常常受人慫恿跑出來使雨停止。爲了使雨量充足，必須防止彩虹出現。他們相信照下述方式行事，便能取得效果。先在一面盾牌上畫上代表彩虹的圖案。他們把盾牌帶到營地，非常小心地將它藏在誰也看不見的地方。他們滿懷信心，只要不使人看見彩虹的化身，彩虹也就不會出現了。同時，氏族首領在身旁放置一木桶的水，然後向四面八方一把一把地丟撒代表雲的絨毛。爲了使儀式更爲圓滿，人們模仿著睢鳩的聲聲叫喚。這一點似乎非常重要。在整個儀式過程中，所有參與的人，不論是參加儀式的人還是協助的人都不能與他們的妻子發生任何關係，同她們說話都不行。

　　在迪利人中，比喻過程很不相同。雨不是以水而是以血來代表，他們割開血管讓血灑在助手身上⑬。與此同時，他們向周圍抛撒代表雲的絨毛。在預先蓋好的草棚，他們現在放入兩堆大石塊，它們代表大堆的雲塊，也就是雨的象徵。石塊在草棚放了一會兒之後，被抬出來，放在一段距離之外最高的樹上。這是使雲上升到空中的方法。然後他們再將石膏粉撒進一個水潭中。這樣，當雨神看到此番景象時，立刻就會使雲彩出現。最後，所有的人，不論年輕的還是年老的，都圍在草棚四周。他們低著頭衝進去，又衝出來，進出幾次之後，草棚除了骨架外，什麼都給衝散了。然後他們對骨架又推又拉，終於使它完全垮掉。從草棚衝進衝出，想來是代表雲的疾走，而整個建築的坍塌，則代表著雨的降落⑭。

　　在克萊門特（Clement）研究過的這兩個部落中⑮，有些儀式的目的與阿隆塔人一模一樣，它們中的大多數基本上似乎都是模

仿性的。這些部落佔據了豐泰斯庫河(the Fontescue river)和菲茨羅伊河(the Fitzroy river)之間的地區。

這些部落將一些石堆稱做塔樓(tarlow)，它們顯然具有神聖性，因爲正如我們將要看到的那樣，它們是一些重要儀式的崇拜對象。每種動物、每種植物，實際上，每個圖騰與亞圖騰⑯都有一個塔樓來代表它，各個塔樓都有特定的氏族保護⑰。這些塔樓與阿隆塔人的聖石之間的相同處是很明顯的。

例如，當袋鼠變得稀少的時候。袋鼠塔樓所屬的氏族首領帶領一定數目的助手來到它跟前。在這裡舉行多種多樣的儀式，其中最主要的包括繞塔樓做袋鼠式的跳躍。像袋鼠那樣喝水，模仿袋鼠所有的最具特徵的動作。在這種儀式中，獵取這種動物的武裝起著重要作用，他們揮舞它們，將它們擲向石堆等等。如果是關於鴯鶓的儀式，他們來到鴯鶓塔樓前，像這種鳥一樣地又走又跑。土著人模仿這些動作的技巧，真令人佩服。

其他塔樓是代表植物的，如穀物之類。在這種情況下，他們模仿對穀物脫粒和磨粉的動作。因爲在日常生活中，這些活兒通常都是由婦女幹的，所以儀式也由她們載歌載舞地舉行。

2

所有這些儀式都屬於同一個類型。它們的思想基礎通常被稱爲交感巫術(sympathetic magic)，但這種說法並不正確⑱。

此處所含的基本思想一般可以歸結爲兩條⑲：

第一，任何東西接觸了一個物體，也就接觸了與它有關係的所有東西，不論這種關係是位置相鄰，還是部分與整體的關係。這麼一來，凡影響到部分的也就影響到全體。對個人做出的行爲傳送到他的鄰居、他的親戚以及所有與他以任何方式有聯繫的人。所有這些，就是我們已經研究過的感染法則的實際應用。一個條件，或者一種好的或壞的品質會從一個事物傳染到另一個與

398

之有某種關係的事物上去。

第二個原則可以用一個公式來表示：相似感生相同(like produce like)。一種存在或一個條件的表象產生這種存在或條件。從這條原理，產生了我們剛剛描述過的儀式；從這些儀式中，我們能夠最佳地觀察這條原理的特質。經典著作常常用巫術的蠱惑作用(magic charm)，做爲這條原理的典型例子，但它沒有什麼重要性。廣義地看蠱惑作用不過是一種簡單的傳遞現象。一個偶像的概念在心理總是與它的原型概念聯繫在一起的；結果，對一個塑像施加的影響通過傳遞也影響到本人。形象對原型的作用就是部分對整體的作用。它是傳遞的中介物。因此，人們就認爲燒掉他想傷害的人的頭髮便能取得燒死他本人一樣的結果。這兩種行爲的不同之處在於：一種是通過相似關係進行交通，而另一種則通過傳染。它們與我們所關心的儀式都不同。在儀式中，並不是某個特定條件或性質的單純位置變化，不是簡單地從一物轉移到另一物，而是要產生一種全新的東西。對動物的簡單模仿，便能使這種動物誕生，它創造了它們。模仿風雨聲，便使雲霓生成，雨水下落。諸如此類，不一而足。當然，在各種情況下，相似性起了很重要的作用，但它與巫術蠱惑中的相似性全然不是同一種性質。在蠱惑術中，它僅爲某種變化指明一個特定的方向，它以某種方式指引變化，並不是它自身內部的變化，但在我們剛論及的儀式中，這種相似性本身就參與了變化，直接產生效果。由此可見，所謂的交感巫術與相應儀式這兩個原則之間的不同之處，並不在於一個是感染性的，另一個是相似性的；真正的不同應該是：前者僅僅是簡單的感染，後者則包含著創造和生成⑳。

因此，對模仿性儀式的解釋有助於解釋這兩種原則中的第二條，反之亦然。

我們不打算花很多時間來討論人類學派，特別是泰勒和弗雷澤做出的解釋。正如在解釋神聖特性的傳染性質時一樣，他們還

是求助於概念的聯想：「相類巫術」（Homoeopathic magic）。弗雷澤（他喜歡用這個詞表示模仿儀式）說：「建立在由相似引起的概念聯想上。」而傳染巫術（contagious magic），則建立在由傳染引起的概念聯想上。相類巫術的錯誤在於認爲外表相像的東西是同一種東西㉑。但這是對討論中儀式的誤解。一方面，弗雷澤提出的公式對蠱惑巫術來說在某種程度上是適用的㉒。事實上，在蠱惑術中，兩個不同的東西只要有部分的相似，便被聯繫在一起，譬如形象和它所代表的原型，都或多或少被蓄意地當成一件東西。但是在我們所觀察研究的儀式中，只有形象是確定的，至於原型，還不存在，因爲新一代圖騰物種還只不過是一種希望，甚至在當時還是不確定的希望。因此，這裡不存在聯繫的問題，不論是正確的還是錯誤的聯繫都不存在。這裡有創造，而我們不知道概念的聯想怎麼可能導致對創造的信心。對一種動物動作的簡單模仿，怎麼會使人產生信心，認爲這種動物一定會降生，而且是大量地降生呢？

　　我們不能用人類思維的一般特性去解釋如此特殊的儀式，故而我們撇開它們的一般和抽象形式所依據的原則，而將它們放在我們觀察到的環境中去加以研究，將它們與舉行上述儀式的人的觀念與情感體系聯繫起來研究。這樣，我們將可能更好地弄清楚事實究竟是怎麼發生的。

　　在這些儀式中集合起來的人相信自己眞是他們的名字所代表的那種動物或植物。他們能感覺到自己體內存在著這種動物或植物的本質，在他們心中，這種本質是最爲基本並高於一切的。因此，當他們集合在一起時，第一個行動應該是互相表露一下這種自身所有的本質，這使他們有別於其他人。圖騰是他們團結一致的標記。我們看到，由於這個原則，他們在身上畫上圖騰圖案，但是，如果他們用身體的姿勢、喊叫聲和神態來追求與圖騰的相似性，這也是十分自然的。因爲他們確實是鵲鵲或袋鼠，他們就

400

用這種動物的方式使自己鬆動鬆動。通過這種階段，他們互相之間表白一下他們與圖騰同屬一個精神團體，他們瞭解他們與圖騰的血緣關係。儀式不僅僅表現這種血緣關係，而且還製造或再造這種關係，因爲這種關係只有當人們還相信它的時候才存在。所有這些集體的表白都是想加強這種信仰，它是群體的基礎。因此，這些跳躍、叫喊和各種各樣的動作，雖然看起來古怪可笑，但卻都眞正包含著人類的深思熟慮。澳大利亞人追求與圖騰的相似性，就像發展了的宗教信仰追求與上帝的相似一樣。對這兩種宗教來說，這樣做都是爲了能與神聖者交通，也就是說，與集體意識交通，宗教不過是它的象徵罷了。這是早期的、神的類似物。

然而，做爲圖騰信仰最具特色的部分，這種由相似感生相同的原則並不能使圖騰宗教免於衰亡，如果它是舉行儀式的唯一原因的話。但是現在我們或許找不出那種宗教，其中不包括以圖騰崇拜演變過來的儀式。所以，除了第一個原因之外，必然還有另一個原因。

事實上，應用這一原則的儀式不單純只有一種非常一般性的目的，這就是我們提到過的加強與圖騰的血緣關係；而且還有一種更直接、更明確的目的，也就是保證圖騰物種生生不息。必須確保圖騰物種代代繁榮這種思想一直縈繞在崇拜者的心頭，他們將所有的力量和關心都集中在這上面。但是，使人全神貫注的事物如果沒有有形的外表，就不能使一個群體的成員都往一處想。既然大家想到的都是整個氏族與之共命運的那種動物或植物，那麼，以它們的形態來表現這種想法就是一件不可避免的事情㉓。儀式中自然地表現出這種動物或植物的最具特徵的形態，是因爲沒有其他東西更接近每個人的念頭了，它們是這種念頭最直接的、可說是自然而然的詮釋。因此，他們模仿這種動物，他們像牠那樣地叫喊，像牠那樣地跳躍。他們再現平時利用這種植物的景象。所有這些表現手段都明白無誤地將他們心所懷的目的表達出來，

敍述他們想實現的願望，召喚、誘發他們想要的東西。這種需要
旣不限於某個時代，也不限於某個特殊的宗敎，它是人類的基本
天性。甚至在比我們研究的宗敎遠爲發展的宗敎中，當崇拜者集
中起來向神提出某種請求的時候，也不得不用象徵手法來表示，
其原因也就在這裡。當然語言也是一種表達方式，但是姿態也不
比它不自然，它是從肌體中迸發出來的，同樣是自然的，它甚至
先於語言，或者在任何情況下都與語言同存。

　　然而，如果說我們現在已經理解姿勢如何在宗敎儀式中取得
立足之地的話，那麼，我們仍舊必須解釋它們的效用。澳大利亞
人在每個新的季節來臨時，定期地重複這些儀式，因爲他們相信
如要成功，這是必要的。那麼，他們是從何處獲得這種想法的呢？
是什麼使他們認爲只要模仿動物，就能使這種動物繁殖呢？

　　假如我們在儀式中只看到它似乎要達到的物質目的，我們對
土著人明顯的錯誤就無法理解。但是我們知道，舉行儀式除了對
圖騰物種會產生影響之外，還對參加儀式的人的心靈產生很深影
響。在儀式結束後，他們覺得自己比以前更強了，雖然他們並不
知道其原因，但這種變化是確確實實的。他們覺得舉行儀式對他
們有好處，它們鍛鍊了他們的精神素質。如果儀式使他們有了良
好的自我感覺，那麼，他們怎麼會認爲儀式不成功呢？又怎麼會
認爲事情不像預定的那樣發展，因此目標不能達到呢？由於有意
識地追求的唯一目標是使物種繁殖，而在舉行儀式之後，圖騰物
種似乎總是由此而繁殖，這樣就證明了儀式的有效性。進而證明
了，人從他們自己裝扮的種種姿勢中獲得了使物種繁殖的能力，
而在平時，他是沒有這種神通的。精神作用是想像中的，信仰使
它成爲實在。整個儀式產生的眞正有益的結果就像是一種實驗證
明，它證實了儀式中採取的種種手段的有效性，雖然在實際上，
對儀式的成功來說，它們並不是不可缺少的。況且還眞的存在著
另外的某種證明，他們自己可從沒有採用過。它用的手段同他們

402

的不一樣，但最終後果都完全相同。有些英蒂丘瑪中就只有奉獻
儀式，沒有模仿性儀式；另一些，只有模仿性儀式，沒有奉獻儀
式。然而兩者都被相信能產生同樣的效果。因此，如果這些不同
的行為被認為有價值，那並不是因為它們本身具備這種價值，而
是因為它們是一個綜合的儀式中的一部分。而儀式做為一個整
體，它的作用是得到承認的。

關於這種心理狀態，我們能夠更方便地理解，因為，在我們
周圍還能觀察到它。特別在那些最開化的人民和環境中，我們常
常能遇到這樣的信仰者，他們雖然對單獨的教條效力抱有懷疑，
但仍繼續參加崇拜儀式。他們對所舉行儀式的細節，並不相信用
理性能夠加以證明，但他們又感到一個人不可能擺脫這些繁文縟
節而不面臨令人生畏的精神紊亂。在他們內心，信仰並不建立在
理智的基礎上。這個事實使信仰的深刻原因顯得非同尋常。正是
這個原因，使那些對宗教信條的不充分的、簡單化的、經驗主義
的膚淺批評一般並不影響信仰者。因為宗教實踐的真正證實，並
不在於它們表面上追求的目標，而在於一種無形的活動，它作用
在我們的心靈上，影響到我們的精神狀態。同樣道理，一個佈道
者在號召人們信仰時，並不太注意直接地建立這種信仰，他對任
何特定的主張或某種儀式的作用，都不採用條理清楚的論證來說
明它的合理性。他只是通過定期舉行儀式來喚起人們精神上獲得
安寧的情感。這樣就建立起一種信仰的傾向，這種傾向比證明重
要，它使心靈忽略邏輯上的不合理，這樣就為接受宗教主張做好
了準備。這種有益的偏見，這種趨向於相信的衝動構成了信仰；
而信仰樹立了宗教儀式的權威。這種情況並不因信仰者是什麼人
而有所不同，不論他是基督教徒還是澳大利亞土人。前者的優越
之處僅在於他知道產生他的信仰的心理過程，他知道：信者必能
獲救。

由於信仰的來源如此，它在某種意義上說是「不受經驗侵犯

的」㉔。英蒂丘瑪有時出現的失敗，並不動搖澳大利亞人對他的儀
式的信心，那是因爲他用全部心力維護著這種儀式，從中他定期
地再造自己。他要是否定儀式的原則，必然會給自己帶來大災難。
但是不論這種阻力有多大，它也不能徹底地將宗教意識從人類意
識的其他形式，甚至與之最對立的形式中區分出來。一個學者與
他的前人之間也有這種結合狀態，只不過程度不同而已。當一個
科學定律適用於大量的、各種各樣的實驗時，如果在發現了一個
事例與它相矛盾後，立刻就放棄這條定律，這種做法是絕對不存
在的。因爲還必須確定這個事例是不是可以另做一番解釋，或者
不放棄原來的定律是不是就不可能解釋清楚這個事例，因爲這個
事例好像會使原來的定律失敗。澳大利亞人走的也是這條路，當
英蒂丘瑪失敗了，他將要歸罪於某些魔法；如在儀式之前就獲得
大豐收，它將之歸功於祖先們在別處舉行的另一場神秘儀式。有
大量的理由使他不懷疑儀式，他相信相反的事例，因爲儀式的價
值是，或者好像是由大量的與儀式一致的事實建立起來的。首先，
儀式的精神效力是眞實的，它直接地被參加儀式的人所感知。從
儀式中人們始終能獲得一種新生的經驗，任何與之矛盾的經驗都
不可能降低它的重要作用。此外，儀式的物質效力也可通過客觀
的觀察而得到確認。事實確實如此。在正常情況下，圖騰物種總
是有規律地繁殖後代。因此，在絕大多數情況下，各種事情的發
展眞像是儀式中的模仿動作產生了預期的效果。失敗總只是例
外。由於宗教儀式，特別是定期舉行的宗教儀式對大自然的要求
不會超過大自然通常能提供的東西，當我們看到大自然通常都服
從宗教儀式時，就不會奇怪了。因此，如果一個信教者對某種經
驗教訓表現出頑冥不化，那是因爲他另有更具說服力的經驗。學
者也是如此，只不過他採用更多的論證方法來維護自己的經驗而
已。

　　由此可見，巫術並不像弗雷澤堅持認爲的那樣㉕是宗教的發

404

源地。正好相反，它是在宗教意識影響下形成的。巫師用以施行
巫術的手法也是以宗教基本思想法則爲基礎的，而且巫術僅僅在
次要範圍內，純粹以世俗方式運用這些法則。由於在表現宇宙間
所有的力量時都以神聖力量爲原型，所以神聖力固有的心感染性
也擴大到所有的力上，人們相信一個物體的所有特性都可以傳遞
出去。同樣道理，當初爲了滿足某種宗教需要而建立起來的相似
感生相同的基本法則也離開了宗教源頭，通過自行的歸納，變成
了一個自然法則㉖。但是爲了理解這些巫術的基本公理，必須將它
們更換到宗教環境中來，它們本來就生於這個環境，而單是這個
環境就能將它們解釋清楚。當我們把它當做單獨個人的或與世隔
絕的巫師的工作成果時，我們會問：人的內心是怎麼產生這種念
頭的呢？因爲在經驗中，沒有任何東西可以誘發或證實它們；特
別是我們不能解釋如此欺騙性的手法，怎麼會在這麼長的時間使
人確信無疑。但如果我們認識到巫術信仰不過是一般宗教信仰中
的特殊情況，而宗教信仰又是集體精神活動的產物時（至少是間
接的），這個問題就不存在了。這也就是說，用交感巫術這個名稱
來表示我們剛論述過的儀式是不很精確的。確實存在著交感性的
儀式，但它們並非爲巫術專有。不僅能在宗教活動中發現它們，
而且巫術中的這種儀式也來自宗教。所以我們如使用這個名稱，
就把這種儀式歸到特殊的巫術中去，而這樣只會使我們有面臨混
亂的危險。

　　我們這種分析結果與休伯特和莫斯兩人直接研究巫術時得到
的結果㉗很爲一致，從而也更有說服力。他們說巫術就像是建立在
不完善的科學理論基礎上的粗糙工具，他們指出在巫師所採用的
外表拙劣的手法後面有著宗教概念的背景。那就是巫術從宗教借
用的關於整個力量的世界的觀念。現在我們可以理解，爲何在巫
術中有那麼多宗教的成分，原來它是從宗教產生的。

3

　　剛剛確立的這一原則不僅僅在宗教儀式中起到作用。它對人類知識也有著直接的作用事實上，它是因果律的一個具體說明，從各種情況來看，它是可能存在的最原始的說明之一。從推動相似變爲等同的力量中，反映出完整的因果關係觀念，而這種觀念主宰著原始的思想，因爲它既是宗教崇拜的基礎，又是巫術魔法的基礎。因此，用模仿性儀式的思想根源的起因，即可以說淸因果律原理的發端；前者的起源可以幫助我們弄淸後者的起源。我們已經說明前者是社會原因的產物：它是懷有集體目標的群體精心安排的，它顯示著集體的情感。因此，我們可以設想後者也同樣如此。

　　事實上，只要對因果律原理加以分析，便足以使我們相信構成因果律的各種要素確實起源於此。

　　因果關係概念所表現的第一要素就是效力的觀念，也就是創造力，一種活動力。提到原因時，我們通常的意思是指一些能夠引起某種變化的事物。原因是其內部能量尙未顯露的力，而結果則是化爲現實的這種能量，人總是用動態的言語來考慮因果律的。當然，某些哲學家拒絕這種概念的客觀價值，他們從因果關係中只看到想像力的任意創造，與事物本身並沒有什麼相對應的關係。但是現在我們不必去問因果律是否以現實爲基礎，對我們來說，只要指出它是存在的而且是普通心理因素構成的這一點就足夠了。而這是大家都承認的。即使批評因果律的人也承認這些。接下來，我們的目的不是找出它在邏輯上可能有的價值，而是如何去解釋它。

　　因果律是由社會的原因產生的。我們對事實的分析，使我們看淸了力的觀念的原型是馬納、瓦坎、奧倫達、圖騰觀念，或者其他帶有各種名稱的具體化和形象化了的集體力㉘。人想到的這

406

種力，最初似乎是人類對他的同夥所能施加的那種力。這個論據，
證實了觀察結果。實際上，甚至可以說明爲什麼這種力的觀念，
這些動力、推動力不可能來自任何別的發源地。

首先，它不可能是由外部經驗提供給我們的；這一點很明
顯，大家也都承認。我們的感覺只能感受到一些共存的或先後發
生的現象，而不能感受到那些使我們產生決定作用和推動作用這
些概念的東西，而這些作用正是能力或力的特徵。感覺只能接觸
各自分隔的已經實現了的和已知的條件，將這些條件聯繫起來的
內心活動是不能被感覺到的。我們所知道的東西都不可能提示我
們：什麼是影響，什麼是有效性。正是這個理由，使經驗主義哲
學家將這些不同的概念看成是荒唐的錯亂。然而，即使假定它們
都是幻覺，也仍有必要指出它們是怎樣形成的。

如果外部經驗不能解釋這些觀念的起源，說它們是我們思想
裡現成的東西，也同樣不能接受；這樣就必須從內部經驗中去找
原因了。事實上，力的觀念明顯地包含著許多精神因素，它們只
能產生於我們的精神生活。

有些人相信，力的觀念的形成好像是從這樣的行動過程中找
到了範例：當我們的意思結束我們籌畫好的行爲時；當它抑制我
們的衝動時；當它指揮我們肌體時，我們能直接感覺到自己是整
個活動的主宰。所以當人產生這種概念後，就不得不將它擴展到
其他事物，於是建立起力的概念。

只要精靈崇拜理論被認爲是已經證實的眞理，那麼，這個解
釋就可以被看成是受到歷史支持的了。如果最初和人類思想共存
於世界的力眞是這樣一種精神，它們有人格、有意識，就像人一
樣，那倒眞可能使人相信我們個人的經驗就足以給我們提供構成
力的觀念的各種要素了。但是我們知道，人類最初想像的力正好
與此相反，它們是無名的、模糊的、散亂的，它們在無人格方面
有些像宇宙力，因此，它們與卓越的人的能力，即人類意志正好

形成鮮明的對比。由此可知，力的觀念不是從這種想像中產生的。

再者，在這個前提下，無人格力的另一個基本特性，即它們的傳遞性將無法解釋。自然中的各種力總是被認爲能夠從一物傳遞給另一物，它們能夠混合，能夠加減，還能互相轉換。正是由於力具有這種特性，才能解釋它們的價值，因爲只有通過力的傳遞作用，原因和結果才能不間斷地聯繫在一起。然而自我卻與之相反，它是不能傳遞的。它不能改換自己的物質基礎，不能從一物擴展到另一物，它只有在隱喻中才能傳遞。因此，從自我做出決定和主宰決定的方式，絕不能引出關於一種本身能夠傳遞的能量的概念。這種能量能夠與其他能量混合、摻合，由此導出新的結果。

因此，在因果關係中顯示出來的力的觀念必須帶有兩種特性。首先，它們必須來自我們的內部經驗，我們能夠直接認識的力必然只有精神力。但同時，它們必須也是無人格的，因爲人類最早形成的能力的觀念是無人格的。然而能夠滿足這兩個條件的力只能來自共同的生活，它們是集體的合力。事實上，它們一方面完全是精神的力，是由具體化了的觀念和情感組成；另一方面，它們也是無人格的，它們是群體的產物。由於是共同的工作，所以沒有什麼人具有特殊性。它們與它們藏身其中的主體人格只有極微弱的聯繫，從不固定在那裡。如同它們進入主體人格一樣，它們隨時準備離它而去。至於它們自身，則傾向於擴展到越來越大的範圍，侵入到所有的新領域，我們不知道還有什麼東西比它們更有感染性，更有傳遞性。當然，物質的力也具有同樣的特性，但我們不能直接瞭解它們的這種特性。我們甚至不能知道它們的特性，因爲它們是我們外部的。當我撞上一個障礙物時，我會產生一種懊喪而困惑的情感；但是引起這種情感的力卻不在我的內部，而是在障礙物，因爲它超出了我的感知範圍。我們能感覺到結果，卻感覺不到原因。對於社會力，情況就不同了。正如我們

所知，它們是我們精神生活的一部分，對於社會力的行爲，我們
不僅能見到它們的行動，還知道比結果更多的東西。隔離神聖事
物，讓凡俗者離開它們的那種力並不在神聖事物內部，而是在信
仰者的心裡。當這種力對他們的意志產生作用，禁止他們某些行
動或控制其他行動時，他們能感覺到這種力。總而言之，這種由
外物造成的強制行動，我們可以感覺到，因爲所有的過程都在我
們心中。當然，我們不是所有時候都能充分地瞭解它，但至少我
們不會不意識到它。

　　再者，力的概念本身還帶著它的起源的明顯標記。事實上，
力隱含著權力的概念，而權力的概念又來自於優越、掌握、支配，
以及次要和依賴從屬等概念。這些概念所表達的關係是明顯的社
會關係。是社會將事物分成主次，是社會將人分成發號施令的主
人和服從指揮的僕人，同樣也是社會將一種獨特的品性施於前
者，使他的號令能夠生效，這就是權力。由此可見，各種事實都
趨向於證明人類心中最初的權力概念是社會在組織他們時建立的
那些概念：外界的權力被他們的意念所感知。也就是說，如不從
社會生活中引入一些概念，人不能成功地把自己想像成力，主宰
他們軀體的力。實際上，這些權力的概念必須從肉體的二重性中
區別出來，使它們比肉體更爲高貴，它們必須把自己想像成靈魂。
事實確實如此，人總是給力加上一個靈魂的外形，他們認爲力就
是這樣的。但是，我們知道支配我們的行動、思想和感覺的抽象
官能雖然有了靈魂這個名稱，但是與眞正的靈魂完全是兩碼事；
因爲靈魂是一種宗教的本原，是集體力的一個特定的方面。總之，
一個人覺得自己有靈魂，因而也有力，那是因爲他是社會的人。
雖然動物同我們一樣能使牠們的器官活動，也有同我們一樣的控
制肌肉的能力，但是我們從不認爲動物自身能意識到這樣做的積
極的、有效的原因。這是因爲它沒有靈魂，或者更爲精確地說，
不受靈魂的支配，但是假如說動物不受靈魂的支配，那是因爲它

們不參與人類那樣的社會生活。在動物中，是沒有類似文明那樣的東西的㉙。

　　但力的觀念還不全是因果關係原則。它還包括對各個力的發展的判斷，它要表明發展是按確定方向的發展，以及力在每個特定時刻的存在狀態預先決定了下一個時刻的存在狀態。前一個狀態叫做原因，後一個狀態叫做結果。因果判斷肯定了每個力在這兩個時刻之間存在著必然聯繫。在這種聯繫被證明之前，心智已經認定了它。這種聯繫是我們的心智無法擺脫的強大的壓迫力量。當人們說這是由原因導出的結果時，它就變得不言自明了。

　　經驗主義從未能成功地解釋清楚演繹法和必然性。這個學派的哲學家們從未能解釋：從一種概念的聯想，在習慣的作用下如何便產生了概念的決定性次序，它比預想或傾向要複雜得多。因果律原則具有與傾向性和期待性完全不同的特性。它不單純是我們思想以某種形式出現的趨向，而是外界的定則，它比我們的判斷過程更強大，它的支配作用和法則不容違抗。它的權威壓迫我們的心智，這也就等於說它不是我們心靈的產物。在這種聯繫中，用遺傳的習慣來代替個人的習慣也無濟於事，因為習慣縱然延續到超過一個人的生命限度也不會改變它的性質，它只是表現得更頑強而已。天性不是法則。

　　我們剛研究過的那些儀式使我們窺見到這種權威的另一個來源。直到目前為止，還沒有什麼人猜想到這一點。請讓我們記住這個問題：模仿性儀式中所使用的因果律是如何產生的？人們懷著唯一的目的集合起來，要是他們的名字所代表的那個物種不復繁殖的話，這就是關係整個氏族生死存亡的大事。由此激起的全體成員的共同情感用某些姿勢表達出來，這些姿勢在同樣的事件中是一成不變的。在典禮結束之後，由於季節變化，他們所要求的結果似乎就得到了。因此，在這個結果的概念和前面姿勢的概念之間建立起一種聯繫，而這些聯繫既不因事而變，也不因人而

410

異，因為這是一種集體經驗的產物。然而，如果沒有其他因素的
介入，這只能產生集體的期望。在模仿性的姿勢做完之後，人人
都將等待出現預期的結果。他們的信心或多或少。但由此絕不會
產生關於一種不可抗拒的定律的思想。然而，在社會利益最緊迫
的關頭，社會不會允許事情按自身的路線任意發展，它積極干預，
規定事情必須按社會需要發展。因此，它要求這種不可或缺的典
禮在任何需要的時候都必須重新舉行。結果，這種活動，由於是
成功的條件，變成有規律地進行了。社會強使儀式的舉行成為一
種義務。這時，儀式中就隱含著某種確定的心態，它反過來摻合
到義務感中去。讓人模仿動植物使它們繁殖的這種規定，等於說
它是一條公理，就像相似導致等同那樣地不容置疑。輿論不允許
人們在理論上否定這個原則，也不允許在實踐中擾亂它，所以，
社會將它強加於人，強迫人按規定的要求行事。就這樣，儀式的
信條就被邏輯的信條所替代，後者只不過是前者理智的外表。兩
者的權威性來源是一致的，它就是社會。權威性帶來的尊嚴影響
到思想方法，同樣也影響到行為。因此，一個人不可能置之不顧
而不使自己與社會輿論發生極大的衝突。這就是儀式的信條要求
理智不加思索地追隨它，而邏輯的信條要求意志屈從於它的原因。

　　從這個例子，我們再次表明了社會學關於因果律觀念及其一
般範疇的理論在論證中如何駁倒經典學說。這種理論同演繹法一
起維持了因果關係中先入為主的、必然的特徵，但又不僅限於此，
它還說明這種關係。經驗主義者常在做出說明的藉口下偷換了主
題。而這種理論則不這樣做。恰好相反，不必去否認個人經驗所
起的作用。個人通過觀察一系列先後發生的有規律現象後，能獲
得某種規律性的感覺，這是毫無疑問的。但是這種感覺不屬因果
律範疇。前者是個人的、主觀的、不能傳播的，它是我們自己通
過親自觀察得到的。而後者則是群體的工作結果，現成地交給我
們的。它是一種框架，我們從經驗得來的一些確定了的東西就排

列在這個框架中。這個框架的作用，是當我們想起，或者說看到
這些東西的時候，它們互相之間的關係就一目瞭然了。當然，如
果這框架的內容與它本身關係十分密切的話，也不要就此把這兩
者混淆起來。框架高於內容，它主宰內容。這是因為它的來源不
同。它不是個人經驗的綜合，它是為了滿足共同生活的緊急需要
而產生的。這才是它最主要的作用。

　　總而言之，經驗主義的錯誤在於認為因果關係僅僅是一種思
辨的精神結構，它是某種方法論概括的產物。但是，純理論只能
產生假設性和表面上說得通的觀點，對這種觀點，人們總是一直
在對它產生懷疑，因為我們絕無把握說將來的某些觀察不會推翻
它。對於人們的心靈不加思索，毫不保留地接受並不得不接受的
公理來說，它的起源絕不會是這樣的。只有行動的必然性，特別
是集體行動的必然性才會、也才必須以這種絕對的公式來表達自
己，它是以斷然的、簡短的、不允許任何反駁的形式存在的，因
為集體行動只有在步調一致的條件下，因而也就是在有規律的、
確定的條件下才能進行。它們不容任何探討，因為探討是錯亂的
起因。集體行動自身就傾向於組織性，這種組織性一旦確立，便
要將自己強加於個人。又由於行動離不開思維，這樣，思維又被
納入同樣的軌道，它對行動所提出的理論假設不加辨別就會全盤
接受了。思想的規則可能就是行動的規則的另一側面。

　　此外，我們還應該記住，我們從不企望以上述觀察結果做為
因果律概念的完備理論。這個問題太複雜了，不會如此輕易地就
獲得了解決。在不同時代、不同地點，人們對因果律法則的理解
是不相同的；即使在單一的社會裡，由於社會環境不同，和應用
因果律領域的性質不同，它也有不同的變化㉚。所以，在僅僅考慮
了歷史進程中因果律所表現出來的一種形式之後，就想以足夠的
精確度來確定它的起因和存在條件，那將是徒勞的。我們提出的
一些觀念僅可被當做一種提示，還必須對之加以研究和補充。然

而，由於我們正在討論的因果律確實是最初始的定律之一，又由
於它在人類思想和勞動的發展中起了極重要的作用，因此，做爲
一種具有特殊重要性的嘗試，我們提出了上述觀點，希望能對因
果律做出某種程度上的概括。

註　釋

① *Nat. Tr.*，P.176。

② *Nor. Tr.*，P.179。史賓塞和吉倫沒有明確指出這是英蒂丘瑪，但從上下文中可以明白無誤地看出這確實是英蒂丘瑪。

③在圖騰名稱索引中，史賓塞和吉倫寫作 "Untjalka" (*Nor. Tr.*，P.772)。

④ *Nat. Tr.*，P.182。

⑤ *Nat. Tr.*，P.193。

⑥舒爾茨：*loc.*，*cit.*，P.221，參見 P.243。

⑦斯特雷洛：III，P.11、P.31、P.36、P.37、P.68、P.72、P.84。

⑧上引書，P.100。

⑨上引書，P.81、P.100、P.112、P.115。

⑩ *Nor. Tr.*，P.310。

⑪ *Nor. Tr.*，PP.285~386。手持長矛的目的也許是想刺穿雲層。

⑫ *Nor. Tr.*，PP.294~296。奇怪的是阿隆塔人認爲彩虹有助於降雨，與此正相反 (同書，P.314)。

⑬阿隆塔人也用這種方式 (斯特雷洛：III，P.132)。當然我們可以問這種灑血是不是一種奉獻，以促使神獲得降雨的能量？然而，加森明確地指出，這是在模仿雨水的降落。

⑭加森：The Dieri Tribe，載 Curr.，II，PP.66~68。豪伊特(*Nat. Tr.*，PP.798~800)提到了迪利人求雨的其他儀式。

⑮Ethnological Notes on the Western Australian Aborigines，載 *Internationales*，*Archiv. f. Ethnographic*，XVI，PP.6~7。參見威瑟璃：Marriage Rites and Relationship，載 *Man*，1903 年，P.42。

⑯我們推測亞圖騰也可能有塔樓。因爲據克萊門特說，某些民族有好幾個塔樓。

⑰克萊門特說是一個部落家庭。

⑱我們將在下文邊碼 405 解釋，爲什麼這種說法不正確。

⑲關於這種分類，可參見弗雷澤：*Lectures on the Early History of Kingship*，P.37 及以下諸頁；休伯特和莫斯：*Théorie générale de la Magie*，P.61 及以下諸頁。

⑳我們對所謂的相對法則未置一詞，因爲正如休伯特和莫斯所指出的那樣：只有以相似爲中介，對立才能導致對抗(*Théorie générale de la Magie*，P.70)。

㉑*Lectures on the History of Kingship*，P.39。

㉒從被施魔法的人與他的塑像之間確有聯繫這一點看，這種公式是適用的。

但是這種同化模仿是因相似而導致的概念聯想的產物，這一點也不容置疑。這種現象真正起決定作用的原因是宗教力特有的傳染性，對此我們已做過說明。

㉓決定這種表現的原因，可參閱上文，邊碼 262 及以下諸頁。

㉔萊維－布律爾：*Les Fonctions Mentales dans les Sociétés inferieues*，PP. 61～68。

㉕*Gloden Brough*，I，PP.69～75。

㉖我們不想說存在著某個只有宗教沒有巫術的時代。也許當宗教開始形成時，它的某些基本觀念就已經擴大到非宗教關係中去，而或多或少已經有所發展的巫術對此起了補充作用。但是，如果這兩大理論和實踐體系並非存在於不同的歷史時期，那麼它們之間就有著一定的衍生關係。這就是我想要建立的觀點。

㉗前引文，P.108 及以下諸頁。

㉘見上文，邊碼 232 及下頁。

㉙當然，動物的群體是存在的，但這個詞用於動物和人類時，它的涵義是不同的。制度是人類群體的一個特徵，動物是沒有制度的。

㉚對於一個學者或者一個沒有受過科學訓練的人來說，原因的概念是不同的，我們同時代人中對於因果律法則的理解也是不同的。當因果律被應用於社會研究和物理、化學研究中時，情況就是如此。在社會體系中，人們所懷抱因果律概念常常與曾經長期做為巫術的基礎的那種概念很相近。人們甚至會責問物理學家和生物學家是否以同樣的方式表達因果關係。

第四章
積極崇拜(終)

414

III. 表演性或紀念性儀式

　　我們對上兩章中敍述的積極崇拜儀式所做的解釋，闡明了它們的重要性首先是精神的和社會的。信仰者認定的物質動力遮蓋了儀式之所以存在的基本原因。這些儀式使個人或群體在精神上獲得新生，它們被相信是有超然於物質之上的威力的。但是，即使這種假設已使我們能說明事實情況，我們還是不能就此認爲它的作用已直接被證明了。初看之下，它甚至好像要被我們分析過的儀式機制的性質所駁倒，這眞是糟糕！不論在奉獻儀式還是在模仿性儀式中，構成儀式的姿勢看上去只有純粹的物質目的，它們有著或好像只有一個目標——使圖騰物種繁殖，在這種情況下，設想它們的眞正作用應該是爲達到精神目標服務，這不是令人詫異嗎？

　　其實，儀式的物質作用被史賓塞和吉倫誇大了，甚至在最不容置疑的事例中被誇大了。根據這兩位作者說，每個氏族舉行英蒂丘瑪是爲了這樣的目的，即爲其他氏族提供充足的食物，整個崇拜包含著一種不同圖騰群體間的經濟合作關係，人人都爲別人工作。但據斯特雷洛說，關於澳大利亞圖騰制度的這種見解對當地土著人來說完全是陌生的。他說：「如果一個圖騰群體的成員

415

致力於大量繁殖某些帶有神聖性的動物或植物，而且看起來好像在爲別的圖騰的同伴工作時，我們必須小心，不要認爲這種合作是阿隆塔或洛里特雅圖騰制度的基本原則。黑人自己從未對我說過這是他們舉行典禮的目的；當然，當我把這種看法告訴他們，並做一番解釋之後，他們理解這一點，也勉強同意這種看法。但是，我對用這種方法得到的答案表示不相信是不應受到責備的。」斯特雷洛還指出，對儀式做如此解釋與事實有矛盾，因爲並不是所有的圖騰動物或植物都能吃或有用處，有些是廢物，另一些甚至是有害的。因此，關於這些圖騰的儀式不可能預定同樣的目的①。這位作者總結道：「當有人問土人這些儀式的確切目的究竟是什麼時，他們一致地回答：『那是因爲我們的祖先就是這樣安排的。這就是我們按原樣舉行儀式的原因』」②。但是，在說舉行儀式是因爲它是祖先傳下來的時候，同時就是承認儀式的權威性與傳統的權威性混同在一起了，而傳統卻是社會事務的首要內容之一。人舉行儀式是爲了對過去保持忠誠，是爲了保持群體原有的特徵，而不是爲了它可能產生的物質效果。這樣，信仰者自己做出的解釋揭示了儀式所由產生的深沈原因。

然而，有些儀式將這方面的原因表示得非常明顯。

1

在瓦拉蒙加部落中，這些儀式能被觀察得最清楚③。在這個部落中，每個氏族都被認爲是從同一個祖先傳下來的。這位祖先在某個確切地點降生後，把他在世上的時光全花在到處旅行上。在他的旅程中，他使世界變成了現在這種樣子，是他造成了山脈和平原、水澤和溪流等等。與此同時，他還沿途播下生命的種籽，它們是從他的身上落下來的。又經過許多次再生，這些種籽變成了氏族的眞正成員。現在瓦拉蒙加人的這種儀式（它相當於阿隆塔人的英蒂丘瑪）的目的就是紀念(commemorating)和描寫(representing)這位祖先的神話歷史。在儀式中，有獻祭，也有模仿姿勢，只有一個例外④。儀式的真正戲劇性描寫的方式表現了過去，這也是儀式的全部內容。戲劇性描寫是非常精確的說法，因為在這個儀式中，主祭人被認為是這位祖先的化身，他是扮演一個角色的演員。

讓我們描述一下黑蛇族的英蒂丘瑪做為例子，因為史賓塞和吉倫對它做了觀察⑤。

一個開場儀式似乎並沒有提到過去，至少在我們得到關於這個儀式的描寫不認為其中反映著過去。它包括兩個主祭人的跑動和跳躍⑥，他們身上裝飾著代表黑蛇的圖案。當他們精疲力盡最終倒在地上時，助手們輕輕地用手撫摸他們背上裝飾著的象徵性圖案。他們說這個動作能使黑蛇高興。在這之後，一系列紀念性典禮開始了。

他們表演了祖先塔拉瓦拉從地下出現直到他最後回歸土中的全部神話歷史。他們跟隨著他走完全部旅程。傳說他在每個停留的地點都舉行過圖騰的慶典，現在他們以據信是最初始的方式重複這些慶典。最常採用的行動是有節奏地或狂亂地扭曲整個身體，這是因為祖先就是這樣把體內的生命細胞向外播撒的。演員身上覆蓋著絨毛，他們做這些動作時，絨毛就脫離身體四散飄撒。這是表示這些神秘生命細碎飛灑進空中的方法。

417

我們還記得，在阿隆塔部落中，舉行典禮的場地是儀式性質決定的，它或者是聖石的所在地，或者是聖樹、水潭等所在的地方，崇拜者必須到該處去舉行崇拜儀式。在瓦拉蒙加部落中情況正相反，舉行儀式的地點是根據方便隨意決定的。它就是通常的地點。然而，構成儀式主題的事件發生的原來地點都用圖案表示出來。有時這些圖案就畫在演員身上。例如用紅顏色在背上和肚子上畫一個小圓圈就代表水潭⑦，在其他情況下，圖形也畫在地上。先把地弄濕，然後再蓋上一層赭石，他們在上面畫幾條曲線

和一系列的點，這就代表了河流和山嶺，這是最初始的布景。

除了據信是祖先在很久以前就舉行過的正式宗教典禮之外，他們還表演一些關於這位祖先事業的簡單插曲。它們有的是敘事性的，有的則是喜劇性的。在某個特定時刻，當三個主祭人正忙於一場重要儀式時，另一個人躲進遠處的一個樹叢裡去。他的脖子周圍掛著一小袋絨毛，它代表一隻小袋鼠。主要儀式一結束，一個老人沿著地上畫著的一條線向前走去。這條線一直通到第四個主祭人藏身的地方。其他人跟在老人身後低垂目光緊盯著這條線，就像跟蹤什麼足跡一樣。當他們找到第四個人時，就裝出一副茫然不知所措的樣子，然後其中的一個拿棍子打這個第四者。這個場面表演了在這位偉大黑蛇的生活中發生的一個意外事件。一天，他的兒子出去打獵，捉到一隻小袋鼠就把牠吃掉了，沒給父親留下一點兒東西。父親追蹤而至，使兒子大吃一驚。他逼兒子將吃下的東西吐出來。這就是在表演結束時棒打兒子所想表達的內容⑧。

我們不想在此列舉所有的神話事件，它們一場接一場表演下去。上述的例子已足以說明這些典禮的特性：它們是戲劇，但是一個特殊的變體。他們的表演是與自然發展過程一致的，至少他自己相信如此。當塔拉瓦拉紀念儀式結束後，瓦拉蒙加人確信黑蛇會大量繁殖。所以說，這種戲劇是儀式，甚至是從各方面都可與阿隆塔人的英蒂丘瑪相比較的儀式。這是由它們效能的性質決定的。

因此，這兩種儀式可以互相說明。將它們做比較很能說明問題，如果這兩種儀式之間不存在明顯的不同之處反而對我們幫助不大。這兩種儀式不僅目的相同，而且瓦拉蒙加人儀式中最具特色的部分都能從另一種儀式中找到萌芽。事實上，阿隆塔人經常舉行英蒂丘瑪也隱含著紀念性質。儀式舉行的地點必定是祖先使它們與眾不同的地方。崇拜者在他們虔誠的朝聖途中經過的道

路，也是阿爾徹林加時代的英雄所走過的；他們停下來舉行儀式的地點是祖先們曾居住過並重歸地下的地點，如此等等。因此，每樣東西都在參加者心中勾起回憶。此外，除了身體的動作，他們還伴唱聖歌，這些聖歌都與他們祖先的輝煌業績有關 ⑨。儻如這些業績不是經口頌唱，而是表演出來，儻如這種新的形式發展成典禮的一個基本部分，此時我們就能看到瓦拉蒙加人的儀式了。然而即使如目前這樣，我們也還是有更多的東西可說的。從一個側面來看，阿隆塔人的英蒂丘瑪已經是一種描寫性的儀式了。主祭人是與祖先同在的，他是這位祖先的傳人，也是他的化身 ⑩。他做出的姿勢是祖先在同樣情況下所做的姿勢。當然，精確地說，他就是他自己。然而儘管如此，從某種意義上說，還是古代英雄人物在儀式中佔據主要地位。爲了加強儀式的描寫特徵，只要使祖先與主祭人的二重性變得更突出，這正是發生在瓦拉蒙加人中的情況 ⑪。甚至在阿隆塔人中，至少有一個英蒂丘瑪，有人要扮演古人，他並非其後代，結果，儀式中就出現了獨特的戲劇性描寫場面，這就是鵲鵲族的英蒂丘瑪 ⑫。而且它舉行的地點似乎也與這個部落的一般規則相反，是人工安排的 ⑬。

419

　　如果認爲儘管這兩種儀式變體存在著差異之處，但它們有著血緣關係，有著確定的繼承關係，或者認爲一種儀式是從另一種儀式轉變過來的，那就錯了。我們認爲，下列看法就好得多：已被指明的相似之處是由於這兩者的來源相同，也就是說：它們是出於同一個原始儀式而分道揚鑣的兩種形式。我們將看到，這種假設是可能性最大的一種。然而即使對這個問題不再添加證據，已經提到的事實也足以說明它們是相同性質的儀式了。因而我們可以將它們做比較，利用一種儀式可以使我們理解另一種。

　　我們敍述的瓦拉蒙加典禮的獨特之處，是它不做出任何意在直接幫助或促進圖騰物種繁殖的動作 ⑭。如果分析一下做出的動作，說出的言詞，我們發現它們都沒有流露出這種企圖。所有的

動作和言詞都是描寫性的，它們的目的僅在於使氏族的神話歷史
再現人們心中。然而，一個群體的神話傳說是該群體共同信仰的
一個體系。它永久保存著的傳統表現了社會代表人類和世界的方
式，它是一個道德體系，是宇宙觀，也是歷史。因此，儀式為維
持信仰服務，也只為它服務。儀式保證信仰不從記憶中消褪，使
集體意識最基本的要素重新生機勃勃。通過舉行儀式，群體定期
地重新煥發集體情感，同時個人也增強了他的社會本性。值得紀
念的光榮事蹟活生生地展現在他們眼前。從中他們感到一種同根
所生的感情，他們感到自己更強大，更有信心。當一個人看到如
此遙遠的過去又回來了，如此偉大的事物又重新激盪著他的心
懷，他的信仰變得更堅定了。這就是這種典禮的特性，它起著教
導作用。這種作用全部施加在心靈上，並且也只施加在心靈上。
儘管有人相信儀式對物質起作用，它確保物種繁榮，但這僅不過
是它起到的精神作用的反作用。很明顯，真正的、唯一的作用是
精神作用。這樣，我們提出的假設已由這個重要事例所證實。而
這個證實更有說服力。因為，如上所述，瓦拉蒙加人和阿隆塔人
的儀式體系在本質上沒有什麼不同。研究其中一種，只能使我們
在研究另一種儀式時提出的設想更加清楚明白。

2

然而還有一種儀式，它們的描寫性特色和理念主義特點表達
得更加突出。在我們已論及的儀式中，戲劇性描寫並非為自己本
身而存在，它們僅僅是為了實現一種非常物質性的目的，即：為
了圖騰物種的繁殖而採用的手段。但是有一些儀式則不然，它們
與前述的儀式在物質目的方面並無不同，但從它的本身一點兒也
看不出這種預定的目標。在這裡，表現過去就是為了讓人們將它
牢記在心中，從儀式中找不到對大自然施加決定性影響的行動。
至少可以說，有時歸功於它的物質性效果從整體來看是次要的，

與它的儀式性重要作用並沒有什麼關係。

在瓦拉蒙加部落爲頌揚窩龍瓜蛇而舉行的典禮中，這種情況特別引人注目⑮。

正如我們已說過的那樣，窩龍瓜是一個非常特殊的圖騰。它既不是動物也不是植物，它是一個獨一無二的東西，只存在一條窩龍瓜蛇。再者，它純粹是神話中的怪物，土著人說牠像一條巨蛇，當牠把尾巴豎立起來時，牠的頭便消失在雲端。他們相信，牠居住在一條荒無人煙的峽谷深處的一個叫塔鮑厄蘆的水潭中。然而，如果說牠在某些方面與普通圖騰有所不同的話，那麼在圖騰的主要特點上牠卻與別的圖騰是一樣的。牠是整個把它當做共同祖先的人群的集體名字的象徵。他們與這種神話怪物之間的關係也與其他圖騰成員與他們可尊敬的氏族的締造者之間關係一模一樣。在阿爾徹林加時代⑯窩龍瓜遊遍了整個世界。在不同的地點，牠都逗留一下，播下了「精靈孩子」(spiritual children)，這種精神原質至今仍被看做是生物的靈魂。窩龍瓜甚至被視爲非常傑出的圖騰。瓦拉蒙加部落分成兩個宗族分支，叫做伍盧魯(Uluuru)和金吉利(Kingilli)。前者的圖騰幾乎都是不同種類的蛇。這些蛇被認爲是窩龍瓜的後代。他們說窩龍瓜是他們的祖父⑰。

從這裡，我們可以窺測到窩龍瓜的神話可能是怎樣形成的，爲了解釋在同一個宗族分支中存在著那麼多相似的圖騰，他們想像所有這些都來自於同一個圖騰，這樣必然就要賦予牠巨大的體形，因而單以牠的外表就能使牠與牠在部落歷史中獲得的地位相稱。

現在可以說，以窩龍瓜爲崇拜對象的典禮，在性質上與我們已做過研究的典禮並無不同。它們是描寫性儀式，窩龍瓜傳統中的重大事件都被表演出來。它們展現牠出土地，從一處走向另一處的場面，中間還表演一些發生在旅途中的插曲等等。史賓塞和

421

422

吉倫參加了十五場這種儀式，它們發生在七月二十七日至八月二十三日之間。所有的儀式都按確定的次序舉行，形成一個完整的循環⑱。在構成這些儀式的細節方面，這種長時間的典禮與瓦拉蒙加部落普通的英蒂丘瑪相比並沒有什麼明顯的差異。向我們描述典禮的這兩位作者看出了這一點⑲。但在另一方面，這種英蒂丘瑪典禮不可能有旨在促使動植物物種繁殖的目的，因爲窩龍瓜只有牠自己，並不生育後代。牠始終存在著，土著人好像也沒有感到有必要舉行崇拜儀式維持牠的生存。這些儀式看上去不僅缺少典型的英蒂丘瑪所具有的效能，而且似乎沒有任何物質方面的效能，窩龍瓜不是支配某種特定的自然現象的神，他們舉行崇拜並不期待從牠那可以得到什麼明確的回報。當然，他們說如果儀式舉行得很糟，窩龍瓜就會發怒，從牠隱身之處跑出來懲罰崇拜者，因爲他們對牠太輕慢了；反之，如果一切按規定行事，他們就相信自己會有好運氣，某些好事就會發生。但是很明顯，這些可能有的懲罰是爲了解釋儀式而得出的事後想法。在儀式創立之後，人們自然會想到它的作用，也會想到如果不舉行可能招致嚴重的後果。但是儀式不是爲了防止傳統中的危險或確保特殊的利益而創立的。況且，土著人對這些危險和利益只有最最朦朧的概念。當全部典禮完成時，老人們宣布如果窩龍瓜高興了，牠將使天下雨。但是他們舉行儀式並不是爲了下雨⑳。他們舉行儀式，是因爲他們的先輩也舉行，是因爲他們從屬於儀式就像從屬於一種極受尊崇的傳統一樣，也因爲他們在儀式之後感覺到精神的滿足。其他的考慮都只有補充作用，它們可能會激發崇拜者在儀式中應懷的心態，但它們不是使這種心態存在的原因。

423

因此，我們在這找到了整整一系列典禮其唯一目的是喚醒某種觀念與情感，是將現在附屬於過去，將個人附屬於群體。它們不僅不能爲功利性的目的服務，而且崇拜者也沒有什麼要求。這就是進一步證明了集中起來的群體的心理狀態構成了我們稱爲儀

式心態的那種精神現象唯一穩固的基礎。對儀式的這樣那樣的物質效能的信仰僅僅是附屬性的和偶然性的，因爲即使沒有這種物質效能也不影響或改變儀式的基本性質。窩龍瓜的崇拜儀式比前述各種儀式都更清楚地表明積極崇拜的基本功能。

我們之所以特別注重這些儀式，是因爲它們有特殊的重要性。其實，其他儀式的特性也同它們一模一樣。瓦拉蒙加部落有一個圖騰叫做「笑孩」(the laughing boy)。史賓塞和吉倫說，使用這個名字的氏族組織與其他圖騰團體一模一樣。它也有自己的聖地(mugai)，傳說時代的始祖就曾在那裡舉行典禮。他在那留下了精靈子孫，這些精靈變成了氏族的成員。同這個圖騰有關的儀式與動植物圖騰的儀式沒有區別㉑。然而，它們不可能有物質效能這是很明顯的。它們包括四場典禮，一場接一場重複舉行，變化很少。但它們的作用僅在於使人高興，引起一陣陣笑聲。這樣就維持了做爲這個群體特點的愉快心理和幽默感㉒。

我們在阿隆塔人中發現好幾個圖騰，它們都有一個以上的英蒂丘瑪。我們看到，在這個部落，由於地形支離破碎，祖先巡遊時經過地方的明顯標誌物，有時也被當做圖騰㉓。舉行的儀式也是爲了這些圖騰。但很明顯，不可能有任何物質目的。它們只能是一種描寫，其目的是紀念過去，除了紀念不可能有其他目的㉔。

這些表演性儀式(representative rites)使我們能更好地理解崇拜的本質，同時，它們也爲一個重要的宗教要素提供了證據，它就是娛樂性和審美性要素。

我們已有機會提到過它們與戲劇性表演之間的密切血緣關係㉕。在我們最後敍述的一些儀式中這種血緣關係表現得更爲明顯，它們不僅採用了真正戲劇的手法，而且也追求同樣的目的：使人忘卻現實社會，將他們的想像力引到另一個世界，在那裡它們更爲輕鬆。這與所有的功利主義目的都毫不相干。有時這些儀式甚至從外表來看就是一種娛樂活動，參加者公開地大笑，顯得

很愉快㉖。

表演性儀式與集體娛樂是那麼接近，以致人們從前者轉向後者時，其間並沒有脫節的地方。正常的宗教儀式是必須在神聖的場地舉行，婦女和未成年者不得進入㉗。但是有些儀式的這種宗教特色已有所減退，雖然還沒有完全消滅。它們是在聖地之外的地方舉行的，這說明在某種程度上，它們被剝奪了神聖性，但仍不允許世俗之人、婦女和兒童參加。可以說它們處在聖凡兩界的分界線上。它們一般與一些傳說中的人物有關，他們沒能被納入圖騰制度的結構中去。他們一般都是滿懷惡意的精靈，與巫師而不是與普通的信仰者發生關係。人們相信這些怪物的嚴肅程度和堅定性都不及對真正的圖騰生物那樣真誠㉘。當聯繫部落歷史上事件和人物的紐帶放鬆一點以後，隨之而來出現了較為不真實的情節，此時，相應的儀式就改變了性質。人們進入了純粹想像的境界。從紀念性儀式進入到通常歡鬧的公共狂歡活動，它不帶儀式性質，所有的人都能參加。有些表演也許是從古就有的，它們的目的就是為了逃避現實，只是後來改變了性質。事實上，這兩種儀式的差別之處很不確定，不可能精確地指出某些儀式究竟是屬於表演性宗教儀式還是普通的狂歡活動㉙。

衆所周知，遊戲和藝術的主要形式似乎起源於宗教，而且很長時期以來一直保留著宗教的色彩㉚。我們現在知道其中的原因了。那是因為宗教崇拜活動對人類來說也是一種娛樂，雖然它的初始目的不在於此。宗教扮演這個角色既不是為了冒險，也不是出於某種令人愉快的機會。它是宗教本質決定的必然產物。雖然，如前所述，宗教思想與虛構想像是完全不同的兩碼事。但是，只有當宗教美化現實的時候，現實才以儀式的形式表現自己。在具體的客觀社會與象徵性地表現社會的神聖事物之間存在著相當大的距離。人類感覺到的真正印象是形成宗教的最初始的材料，但它們必然要被修飾化裝，改頭換面，弄得面目全非。因此儀式事

物的世界在外表方面是想像的世界。它很容易讓自己滑到思想自由創造的領域中去。而且，因爲創造了宗教的心力是熱烈的、動盪不安的，單是用適當的象徵來表現現象這個任務並不足以全部佔有它。總是有一個部分多餘的心力隨時可用於多餘的、附屬性的工作，也就是說，用於藝術創造。確實存在著這方面的實踐和信仰。集合起來的崇拜者處在一種興奮狀態，這種興奮必然會以強烈的動作表現出來，然而要想讓它服從儀式處心積慮安排的目的可不是一件容易的事。它的一部分，無目的地溢出來。這個過程使他們快樂，他們參加各種遊戲就是爲了獲得這種快樂。此外，儀式崇拜的對象是想像中的，它不可能出來限制或調整這種過分的激動，需要一種實實在在的抵制力量才能將它的行動限制在確定的、不致濫用的範圍內。因此，如果人們在解釋儀式時，相信它的每一個安排都有精確目的並且都有確定的存在理由的話，他們就嚴重地誤解了儀式。我們看見跳躍、狂奔、舞蹈、叫喊和歌唱，但是，所有這些激動和行爲的涵義並不總是能夠找到的。

所以，宗教如果不給思想與行動的自由組合留下一片餘地，不給嬉戲、藝術和所有能使精神得到恢復的東西留下一片餘地的話，它也就不成爲宗教了。因爲在日常世俗生活的操勞中，人們已經身心憔悴。這正是使宗教得以產生的原因，同時也是使宗教成爲生活必需品的原因。藝術不純粹是崇拜裝飾自己，用來掩蓋自己某些太嚴厲或太粗魯的眞面目的化裝品。事實並非如此，儀式本身就是美的東西。我們都知道神話和詩歌之間的關係，由於這個原因，有些人甚至想把神話排除在宗教之外㉛。事實上詩歌是所有宗教中固有的部分。剛剛描述過的表演性儀式使宗教生活的這一方面更爲明顯，然而，沒有哪種儀式不在一定程度表現出這種詩歌與宗教的聯繫。

假如有人只看到宗教的這一方面，或者誇大它的重要性，他就犯了一個嚴重錯誤。如果一種儀式只起到娛樂消遣作用，它就

427

不用是宗教儀式了。以宗教的象徵形式出現的道德力量是值得重視的眞正力量，與它在一起時，我們不能隨心所欲。甚至當崇拜的目標不在於產生物質效果，而僅限於精神作用時，它的行爲方式也完全不同於純藝術工作方式。旨在喚醒我們的內心或維持我們的信仰的表演性儀式並不是空洞的幻景（這種幻景在現實中沒有與之對應的東西）；也不是我們毫無目的地召集來，爲了使它們在眼前出現並配合行動的幻景。儀式對於我們正常的精神來說是必需品，就像食物對於肉體生活一樣。因爲只有通過儀式，群體才能鞏固並維持下去。對於個人來說，這一點是不可缺少的。因此，儀式與遊戲不同，它是嚴肅的生活。但是即使說它的想像性和非現實的要素不是它的基本要素的話，這要素所起的作用也不容忽視。它在使崇拜者在儀式中獲得安慰方面出了一份力，因爲娛樂是恢復精神的一種形式，而恢復精神又是積極崇拜的重要目的。在我們履行了宗教職責回到世俗生活中來時，我們的勇氣和熱情增加了，不僅是因爲我們與一個崇高的力量源泉建立了聯繫，而且也因爲我們過了一小段不太緊張、更加自由自在的生活，而體力也恢復了。因此宗教在它吸引力最微不足道的方面又增加了一種魅力。

　　一些重要的宗教典禮常常會使人聯想起盛大的宴會，也就是出於這個原因。反之，一場盛宴，不管它的起因是多麼淺顯，也總有一點宗教典禮的特徵。因爲在任何情況下，它的作用都是把人們召集起來，使大家共同行動，結果激起一種熱烈的、有時甚至是狂熱的氣氛，而這與宗教的氣氛不是沒有血緣關係的。它也使個人從他的日常事務和計畫中解脫出來。這樣，從這兩種場合，我們都能看到同樣的現象：人們喊叫、歌唱，有音樂、有過分的行爲、有舞蹈，人們追求刺激以增強活力。人們常常注意到公共宴會造成的過分的行爲會使人們超越正當與不正當之間的界限㉜。而有些宗教典禮幾乎必然會引起逾規行動，而在平時，這些規

矩是非常受人尊重的㉝。我們並不是說對公共活動的這兩種形式
沒有辦法加以分別。單純的尋歡作樂、世俗的狂歡活動沒有嚴肅
的目的,而宗教儀式,總的來說總有一個重要的目標。但我們要
記住,在所有尋歡作樂的活動中也許都存在著嚴肅生活的回聲。
因此,不如說這兩者的不同在於它們所包含的這兩種要素的比例
不同。

3

一個更普通的事實證實了前述觀點。

史賓塞和吉倫在他們的第一本書中將英蒂丘瑪說成是一種完
全被確定了本質的儀式。他們提到它時,似乎認定它是以確保圖
騰物種繁殖為唯一目的的行動,如果去掉這唯一的作用,這種儀
式似乎就毫無意義了。但是,在他們的《中央澳大利亞的北方部
落》一書中,同樣的作者說了不同的話,雖然他們自己也許沒有
注意到這一點。他們承認,這些同樣的儀式既可以出現在定期的
英蒂丘瑪中,也可以出現在成年禮中㉞。所以,它們等同地服務於
製造圖騰物種的動物或植物,以及使人獲得成為男人社會正式成
員的必要特性這兩項工作中㉟。根據這個觀點,英蒂丘瑪露出了新
的面目。它不再是建立在自身原則上獨特的儀式性機制,而是更
一般的儀式的特殊應用。這些更一般的儀式可做多種用途。出於
這種原因,在他們後來的書中,在論述英蒂丘瑪和成年禮之前專
闢一章談論一般的圖騰典禮。根據使用它們的不同目的,對這些
以各種形式出現的一般儀式做了抽象概括㊱。

這些基本上模糊不清的圖騰典禮,過去只有史賓塞和吉倫兩
人指出過,而且還是相當間接地提出來的。但現在已被斯特雷洛
用明確的語言證實了。他說:「當他們帶領年輕的新人通過各種
不同的成丁禮之後,他們當著年輕人的面又舉行了一系列儀式,
它們雖然是定期崇拜(也就是史賓塞和吉倫稱做英蒂丘瑪的那種

429

典禮）的翻版，甚至在細節上都一模一樣，但並不具有使相應的
圖騰繁殖和興旺的目的」㊲。它是被用在兩種情況下的同一種儀
式，只是名稱不同而已。當它用於使物種繁殖時，他們稱它爲巴
恰卡丘瑪，只是在用做成年禮的一部分時，他們才稱它爲英蒂丘
瑪㊳。

　　除此之外，在阿隆塔部落中，還可以根據某些次要的特徵，
對這兩類典禮加以區別。雖然在這兩種情況下，儀式的結構是一
樣的，但我們知道，阿隆塔人的英蒂丘瑪中灑血或其他普通的奉
獻在成年禮中是找不到的。再者，還是在這個部落中，英蒂丘瑪
總是在傳統的地點舉行，人們必須經過一段朝聖路程，而成年禮
則在平常的地方舉行㊴。但是在瓦拉蒙加人中情況不同了，他們的
英蒂丘瑪僅僅是戲劇性表演，它們在這兩類典禮中完全沒有區
別。在一種典禮中就像在另一種儀式中一樣，都起著紀念過去的
作用，它們將神話傳統變成行動，它們是表演──而同一件事不
可能以本質上不同的方式表演出來。因此，綜上所述，可見同一
種儀式可被用於兩種不同的目的㊵。

　　它甚至還可以有別的用途。我們知道血是神聖的東西，女人
不能見到流出的血。然而，有時候當女人在場的時候，發生了爭
吵鬥毆並流了血，這樣就犯了禁忌。在阿隆塔部落中，首先流血
的男人爲了彌補這個過失，必須爲圖騰舉行儀式，這個圖騰可以
是父系方面的，也可以是母系方面的㊶。這種儀式有一個專用名
稱，叫做阿盧瓦・厄帕里利馬(Alua Uparilima)，也就是「把血
洗掉」的意思。但在儀式本身，它與成年禮或英蒂丘瑪中所舉行
的一套並無不同：它表演祖先歷史的一個事件。由此可見，它可
以毫無差別地服務於成年禮，對圖騰物種起作用，還可以用來贖
罪。我們將會看到，一個圖騰儀式也可以代替葬禮㊷。

　　休伯特和莫斯已經指出過犧牲奉獻，特別是印度教犧牲奉獻
中同樣的多功能現象㊸。他們闡明了共享的犧牲、贖罪的犧牲、誓

430

言的犧牲和契約的犧牲，其實都是同一種東西，同一種機制的變
體。我們看到這種情況的出現要更早得多，並不限於犧牲制度。
也許沒有哪種儀式不帶有類似的不確定性。彌撒既用於婚禮，又
用於葬禮；它既赦免死者的罪過，又爲生者贏來神的祝福；諸如
此類，不一而足。禁食是一種贖罪和懺悔的方式，但又是共享的
準備，它甚至還能授予人積極的品性。儀式功能的多樣性，說明
了一種儀式的真正功能並不是由它似乎在追求的特定效能構成
的，雖然人們通常認爲這些效能是它的特徵。它是由一般功能構
成的，這種一般功能雖然在任何儀式中都是同樣的，然而卻能根
據不同情況的不同形式出現。這正是我們提出的理論所要闡明
的。如果認識到崇拜的真正功能是喚起崇拜者心中的某種以道德
力和信心構成的精神狀態，如果認識到歸功於儀式的各種作用是
由這種基本精神狀態的次要的、可變的傾向引起的，那麼，在看
到一個成分和結構都保持不變的儀式，都好像有各種不同的效能
時就不會感到驚奇了。因爲儀式的永久功能是激揚精神狀態，而
這種精神狀態在各種情況下都一樣。它們決定於人們已集合起來
這個事實，而不決定於使人們集合的特殊原因。但在另一方面，
根據不同的應用場合，它們被解釋成不同的儀式。在一種場合中，
人們不是想獲得物質效果嗎？通過採用這種手段，他們增強了信
心，使他們認爲希望得到的東西就會或將會得到。在另一種場合，
人們不是想免除自己犯下的過失嗎？同樣的精神信念使他們認爲
舉行的儀式具有贖罪作用。因此，明顯的效能似乎是變化的，而
真正的效能卻始終不變；儀式似乎能起不同的作用，雖然在實際
上它只能起一種作用，而且是始終不變的作用。

　　一個儀式可用於多種目的，反之也一樣。多種儀式只產生一
個結果，這兩種情況是互相替代的。爲了確保圖騰物種的繁殖，
人們可以依賴於犧牲奉獻儀式、模仿性儀式或紀念性儀式，效果
都一樣。儀式對它們之間相互替代的適應性，再次證明了它們的

431

432

有益作用帶有可塑性和極端的一般性。最基本的東西是：人們集中起來，感到共同的情感，以及用共同的行動來表達這些情感。這些情感和行動的特殊性質，相對來說是次要的、偶然的。爲了意識到自己，群體不必從所有的行動中挑選某幾種特別的行動。最必要的是能夠參與共同思想、共同行動，至於這種參與出現的形式是什麼的，倒沒有什麼重要關係。當然這些外部形式不是機會造成的，也有它們的原因，但這些原因並不觸及崇拜的根本部分。

因此，所有的研究都把我們帶回到同一個觀點：儀式是社會群體用以使自己定期地得到重新鞏固的手段。根據這個觀點，我們可能假設性地重現圖騰宗教最初產生的過程。人們感到自己聯合起來，部分是出於血緣關係，更主要的是因爲共同的利益和傳統。他們集中在一起，逐漸意識到精神上的一致性。又根據我們在上文中陳述的原因，他們將這種一致性以非常特殊的同體形式表達出來，都認爲自己具備某種特定動物的本性。在這種情況下，對他們來說只有一種方法才能肯定他們的集體存在，那就是肯定他們與這個物種的動物的一致性，不僅用沈默的思考，而且還用具體的行動。這些行動構成了崇拜儀式，它們顯然只能包括一些模仿他們認爲與自己是同類的那種動物的行動。理解了這一點，我們相信，模仿性儀式是崇拜最早出現的形式，從而也認識到這種實踐的歷史重要性。這種實踐，初看之下，會被當做幼稚的遊戲。但是，我們已經表明，這些天眞而笨拙的姿勢，這些粗糙的表演手法都反映並維持著一種自豪、信仰和尊崇的情感，它與最唯心的宗教崇拜者的情感相比，一點都不遜色。這些崇拜者在集合之後聲稱自己是全能的主的兒子。因爲在這兩種情況下，這種情感都同樣以安全感和尊嚴感這些印象構成，而它們又是被一種支配並支持個人意識的偉大精神力量喚起的，這種力量就是集體的力。

　　我們研究的其他儀式可能僅是這種基本儀式的變體。當人們和動物的密切聯繫已被承認之後，便覺得迫切需要確保崇拜對象的正常繁殖。這些模仿性活動起初可能只有精神目標，至此，精神目標便下降到次要地位，而功利性、物質性的目標佔了主要地位。從而儀式也被認爲是產生預期後果的手段了。然而由於神話傳說的發展，最初與圖騰動物混爲一體的祖先漸漸地、越來越明顯地與動物分離，變成更具有人格的形象。對動物的模仿就爲對祖先的模仿所代替，或者與之同時發生；這樣，表演性儀式就代替了或完善了模仿性儀式。最後，爲了更加確信達到他們追求的目標，人們感到需要把他們可以支配的一切手段都用上去。他們手頭有聖石，其中積聚著生命的活力，他們的鮮血與動物的血在本質上是相同的，他們爲了達到目的，不惜流灑鮮血。相反，但出乎同樣的道理，人食用這種動物的肉來使自己更有活力。由此產生了奉獻和共享的儀式。最後，歸根結柢，所有這些不同的行爲都僅不過是同一個主題的變體。不論在何處，它們的基礎都是同一種精神狀態。只不過在不同的環境中，不同的歷史時期以及在不同的崇拜者中，對這種精神狀態做了不同的詮釋而已。

433

註 釋

①當然，在這些儀式之後，不再有食物共享的儀式。據斯特雷洛說，關於不能吃的植物的儀式，它們另有名稱，不再稱做巴恰卡丘瑪而是稱做奴杰爾拉馬(Knujile lama)（斯特雷洛：III，P.96）。

②斯特雷洛：III，P.8。

③瓦拉蒙加人不是唯一以戲劇性描寫形式舉行英蒂丘瑪的部落。在欽吉利、溫巴亞、窩爾馬拉、瓦爾帕里諸部落，甚至凱提什部落中都能發現這種儀式，雖然後面這些部落的儀式在某些特徵上與阿隆塔部落的儀式相類似（*Nor. Tr.*，P.291、P.309、P.311、P.317）。我們以瓦拉蒙加人的儀式爲典型，是因爲史賓塞和吉倫對它們做過最徹底的研究。

④這個例外是黑色美冠鸚鵡族的英蒂丘瑪（見上文，邊瑪353）。

⑤ *Nor. Tr.*，P.300 及以下諸頁。

⑥兩個演員之一不屬黑蛇族，而屬烏鴉族。因爲烏鴉被認爲是黑蛇的「夥伴」，換言之，即亞圖騰。

⑦ *Nor. Tr.*，P.302。

⑧上引書，P.305。

⑨見史賓塞和吉倫：*Nat. Tr.*，P.188；斯特雷洛：P.5。

⑩斯特雷洛本人認識到這一點：「圖騰祖先和表現他的後輩(der Darsteller 扮演者) 在聖歌中是做爲同一個人出現的（第3卷，P.6)。但是由於這個不容置疑的事實與祖先的靈魂不會再化爲肉身的理論相矛盾，斯特雷洛在註解中補充道：「在典禮過程中，祖先並非眞正地化爲表現者。」這是正確的。如果斯特雷洛是希望表明在典禮進行時沒有發生靈魂轉爲肉體的現象，那是再確定不過的了。但如果他的意思是完全沒有化身，那麼，我們就弄不懂主祭人與祖先是怎麼被視爲同一個人的了。

⑪或許這個差異部分是由於瓦拉蒙加人中的每一個氏族都被認爲是來自於一個唯一的祖先，這個祖先正是氏族中心的傳奇歷史。他是儀式要紀念的祖先；現在，主祭者不須要一定是他的後裔。人們可能甚至會問，這些神秘的半神性領袖，是否將會轉世。

⑫在這個英蒂丘瑪中，三個助手扮演「相當古老的先人」，積極參加儀式（*Nat. Tr.*，PP.181～182）。史賓塞和吉倫補充說，他們是比阿爾徹林加時代較晚的先人，這是正確的。即使如此，這也表明在儀式中確實扮演了神話時代的人物。

⑬沒有提到過聖石和水潭。典禮的中心是一個畫在地上的鵲鵡圖形，而這是可以畫在任何地方的。

⑭我們並不是說所有的瓦拉蒙加典禮都是這種形式。上文說到的白色美冠

鸚鵡族的例子證明存在著例外情況。

⑮*Nor. Tr.*，P.266 及以下諸頁。關於同一個主題，請參見艾爾曼的某些章節，其中顯然說到了同一個神話(Die Eingeborenen 等，P.185)。斯特雷洛也提到了阿隆塔人神話中的蛇(Knlaia，水蛇)，它不可能與窩龍瓜有多大的不同（斯特雷洛：卷1，P.78；參見卷2，P.71，其中很多圖騰中都能發現 Knlaia)。

⑯這裡我們使用了阿隆塔人的一個詞，爲的是不使術語複雜化。瓦拉蒙加人把這個時代叫做溫加拉(Wingara)。

⑰用文字來表達土著人的十分模糊的感想可不是件容易的事。但是，在仔細觀察一系列不同的典禮之後，我們得到這種印象，窩龍瓜代表著土著人心中卓越圖騰的概念(*Nor. Tr.*，P.248)。

⑱這些儀式中最莊嚴的一幕，我們已經在上文做了描述。在表演過程中，一個在小山丘上堆置起來的窩龍瓜偶像在狂熱氣氛中被撕得粉碎。

⑲*Nor. Tr.*，P.227、248。

⑳下面是史賓塞和吉倫的原話，出現在論及窩龍瓜和雨水可能有的聯繫的唯一一節中。在小山丘旁儀式之後，沒過幾天，「老年人說他們聽到窩龍瓜說她對儀式很滿意，因而她準備送來雨水。說這種預言的原因是他們──我們也同樣──聽到了遠處隆隆的雷聲。」對於儀式的直接目的是爲了降雨，其證據是如此薄弱，以致他們當時並沒有把降雨歸因於窩龍瓜，直到幾天之後，又發生了幾次偶然的事件之後他們才相信了。另一個事例說明了土著人對這一點的概念是多麼模糊不清，下面幾行文字表明雷聲並不是窩龍瓜感到滿足的信號，而是不滿的信號。我們的作者繼續寫道，儘管有這些預兆，「雨仍然沒有降落。但幾天之後，他們又聽到遠處隆隆的雷聲。老年人說窩龍瓜在抱怨了，她對儀式舉行的方式很不滿意。」這樣，同樣的雷鳴現象，有時被解釋爲好感的表達形式有時卻成了惡意的標誌。

然而，如果我們接受了史賓塞和吉倫的解釋，這個儀式的一個細節倒是有直接的效益的。他們說摧毀小土丘是爲了恐嚇窩龍瓜，以一種神秘的力量阻止它從隱居地出來。但我們對這樣的解釋很懷疑。事實上，在我們提到的這個行動發生的時候，曾宣布過，由於沒將小土丘的殘留土塊搬走，窩龍瓜已經不滿了。因此可見。摧毀土丘的要求是窩龍瓜親自提出來的，而不是爲了威脅和壓制她。其實，這可能是瓦拉蒙加人中普遍規則的一種事例，那就是必須將儀式中所用過的器械全部銷毀。根據這個規則，在儀式結束時，主祭者身上裝飾都被扯掉了(*Nor. Tr.*，P.205)。

㉑*Nor. Tr.*，P.207、P.208。

㉒上引書，P.210。

㉓見斯特雷洛：所列圖騰表，第 432～442 號 (P.72)。

㉔見斯特雷洛：III，P.8。在阿隆塔部落中，也有一個圖騰叫「窩拉」，它與

瓦拉蒙加人的「笑孩」極其相似（斯特雷洛：III，P.124）。「窩拉」的意思是年輕人，它的儀式的目的是讓年輕人在一種叫做拉巴拉(labara)的遊戲中玩得更開心（關於「拉巴拉」，見斯特雷洛：I，P.55，註1）。

㉕見上文，邊碼417。

㉖在 *Nor. Tr.*，P.204 有這種情況的事例。

㉗*Nat. Tr.*，P.118 及註2、P.618 及以下諸頁；*Nor. Tr.*，P.716 及以下諸頁。有一些神聖的典禮，婦女並不完全排除在外（見 *Nor. Tr.*，P.375 及以下諸頁），但僅僅是特殊情況。

㉘見 *Nat. Tr.*，P.329 及以下諸頁；*Nor. Tr.*，P.210 及以下諸頁。

㉙這種情況可以昆士蘭的皮塔—皮塔部落莫龍加人和鄰近部落的狂歡活動爲例（見羅思：*Ethnog, Studies Among the N. W. Central Queensland Aborigines*，P.120 及以下諸頁）。關於一般的狂歡活動，可參閱斯特林：*Rep. of the Horn Expedition to Central Australia*，Part iv，P.72；羅思前引書，P.117 及以下諸頁。

㉚這個問題請參閱丘林的傑作：the games of North American Indians，XXIVth，*Rep, of the Bureau of Am. Ethnol*。

㉛見上文，邊碼99。

㉜特別在兩性關係上。在普通的狂歡活動上，性放縱行爲是經常發生的（見史賓塞和吉倫：*Nat. Tr.*，PP.96～97；*Nor. Tr.*，PP.136～137）。關於在一般的公衆宴會上的性放縱，見哈格爾斯特蘭奇：*Süddeutsches Bauern-leben im Mittelalter*，P.221 及以下諸頁。

㉝族外婚的規定在某些宗教儀式中是必須打破的（見上文，邊碼247，註㉗）。從這些越規行爲中可能找不到確切的儀式上的意義。這個例子也說明有些儀式沒有確定的目的，僅僅是釋放能量（見上文，邊碼426）。土著人也沒有指出它們的明確目的，他只是說如果沒有放縱行爲，儀式就不會產生效果，典禮就將失敗。

㉞以下是史賓塞和吉倫的原話：「它們（與圖騰有關的典禮）經常，但不總是與接納年輕人的成年典禮聯合在一起舉行；或者與英蒂丘瑪結合在一起舉行。」(*Nor. Tr.*，P.178)。

㉟我們將這個問題留在本章後面討論。這個問題需要用較長的篇幅和技術安排才能說得清楚。因此我們要單獨處理它。然而，這對我們現在的研究並無多大的關係。

㊱這一章是第6章，標題是：“Ceremonies Connected With the Totems”。

㊲斯特雷洛：III，PP.1～2。

㊳這裡解釋了斯特雷洛指責史賓塞和吉倫所犯的錯誤：他們對一種典禮形式所加的名稱更適合於另一種儀式。但是在現在這些條件下，這種錯誤看起來不像斯特雷洛所說的那麼嚴重。

㊴它不可能不在平常的地方舉行。事實上，成年禮是全部落的典禮，來自各個不同圖騰的年輕人同時被接納成年。在同一地點，一個接一個地舉行的儀式會同好幾個圖騰發生關係，因此，舉行這些儀式時必須避開傳説中爲這些圖騰舉行儀式的特定地點。

㊵現在可以理解何以我們從不單獨研究成年禮。因爲它們並不是一種整體儀式，而是由各種不同儀式組合而成的集合體，其中有禁忌儀式、苦行性儀式，也有表演性儀式，而最後這種儀式又與舉行英蒂丘瑪時的儀式沒有區別。因此，我們不得不把這個集合體分解開來，單獨處理構成它的各種不同儀式，將它們與類似的有關儀式一起研究。我們已看到（邊碼322及以下諸頁）成年禮是圖騰宗教向更高級的宗教過渡過程中的轉折點。但對我們來説，只要能説明圖騰宗教中含有這個更高級的宗教的種子這一點就足夠了。我們不必跟著去研究以後的發展，因爲本書的目的是研究最初始的信仰和實踐活動，所以當它們開始向更複雜的形式變化時，我們的研究就必須停下來了。

㊶*Nat. Tr.*，P.463。個人可以從父母兩系的圖騰中進行選擇，是因爲根據我們前述的理由（邊碼211），他參加兩個圖騰。

㊷見下文，第5章，邊碼441。

㊸見 Essai Sur le Sacrifice，載 *Mélanges d'histoire des Religions*，P.83。

第五章
贖罪性儀式及神聖
觀念的不確定性

　　不論積極崇拜儀式中的各種安排的涵義有多不同，在我們看來，它們都有一個共同的特徵，它們都是在充滿信心的、歡快的，甚至是熱烈的狀態下舉行的。雖然對未來和偶然情況的解釋並非沒有某種不確定性，但是當適當的季節來臨時，雨一般都會降臨，動物和植物物種也都會有規律地繁殖。這種經常地重複的經驗顯示出儀式產生預期效果的有效性，這也是儀式得以存在的理由。人們於是滿懷信心地舉行儀式，愉快地期待著可喜的結果，這種結果是儀式準備並宣告了的。不論人舉辦了什麼活動，它們都與這種心理狀態融爲一體，當然這些活動都帶有宗教的莊嚴色彩，但這色彩並不排斥活潑和歡愉。

　　這些都是歡樂的儀式，但是也有悲傷的典禮，它們的目的是爲了迎接一場不幸，或者是爲了紀念或悲悼不幸事件。這些儀式的外表很特殊，我們現在就試著來解釋和分析它們。由於它們向我們揭示了宗教生活新的一面，最好的辦法就是對它們本身做一番探討。

　　我們提議把這些儀式稱做贖罪性儀式。用贖罪(piaculum)這個詞有其好處，因爲它既含有抵償的意思，又能將這一層意義大大地加以擴展，任何不幸，任何凶兆，任何會引起傷感和恐懼感的事物都會使贖罪成爲必要行動。因而我們把這種儀式稱做贖罪性儀式①。因此，用這個名稱來爲那些由焦慮不安的或傷心的人

舉行的儀式定名是非常合適的。

1

第一個重要的贖罪性儀式就是喪禮。

然而，有必要先對構成喪禮的不同儀式之間的區別加以分析。有些只包括禁止性儀式，不許提起死者的名字②；或者禁止逗留在死亡發生的地點③；死者的親屬，特別是女性，不許與生人交往④；日常生活的事務都暫時停止⑤等等。所有這些儀式都是消極崇拜，我們已經對它們以及其他類似的儀式做了研究，因此在這就不再贅述了。這些儀式都是由於死人是神聖的東西，結果，曾與死者有過關係的任何東西，因傳染作用，在宗教狀態中都必須避免與世俗生活中的事物接觸。

但是喪禮並非全部由不得不舉行的禁忌儀式構成，積極儀式也要舉行，在這種儀式中死者的親屬既是參與者，又是儀式的對象。

這些儀式經常是當垂危的人已瀕臨死亡時立即就開始的。以下是史賓塞和吉倫在瓦拉蒙加人中親眼見到的場面。一場圖騰儀式剛結束，參加者和旁觀者正離開聖地，此時從營地傳來一聲凄厲的喊聲，那裡有一個男人正在死去。頃刻之間，全體開始盡可能快地奔跑，其中大多數人開始嚎啕大哭。這兩位觀察家說道：「在我們和營地之間有一條很深的小河。有些人口散在河岸上。

436 他們坐下，把頭深深埋在兩膝之間，又哭泣又呻吟。過河一看，男人的營地已被摧毀，這是常規的做法。來自各處的幾個女人平躺在臨死的人身體上，其他女人或站或跪，圍在四周，同時用尖利的掘薯棒刺破自己的頭頂讓血流到臉上。這些情況發生時，她們始終都大聲痛哭，從不間斷。許多男人趕到這個地點後撲到他的身上，而女人在男人們跑近時就站起來了。在幾分鐘內，我們除了一堆橫七豎八的人體外，什麼也看不清。在一邊有三個屬於

塔龐伽提（Thapungarti）婚姻組的人坐在地上放聲大哭，他們仍保留著舉行圖騰儀式時的裝飾，他們背朝著瀕死的人。一、兩分鐘後，另一個同屬於這個婚姻組的人趕到了，他一面叫喊一面揮舞著石刀。到達營地時，他突然用刀深深刺入自己的雙腿，割開了腿肉後他幾乎站不住了。他倒在人群中間。過了一會兒他被三、四個女親屬拖到外面。她們立即把嘴放到他流血的傷口上，而他則精疲力盡地躺著。直到深夜那個男子才死去。他一斷氣，整個場面又重複出現，所不同的僅是哭聲更大，男男女女都呈現出狂態。他們跑動著，用刀子或尖頭棒亂刺自己，而女人則用戰棒相互打擊，沒有人打算躲避這些刀割棒打。最後，大約過了一個小時，他們組成了火炬隊穿過平原，來到一棵樹下，將屍體留在那兒⑥。

　　不論這些場面有多混亂，它們都是嚴格按規矩進行的。哪些人要傷害自己，這是根據習俗而定的；他們必須是死者的某種血親。史賓塞和吉倫在瓦拉蒙加人看到的事件中，割破雙腿的人是死者的外祖父、舅父以及他妻子的舅父和弟兄⑦。其他人必須割斷鬍鬚和頭髮，然後用白黏土塗抹頭頂。對女人的義務要求更加嚴厲，她們必須割斷頭髮，全身都塗抹白黏土；除此之外，在整個喪期，她們被嚴格禁止說話，這個時期有時長達兩年之久。在瓦拉蒙加人中，這種禁忌要求整個營地全體婦女保持絕對沈默的情況也不罕見。這就使婦女產生了不說話的習慣，甚至在喪期結束之後，她們也自願地放棄交談，只用手勢進行交流。在這方面，她們的能力令人注目。史賓塞和吉倫認識一個老婦人，她已經有二十四年沒有說話了⑧。

　　我們剛才描述的典禮僅僅是一個開端，一系列儀式次第舉行，往往要延續幾個星期甚至幾個月。緊接下來的頭幾天，上述儀式以各種新形式出現。成群的男女坐在地上，他們哭泣訴說悲痛。在某些時刻還要互相親吻。在整個喪期中，這種儀式性的親

吻是經常發生的。它好像說明男人們需要更加接近，更加親密無間。他們互相緊密抱成一團，看上去就像是一個整體，從中不時發出大聲的呻吟 ⑨。與此同時，婦女們又開始割破自己的腦袋，為了加深她們自己造成的創痛，她們甚至用點燃的木棒燒灼傷口 ⑩。

在整個澳大利亞，這一類的舉動是普遍的。葬禮儀式，也就是說處理屍體的儀式、埋葬屍體的方式等等，在不同部落中都不同⑪；在同一部落，又因死者的年齡、性別和社會地位的不同而不同⑫。但是喪禮的真正主題卻到處都一樣，只有細節的變動而已。到處都能發現同樣的沈默和呻吟⑬，同樣的割斷頭髮和鬍子⑭，同樣的塗抹白黏土或炭灰，也許甚至還有糞便⑮；最後到處都能發現這種痛打、刺割、燒灼自己的狂態。在中維多利亞，「當死亡來臨到一個部落時，婦女悲悼痛哭，年齡較大的婦女用手指甲抓破自己的太陽穴。死者的雙親毀傷自己更令人害怕，特別是當他們哀傷獨生子的時候。父親用斧子砍自己的頭，發出痛苦的呻吟；而母親坐在火邊用燃燒的小木棍燒灼自己的胸部和腹部。有時候，這樣的燒灼是如此嚴重，以致母親因此也喪了命⑯。」

根據布拉夫・史密斯的一份記載，下面是這個國家南部一個部落中發生的情況。當屍體放入墓穴之後，「寡婦開始了她的儀式。她割掉前額上的頭髮後變得非常狂亂。她抓起點燃的木棒燒自己的胸脯、手臂、小腿和大腿。在這種自傷酷刑中，她似乎很高興，要想阻止她這樣做是魯莽而徒勞的。當她精疲力盡幾乎邁不開步時，還竭力用腳踢火堆的餘燼使它們四處飛揚。坐下以後，她又抓起炭灰在自己的傷口上搓揉，然後又抓臉（這是身體上唯一沒有燒灼過的地方），直到血與灰混合一起把可怕的傷口全都蓋住了。在不停地抓破臉皮時，她一直在悲痛地大哭⑰。」

豪伊特描寫的庫爾內人的喪禮儀式與這些十分相似。當屍體用負鼠皮裹起來後，又用樹皮裹一層，親屬們聚集在專門搭起的

小屋中。「在那裡，他們哀悼悲嘆他們的巨大損失。例如，他們說：
『你爲什麼離開我們呢？』其他人的話不時地插入，這更加深了
他們的悲傷,例如死者的妻子會淒慘地哭訴：『我的丈夫死了！』
或者他的母親訴說：　『我的孩子死了！』所有其他人都按適當關
係所要求的訴說。他們用銳利的石塊和斧子切割自已，頭上和身
上都淌滿鮮血。痛苦的號哭和泣訴通宵達旦⑱。

　　在這些典禮中，所表露的情感並不僅僅是悲傷，其中一般都
還混合著某種憤怒的情感。親屬們覺得必須以某種方式爲死者報
仇。他們有時相互衝撞，想弄傷別人。這種攻擊有時是眞的，有
時是假的⑲。甚至還有這樣的情況,這種獨特的爭鬥是有組織地進
行的。在凱提什人中，死者的頭髮按規矩傳給他的女婿。而他必
須在他的一些親友陪伴下去向另一個人挑起爭鬥，這個人應是他
的部落弟兄，與他屬於同一婚姻組，或者就是他的連襟。這種挑
戰是不允許拒絕的，這兩人搏鬥到雙方的肩上和大腿都留下嚴重
的創傷爲止。打鬥結束後，挑戰者將他暫時繼承的頭髮交給他的
對手。而後者又向另--個部落弟兄挑戰並打鬥，然後將這份遺物
傳給他。但這也是暫時的。就這樣，頭髮從一人傳給另一人，從
一個群體傳給另一個群體⑳。同時，某些情感進入到促使親屬們責
打、燒灼和割刺自己的激動情緒中去。如此發作的傷悲中不可能
沒有一定分量的憤怒的。見到這種舉動與復仇儀式中的舉動如此
相像，人們不會不吃驚。這兩者都是出於同一個原則：死亡導致
流血。唯一的不同就在於，在一種情況下，犧牲是親屬；而在一
種情況下，犧牲則是外人。我們不必去專門討論復仇儀式，它屬
於法律制度的研究範圍，縱然如此，我們還要指出它與喪禮儀式
之間的聯繫，它揭示了喪禮儀式的目的㉑。

　　在某些社會中，喪禮結束儀式的熱烈氣氛會達到或超過創始
儀式產生的熱烈程度。在阿隆塔人中，這種結束儀式叫做烏普米
契馬(Urpmilchima)。史賓塞和吉倫參加過兩個這種儀式，一個是

439

440

爲男人舉行的，另一個爲女人。下面是他們對後一個儀式的描寫
㉒。

儀式是從特殊的化裝開始，男人的裝飾叫契莫利亞(Chimur-
ilia)，女人的裝飾叫阿拉莫利亞(Aramurilia)。他們用一種膠水把
預先準備好的某些小動物的骨頭黏在死去的女人的一綹綹頭髮
上，這些頭髮是她的親屬提供的。然後又把頭髮黏到婦女日常佩
戴頭帶上，再黏上一些黑色美冠鸚鵡和普通鸚鵡的羽毛。當準備
工作完成後，婦女們集中在營地，她們根據自己與死者的血緣親
疏程度將身體塗上各種不同顏色。在不斷的嘆息聲中相互擁抱了
大約十分鐘後，她們出發向墳墓走去，走了一段路，她們遇到了
死者的一個血緣弟兄，有幾個部落弟兄陪伴著他。大家都坐下重
新開始悲悼。一個放著契莫利亞的皮切㉓送到兄長跟前，他把它壓
在肚子上。他們說這樣可以減輕他的痛苦。他們取出一個契莫利
亞，死者的母親把它放在頭上戴一會兒，然後又放回皮切。每個
男人都輪流把皮切壓在肚子上。最後，兄長把契莫利亞戴在兩位
年長的姐妹頭上，他們又繼續走向墳墓。一路上，母親幾次倒在
地上，並試圖用尖棒刺自己的臉，但其他婦女總是把她扶起來，
似乎是防止她把自己傷害得太厲害。到達墳墓時，她撲倒在土堆
上，盡力用手去扒掉它，而其他婦女認眞地協助她。部落的母親
們和姑母們（死者父親的姐妹）跟著她也都撲倒在地上，並且互
相撕打，直到渾身都沾上了鮮血。過了一會兒，她們被人拉開。
年長的姐妹們在墳土上挖一個洞，把事先就扯成碎片的契莫利亞
放進洞中，部落的母親再次撲倒在地互相割刺頭部。此時，「站在
四周的女人們的哭泣聲似乎使她們發了狂，如注的鮮血在她們用
白黏土塗飾的身上流淌，看上去猙獰可怕。最後，只剩下老母親
蹲在一邊，她完全精疲力盡了，只能無力地在墳上呻吟」。然後，
其他人將她扶起，擦淨她身上塗著的白黏土。至此，喪葬的典禮
全部結束㉔。

　　在瓦拉蒙加人中，結束儀式表現出一些相當顯著的特色。這裡好像沒有流血現象，然而集體的興奮是以另一種方式表達出來的。

　　在這個部落中，屍體在最終埋葬以前要放在一個搭在樹枝間的平臺上，任它留在那裡腐爛，直到只剩下一堆白骨。然後這些骨頭被集中在一起放到一個蟻冢中去。但肱骨不在其內，它們被一只裝飾得各不相同的樹皮匣子裝起來，在婦女的哭泣和呻吟聲中，帶回營地。接下來幾天中，要舉行一系列死者圖騰的儀式和關於死者氏族祖先歷史的儀式。在這些儀式結束後，他們開始舉行結束儀式。

　　在儀式舉行地點，他們先挖一條深一英呎，長十五英呎的溝。在溝外一段距離的地方佈置一個圖案，它代表死者的圖騰和祖先曾經停留過的某些地點。在圖案附近的地上也挖出一條小溝。十個裝飾好了的男人一個跟著一個走過來。他們雙手交叉在腦後，雙腿大大地分開跨在溝上。根據約定的信號，婦女們在絕對沈默中從營地跑來，跑近時，她們形成一列縱隊，最後一個婦女手拿著存放肱骨的匣子。然後，她們趴倒在地上，在男人的胯下，從溝中爬過去。這個場面帶有強烈的性刺激。最後一名婦女爬過去後，他們立即從她手中接過匣子，把它帶到小溝處。有一位老人等在那裡。他用力敲碎肱骨，匆匆忙忙地把碎骨埋起來。在這個階段，婦女們都留在遠處，背對著他們，因爲她們不可以看到發生的事。但當她們聽到斧子的敲繫聲時，她們就四散跑開，同時發出哭聲和呻吟聲。儀式至此完成，而喪禮也全部結束㉕。

442

2

　　這些儀式屬於一種與我們先前已做過研究的儀式非常不同的類型。我們並非想說這兩者之間找不到重要的相似之處，這一點我們將會注意到；但是差別卻更明顯。這裡沒有娛悅和放鬆心靈

的歌舞和戲劇性表演，只有眼淚和嘆息，一句話，痛苦、悲傷和相互憐憫佔據了整個場面，也是它的最明顯的特徵。當然，在英蒂丘瑪中也有流血，但這是因虔誠的熱情而做出的奉獻。即使舉動可能是一樣的，但表達的情感卻不同甚至相反。同樣道理，苦行性的儀式也包含著困苦、禁慾和毀傷，但這種儀式要求以堅強意志平靜地接受它們。但這裡正相反，沮喪和痛哭流涕是儀式的規則。在喪期中，人們毀傷自己以證明他們是痛苦的。從所有這些標誌中可以看出贖罪性儀式的顯著特徵。

　　但是，如何解釋它們呢？

　　一個基本的事實是確定不移的：哀悼並不是個人感情自發的流露㉖。親屬們哭泣悲痛、毀傷自己，並不是他們本人感到了死去親人的影響。當然，在某些特殊情況下，人們能感到他們表達出的懷喪之情㉗。但更普遍的情況是，感覺到的情感與參加者的舉止之間並無聯繫㉘。當哭泣者似乎已處於最最悲傷的境地時，如果有人同他們談起一些世俗性的事務，他們常常立刻改換表情和語調，變得難以想像的談笑風生㉙。哀悼不是失去親人引起的私人感情的自然流露，而是群體賦予他們的責任。一個人哭泣，不單單是由於他傷心，而是因為他不得不哭。這種儀式中的心態是他出於對習俗的尊敬而不得不接受的。但習俗在很大程度上與他的感情狀態並無關聯。況且這種義務還有傳說中的和社會的懲罰做保證。例如他們相信，一個親屬的哀悼不合要求，死者的靈魂就會步步跟隨他，最終殺死他㉚。在另一方面，社會也不會讓宗教力單獨地懲罰這種對儀式的忽視，它要進行干預，親自動手懲戒失責行為。如果有一個女婿在岳父的喪禮中沒盡到自己應盡的義務，沒有按規定傷害自己，部落的岳父們便把他的妻子帶走，另給他配一個妻子㉛。因此，為了遵守習俗，有時一個人還得用人為的辦法強迫自己落淚㉜。

　　這種義務是從何而來的呢？

　　民族誌學者和社會學家往往滿足於土著人自己對這個問題的回答。他們說，死者希望能得到哀悼，他們有權要求這種悲傷，如果拒絕這種要求，他們就被激怒了；爲了避免他們發怒，便按他們的要求去做了㉝。

　　但是這種傳說性的解釋僅僅是用另一種方式提出問題，而不是解決問題。我們必須解釋爲什麼死者如此專斷地要求哀悼。人們可以回答，這是因爲人希望被悼念、被懷想。對構成喪禮複雜的儀式體系做如此充滿感情的解釋，是出於對澳大利亞人感情需要的考慮。而這種感情需要在文明人中也並不總是很清楚的。我們先得接受——因爲這一點是否成立還不清楚——不被人們很快就忘掉的這種想法，對一個考慮到將來的人來說是很合意的。然而還得證實，完全由這種想法造成的心態會因別人的死亡而在活人心中留下足夠的重要地位。說這種情感會困擾和刺激那些幾乎從不考慮眼前之外的事的人，就特別令人難以相信了。把想留在活人記憶中的願望當做喪禮的起源離眞實情況實在太遠，我們甚至可以問：爲什麼不能是喪禮產生之後，才由它引起了人對死後地位的考慮呢？

　　當我們瞭解了原始喪禮的構成成分之後，這種經典的解釋就更顯得更無力了。它不是單純由對一去不復返的死者的虔誠懷念組成，它還包括嚴厲的禁忌和殘酷的犧牲。儀式不僅要求人們以傷感的心情懷念死者，它還規定他們必須毆打自己，抓傷自已，對自己刀割火燒。我們甚至見到過有人在喪禮中毀傷自己的程度是那麼嚴重，以致留下永久性的傷殘。死者對他們強加摧殘的理由是什麼呢？在他那方面，這種殘酷性所表達的不止是爲了防止被人遺忘這樣一種期望。如果他看到自己引起的痛苦而高興，那麼它必然恨這些受苦的人，它渴望他們流血。對那些相信每個精靈都是可怕邪惡力量的人來說，這種殘酷性是很自然的。但我們又知道，精靈是有許多種類的，並非全都邪惡，那麼，死者的靈

魂怎麼就必然地變成凶神惡煞了呢？只要人還活著，他愛他的親屬，他們互相幫助。但當他的靈魂一離開軀體馬上就拋開原有的情感變成了邪惡，這不是很奇怪的嗎？根據一般的規則，死者保有生時的人格，他有著同樣的個性，同樣的愛憎。因此，這種蛻變就其本身來說是很難理解的。確實，土著人在解釋儀式時說這是出於死者的願望，他們盲目地接受這種觀點。但現在的問題是想弄清楚這觀念何以會產生。它同儀式本身一樣模糊不清，肯定不是不言自明之理，因此無法用它來解釋儀式。

445 　　最後，即使我們找到了這種蛻變的原因，我們還得解釋它為什麼只是臨時的變化。因為這種蛻變的延續時間不超過喪期，喪禮一旦結束，死者就又變得和他生前一樣了，變成了充滿關懷，樂於助人的親屬了。他把他在新的環境中獲得的新能力用於幫助他的朋友㉞。自此以後，他就是一個好神靈，隨時準備幫助那些他在不久前還對之橫施暴虐的人們。這種轉變又是怎麼來的呢？假如，靈魂的惡毒情感是由於它再也不能活著這一點產生的，那麼它就應該保持這種情感；假如哀悼儀式是因這種情感而舉行，那麼儀式就永遠不應該結束。

　　這種傳說中的解釋說明的是土著人對儀式的看法而不是儀式本身。因此我們將這些解釋擱置不談而探討它們想要說明的事實，這些事實在它們被解釋時已經嚴重地歪曲了。如果說喪禮與其他積極崇拜儀式不同，但至少在一點上它們是相同的：它也是由集體儀式組成，它們在參加者中產生了興奮狀態。它們喚起的情感是不同的，但手法卻一樣。因此，可以設想對愉快的儀式的解釋能夠用來解釋悲傷的儀式，只要改變一些術語就行了。

　　當某個人去世時，他所屬的家族群體會感到自己削弱了；為了對這種損失做出反應，全體成員便集中起來。共同的不幸與臨近幸福事件時一樣使集體情感重新煥發起來，使人們團結起來。我們甚至已經看到過這種使自己更堅強的需要：人們在喪禮中以

特殊的力量相互擁抱，盡可能緊密地抱成一團。然而，群體此時所處的感人狀態僅僅反映出儀式過程中的一個段落。不僅是最直接地受到影響的親屬將他們個人的悲傷帶給群體，而且社會也對它的成員施加道德壓力，迫使他的情感與形勢協調一致。當社會受到打擊並已縮小了的時候，允許它的成員無動於衷也就等於宣告了它在他們心中並未佔據應有的地位，它自己否定了自己。一個家庭如允許在一個成員死亡時而沒有人哭泣的現象存在，就表明它缺乏精神上的團結一致，它自甘墮落而失去了存在的意義。在個人方面，如果他與他所在的社會關係密切，就會感覺到一種精神力量，使他分享集體的喜悅和哀傷；如對這些不感興趣，就等於割斷了他與群體之間的紐帶，他將不再有求於社會。然而，這與他的本性是不相容的。當基督教徒在紀念耶穌受難或猶太人在紀念耶路撒冷的陷落時，要實行禁食或使自己蒙受羞辱，這並不是因為他們在這個日子會自然而然地感到悲傷。在這些情況下，信仰者的內心狀態與他們強迫自己遵守的禁律完全不相稱。如果他傷心，那是因為他同意應該傷心，而他同意傷心又是為了堅定他的信仰。澳大利亞人在喪禮中的心態可以用同樣的道理進行解釋。他哭泣、呻吟，並不單純是在表達他個人的哀傷，同時也在盡到一份責任，這種責任是他所處的社會時時刻刻在提醒著他的。

我們在別處已看到在集體中人類的情感是如何加強的。悲傷同喜悅一樣，當它從一個人傳給另一個人時，就會被提高，被放大，因此就以一種極度的、強烈的運動形式表現出來。但這些不再是我們以前觀察到的愉快的激動，而是痛苦的嚎叫和哭泣。它從一人傳給另一人，最後達到了真正痛苦的顛狂狀態。當痛苦到達這種嚴重程度，它就會混有一種憤恨或憤怒的情緒。人會想砸碎某種東西或摧毀某種東西。於是他就在自己身上或別人身上實現這種願望。他痛打自己，燒灼自己，使自己受到創痛；或者他

446

就攻擊別人、毆打、燒灼和傷害別人。這樣一來，在喪期中把自己投入真正受折磨的狂亂之中就變成了一種習俗。而且，報血仇和獵人頭的習俗似乎也以這種心理狀態爲起源。如果每一宗死亡都是由某種魔法造成的，出於這個原因，人們相信應該爲死者報仇，必須不惜任何代價找到一個犧牲品，讓他們對之發洩集體的痛苦和憤怒。這個犧牲自然在群體之外尋找，外人是一個阻力較小的目標，因爲他不受由親屬關係或鄰居關係引起的同情心的保護，在他身上沒有什東西能減弱和中和由死亡激起的破壞性的、邪惡的情感。毫無疑問，出於同樣的原因，在最殘酷的喪葬儀式中，婦女比男人更經常地成爲傷殘的對象，因爲她們的社會價值較小，她們非常明顯地被當做替罪罪羊。

　　我們看到對喪禮做如是解釋，完全抛棄了靈魂或精靈的觀念。這些真正起作用的力的本質全然不具人格：它們是因群體中一個成員的死而激起的群體的情感。但是，土著人對產生這些實踐活動的心理機制並不知道，所以當他試圖解釋這些活動時做出了完全不同的解釋。因爲所有應盡的責任都使人想到有一個發號施令的意志，他要找尋這種驅使他們這樣行動的力量的來源。這時，他找到了這個精神力量，那就是他確信其存在的死者的靈魂。他認爲它在起這種作用。因爲，除了它還有什麼東西會比死亡對生者的影響更感興趣呢？因此，他們設想生者對自己施加種種不自然的責罰，是因爲要滿足它的迫切需要。這樣，在後來的關於喪禮的傳說中，亡靈的觀念就必然地摻合進來。然而同時還得設想，當靈魂脫離它曾生活在其中的軀體時，它抛棄了所有的人類情感，這樣才能解釋亡靈的非人性的迫切需求。此後它就從昨日的親友蛻變成可怕的敵人。這種蛻變不是舉行喪禮的原因，而是它的結果。它說明了群體的感情狀態的轉變。人們並不是因爲害怕亡靈而哭泣，而是因爲哭了它們而變得害怕它們。

　　但這種感情狀態的轉變只能是暫時的，因爲喪禮一結束，它

也完結了。他們一點一點地使引起這種感情的原因變得平淡。當一個群體因失去一個成員而感到失落時，這種失落感構成了哀悼的基礎，它使人們集合起來，使他們的關係更密切，把他們聯合在相同的精神狀態中，這樣就造成了一種安慰，以補償原有的失落。既然他們在一起哭，既然他們相互擁抱，群體就不會削弱，儘管它遭到了打擊。當然共同的情感是悲傷，但是傷心時的交流畢竟也是交流，所有的感情共享都會增強社會的活力，而不管它採用什麼形式。爲表達共同的痛苦而必須進行的極度劇烈的顯示方式甚至也證明了，社會在此時此刻比在任何其他時候都更有生機，更有活力。事實上，不論何時，只要社會情感受到嚴重的傷害，它的反應就會比平時更強烈。只有當一個人的家庭遭難時，他才對他的家庭最親密。事件來臨時，人們起初覺得一切都停頓了，但這種超然的力量會完全消除這種感覺，它也驅散死亡帶來的冰冷氣氛。群體感到它的力量逐漸恢復，它重新產生希望，它又活過來了。不久，人們就結束悼念，這也是由於儀式本身的關係不得不結束。然而，因爲關於亡靈的概念反映著社會的精神狀態，在精神狀態發生變化後，亡靈的概念也跟著發生了變化。當一個人在沮喪、痛苦中時，他把亡靈看成本性邪惡之物，它以殘害生者爲業。但當他再次感到自信，感到安全時，他必然會認爲亡靈又回復到本來的天性，它和藹可親與生者友好。至此，我們解釋了何以亡靈在不同時期會有不同的面目㉟。

　　哀悼儀式不僅決定了被認爲是亡靈所有的某些次要特徵，它也許還在靈魂脫離身體獲得不朽的觀念中起作用。如果有人打算去理解他在他父母的喪禮中不得不採取行動的話，他一定相信這些行動對死者來說不是無關緊要的。在喪禮中那樣輕易地流出的血是奉獻給死者的犧牲㊱。所以死者的某些東西必須被保存下來。又因爲屍體明顯地不會活動而且容易腐爛，所以死者保存下的只能是他的靈魂。當然，我們不可能精確地指明這些考慮在精

448

449

神不朽概念的起源中佔據什麼地位。然而，在這方面，崇拜儀式
的影響也許同在別的地方是一樣的。當人們把崇拜對象想像成具
有人格的存在時，解釋儀式就容易得多，因此，在這種傾向的誘
導下，人把神話中的人格神擴大到宗教生活中去了。爲了說明儀
式，他們把靈魂留在墳外的時間大大延長了。這是儀式作用信仰
的方式的另一個例子。

3

　　然而死亡不是擾亂社會的唯一事件，人們在很多其他情況下
也會悲愁和哀傷。因此，我們可以預想到，即使是澳大利亞人，
他們除了喪禮之外，也還要舉行其他的贖罪性儀式。然而，值得
注意的是，在觀察者的記載中，這種儀式的實例很少。

　　這類儀式中的一個與我們剛研究的儀式非常相像。我們應記
得，在阿隆塔部落中，每個群體都認爲它收藏的聚靈架具有異常
重要的特性。它們是集體的守護神，人們相信，它們的命運與本
社會的命運是休戚與共的。因此，當敵人或白人成功地把這種宗
教寶物偷走一個時，這損失被認爲是公衆的不幸。發生了這種不
幸就要舉行與喪禮同樣特性的儀式。男人用白黏土塗滿全身。他
們待在營地裡哭泣悲痛，歷時兩個星期㊲。這是一個新的證據，說
明哀悼並不是由於考慮到死者靈魂的需要，非人格的原因也要求
舉行儀式，它是由群體的精神狀態決定的。事實上，我們在這裡
找到了一個儀式，它的構成與眞正的喪禮無法加以區別，然而卻
與任何精靈或惡鬼都無關係㊳。

450　　　另一個需要舉行這種性質儀式的情況是在社會發現收穫大
減，大家精神沮喪的時候。艾爾曼寫道：「生活在埃爾湖(Lake
Eyre)附近的土人還用一種秘密的儀式來避免食物短缺。在這個
地區看到的許多儀式性活動必須與我們先前提到的儀式加以區
別。這裡沒有象徵性的舞蹈，沒有模仿性的動作，也沒有令人目

眩的裝飾，這些都是他們用來對宗敎力或自然力施加影響的手
段。然而現在所用的手段是個人施加在自己身上的折磨。例如長
時間的禁食、熬夜，使跳舞者累垮的舞蹈以及各種各樣造成肉體
苦痛的方法。他們想以此取悅對人懷有惡意的力量㊴。」土著人強
迫己身接受的折磨是那麼嚴重，以致在明後幾天之內都累得無法
去打獵㊵。

　　這些儀式特別用來對付乾旱。因爲缺少雨水就造成普遍的匱
乏。爲了挽回局面，他們依賴極端的方式、方法。常用的一種是
拔掉牙齒。例如在凱提什部落中，他們拔掉一個人的門牙，把它
掛在樹上㊶。在迪利部落中，雨水的概念是與割開胸膛和手臂的皮
膚流出的血聯繫在一起的㊷。還有在這些人中，每當乾旱嚴重時，
就要召開大會，召集部落全體成員。這眞是部落中的一件大事。
婦女們被打發到各處去通知男人集合的地點和時間。他們集合以
後，對土地的悲慘現狀發出令人心碎的呻吟和哭泣。他們哀求莫
拉—莫拉（傳說中的祖先）賜給他們力量；製造大量雨水㊸。在雨
水過多的情況下（順便說一下，這種情況極爲罕見），要舉行類似
的儀式使降雨停止。老人們進入了眞正的顚狂境界㊹。周圍人群發
出的哭聲令人聽了眞正感到痛苦㊺。

　　史賓塞和吉倫描寫過的一個儀式，雖然它也被稱爲莫蒂丘
瑪，但它的目的和起因都同上述儀式一樣，用肉體的痛苦來促使
動物物種繁殖。在烏拉崩納人中，有一個氏族，它的圖騰是一種
叫瓦農加蒂(Wadnugadni)的蛇。以下是氏族首領爲了讓這種蛇
永不匱乏而採取的行動。在裝扮好以後，他兩臂伸平，跪在地上。
一個助手用手指揪起右臂的皮膚，主祭人把一根五英吋長的骨針
穿透皮膚。他這種自傷據信能產生預期的效果㊻。在迪利人中也有
類似的儀式以促使野雞下蛋：儀式主持者刺破陰囊㊼。在埃爾湖
的某些部落裡，男人刺穿耳朵來使番薯生長㊽。

　　局部和全面的饑荒不是部落可能遇到的唯一災禍。還有一些

451

事件，或多或少帶有周期性的威脅，或似乎威脅著部落的生存。
例如一種關於南天之光的情況，就是其中之一。庫爾內部落相信
它是大神蒙岡—高瓦(Mungan–ngaua)在天上點的火。因此，他
們不論什麼時候看見這種光，就害怕大火會燒到地上吞噬他們，
營地裡總要出現極度的不安。他們搖動一隻乾枯的手，一面叫喊：
「把大火趕開吧，不要讓它來燒死我們。」在庫爾內部落中，這
隻手是具有各種特性的。與此同時，老年人命令交換妻子，這總
要引起一場大激動㊾。在溫貝奧部落中，當大災禍臨近時，也會出
現性放縱，尤其是在時疫發生時㊿。

　　在這種思想的影響下，有時毀傷自己或使自己流血被認為對
疾病有治療效果。在迪利人中，如果一個小孩突然生病了，他的
親屬就會用木棍或飛鏢打自己的頭部，直到血流滿面。他們相信
這樣做會減輕孩子的痛苦[51]。在其他地方，他們相信如果追加舉行
一次圖騰儀式也會達到同樣的目的[52]。對上述事例，我們還可以加
上一個，它是特地為了彌補儀式中的失誤而舉行的[53]。在後兩個儀
式中，當然沒有毀傷、沒有毆打，也沒有任何類型的肉體痛苦，
但它們與前述事例中的儀式在本質上並無不同。其目的總是用儀
式的補償來避開惡意的力量或贖免過失。

　　除了喪禮，我們在澳大利亞發現的贖罪性儀式僅僅這些事
例。我們可以假定有一些儀式觀察者們沒能看到，因此肯定還有
我們不知道的儀式。但就到目前為止已發現的儀式數量很少這一
點來看，這也許是因為它們在崇拜中不佔多大的位置。從中我們
看到，以為原始宗教是因痛苦和恐懼形成的這種看法離事實有多
遠。事實上，反映這種痛苦情感的儀式相對來說是極少的。當然，
這是因為澳大利亞人與其他更文明的人民相比，他們的日子雖然
過得很苦，但對生活的要求也很少，他們很容易感到滿足。他們
的全部要求就是大自然能正常地按其規律變化，季節一個接一個
正常地變換，應下雨時就下雨，雨量要充足但又不過多。而宇宙

452

規律的極大變化畢竟很少，因此，我們注意到上文列舉的贖罪性儀式，大多數都在中部地區看到的，那裡經常出現乾旱，造成眞正嚴重的災荒。令人奇怪的是，那種特地爲贖罪而舉行的贖罪性儀式好像根本就沒有。而澳大利亞人同其他任何人一樣必然會在儀式中犯過錯，他們肯定想補償這種過錯。所以我們可以問一下：缺少這方面的例子是否因爲觀察得還不夠仔細呢？

然而，不管我們能蒐集到的例子多麼少，它們總能說明一些問題。

在更爲發展的宗教中，宗教力已經人格化。在我們研究它們的贖罪儀式時，發現它們總是與擬人化的概念緊密聯繫在一起。當一個信仰者對自己嚴加管束，強迫自己過一種受罪一般的生活時，他是爲了解除他所信仰的某種神聖存在對他的惡感。爲了平息它們的仇恨或怒氣，他遵從它們的願望，他責打自己是爲了免遭它們責打自己。因此，看起來好像在神或精靈還沒有變成具有類似情感的精神人物之前，這種行爲不可能產生。由於這個原因，羅伯遜・史密斯認爲贖罪犧牲和犧牲共享一樣，可能是較爲晚近的事。據他認爲，做爲這種儀式特徵的流血現象起初不過是一種交流；人把血灑在祭壇上是爲了加強他們同神的聯繫。只有在儀式最初的重要意義被人忘記之後，在對神聖事物形成了新的概念之後，人才能給儀式加上另一種作用，這樣，儀式就獲得了贖罪和責罰的特性⑭。 453

然而，由於甚至在澳大利亞人社會中都遇到了贖罪性儀式，它們的起源就不可能被定得太晚。此外我們看到的所有儀式中，除了一個例外⑮，都不存在任何擬人化概念，沒有神和精靈的問題。禁忌和流血本身直接就結束了饑荒，治癒了疾病。在儀式和被相信是它產生的效果之間並沒有任何精神存在的介入。因此，神話的人格神是後來進入到儀式中去的。在儀式的機制如此確立之後，人格神能使人更容易理解儀式的功能，但人格神不是儀式

存在的必要條件。是其他原因使儀式得以產生，而儀式的有效性則被歸功於另一個原因。

它通過集體力起作用，是集體力使它在儀式中擔當重要角色。一場威脅群體的大禍將要來臨了嗎？群體就像喪禮中一樣集中起來，此時群體自然是籠罩在不安和焦慮之中。積聚起來的情感會變得更加強烈，這是百試不爽的，現在也是如此。爲了使自已更堅強，他們不斷煽起自己的激情甚至達到了狂亂的程度，從他們劇烈的行動就可以看出這種激情。正像在親屬死亡時那樣，他們痛哭，他們進入狂熱狀態，他們覺得必須撕，必須砸。他們痛打自己，傷害自己，讓自己流血，就是爲了滿足這種需要。當
454 感情達到如此活躍的程度時，它們完全可能是痛苦的，但絕不會是壓抑的；情況正相反，它們意味著了一種興奮狀態，其中隱含著對我們全身活力的動員，甚至還能向我們提供外部的能量。雖然，一點不錯，這種興奮是由悲慘的事件引起的，但也沒有關係，它與我們在歡樂的儀式中看到的興奮並沒有特別不同的地方。有時，一些相同性質的行爲更能說明這一點。崇拜者處於同樣的狂熱狀態。同樣地傾向於性放蕩。這是神經過度興奮的一種表露，羅伯遜·史密斯已經從閃族人悲傷的崇拜儀式中注意到了這種奇怪的影響。他說：「在厄運中，當人們的思想變得憂鬱的時候，他們就致力於搞一些宗教性的肉體刺激，就像現代人藉酒澆愁一樣。……因此，一場儀式通常以憂傷和悲痛開始，但很快就發生了感情的突變，緊接著愁悶儀式的是一場縱慾狂歡，在悼念阿道尼斯的儀式中，以及在後來變得很普遍的大贖罪儀式都會發生這種情況56。」總之，即使儀式的出發點是使人憂心忡忡或者令人痛苦的事件，它們都保留著刺激群體和個人精神狀態的能力。僅僅是人們集合起來這個事實就能提高生命力的基調。當一個人感覺到體內的生命力——不論它是痛苦的擾動還是幸福的激情——他就不相信死亡，因此他鼓足了信心，增加了勇氣。因而，從主觀

方面來看，似乎儀式驅走了令人畏懼的危險。一個人的行為，如痛哭、流血、自傷或互傷，之所以被認為有醫療作用和免除災禍的作用，也是出於這個原因。因為這些折磨縱然形式不同，但都必然給人帶來痛苦，而痛苦本身最終被當做驅邪治病的手段㊼。後來，當宗敎力的主體以各種人格神的形式出現後，在解釋這些行為的效能時，就想像它們的目的是取悅於濫施淫威的或被激怒了的神。但這些概念僅僅是儀式以及儀式所激起的感情的反映，它們不能說明儀式，也是它的決定性起因。

　　對崇拜儀式的忽視也起同樣的作用，它對群體來說也是一種　　455
威脅，它涉及到群體精神的存在，它涉及到群體的信仰。如果因忽視儀式而引起的自憤情緒已經用一種一目了然的、強有力的形式公開承認了，它就能抵償忽視所造成的過錯。如果說人人都能體驗到這種補償的話，那是因為所犯的過失是偶然的，於共同信仰並無損害。因此，群體在精神上的一致性沒有遇到危險。現在為了抵罪而採用的刑罰僅僅是社會憤慨的表露，它是這種憤慨的一致性具體證明。因此，它確實具有人們認為它有的那種治療效用。總而言之，做為真正的贖罪儀式的感情基礎，與我們在其他贖罪性儀式中發現的感情基礎在本質上沒有什麼不同；它是一種騷動的憂傷情緒，它傾向於以破壞行動顯示自己，這種情緒有時因感到憂傷的人自己傷害自己而得到減輕，有時則以第三者的損傷為代價。然而在這兩種情況下，心理機制基本上是一樣的㊽。

4

　　羅伯遜・史密斯對宗教研究的最大貢獻之一是，他指出了神聖觀念的不確定性。

　　宗敎力有兩種。有些是有益的，是肉體和精神秩序的保護者，是生命、健康和人們尊崇的品格的施予者。它們表現在擴展到所有物種的圖騰觀念中，表現在做為動物保護者的神話祖先身上，

表現在爲文明做出貢獻的英雄以及各種類型、各種等級的守護神身上。不論它們是否具有顯著的人格，或者僅僅是散漫的能量，對它們的作用都沒有影響。在兩種形式中它們都有同樣的功能，同樣地影響著信仰者的心靈，在它們激起的崇敬心情中混合著愛和感激。通常與它們聯繫在一起的事物和人也分享了相同的情感和特性，成了神聖的事物和神聖的人。舉行儀式的地點、儀式中使用的器械、祭司和苦行者等都是由此獲得神聖性的。在另一方面，還有邪惡和不潔的力量，它們製造混亂，引起死亡和疾病，鼓動褻瀆行爲。人們對它們的感情是害怕和恐懼。它們是巫師作法時用的力，是死屍和婦女經血中產生的力，是各種瀆神行爲中釋放出來的力。諸如此類，不一而足。死者的靈魂和各種各樣的惡魔，則是它們的人格化形式。

在力和存在的這兩大範疇之間的對照，要多強烈有多強烈，達到了最敵對的地步。善良的、有益的力量，將另一種否定它、駁斥它的力量排斥在一定距離之外。因此前者對後者來說是禁區，這是各類神聖事物間禁忌的典型形式，我們在上文已指出了它們的存在⑲。婦女在月經期，尤其在開始時，她們是不潔的，所以在這個時候，她們被嚴格地隔離起來，男人不能和她們發生關係⑳。牛吼器和聚靈架絕對不能接近死人㉑。瀆神者被排斥於信仰者群體之外，重大的崇拜儀式是禁止他們參加的。這樣，整個宗教生活游移在相反的兩極之間，游移於聖潔與不潔、神聖與褻瀆以及高尚和邪惡之間。

然而宗教生活的這兩個方面在互相對抗的同時，又存在著密切的血緣關係。俗物不能與不潔的力量接觸，就像它們不能接觸最聖潔的力量一樣。對前者的禁忌絲毫不比後者差。它們同樣地退出了日常生活。這說明不潔的力量也是神聖的。當然，兩者激起的情感是不同的。對一種力量人們產生尊崇，對另一種則是厭惡和畏懼。然而，如果在關於兩種力量的儀式中的行爲是一樣的，

那麼，它們所表現的情感在本質上不會不同。而事實上，在宗教的尊崇中，尤其是當這種情感很強烈時，也包含著畏懼；而邪惡力量引起的害怕中，一般也不是沒有某種尊敬的特性的。分隔這兩種不同心態的邊界是如此模糊，以至於有時候當要指出信仰者眞正的心態屬哪一種時，卻不是一件容易的事。在某些閃族人中，豬肉是禁止食用的，但是其原因並不總是能瞭解得很透徹的，究竟這是因爲豬肉是聖潔之物還是不潔之物，他們也不能確定⑥。其他大量關於飮食方面的禁忌都是如此。

　　然而還有更多的東西需要討論。常常發生這樣的情況：只要外部條件做了改變，一件不潔的東西或一個邪惡的力量就變成了聖潔之物或保護力量。我們已經看到，死者的靈魂起先是一種可怕的精神，但喪禮一結束，它就立刻變成了保護的精靈了。屍體也是如此。它起先引起人們的害怕和厭惡的心情，但後來又成了值得尊敬的遺物。在澳大利亞社會中經常舉行的吃掉屍體的葬禮也是這種轉變的證明⑥。圖騰動物是顯赫的神聖物，但是對不正當地食用這種動物的肉的人來說，卻是死亡的原因。一般而言，褻瀆神聖的人不過就是傳染上一種善良的宗敎力的世俗之人。這種宗敎力在改變了它的居留地時也改變了本質，它非但沒有聖化與之接觸的凡人，反而使他變成可鄙者⑥。婦女外陰部流出的血，雖然同月經一樣是明顯的不潔之物，但又經常被當做藥品來治病⑥。在贖罪儀式中被宰殺的犧牲身上充滿了罪孽，因爲人們把要贖免的罪過都集中在它身上。但是當它被宰以後，它的血和肉卻被用於最虔誠的用途⑥。相反地，雖然共享一般來說是這樣一種宗敎活動，它的正常的作用是使人神聖化，但它有時也會產生瀆神的後果。在某些情況下，與神聖進行交流的人們會互相逃避，就像是避開染上時疫的人一樣。人們會說他們在互相之間變成了危險的污染之源。這樣看來，將他們聯繫在一起的神聖紐帶，同時也分離他們。在澳大利亞，這一類共享的事例不勝枚舉。其中最典

型的一個是在納林葉里部落和鄰近部落中觀察到的。當一個嬰兒
458 降臨人世時，他的父母小心地保存他的臍帶，據信臍帶中隱藏著
他的一部分靈魂。兩個人如果交換了這種保存起來臍帶，他們就
通過臍帶的交換進行了交流。因爲他們好像已經交換了靈魂。然
而，與此同時，他們倆就被禁止接觸、談話，甚至互相見面都不
行，正像他們各人都是另一人的恐怖對象似的⑰。

因此，聖潔與不潔並不是兩個分離的類別，而是同一類別的
兩個變體，所有的神聖事物都包括在內。神聖有兩種：吉祥的和
不吉利的。在這兩種對立形式之間不僅沒有割斷，而且一個事物
可以從一種形式進入另一種形式而不改變其本質。聖潔由不潔構
成，反之亦如此。神聖物的不確定性就是由這種互相轉化的可能
性構成的。

然而，即使羅伯遜・史密斯對這種不確定性持積極的態度，
但他從未對之做過明確的解釋。他僅限於指明：所有的宗教力都
是模糊的、強烈的、有傳染性的；除非懷有值得尊敬的預期目標，
否則最好不要接近宗教力，不管它們的作用力可能施加在哪個方
向。對他來說，好像已經講清了宗教力之間的親密關係，雖然它
們存在著鮮明的反差。但是其實問題只是剛剛提出來。我們還必
須解釋邪惡力量何以會有與另一種力量相同的強度和傳染性。換
句話說，就是邪惡力量也有宗教力的特性，這是怎樣發生的？儘
管這兩種力量之間存在著互相牴觸的狀況，它們共有的能量和力
的擴展方面特徵使我們不能理解：它們是怎樣互化相變化的，在
它們各自的作用方面是怎樣互相替代的，聖潔之物怎樣污染，而
不潔之物又怎樣使人聖化的⑱。

459 我們提出的關於贖罪性儀式的解釋，使我們能夠回答這個棘
手問題。

實際上，我們已經看到邪惡力量是這些儀式的產物，也是它
們的象徵。當一個社會在經歷使它悲傷、窘困或騷動不安的事件

時，它採取隆重的方式迫使它的成員面對這些悲傷、窘困或憤懣。
它強使他們盡到責任去哭泣、去呻吟、去毀傷自己或他人。因為
這些集體的表白，他們顯示並加強了的精神共享都能使社會恢復
能量，這種能量當事件來臨時是有消失危險的，而現在，他們又
能使它保存下來了。正因這種體驗，有人做了如下的解釋：當他
們認為外部存在著邪惡力量時，它們的敵意，不論是固有的還是
暫時的，都可以用人類的受難加以消除。這種邪惡力量不是別的，
正是集體精神狀態的具體表現，正是以另一個面目出現的社會本
身。但我們又知道，善良的力量也是如此構成的，它們也是集體
生活的結果和表現。它也代表著社會，但是是在一個非常不同的
心態中看到的社會，是當社會信心十足、鞏固團結、朝著實現預
定目標熱情洋溢地前進時看到的社會。既然這兩類力有著共同的
來源，因此，它們雖然面朝相反的方向，卻有相同的本性，它們
都同樣地激烈，同樣地具有傳染性，因而結果都被禁止接觸，都
是神聖的。這不會使人感到驚訝。

　　由此，我們能理解它們是怎樣互相轉變的。既然它們反映著
群體所有的主觀精神狀態，而這狀態的易變性使它們互相轉變。
在喪禮結束之後，家族群體經過喪禮又平靜下來，它重新獲得了
信心。他們感到身上痛苦的壓力消失了，他們感到更加自在。因
此，對他們來說，死者的靈魂似乎放棄了敵意變成有益的保護者。
對於我們引用的其他事例中的轉變也可用同樣的方法加以解釋。
我們已經說過，事物的神聖性是由集體對該事物的情感建立起來
的。如果觸犯了隔離神聖的禁忌，神聖就與世俗之人發生接觸，
這集體情感就會傳染到此人身上，賦予他特殊的本性。但是在傳
染過程中，這種情感從它原先的狀態出發產生了極大的變化。由
於這種傳染是被濫用的、不自然的，集體情感受到這樣的冒犯和
刺激，便變得傾向於尋釁鬧事，搞破壞性的暴力行動，它要為自
己所受到的冒犯進行報復。於是，受到傳染的人身上好像充滿了

460

強大的、有害的力，它威脅著任何接近他的東西，在他身上好像
都是污垢和穢物。產生這些污穢的原因是一種集體的心態，它在
其他情況下一樣能使事物變得神聖。然而，由此激起的憤慨如通
過一場贖罪儀式而得到了滿足的話，它就會平息、減輕；受到冒
犯的情感得到了撫慰便回復到原來的狀態。它再次像原先那樣地
起著作用，此時不再是污染而是聖化。由於它繼續傳染給與它接
觸的事物，這次可不是污染其對象，因此在宗教上便不認爲是什
麼反常的情況。然而，存在於集體情感中宗教力的方向已經倒過
來了；它從不潔變成潔淨，它本身也變成了產生淨化作用的手
段。

簡括地說，宗教生活的兩極對應於所有社會生活都要經歷的
兩種對立狀態。善良神聖與邪惡神聖之間的反差就是良好的社會
狀態與惡劣的社會狀態之間的反差。因爲它們同樣都是集體生活
的產物，所以它們在本質上有著密切的血緣關係，而神話傳說則
是這種關係的象徵性反映。群體的共同情感是多變的，從極端的
沮喪到極端的歡樂，從痛苦的騷動不安到狂喜的激動，不論哪種
情況，其中都存在著心靈的共享及由共享帶來的相互安慰。它們
的基本過程是同樣的，只是儀式的色彩不同。因此，歸根究柢，
是社會生活的統一和不同引起了神聖事物同時地統一和不同。

除此之外，這種不確定性不是神聖性特有的屬性，在我們已
做過研究的所有儀式中都能找到一些有此特性的事物。當然，區
別它們才是基本的工作，要是把它們統統混爲一談，就會誤解宗
教生活豐富多彩的各個面向。但是在另一方面，不論它們的差別
有多大，它們之間都不存在隔斷。情況正相反，它們互相交錯，
甚至能夠互相替代。我們已經表明了犧牲奉獻和共享儀式、模仿
性儀式和紀念性儀式是如何常常爲同一個目的服務的。人們可能
想像，至少消極崇拜是與積極崇拜截然分隔開來的。但是我們也
已指出過前者是怎樣產生積極效果，它們與積極崇拜產生的效果

461

是相同的。通過禁食、禁忌自傷與通過共享、奉獻和紀念一樣，都得到同樣的結果。反之，奉獻犧牲中亦隱含著各種困苦的、被棄的情感。在苦行性儀式與贖罪性儀式之間的連續性是最為明顯的了。兩者都是由歷盡困苦、受盡折磨構成的，其效能亦類似。由此可見，崇拜實踐與信仰一樣，並不能分成兩大類別。宗教生活的外表不論有多麼複雜，但歸根結柢它是一元的，是簡單的。不論在什麼地方，它都為同一種需要服務；不論在什麼地方，它都起源於同一種精神狀態；不論它以什麼形式出現，它的目的都在提高人的精神狀態，使他過上一種超然的生活，如果他放任自己的意志，隨心所欲地生活，情況就會很慘。信仰以象徵表現這種超然生活，而儀式則組織這種生活，調整它的運行。

註　釋

① Piacularia auspicia appellabant quæ sacrificantibus tristia portendebant(Paul ex Fest., P.244 ed. Müller)。Piaculum 一詞甚至被用做「不幸」的同義詞。帕利尼說 "tantum gloriæ habet ut domus in qua sita sit tuta existimetur a piaculis omnibus" (XXV.846)。

② *Nor. Tr.*，P.526；艾爾曼：P.234。參閱上文，邊碼 344。

③ 布拉夫・史密斯：P.106；道森：P.64；艾爾曼：P.239。

④ 道森：P.66；艾爾曼：P.241。

⑤ *Nat. Tr.*，P.502；道森：P.67。

⑥ *Nor. Tr.*，PP.516～517。

⑦ 上引書，PP.520～521。作者沒有說明他們是部落的還是血緣的親屬，但前者的可能性更大。

⑧ *Nor. Tr.*，P.525 及以下諸頁。這種獨特的不許婦女說話的禁忌雖然只禁止一種活動，但它卻反映了贖罪性儀式的所有方面，它使人對自己造成困難。因此，我們在此談論它。同樣，根據不同情況，禁食可能是贖罪性儀式，也可能是苦行性儀式，這要視它發生的條件和追求的效果而定（這兩種儀式的不同之處，見下文，邊碼 422）。

⑨ 對此儀式的生動描寫，見 *Nor. Tr.*，P.525。

⑩ 上引書 P.522。

⑪ 喪禮的基本形式，關於東南諸部落的，見豪伊特：*Nat. Tr.*，PP.446～508；關於中部諸部落的，見史賓塞和吉倫：*Nor. Tr.*，P.505；及 *Nat. Tr.*，P.497 及以下諸頁。另見羅思：North Queensland Ethnog. Bull 9，載 *Records of the Australian Museum*，VI. NO.5，P.365 及以下諸頁（殯葬習慣和屍體處理）。

⑫ 具體事例請參閱羅思：前引文，P.368；埃爾：*Journal of Exped. Into Central Aust.*，IV，P.344 及下頁。

⑬ 史賓塞和吉倫：*Nor. Tr.*，P.500；*Nor. Tr.*，P.507、P.508；艾爾曼：P.241；帕克：Euahlayi，P.83 及以下諸頁；布拉夫・史密斯：I，P.118。

⑭ 道森：P.66；豪伊特：*Nat. Tr.*，P.466；艾爾曼：PP.239～240。

⑮ 布拉夫・史密斯：I，P.113。

⑯ W・E・斯坦布里奇：Trans. Ethnological society of London，載 *N. S.*，Vol. I，P.286。

⑰ 布拉夫・史密斯：P.104。

⑱ 豪伊特：*Nat. Tr.*，P.459。類似的情況，請參閱埃爾：前引書，P.255 註及 P.347；羅思：前引文，PP.394～395；格雷：II，P.320 及以下諸頁。

⑲布拉夫。史密斯：P.104、P.112；羅思：前引文，P.382。

⑳*Nor. Tr.*，PP.511～512。

㉑道森：P.167；羅思：前引文，PP.366～367。

㉒*Nor. Tr.*；PP.508～510。

㉓一種小木桶。上文已述及，邊碼375。

㉔*Nat. Tr.*，PP.508～510。史賓塞和吉倫參加的另一場結束儀式，在該書 P. 503 至 P.508。它與我們現在所討論的儀式沒有什麼根本上的不同。

㉕*Nor. Tr.*，PP.531～540。

㉖與杰文斯所說正好相反。*Introduction to the History of Religions*，P.46 及以下諸頁。

㉗這使得道森說哀悼是真情(P.66)。但是艾爾曼保證說，他從來未見過一種情況，從中能真正感覺到了傷心的痛苦。(前引書，P.113)。

㉘*Nat. Tr.*，P.510。

㉙艾爾曼：PP.238～239。

㉚*Nor. Tr.*，P.507；*Nat. Tr.*，P.498。

㉛*Nor. Tr.*，P.500；艾爾曼：P.227。

㉜布拉夫·史密斯：P.114。

㉝*Nat. Tr.*，P.510。

㉞關於這方面的事例，見豪伊特：*Nat. Tr.*，P.435；參見斯特雷洛：I，PP. 15～16；II，P.7。

㉟有人可能會問，為什麼喪禮之後還必須舉行許多儀式來使人們恢復正常狀態。喪禮本身常常延續很長時間，它的一系列儀式斷斷續續要花幾個月。他們用這種方法拖延並維持著死亡帶來的精神的動亂（參見赫茨：La Répessntation collective de la mort，載 *Année Sociol.*，X，P.48 及以下諸頁）。總的來說，一個人的死亡標誌著嚴重的條件變化，對群體會產生持續的影響。因此，需要花很長時間來淡化這種影響。

㊱在格雷報導的從布塞爾人中觀察到的事例中，喪禮儀式有犧牲奉獻儀式所有的特點：把血瀝落在屍體上（格雷：卷2，P.330）。在其他情況下，有一個似乎是奉獻鬍鬚的儀式；男人們在喪禮中割下一部分鬍鬚把它扔在屍體上（同書 P.335）。

㊲*Nat. Tr.*，PP.135～136。

㊳當然，每個聚靈架都與一個祖先有關聯。但他們為丟失的聚靈架哀傷並不是為了安慰祖先。我們在別處（邊碼144）已說明祖先概念進入聚靈架觀念是較為晚近的事，並不是原始的觀念。

㊴前引書，P.207；參閱 P.116。

㊵艾爾曼：P.208。

㊶上引書，P.211。

㊷豪伊特：The Dieri，載 *J.A.I.*，XX(1891)，P.93。

㊸豪伊特：*Nat. Tr.*，P.394。

㊹豪伊特：上引書，P.396。

㊺加森的通訊，載 *J.A.I.*，XXIV(1895)，P.175。

㊻*Nor. Tr.*，P.286。

㊼加森：The Dieri Tribe 載 Curr 書，II，P.68。

㊽加森：*The Dieri Tribe*；艾爾曼：P.208。

㊾豪伊特：*Nat. Tr.*，P.277、P.430。

㊿上引書，P.195。

51加森：The Dieri Tribe，載 Curr 書，P.69。同樣的方式還用於補償荒謬的舉動。不論什麼時候，如一個人由於舉止笨拙或其他原因引得別人笑話他，他就叫其中一人打他的頭直到流血以後就沒事了，被笑的人與其他人一樣心情愉快（上引書，P.70）。

52艾爾曼：P.212，P.447。

53見上文，邊碼 430。

54*The Religion of the Semites*, lect., XI。

55這是指加森所說的迪利人在乾旱時祈求「莫拉—莫拉」的事例。

56前引書，P.262。

57土著人相信受折磨會增強人的精神特性，也許這種觀念在此處同樣起著作用（見上文，邊碼 351）。既然憂傷能聖化，提高崇拜者的精神水平，它當然也能使崇拜者的精神處於低潮時重新提高它。

58請參閱我們在 *Division du travail social*，P.64 及以下諸頁中關於贖罪的論述。

59見上文，邊碼 339。

60史賓塞和吉倫：*Nat. Tr.*，P.406；*Nor. Tr.*，P.601；羅思：*North Queensland Ethnography*, Bulletin No.5，P.24。對這種衆所周知的事實不用再多舉例證了。

61然而史賓塞和吉倫引述過一個事例，其中聚靈架被放置在死者的頭上（*Nat. Tr.*，P.156）。但他們承認這是奇特的、不正常的（同書，P.157）。而斯特雷洛則堅決地否定這種情況（卷 2，P.79）。

62史密斯：*Rel. of Semites*，P.153。參閱 P.446，附註：「聖潔、不潔和禁忌」。

63豪伊特：*Nat. Tr.*，PP.448～450；布拉夫‧史密斯：P.118、P.120；道森：P.67；埃爾：P.251；羅思：North Queensland Ethn, Bull. No.9，載 *Rec. of the Austral. Museum*，VI，NO.5，P.367。

64見上文，邊碼 360。

65*Nor. Tr.*，P.599；*Nat. Tr.*，P.464。

66例如在希伯來人中，他們把贖罪犧牲的血灑潑在聖壇上（《利未記》，第 4 章，第 5 節及以後各節），他們焚燒牠的肉，用這種灰調製使人潔淨的水

（《民數記》，第19章）。

⑥塔普林：*the Narrinyeri*，PP.32～34。如這兩個交換了臍帶的人分屬不同的部落時，他們就被用來當部落間的信使。在這種情況下，臍帶的交換發生在他們出世不久之後，由他們各自的父母做中介人。

⑥確實，史密斯不承認這種替代和變化。據他認爲，如果贖罪犧牲有淨化作用，那是因爲它身上沒有不潔之處。它從一開始就是聖潔的。它被註定用於以共享的方式重建維繫崇拜者與神之間的血緣關係的紐帶，這紐帶由於儀式上的失誤受到了損害或折斷了。爲了使共享能得到盡可能有效的後果，盡可能完全地彌補過失的影響，特地挑選了最神聖的動物。僅僅在人們不再理解儀式的意義之後，這種神聖的動物才認爲是不潔之物（前引書，P.347及以諸頁）。但這種觀點是不能被接受的。在初始的贖罪犧牲儀式中，我們都能發現這種普遍的信仰和實踐，這怎麼使人相信它們僅僅是一種錯誤的理解的產物呢？事實上，我們不能懷疑贖罪用的犧牲是充滿了罪孽的不潔之物。況且我們已說明在已知的最初級的社會群體中都已發現了由聖潔變爲不潔或相反的轉變現象。

結　論

　　我們在本書開頭曾說過，在我們現在正研究的這種宗教中，包含著宗教性生活的最具特徵的要素。這個命題的精確性，現在已可以被驗證。我們研究的這個體系不論多麼簡單，我們從中能找到宗教裡所有的重要觀念和基本的儀式心態，它們甚至對最發展了的宗教來說，也是最基本的東西。這些重要觀念是：把事物分為神聖與凡俗的觀念，靈魂、精靈和神話人格的觀念以及部落神甚至族際神的觀念。在儀式方面，有消極崇拜儀式，它是苦行主義行為的誇張形式；還有犧牲奉獻與共享儀式、模仿性儀式、紀念性儀式和贖罪性儀式，基本的東西都應有盡有了。我們因此希望我們獲得的這些研究成果並不是圖騰宗教特有的現象，我們希望它們有助於我們對宗教的普遍現象的理解。

　　人們可能會反對說，對單單一種宗教的研究，不論它能擴展到什麼地步，要做為如此重大的歸納研究的基礎，總還嫌太窄。我們從未想到過無視這種事實：不斷擴展的論據有可能加強理論的權威性；但是我們同樣認為：當一個定律被合理地證實之後，這樣的證明就是普遍有效的。如果一個科學家在單一的情況下，從能想像得出的最原生的生物中發現了生命的秘密；那麼由此得來的真理將能適用於所有的生物，即使是最高級的生物。那麼，我們研究這些最初級的社會的過程中，成功地發現了一些基本要素（它們構成了最基本的宗教觀念）之後，就沒有理由不將這些

普遍性成果擴展到其他宗教中去。事實上，人們無法想像，同一種結果會根據不同情況，一會兒是由這個原因造成的，一會兒又是另一個原因造成的，除非這兩個原因歸根結柢是一個原因。一個概念不能在此處表達一種實體，在彼處又表達另一種，除非這種二重性僅僅是表面現象。如果在某些民族中，神聖的概念、靈魂和神的概念可以用社會學理論來加以解釋，那麼，假設這些解釋在原則上也適合其他所有民族，在他們中間，同樣這些概念具有同樣的基本特徵，這種假設應該說是科學的。因此，假設我們在研究中沒有受到蒙蔽，我們的結論，至少是某些結論，能夠合理地適用於一般情況。現在正是進行歸納的時候了。由於我們以確定的、清晰的事例爲基礎，所以在做這類歸納時，我們承擔的風險比較小，而那些企圖一下子就涉及宗教的本質，對任何特定的宗教都不做仔細分析的概括綜合是有迷失方向的危險的。

1

對宗教做純理論研究的理論家們在解釋宗教時，首先都會看到一個對應於一些確定客體的概念體系。這些客體可通過多種方式被人感知，它們是：自然、無限、不可知、理想等等。但它們之間的差別並不重要。在任何情況下，概念和信仰被認爲是宗教的基本要素。至於儀式，根據這種觀點，不過是這些內心狀態的外部表現；它們是偶然的、物質的；而內心狀態才有眞正的價值。這種看法是如此地普遍，以至於要駁斥它，就一定要引出這麼一個問題：它究竟有沒有科學根據，也就是說，在我們已知的科學知識旁邊，究竟有沒有另一種宗教特有的思想形式的地位。

然而，信仰者們會反對我們這種新見解。他們過宗教生活，對它有直接的感情，他們會說，這種見解不符合他們每天體驗到的情況。事實上，他們感到宗教的眞正作用並不是使我們思考問題，也不是豐富我們的知識，更不是將科學知識的概念添加到另

一種起源不同、性質不同的宗教概念上去。宗教的作用是使我們
行動，幫助我們生活下去。與神進行交流的信仰者並不是能看到
不信者所忽略的新眞理的人，而是更堅強的人。他感到自己身上
有更多的力量，來經受生活的考驗，並駕馭生活。他似乎已經超
脫於世上的不幸，因爲他已經卓然獨立於普通人的環境之上；他
相信自己已從邪惡中獲救，他能識破以任何形式出現的邪惡。任
何教義的開宗明義第一條都是要堅信獲救。然而，人們很難發現，
一個簡單的概念怎麼會產生這種效能。概念在本質上是我的自身
的一部分，它怎麼能對我們施加超過我們自身天然所有的力量
呢？不論概念有多大的影響力，它都不能在我們的天性上增加什
麼東西；因爲它僅僅能夠釋放我們身上的活力，旣不能增加活
力，也不能減少它們。單從我們認爲某個對象値得熱愛，值得追
隨這一點，並不會使人感到自己更爲堅強；必然是因這個對象對
我們平時能控制的力量之上再加上一些能量，而且，我們還需要
一些方式方法使這些能量進入我的心內，同我們的精神生活結合
起來。這樣，出於這個原因，我們光想到它還不夠，我們還不得
不進入它的活動範圍之內，使自己處在最能感受到它的影響的地
點。總之，我們必須有所行動，必須在我們感到需要重新獲得這
種影響的時候，重複這些行動。從這個觀點來看，就能發現構成
崇拜的定期重複行動是如何得到它的重要性的。事實上，不論什
麼人，只要他參加宗教生活，都清楚地知道是儀式給他帶來歡樂、
內心和平、安祥和熱情的印象，而這些印象對信仰者來說，是這
種信仰的經驗證明。崇拜並不單純是一種外在地表現信仰的符號
系統，它是周期地產生和再產生這種經驗證明的手段的集合。不
論它是否由物質行動還是精神活動組成，它總是能產生效果的。
　　我們的整個研究工作都建立在這樣一個假設之上：任何時代
的信仰者集體情感不可能純粹出於幻覺。同最近的一位信仰辯護
者①一樣，我們承認這些宗教信仰是建立在特殊經驗之上的。以

某種方面來看，這種經驗的明顯價值絲毫不比科學實驗的價值
低，雖然兩者截然不同。我們也認爲「知其實果，便知其樹」②，
認爲枝葉茂盛是根系價值的最好證明。但是從確實存在「宗教經
驗」(我們選擇這種叫法) 以及它有某種基礎 (順便提一句，是否
存在哪種沒有基礎的經驗？)這個事實，我們得不出這樣的結論：
做爲基礎的實在與信仰者所得的概念在客觀上是一致的。在不同
的時代，人們感受到的宗教經驗有很大的不同，這個事實就足以
證明這些概念能充分地表達宗教經驗。如果一個科學家以公理的
形式提出：我們對熱和光的感覺與它們的具體來源是一致的。他
並不會就此下結論說：出現在我的感覺中的東西就是這樣的。同
樣道理，由忠誠的感覺而獲得的印象，即使不帶任何想像，也不
是無庸置疑的直覺。我們沒有理由相信印象對其對象本質的說明
會比普通人的感覺對人體及其特性的說明更有道理。爲了弄清這
個對象究竟包括一些什麼東西，我們必須對它進行仔細的分析和
認眞的推敲，就像在自然科學中用科學的思維方法來代替感覺上
的表象世界一樣。

　　這正是我們一直試圖進行的工作。我們已看到，這個實在就
是社會。神話傳說以許許多多不同的形式反映著它，它是引起產
生宗教經驗獨特感覺的絕對的、永恆的物質原因。我們已指明它
怎樣產生道德力，怎樣在信仰者進行崇拜時使他覺得找到了避難
的庇護所，使他感到自己受到了保護人的支持。是社會提高了人，
甚至造就了人。因爲造就人的東西就是構成文明的智力總體，而
文明是社會的工作。這樣就解釋了崇拜何以會在所有宗教中佔有
最顯要的地位，而不論它可能是什麼宗教。因爲只有在行動中，
社會才能產生它的影響，但是，如果組成社會的個人未曾聚集起
來、沒有共同的行動，社會也不會有行動。社會通過個人的共同
行動才能意識到自己，贏得自己的地位；這首先是一種積極的合
作。由於這種外在的行動，集體的意識和情感才有可能表達，正

如我們已證明了的那樣：集體的行動是集體意識和情感的象徵③。因而，這種行動支配著宗教生活，因爲社會是宗教的源頭。

爲了證明這種觀點，已經列舉了不少理由，現在我們在此再加上最後一條，它是我們整個工作的結果。在我們的研究進程中，我們證實了思想的基本範疇，以及後來的科學的基本範疇都起源於宗教。我們也看清了這個事實，即：巫術以及由巫術而來的各種不同手段都有著同樣的來源。在另一方面，人們早就知道，直到相對來說比較晚近的時代，由於進化作用，道德和法律的規範才同宗教儀式的規定有所區別。總而言之，幾乎所有重大的社會活動準則都起源於宗教④。既然集體生活的這些基本面向在開始時都是宗教生活的一些不同面向，那麼，宗教生活必然是一種突出的形式，它集中表達著整個集體生活，這是十分明顯的。如果說宗教產生了社會中所有的基本準則，那是因爲社會意識是宗教的靈魂。

因此，宗教的力量就是人類的力量、道德的力量。確實，集體的情感只有在同外物結合時才能意識到自己，此時，它們不可能不接受一些外物的特徵，它們因此獲得了一種物質的特性，它們就這樣同物質世界的生活混合起來，並認爲自己能夠解釋物質世界上發生的事情。然而，如果僅僅從這個觀點去看以此種形式出現的宗教力的話，那就只能看到它們最膚淺、最表面的現象。實際上，人們在理解過程中已經誤解了構成集體情感的基本要素。通常，它們似乎只有在以人類的形式出現時才會有人類的特性⑤；但是，即使它們以最非人的、最無個性特徵的形式出現時，也已是客觀化了的情感。

467

只有從這個角度來觀察宗教才能看出它眞正的重要性。如果我們緊緊盯著表面現象，儀式就只會有純屬肉體活動的結果：他們塗油、洗滌、吃飯。要聖化某些東西，就該使它們與宗教的力量源泉接觸，就像我們今天爲了使某個東西溫暖或帶電就使它與

熱源或電源接觸一樣；這兩種措施在本質上沒有不同。如這樣理解的話，宗教活動就像是一種神秘的機械一樣。然而，這些物質手法僅僅是一件外衣，它掩蓋著精神活動。最後，我們要說這些物質手法並非是盲目地、偶然性地對想像力施加影響，而是以明確方向指導個人的意識，使之服從。有時候，人們說低級宗教是唯物的。這種說法不精確。所有的宗教，哪怕是最粗糙的宗教，都是精神至上的，它們利用的力量純粹是精神的力量。它們的基本目的都是要對精神生活起作用。由此，我們可以看到，以宗教名義所幹的任何事都不會一無所獲，因爲情況必然是社會耕耘精神，人性收穫果實。

　　但是有人會問：做爲宗教基礎的社會是什麼社會？它就是我們眼見的眞實社會嗎？就是那些在歷史過程中不辭辛勞地以各種不同的法律和道德制度組織起來的社會嗎？這種社會到處都有缺陷和不足之處。在這種社會裡，邪惡與善良結伴而行，非正義往往佔據上風，眞理屈從於謬誤。這麼一種粗製濫造地組織起來的東西怎麼能激發起愛的情感，怎麼能激發起熱情服務和克己精神呢？而這些情感正是所有宗教要求於它們的追隨者的。完美的神不可能從如此平庸甚至卑劣的實在中得到它們的特性。

　　但是在另一方面，是否有人設想過一個完美的社會呢？在這個社會中，正義和眞理將是至高無上的，而形形色色的邪惡將永遠地從這個社會裡被清除出去。沒有人會否認這與宗教感情是有密切關係的，因此，他們將會說，這就是所有宗教力求實現的社會。但是這種社會不是從經驗中得到的事實，它是不明確的，無法觀察到的；它僅僅是一種想像，是人們用以減輕他們痛苦的夢，而不是他們眞正在其中生活過的社會。它僅僅是一種理想，它表達了我們對美好的理想社會的多少有點朦朧的嚮往。既然這種嚮往生根於我們的心中，在我們生命的最深層發芽成長，那麼，我們身外的任何東西都無法說明它。況且，這種嚮往本身就帶有

宗教性。因此可以說，這種理想社會似乎預示著宗教，它根本不可能去解釋宗教⑥。

　　然而，如果僅僅看到宗教理想性的一面，就會把事情過於簡單化了。宗教首先是現實性的。世上所有肉體上或精神上的醜惡現象，所有罪惡和不道德行為都有特定的神明做它們的代表。有偷盜之神，有奸詐之神，有縱慾之神，有戰爭之神，也有疾病和死亡之神。就連基督教也不得不在它的傳說中讓邪惡的精神佔一席之地，儘管它對神性的認識是如此卓越。撒旦是基督教體系中不可缺少的一部分，儘管它是不潔的，但絕不是凡俗的。反對神的神畢竟也是神，雖然它們的地位是卑下的、從屬的；它們同樣具有擴展能力；它們甚至是崇拜儀式的對象，至少是某些消極崇拜的對象。由此可知，宗教並非無視實在的社會，或從中抽出不切實際的觀念，宗教是實在的社會映象。它反映著實在的社會的各個面向，甚至它的最卑劣最令人厭惡的面向。任何東西都能從宗教中找到，但是如果在我們看到的大多數情況中，善良總是勝過邪惡，生命戰勝死亡，光明戰勝黑暗，那是因為在現實生活中，情況也並非兩樣。如果這兩種對抗力之間的關係倒過來的話，生活就不可能繼續下去。但事實上，生活不但維持，而且還有所發展。

　　然而，如果說我們能確實在這些神話傳說和神學理論中清楚地看到實在的話，同樣毫無疑問的是，它們總是僅以一種放大了的、經過變形的、理想化了的形式出現。在這方面，最原始的宗教與最近代的、最細密的宗教並無不同。例如，我們已經看到阿隆塔人如何認為在開闢初期就有了一個神話社會，其組織與現存的社會一模一樣，它包括同樣的氏族和宗族分支，它有著同樣的婚姻制度，它舉行同樣的儀式。但是其社會成員卻都是理想化的人物，他們具有不尋常的能力和特性，普通人的精神力量是無法與之相比的。他們的本質不但高於人，而且不同於人，因為他們

469

是由動物和人合而爲一的。那個社會的邪惡力量也被變形，它也被昇華和被理想化了。現在的問題是這種理想化是怎樣發生的。

有人回答說，人天生具有將事物理想化的能力；也就是說，他能通過思想以一個不同的世界來代替實在的世界。但這種回答僅僅是把問題以另一種形式提出來，它既沒有解決問題，甚至也沒有向前跨進一步。這種有系統的理想化是宗教的一個基本特性。用天生的理想化能力來解釋宗教，純粹是用一個同義詞來解釋另一個詞。也等於是說，人創造宗教是因爲他們有宗教的天性。動物只知道一個世界，這是牠們在經驗中感知的世界，不論是內部經驗還是外部經驗。只有人才會懷有理想，並加之於現實。那麼，人的這種獨一無二的特權是從何處而來的呢？在斷定它是從一開始就有的，或者斷定它是科學無法解釋的某種神秘特性之前，我們先要確定這種使事物理想化的能力不依賴於受經驗決定的各種條件。

我們提出關於宗教的解釋正好能夠回答這個問題。因爲，我們對神聖所下的定義說明神聖是某種外加的、高於現實的東西。理想也正符合這個定義。我們不能只解釋其中之一而不解釋另一個。事實上，我們已經看到集體生活喚醒了宗教思想，並使它達到某種強度，這是因爲它帶來的興奮改變了人們心理活動的條件。肉體能量受到過度的刺激，熱情更高漲、感情更強烈，其中甚至還有只在這個時刻才會產生的某種情緒。人不認識自己了，他只感到自己被改變了，最終他也改變了周圍的環境。爲了說明自己從中獲得這種特殊的印象，他就認爲自己最直接接觸的東西具有它們實際上並沒有的特性，這些特性包括日常經驗對象所不具備的異乎尋常的能力和性質。總之，在世俗生活經歷的現實世界之上，他又安置了另一個世界。除了在思想中，它是不存在的。但是他認爲它比現實世界更爲尊嚴。因此，從各方面看，它都是一個理想的世界。

470

　　理想世界的形成不是科學無法解釋的不可分析的事實，它的形成條件通過觀察是可以瞭解的，它是社會生活的自然產物。爲了使一個社會意識到自己的存在，爲了將社會共同的情感維持在必要的強烈程度上，它必須集中起來。由此，以一系列理想概念形式出現的精神生活被提高到一定的程度。這些理想概念反映著一種新的生活，它們與一些新的精神力量相對應。這些新的精神力量被添加到我們爲了維持生存而進行的日常工作中。社會在創造或創造自己的同時，也創造了理想。這種理想的創造，對社會來說並不是額外工作。因爲在社會形成之後，這種創造使它完整，而這種創造行動一次又一次地、周期性地使社會更完善。因此，如果有人說理想社會和現實社會是互相對立的，就像兩個敵手想把我們領到相反的方向去，那麼他們就是在使抽象概念物質化，或者在反對抽象作用。理想社會並不在現實社會之外，它是現實社會的一部分。在它們之間並不像相互排斥的兩極之間所存在的那種分割，我們把握一個社會不可能不同時把握另一個社會。因爲一個社會並不單純由做爲它成員的個人以及他們所佔有的土地、他們使用的器具和他們的行動所構成，最重要的東西是它對它自己形成的意識。毫無疑問，社會在考慮到自己的時候是有點猶豫不決的。它感到自己被拉向相反的方向。但是，由此引起的衝突並不是現實社會和理想社會之間的衝突，而是兩種理想之間的衝突：一種是昨日的理想，一種是今天的理想；也就是傳統的權威與未來的希望之間的衝突。我們確信可以從何處去弄清這些理想的來源，但不論這個問題的答案是什麼，它仍然屬於理想這個領域，則是肯定的。

　　這樣看來，宗教表現出的理想還不是由說不清楚的、個人的天然能力引起的，實際情況毋寧是在集體生活這個學校中，個人學會了理想化。在社會對理想的精心同化工作中，他變得能夠心懷理想。是社會在它的作用範圍內引導個人，使他產生把自己提

471

高到經驗世界之上的需要，同時授予他能感受到理想社會的手段。因爲社會在建造自己的同時，也建造了這個新世界，而這個新世界所表達的也正是現實社會。因此，不論對個人還是對集體來說，理想化能力不是什麼神秘莫測的東西。它不是一個人可有可無的奢侈品，而是他生存的必要條件。如果他不具備這種能力，他不可能成爲社會成員，也就是說，他不可能成爲人。確實，當集體理想在個人心中具體化了的時候，都傾向於使自己個性化。每個人都以自己的方式理解集體理想，給它們貼上自己的標籤；他刪除某些要素，增添另一些要素，這樣，個人的理想就從社會理想中分離開來；個人的人格愈發展，這種分離就愈徹底，最終變成個人行動自律的源泉。如果我們想理解這些以非常個性化的面目出現的、個人對現實以外的生活的追求，我們只要將它與它所依賴的社會條件聯繫起來就行了。

因此，必須避免把這種宗教理論看成是簡單地重複歷史唯物主義。如果做如此看法，那就是極大的誤解。在表明宗教基本上是社會的產物時，我們的意思並不是說，它只限於以另一種形式來表現社會的物質形式和社會的緊迫需求。確實，我們認爲社會生活依賴於它的物質基礎，並帶有這種物質基礎的標記。這是很明顯的，就像個人的精神生活依賴於他的神經系統和他的整個軀體一樣。然而，集體意識不僅僅是它形態基礎的附帶現象，它反映的東西要多得多，就像個人意識不僅僅是神經系統簡單的刺激反應一樣。爲了使集體意識能夠產生，還必須有一種獨特的意識綜合作用。這種綜合作用產生的後果是將各種概念和意象從整個情感世界中分離出來。這些概念和意象一旦形成，便按照自己的規律行事。它們時而相互吸引，時而相互排斥，有時聯合，有時分解，不斷地增加，它們的組合不受底層現實基礎的指揮和操縱。這樣誕生的精神生活甚至享受著如此巨大的獨立性，有時它竟毫無目的，不帶任何功利心地任情放縱自己，僅僅是爲感受到自己

的存在。我們已經提過，這正是儀式活動和神話傳說所反映的情　　472
況⑦。

　　然而，如果說宗教是社會原因的產物，那又如何解釋個人崇
拜和某些宗教的普遍特性呢？如果說它產生於外部世界，那麼它
是如何進入個入內心，並且越來越深入的呢？如果說它是特定
的、個性化社會的工作結果，那麼，它怎麼能與這些特定的社會
分離，甚至變成所有人的人性中共同的東西的呢？

　　在我們的研究過程中，我們已經遇到過個人宗教和宗教的世
界主義的萌芽，我們已看到它們是怎樣形成的，因此我們在回答
這些關係到靈肉雙方的問題時已經擁有答案的一般要素。

　　我們已說明，鼓舞一個氏族的宗教力如何在特殊的意識中具
體化時，使自己特殊化。更次一級的神聖以同樣方式形成了，每
個個人有自己的神聖，它產生在其個人的意象中，與個人的內心
生活聯繫在一起，與之同命運。它是他的靈魂，他個人的圖騰，
保護他的祖先，或其他東西。這些東西是個人可以獨自舉行的儀
式的崇拜對象，同任何群體無關，這是個人崇拜的最初形式。然
而，既然個人的人格才剛剛露出一點頭角，個人崇拜的價值還幾
乎沒有被認識，對於表現個人人格的崇拜就不能期望它已經獲得
了高度的發展。但當個人越來越清楚地表現出與別人不同時，個
人的價值就增加了，其相應的崇拜在整個宗教生活中就佔據了更
大的地盤，同時，它也更徹底地與外部影響隔絕了。

　　因此，個人崇拜的存在與宗教的社會學解釋並不予盾、並無
妨礙，因為個人崇拜所表達的宗教力僅僅是集體力的個性化形
式。因此，甚至當宗教似乎完全進入到個人內心時，它仍然要從
社會中尋找滋養自己的生命之源。對於將宗教看做純粹個人精神
活動的極度個人主義觀點，我們現在能夠做出評價了：它誤解了
宗教生活的基礎條件。如果說這種極度個人主義的宗教至今仍停　　473
留在未曾實現的一廂情願的理論階段，那是因為它是無法實現

的。在人心的安靜玄想中可以精心設計出一種哲學，但不能創造出信仰。因為信仰不是別的，而是溫暖，是生活，是熱情，是整個精神生活的奮發，是將個人從他原來地位提高。那麼，如果不從外部，他又從何處來補充自己的能量呢？單靠自己的力量，他怎麼能夠超越自我呢？能夠補充我們精神力量的唯一生命之源，就是由我們同類構成的社會。能夠維持和增添我們的精神力量的那些補充力量是我們從別人那兒獲得的。即使我們承認真的存在著或多或少有點類似神話人物的那種力量，但為了使它們能將我們的靈魂指引到正確的方向（這是它們存在的原因），我們必須首先相信它們，而這種信仰只有在許多人共同相信時才能起作用。一個人通過純粹自身的努力，是無法將這種信仰維持哪怕是極短的時間；這種信仰不是與生俱來，也不是通過個人努力獲得的。事實上，一個具有真正信仰的人，會感到一種無法抵制的需要去傳播這種信仰。這樣一來，他就要拋開隔絕狀態去接近、去說服其他人。他自己激起的做說服工作的熱情也使他自己更堅強有力了。但如果他保持一人獨處的話，他的力量很快就減弱了。

宗教的世界主義與宗教的個人主義情況相同。它完全不是某些偉大宗教特有的性質。我們在澳大利亞人的宗教體系中已經發現了它，雖然不是在他的最初級的體系而是在最高級的體系中發現的。朋吉爾、達拉木倫或貝亞密都不是簡單的部落之神，它們中的每一位都被好幾個部落承認。在某種意義上說，對它們的崇拜是族際性的。因此，這種概念與最近代的神學中的概念是非常接近的。因而，某些作者便以否認這個事實為己任，而不管它是如此地無可爭辯。

而我們則可以指出幾個部落共尊之神是如何形成的。

具有類似文明的毗鄰部落之間，不可能沒有永久性的聯繫。各種情況都為這種聯繫提供了機會，除了剛剛萌芽的商業之外，還有婚姻。在澳大利亞，部落間通婚是常事。在這些機會中，人

們自然會意識到精神上的關係。他們有相同的社會組織，同樣地
分成宗族分支、氏族和各種婚姻組。他們舉行同樣成年禮或其他
完全相似的儀式。雙方的互借活動和契約更加深了這些天然的雷
同之處。明顯相同的儀式安排使得與之相關的神的形象在人心中
變得難以區分。各種東西都傾向於把這些神混同起來，這些神混
同的概念即使在開始時是由各部落獨自獲得的，但最終這些概念
必然變得互相混淆。而且也有可能是在部落聯盟中，這些概念才
開始混為一體的。它們主要是接納之神，在成年典禮中，它們代
表著各個不同部落。因此，沒有確定的地理範圍的神聖事物的形
成，並不是因為什麼超社會的原因，而是因為在有明確地理邊界
的社會之前還存在過地理邊界不明確的社會，它們沒有固定的邊
界，但都包容著各種或多或少有聯繫的、相鄰的部落。由此產生
的特殊社會生活，它傾向於不受任何限制地擴展自己。對應於這
種社會生活的神話中人物自然也具有同樣的特性，他們的影響範
圍是無限的，他們的行動超出特定的部落和它們佔據的地域。他
們就是各民族偉大的、共同的神。

　　在這方面，這種情況並不是澳大利亞社會特有的現象。沒有
哪個民族，沒有哪個國家不是另一個社會的一部分。這個社會或
多或少是不受限制的，它包容了所有直接或間接地與之接觸的民
族和國家。沒有哪個民族的生活不受到各民族間集體生活的制
約。當我們在歷史進程中獲得發展時，這種民族間的群體也相應
地獲得了重要性，相應地擴大了。由此可見，在某種情況下，這
種普遍性的傾向是如何影響宗教觀念的，它不但影響了較高發展
了的宗教體系，而且甚至也影響著做為它的基礎的原則。

2

　　在宗教中存在著某些永恆的東西，它註定被用來保持所有的
特殊符號，宗教思想成功地隱藏在這些符號之中。任何社會都會

475 感到有必要定期地使自己的集體情感和集體意識得到重新振作和加強。因為是集體情感和意識使這個社會成為一體並獲得自己的個性。而這種精神的再生只有通過一些手段才能獲得。只有通過召集、集合和會議，使個人互相緊密地聯合起來，一起來加深他的共同情感才行。這樣就產生了慶典。它們與常規的宗教典禮並無不同，無論在目的、所產生的結果或者為取得預期結果而採取的步驟方面都沒有不同。當基督教徒集中紀念基督生平的重要日子的時候，當猶太人紀念撒出埃及或摩西十誡的頒布的時候，以及當公民們集中起來紀念一種新的道德或法律制度的確立，或者紀念國民生活中的一些重大事件的時候，他們之間有什麼根本的不同之處呢？

如果說我們現在難以想像將來這些宗教儀式和慶典可能會包括一些什麼，那是因為我們已經度過了精神平淡的過渡階段。曾經使我們的先輩們大為振奮的過去的偉大事件，已不能同樣地激起我們的熱情，這是因為它們已被用得太頻繁，再也引不起我們的注意力，也因為它們已不再能滿足我們的實際願望。然而到目前為止，還沒有能代替它們的東西。基督教勸導奴隸主對奴隸要實行人道主義的訓條，再也不能激發起我們的熱情。在另一方面，它對於人類平等、博愛的觀念，在我們現在看來，為非正義和不平等留下了太多的餘地。它對被遺棄者的憐憫，對我們來說是純理論的。我們渴望另一種更實用的宗教，但我們現在還不能看清它將是什麼，也不知道它將如何成為事實。總之，過去的神已經老了，或者已經死了，但其他的神還沒有誕生。這就是對孔德(Comte)的徒勞工作的報答，他努力想恢復這古老的歷史紀念品，因為只有生活本身而不是死亡了的過去才能產生有活力的崇拜。然而這種不確定、這種焦慮狀況不可能永遠持續下去。我們的社會產生巨大創造熱情的時刻肯定將會到來，那時候，新的思想將會湧現，人們將會發現新的形式來指導人性。這個時代將再

次消逝，而人們自然而然地會感到需要在思想中不斷地再現這個
時代，也就是說，需要以周期地舉行典禮的方式使這個時代的偉
大成果活躍在我們的記憶之中。我們已經看到法國大革命爲了保
持使革命煥發出永久青春的原則如何創立了一系列假日。如果說
這個制度很快就消亡了，那是因爲對革命的信仰只存在了很短的
時間，欺詐和消沈在革命熱情之後接踵而至。然而，這種工作雖
然可以被誤用，但它也能使我們想像出，要是在另外的條件下將
會發生什麼情況，我們相信這種情況遲早要發生的。沒有任何信
條是長生不老的，然而也沒有理由相信人性不再創造新的信條。
至於這種新信仰會以什麼符號來表達自己，或者它們是否會類似
於過去的符號，它們是否能更適合於反映社會，這些問題已經超
出了人類的預見能力，而且也不屬於我們討論的基本問題。

　　然而，饗宴和儀式，也就是說，崇拜並不是全部宗教。因爲
它不僅是一個實踐體系，而且還是一個概念體系，其目的是要解
釋世界。我們已看到，即使是在最初始的社會中，人們也是有自
己的宇宙觀的。在宗教生活這兩大要素之間，不論可能有什麼聯
繫，它們還是相當不同的。其一被轉向行動，宗教要求和調整這
些行動；其二則被轉向思想，宗教豐富和組織這些思想。它們並
不依賴於相同的條件，結果人們會問，第二種要素是否必然像第
一種要素那樣普遍，那樣永恆。

　　當宗教思想被賦予異常特性，當人們相信宗教思想的作用就
是用自己獨特的方式來表達現實的一個側面，而不求助於普通的
知識和科學時，一個人自然不會承認宗教會放棄它純理論思維的
作用。但是我們對事實分析之後，似乎並沒有發現宗教有這種特
性。我們剛剛研究的宗教象徵與其原因之間的關係是最不清楚
的。在那裡，所有事物都帶有神秘性。其中的神靈屬於同時存在
的最異質的群體，它們不斷地倍增混同爲一，又不斷地分解而並
不變小。初看之下，所有這些神靈都好像屬於一個與我生活在其

476

中的世界完全不同的世界，有人甚至說，構想這種神靈的人的心智完全無視邏輯的法則。也許原因與信仰之間的對立之大莫過於此了。如果歷史上真有過清楚地反映出這種異質性的時期的話，那麼，這裡就處在這個時期。然而，一切都與表面現象相反，正如我們已指出的那樣，在這裡，宗教的反思辨對象是實在，與後來哲學家的反思對象是一樣的，它們是大自然、人和社會。它們周圍的神秘氣氛完全是表面的。通過艱難的觀察，神秘感也就消失了。只要將它臉上被神話傳說的想像力蒙上的面紗揭開，就足以使它露出真面目來。宗教力求以理智的語言說明現實，在本質上，它與科學並無不同，兩者都力圖將事物聯繫起來，建立它們的內部聯繫，將它們分類，使它們的系統化。我們甚至已經看到科學邏輯的基本概念是起源於宗教的。確實，為了使用這些基本概念，科學給予它們新的精確性，排除了其中的偶然性因素，並且普遍地將一種批判精神帶進它的工作中。在這一點上，宗教對之是不重視的。科學在自己周圍安置了假設，以「避免魯莽和偏見」，它摒棄了狂熱、偏執和所有的主觀影響。但是這些方法上的完善並不足以使它與宗教成為截然不同的東西。從這一點來看，兩者都追求同一個目的，科學思想僅僅是宗教思想更完善的形式。因此，宗教思想將日漸讓位於科學思想是十分自然的，因為科學思想能更好地完成任務。

而且毫無疑問，在歷史進程中，宗教思想的這種退讓已經發生了。科學在脫離了宗教之後，便努力使自己在關係到認識力和智力作用的方面取代宗教。而宗教在認識到某些事物的世俗本質之後，就把它們讓給了科學，"tradidit mumdum hominum disputationi"（「他把世界讓給人類去爭論了」）。正是這樣，自然科學才能建立起來，並且沒遇到多大的困難就使自己的權威得到承認。但是精神世界是不會輕易放棄的，因為基督教徒的神最關心的就是對靈魂的主宰。長期以來，要求精神生活服從科學思想，

被認為是一種瀆神；甚至，時至今日還有許多人對之心感厭惡。然而，實驗心理學和比較心理學已經建立了，我們現在必須重視它們的價值。但是宗教和精神生活的世界仍然是個禁區。絕大多數人繼續相信在這個世界裡除非以特殊的方式，人的心靈是無法進入的，對其中事物的規律是無法探測的。不論什麼時候，只要有人試圖用科學的方法來處理宗教的和精神的現象，他就會遇到由此產生的頑強阻力。然而儘管有這些阻力，人們的探索還是不斷地繼續著，這種堅持的本身甚至能使我們預見到最後的障礙終究要被清除，在宗教為自己保留的領地，科學將成為主人。

這就是科學與宗教間衝突的真正情況。有人說科學在原則上是否定宗教的。然而，宗教仍然存在，它是既成事實的體系，一句話，它是一種實在。科學怎麼會否定這個實在呢？而且，既然宗教是一種行動，既然它是一種使人生活下去的手段，科學更不可能取代它。因為科學雖然能表現生活，但並不能創造生活；它能夠很好地解釋信仰，但其本身也是以信仰為先決條件的。因此，除了在有限的一個面向，科學與宗教之間是不存在衝突的。在宗教原先的兩個功能中，有一個功能，而且只有一個功能現在傾向於越來越遠離它，那就是它的思維。科學並不是不承認宗教存在的權利，而是不承認它武斷地決定事物本質的權利，以及不承認它聲稱自己具備的認識人類和世界的特殊能力。事實上，它自己都不認識自己。它不知道自己是由什麼構成的，也不知道自己能滿足人們的什麼需要。它本身就是科學研究的一個題目，說它能為科學制訂規則，那就離事實太遠了。從另一種觀點來看，既然在科學反映的現實世界中已沒有適當的課題留給宗教去思考，那麼宗教再也不能扮演它過去曾扮演過的角色，就是十分明顯的了。

然而，它的命運似乎不是消亡而是改變它自己。

我們已說過，宗教中有著一些永恆的東西，那就是崇拜和信

仰。人們不會毫無理由地舉行典禮，也不會在毫不理解的情況下
接受一種信仰。為了擴展自己，或者僅僅為了維持自己，宗教必
須證實自己，也就是說，必須從中產生一種理論。這種理論無疑
必須一開始就以各種不同的科學為基礎。首先是各種社會科學，
因為宗教信仰起源於社會；然後是心理學，因為社會是人類意識
的合成；最後是自然科學，因為人和社會是宇宙的一部分，僅僅
是人為地從宇宙中提煉出來的部分。然而從科學中獲得的這些事
實不論有多麼重要，也總是不夠的，因為信仰首先是一種推動力；
而科學，不論它能把事物推進多遠也無法與信仰相比。科學是片
斷，是不完整的；它在發展，但是很慢而且永遠不會完結。可是
生活等不及了，因此，註定要用來維持人類的生存和行動的理論
總是要超過科學，提前完成。只有當我們模糊地感到了實際的迫
切需要和生命緊要關頭時，才有可能將思想推進得超出科學肯定
的範圍。因此，宗教，哪怕是最理性、最世俗化的宗教，不能且
將永遠不會不以特殊的形式進行思辨。縱然它與科學本身的思維
對象是同樣的，但不可能真正是科學的思維，因為模模糊糊的直
覺和情感在宗教思維中太經常地取代邏輯推理。一方面，這種思
辨與我們在過去宗教中遇到的相類似；但在另一方面，它又是不
同於過去的。它在聲稱有權超越科學並付諸行動的時候，它必定
開始認識到這樣做的原因，並受到這種行動的鼓舞。當科學在這
個被超越方面建立起權威後，這種思辨必定得重視它。人在需要
的壓力下可以比科學走得更遠，但他必須從科學那裡得到前進的
方向。凡是科學否定的，他就不能肯定；凡是科學肯定的，他就
不能否定。他不可能建立任何間接地以科學原理為基礎的東西。
從現在起，信仰不再像從前那樣對概念體系擁有領導權，這種概
念體系我們可以繼續稱之為宗教。在它的面前，升起了一股對抗
的力量，它是從宗教產生的，但後來卻迫使宗教服從它的批判和
控制。每種情況都向我們預示：這種控制將繼續不斷地變得更擴

大、更有效，沒有什麼東西能限制它未來的影響。

3

　　然而，如果說科學的基本觀念起源於宗教，那麼宗教何以能產生它們呢？乍看之下，人們不會發現宗教與邏輯之間會有什麼關係。由於宗教力圖表達的實在是社會，這個問題或者可以用以下的話來說明，這就使人更淸楚地看出解決這個問題的全部困難：是什麼東西使社會生活成爲邏輯生活的源泉？看起來似乎沒有什麼東西會要求社會起到這個作用，因爲人們集合在一起並不是爲了滿足自己思考問題的需要，這一點是毫無疑問的。

　　我們企圖解決如此複雜的問題也許是太大膽了。要是用適當的、合理的方法去處理這個問題，人們對知識的社會學條件的了解就會比現在深刻得多。但我們現在卻剛剛開始對它有所接觸。然而，這個問題確實是太重大了，上述討論直接地顯現出它的複雜性，所以我們必須盡最大努力使我們想回答這個問題的希望不致落空。也許現在，我們已可能提出一些普遍的原理，它們至少能幫助我們解決問題。

　　邏輯思想是由概念構成的。這樣，社會在邏輯思想的誕生中何以會起作用這個問題，就簡化成社會在概念的形成中何以會起作用。

　　如果我們像通常那樣把概念僅僅當成是一般觀念的話，這個問題就無法解決了。個人依靠自己的力量就能對他的印象和意象進行比較，從中分離出共同的東西，也就是說，進行概括。那麼，我們就很難看出爲什麼這樣的概括工作非要在社會中，或通過社會才能進行。然而，首先一點，認爲邏輯思想僅僅以概念的擴大爲特徵，這種觀點是令人難以接受的。如果特殊概念中不帶什麼邏輯的成分，它們爲什麼會與一般概念不同呢？一般概念僅存在於特殊之中，它是簡化的、失去了個性的特殊。後者沒有的性質

480

和特點，前者也不會有。反之，如果概念思想可適用於綱、種或是變種，不論它們的外延多狹窄，它們都可以覆蓋到個體，也就是說，概念在趨向於極限時，它的外延相應地縮小了。事實上，有許多概念僅以個體為對象。在各種宗教中，神都是相互區別的個體，然而它們只能被想到，而不能被感到。各民族歷史上的或傳說中的英雄形象都隨著時代而變化。最後，我們每個人都對與他接觸過的個人形成看法，對他們的特徵、他們的外表、他們的脾氣、他們的精神和肉體的氣質都形成自己的看法，這些看法也都是真正的概念。確實，一般來說，它們是相當粗糙的；但即使在科學概念中，又有多少能完美地表現真實對象的概念呢？在這方面，它們之間只有程度上的不同。

因此，必須以其他特性來對概念下定義。它對立於各種程度的感覺的形象——感覺、知覺或意象——這些都是非本質的特性。

感覺的形象是永遠在流動的，它們像河流中的波浪，一波接一波滾滾而來；甚至它們存在的時候，也不保持原樣。它們只有在發生的瞬間才是完整的。我們從不確信能再次感覺到第一次感覺到的東西，因為即使被感覺的對象不變，我們自己卻不再是原來的自己了。而概念正好相反，它是立於時間變化之外的，它是不變的，它處在動盪之下的深處。我們可以說，它棲身在我們心靈中更平靜、更穩定的區域。它在我們的內心自然發展時也不動搖，它是抵制變化的。它是一種思想方式，在每時每刻都是固定的和具體化了的⑧。不管它應該成為什麼樣子，它總是一成不變的。如果它變了，那可不是它的本性想變，而是因為我們發現它有些不完善的地方，也因為它不得不變。我們在每天生活中想到的概念系統是以我們語言中的詞彙表達的，每個詞表示一個概念。而語言是某種不變的東西，即使有變化也是很緩慢的，它最終還是與它所表示的概念系統一致。學者在他所研究的科學中，

需要解釋特殊的術語，以及與這些術語對應的概念特殊系統的時候，情況就是這樣。確實，他可以創新，但這些創新對已經確立的思想方式來說總是一種強行的事。

概念是相對不可改變的，同時也是普遍適用的，或者至少可以變爲普遍適用。一個概念不是我個人的概念；我與其他人共同擁有這個概念，或者說，在任何情況下，我都可以與別人交流它。對我來說，我不可能把我的感覺從我的意識中傳到別人意識中去，因爲它緊緊地與我的器官、個性聯繫在一起，不能與它們分離。我所能做的事就是請別人像我一樣站在同一個對象前，然後就讓他們自己行動。在另一方面，人們之間的交談和所有的智力上的交流都是交換概念。概念是一種基本上非個人的形象，人類的智慧通過它進行交流⑨。

對概念的性質這樣下定義，就已經說明了它的起源。如果它在所有人中是共同的，那它就是社會的工作成果。它既然不帶任何特殊智慧的標記，那它顯然就是共同智慧的精心創造結果。當時，人們互相聚集起來，以某種方式使他們自己壯大成長。概念比感覺和印象更加穩定，那是因爲集體的形象比個人的更加穩定，個人能夠感覺到他所處環境中的哪怕是極其微小的變化，而要影響社會的精神狀態卻須遠爲重大的事件才行。不論何時，我們都面臨一個思想和行動的類型⑩，它普遍地作用在特殊的意志和心智上，這種對個人思想的壓力暴露出集體的介入。而且如前所述，我們通常想到的概念都是詞彙的概念。說語言以及它必然要表達的概念系統是集體努力的成果，現在看來已不成問題。它是做爲一個整體社會顯示自己的經驗的一種表達方式。因此，對應於形形色色語言要素的觀念是集體表象。

甚至它們的內容也證明著同一個事實。實際上，在我們日常所用的詞彙中，幾乎沒有什麼詞的意義不超出我們個人經驗的範圍。我們經常使用詞彙來表達我們從來未感覺到的事情，表達我

們從未有過的、或從未親自證實的經驗。即使我們對一些與詞有關的對象有所瞭解，這些對象也僅僅是說明這個概念的特殊例子，而概念絕不可能由這些對象自己形成。由此可見，我使用的詞中集中了大量的知識，它不是我自己蒐集來的，它不是個人的；它甚至遠遠地超出自己，我不能預見到使用它時會產生的所有結果。我們之中有誰懂得他使用的所有詞彙，又有誰完全瞭解每個詞彙的重要意義呢？

這種說明使我們確信：概念是集體表象。它們屬於整個社會群體，可不是因爲它們代表著相應的個人表象的平均水準。如果是那樣的話，它們在思想上、內容上就會比個人表象更貧乏。事實上，它們的內容遠遠超出個人表象的平均水準。它們也不是只存在於特殊意識中的實在的抽象，它們是具體的表象，就如個人在他自己的環境中形成的表象那麼具體；它們與一種特殊的存在，即社會，根據自己的經驗考慮問題的方式是一致的。如果概念幾乎總是一般的概念（這是事實），如果它們經常表達的是範疇和種類，而不是特殊的對象，那是因爲社會對事物的特殊性和可變性很少感興趣；又因爲社會的範圍廣濶，只有事物一般的、永久的性質才能對它起作用。因此，社會只注意事物的這些側面，只從大的方面觀察事物，只看到事物通常的形式，這些是社會本質的一部分。然而，這種一般性對概念來說卻不是必要的，在任何情況下，甚至當表象本來就帶有一般的特性時，概念也仍然是社會的產物，社會經驗豐富著它們。

這說明了概念的思想爲什麼對我們來說有極大的價值。如果概念僅僅是一般的觀念，它們就不能極大地豐富我們的知識。因爲，如前所述，一般中不包含特殊之外的東西。然而，如果概念是集體表象，它們就能在我們從個人經驗中學到東西上增添一些東西，那就是集體在好多世紀的歷程中積累起來的智慧和科學。用概念來進行思考並不僅僅是看到現實的最一般的側面，同時還

484

對我們感覺的對象投射光明，照亮它、穿透它、改變它。理解某
些東西旣包括清楚地瞭解它們的基本要素，還包括確定它們的位
置；因爲每種文明都有它自己的概念組織體系，並以這種體系爲
其特徵。在這個觀念結構之前，一個人的處境就像柏拉圖的
〝νοῦς〞（理性）面對理念世界一樣。他必須吸收它們，因爲他必
須擁有它們以便與別人交往，但這種吸收總是不完全的。我們中
間每個人都以自己的方式吸收它們。有一些概念甚至完全不爲我
們所知，而停留在感知範圍之外；還有一些概念，我們只知道它
們的某些面向；甚至還有更多的概念被我們誤用了。因爲旣然它
們在本質上是集體的，所以在變爲個人概念的時候，就不可能不
被修改、修正，結果就走樣了，由此帶給我們在相互理解時的極
大困難；同時也造成了這樣的事實，那就是我們甚至相互說謊，
雖然我們本不想這樣做。因爲我們雖然都在使用同樣的詞彙，但
對它們的涵義卻各有不同的理解。

　　我們現在已能看出社會在邏輯思想的誕生﹍起著什麼作用。
只有當人在由感官的經驗所形成的不確定表象之上，成功地感知
了做爲所有智能共同基礎的、穩定的觀念世界時，邏輯思想才有
可能誕生。事實上，邏輯思想始終都不是個人的思想，在任何時
代，它都「以永恆不變的面目出現」。非個人性和穩定性是眞理的
兩大特徵。邏輯生活明確地料想到，人知道存在著眞理這種東西，
至少是有點朦朧地知道這種與事物的可感知外表不同的東西。然
而，人是怎樣產生這種看法的呢？我們通常在談到眞理時，好像
人剛來到這個世界時它就天然地呈現在人眼前。然而，在直接經
驗中，沒有什麼東西會提示我們說，存在著眞理。有些東西甚至
與眞理相矛盾。兒童和動物是不會想到眞理的。歷史告訴我們，
眞理花了好多世紀才使自己顯露出來，確立起來。在我們西方世
界中，是靠了希臘偉大思想家的幫助，眞理才第一次變得清楚地
意識到自己的存在，意識到自己存在的後果。眞理被發現之後，

485 它引起了人們的驚訝，柏拉圖在他的偉大著作裡表達了這種驚
訝。然而，如果說只是到了這個時代，思想才以哲學公式的形式
表達出來的話，那麼，在這之前它必然還處在模糊的情感狀態。
哲學家們企圖闡明這種情感，但他們失敗了。爲了使他們能夠仔
細研究它、分析它，首先必須將它交給他們，他們必須首先瞭解
它的來源，也就是說，從什麼經驗中才能找到它。它存在於集體
經驗之中，非個人的思想以集體思想的形式第一次向人性表露了
自己。我們不知道這種表露還能以其他什麼方式進行。從社會確
實存在這一事實，便可知道存在著一個完整的表象體系，它處於
個人的感覺和意象之外，並且有卓越的特性。由於這些特性，人
們相互理解，人們獲得了智慧。它們有一種力量，或者說，有一
種道德的向上性，它們將這種力量施加到個人的心智上。由於這
種作用，個人至少會朦朧地重視這樣的事實：在他個人的表象之
上還有著一個觀念類型的世界，他必須根據它來形成自己的觀
念。他進入到理智王國，但對它僅瞥了一眼；它比他大得多。這
就是對眞理領域的初次直覺。從他第一次意識到這些更高的觀念
起，他就開始仔細考查它們的本質，他想弄清楚這些顯赫的表象
何以會有這種特權。只要他相信自己已經找到了原因，他就著手
使這些原因行動起來，爲的就是使自己能靠自己的力量來獲取這
些原因所造成的結果，也就是說，他認爲自己有權製造概念。這
樣，產生概念的權力就個人化了。但是爲了理解它的起源和作用，
還是必須將它與它賴以生存的社會條件聯繫起來。

　　人們可以反對我們，說我們僅僅闡明了概念的一個側面，它
的獨特作用不能確保心靈的一致，不僅如此，如果擴大一點說，
也不能確保心靈與事物本質的一致。這似乎是說，概念的存在必
須以眞實性，也就是客觀性爲條件；它的非個人性似乎僅僅是它
的客觀性結果。即使最最勉強地考慮，也要想到心靈是要進行交
流的。我們完全不否認概念是部分地朝這個方向發展。最初獲得

的概念是眞實的，因爲當它從集體的概念轉變成個人的概念時，
必須以它的眞實性爲條件：我們在信任它之前要檢查它的可信
性。但是我們也不能無視這個事實：即使在今天，我們使用的絕
大多數概念也不是有條不紊地構成的。我們從語言中，也就是說，
從共同的經驗中獲得概念，同時並不迫使它們接受批判。經過科
學的仔細推敲和批判的概念總是極少極少的。此外，在科學地獲
得的概念與從集體獲得權威的概念之間只有程度上的不同。集體
表象由於是集體的，從而保證了它的客觀性，因爲如果沒有充分
的理由，它不可能變得普遍化，也不可能持久地存在。如果它不
符合事物的本質，它就不可能得到擴展，也不可能長時間地主宰
我們的理智。歸根結柢，科學概念所以能受到人們信任，是因爲
它是可以用某種方法核查的。然而，一個集體表象也必然地經受
著核查，而且是永無止境的核查：每個接受它的人都在用自己的
經驗檢驗它的正確性。因此，它不可能完全不符合它所表達的對
象。確實，它可能以不完善的符號來表達，但是科學符號本身也
總是近似性的。我們在研究宗教現象時所用的方法，也正是以這
種原理做爲基礎的：我們把宗教信仰中必然存在一個眞理這一
點，做爲不必證明就能接受的公理，我們必須去發現這個眞理，
而不管這些宗教信仰有時候看起來是多麼奇異⑪。

　　在另一方面，認爲概念僅僅是從它們的客觀價值而獲得權威
性，是極大的錯誤，即使對於根據科學法則建立起來的概念也是
如此。要使人相信，僅僅由於它們是正確的這一點還是不夠的。
如果它們與其他信仰和觀點不和諧，也就是說，與其他大量的集
體表象相左，它們就會被否定，人心便將它拒於門外，結果就像
它們根本不存在一樣。今天，一個概念只要它帶有科學的標誌，
一般就足以贏得人們的信任。但是這種信仰與宗教信仰並沒有根
本的不同。最後一點：我們認爲科學有價值，是因爲我們根據它
的本質和它在生活中的作用，集體地形成了這種觀念，這就等於

487　說，它表達了一種公衆見解的狀態。事實上，在所有的社會生活中，科學是立足於公衆見解的。毫無疑問，這種公衆見解可以認爲是某項研究的對象，也可以認爲是由它構成的科學，社會學就是基本上以它構成的。然而公衆見解的科學並不產生觀點，它只是觀察各種觀點，使它們更加意識到自己。確實，用這種方式，它能夠導致它們的變化，但科學在似乎正要開始建立自己法則的時候，也還是繼續依賴於公衆見解的，因爲正像我們已指出的那樣，作用於公衆見解的必要力量是從公衆見解獲得的⑫。

　　說概念表達了社會用以表現事物的方式，也就是說，概念的思想是與人性同時產生的。我們不想看到因人性中的概念思想停滯而造成的後果。一個不用概念進行思想的人將不成其爲人，因爲他將不是一個社會的生物。如果人降低到只能用個人感覺的話，他將與動物毫無區別。如果說沒有概念的人性支持與我們相反的論點的話，那是因爲概念的定義以前是建立在它非本質的特性之上的。它們曾經被等同於一般觀念⑬，以及有限、有界的一般概念⑭。在這些條件下，低等社會中就有可能顯得好像沒有眞正稱得上概念的東西，因爲概念剛剛才開始普遍化的進程，他們使用的觀念一般未曾經過完善的定義。然而，我們的大部分概念都是同樣未經確定的。只有在進行討論的時候，或者在從事十分細緻的研究的時候，我們才強迫自己對概念下定義。我們已經知道，思考的過程並不是普遍化的過程。用概念進行思考，也不是簡單地把一定數量對象的共性方面抽取出來並進行組合，它要把變化與永恆、個人與社會聯繫起來。由於邏輯的思想從概念開始，可知它也是始終存在的。在歷史上，不存在這樣的時期，當其時，人們生活在長期的混亂與矛盾之中。當然，對邏輯在不同的歷史時期表現出來的不同特徵，我們不能過於堅持，它們像社會本身一樣，始終在發展。然而，不論這些不同實際上有多麼大，它們都不會使我們因此就忽略了它們的相似之處，因爲相似同樣也是

基本的。

4

　　我們現在要討論最後一個問題，這個問題在導言中已經提出來了⑮。在本書剩下的幾頁中我們將設法理解它。我們已知道，至少有一些範疇是社會性的。現在的問題是它們從何處獲得了這種社會性。

　　毫無疑問，我們能夠理解範疇是集體的工作成果，因爲它們本身都是概念。我們甚至可以說，再也找不出其他什麼概念能像它們這樣明顯地帶有集體表象的標記了。事實上，它們的穩定性和非個人性是如此突出，以致人們總是認爲它們是普遍的、永不變化的。而且它們又是人心一致同意的基本條件，這似乎已經明顯地指出它們是社會精心製造的產物。

　　然而，有關它們的問題更加複雜，因爲在另一種意義上以及在次一級的程度上，它們也是社會性的。它們不僅來自於社會，而且它們表達的對象也具有社會性質。它們不僅以社會爲基礎，而且其內涵也是社會存在的不同側面。類的範疇起初就是從人類群體的概念中分離出來的：時間範疇是以社會生活的節奏爲基礎的；社會所佔據的領土爲空間範疇提供了物質素材；做爲創造力原型的集體力是因果範疇的基本要素。可是，範疇並不是專爲用於社會領域而產生的。它們超出這個範圍，達到所有的現實。那麼，它們是如何從社會得到模型，使自己建立在這些模型之上的呢？

　　因爲它們是異於一般的概念，它們在我們的知識中起著重要的作用。事實上，範疇的作用是控制和包容所有的其他概念，它們是精神生活的永久模式。爲了能夠滿足這種目的，它們必須建立在相同幅度的實在基礎之上。

　　毫無疑問，它們表達的關係隱蔽地存在於個人的意識之中。

個人生活在時間之中，如前所述，他具有認定久暫的某種感覺。

489

他處在空間中某個確定的地點，他能夠充分地感覺到，並且保持住在他四周被感覺到的某些特殊的東西⑯。他產生一種類似的感覺：相類似的表象被集中在一起，由此產生的新表象具有某種一般的特性。從次第出現的現象中，我們也會產生出某種規律的感覺；即使動物也有這種能力。然而，對於認識到它們的個人來說，所有這些關係嚴格地屬於個人。結果，這種個人獲得的觀念根本就沒有辦法超出個人的狹窄圈子。相類似的意象在我的意識中經過融合成爲一般的意象，仍只能表達我直接感受的對象，沒有什麼東西會使我產生一個種類的概念，也就是說，產生一個模式，它能將所有滿足相同條件的對象全體包括進去。因而必然先要有群體的概念，如果僅僅觀察自己的內心世界，就不可能使我們在心中產生群體概念。然而，最主要的是個人的經驗，不論它有多廣泛、持久，都不可能猜想到一個完整的類，它能夠包括所有的單個的存在，在它面前其他的類僅僅是並列的或次級的種類。全部這個概念是我們剛剛產生的分類行爲的基礎，它不可能由個人本身產生，個人在與全體的關係中僅僅是一部分，而且個人只能從現實獲得微不足道的極小部分。沒有其他範疇會比類的範疇更重要，因爲範疇的作用就是包容所有的其他概念，這個超群的範疇看來就是全體這個概念。研究知識的理論家們通常都認爲它是由它自身產生的，而實際上，它最大限度地超過了每個個人意識單獨獲得的內容。

根據同樣的理由，我通過感覺而知道的空間，是以我爲中心的空間，其中各種東西的安排都與我相關。這種空間不可能是一般的空間。一般的空間包容整個長度範圍，只能用人人共知的人爲座標來做標誌。同樣道理，我自己感覺到的、與我在一起度過的、具體的時間經歷，不會給予我一般的時間概念。前者僅表示了我個人的生活節奏，而後者卻應該能與這樣的生活節奏相一

致，它不是任何特定個人的生活，而是所有人都參與的生活⑰。最　　490
後，還是出於同樣的理由，我能想起的一系列感覺依次出現的狀
態，對我個人來說可能是有價值的，因爲對於我已經觀察過的情
況，當我引發了兩個現象中第一個現象後，我就會預期第二個現
象的出現。然而這種個人的期待不可能深化爲一般的次序概念，
這種概念把自己強加在所有的心靈和所有的事件上。

　　由於整個概念系統表達的世界就是社會關注的世界，因此，
社會本身就能提供表現這個世界的最一般觀念。這樣一個客體只
能被一個包括所有個人主觀意識的社會意識來反映。由於宇宙如
不被意識到就不能存在，又由於宇宙只能被全體地意識到，因此
宇宙是存在於社會意識之中的，它是社會內部生活的一部分。而
宇宙就是全體，在它以外，什麼東西都不存在。全體概念就是社
會這個概念的抽象形式，社會是包容一切的全體，它是一個包容
所有其他類的特大的類。所有的原始分類都建立在這個基本思想
之上，根據這種分類法，各個領域的事物都像人一樣，以社會形
式被分類，被安置在一定的地位⑱。然而，如果世界存在於社會之
內，社會所佔據的空間就會深化爲一般的空間。事實上，我們已
經看到在社會空間裡，各種事物是如何被指定在自己的位置上
的。一般的空間與我們感知的具體空間範圍是不同的，一般空間
的定位與我們的感覺經驗並不相同，它是理想的定位⑲。由於相同
的原因，集體生活的節奏控制並包容了個人生活的不同節奏，它
是個人生活節奏的結果；它所表達的時間最終控制和包容了所有
特殊的時間過程。它就是一般的時間。長期以來，世界歷史僅不
過是社會歷史的另一個側面。它們同時開始，世界歷史的階段決　　491
定於社會歷史的階段。這種非個人的和全體的時間歷程可被度
量，它們的畫分和結合的準則，與社會的集中和分散聯繫在一起，
或者更一般地說，是與集體重新振作的周期性需要聯繫在一起
的。如果說，這種迫切需要的時刻一般都與某些物質現象（如一

顆星的出現，或季節的變化）聯繫的話，那是因為客觀的標記必然使全體成員瞭解到這種基本的社會集中的日子來臨了。最後，因果關係以同樣的方式，從它被群體表達出來之時起，就變得獨立於任何個人意識，它高踞在所有特殊的心智和事件之上。它是一種定律，它的價值不取決於任何人。我們已經闡明了它是如何開始的。

還有另外一個理由，可以說明為什麼構成範疇的要素只能取之於社會生活，那是因為這些要素所表達的關係只能在社會中，或通過社會才能理解。如果它們是個人生命中固有的東西，他就沒有理由，也無從著手去理解它們、反映它們，或把它們抽取出來形成概念。為了確定自己在空間的位置，為了知道在什麼時候須要滿足自己的各種生理需要，他沒有必要一勞永逸地創造一種時間和空間的概念表現。許多動物都能找到通向牠們熟悉的地方的道路，在適當時候，牠們就返回到這些地方，根本不需要任何範疇，單是感覺就足以自動地引導牠們了。如果單純是為了滿足個人的需要，人類的感覺也足以勝任。在認識到我們接觸過的事物中，有些是類似的之後，我們根本沒有必要去把它們歸成一組或一個種類。類似的意象會相互召喚，會結合在一起，這就足以產生相似的感覺。過去看見過或經歷過的事物的印象並不含有分類的傾向。如果僅為了個人的方便，想追求什麼或避免什麼，就沒有必要把這兩者的原因和結果邏輯地聯繫起來。純由經驗而知的次序關係以及具體表象之間，固有的聯繫就足以保證能夠指導我們的意志。動物只有感覺沒有其他，這是正確的；然而還不僅僅是動物，就是我們自己在從事個人活動時也常常不須其他思維形式的幫助。一個精明的人常常能清楚地感覺到必須做什麼事，但對一些通常須要從一般法則開始著手的事，他卻束手無策了。

對於社會來說，情況就不同了。只有當構成社會的人和事物都被分成某種群體，也就是說被分類之後，這些群體又按其相互

492

關係被分類，社會活動才能進行。社會要求一種有自我意識的組織，那就是分類。這個社會組織自發地將自己擴展到它所佔有的地方。爲了防止發生任何衝突，必須給每個特殊的群體指定一部分空間，換句話說，也就是對一般的空間進行畫分、區別和安排，而這些畫分和安排還必須被每個人理解。在另一方面，每當爲典禮、狩獵和征戰而召集衆人時，其中便意味著固定的日期；結果，一種每個人都能同樣地感知、大家都能接受的共同時間觀念便確立起來。最後，許多人爲了共同的目的進行合作，就必須使每個人都一致公認在這個目的與爲達此目的而採用的手段之間存在著聯繫；這也就是說，在這件工作中，所有的合作者都必須承認同樣的因果關係。因此，社會的時間觀和空間觀，社會的分類和因果律是相應範疇的基礎。這種看法不會使人覺得奇怪，因爲，這些關係只有在以社會形式出現時，才能以某種明確性第一次爲人類的智力所理解。

　　總而言之，我們必須指出，社會絕不是無邏輯或反邏輯的，它不是亂糟糟的、荒謬的存在，雖然人們常常認爲它是如此，恰恰相反，集體意識是精神生活的最高形式，因爲它是意識的意識。因爲它超然於個人和局部偶然性之上，所以它觀察事物時只看到它們永久的和基本的面向，並把這些面向結晶成可以交流的概念。它站得高，看得遠；它在任何時刻都能綜觀全局。正因爲如此，它才能給心靈提供一些模式，這些模式可以適用於所有的事物，並可以使社會想到它們。這些模式不是社會創造出來的，而是從它自己內部發現的；它沒有幹什麼事，只是逐漸地意識到它們而已。它們說明著在現實的各個階段中事物的存在狀態。但是只有當事物處於最大的發展狀態時，它們才表現得最明顯，因爲只有當精神生活在經歷極度複雜的過程時，才會感到有必要發展意識。將邏輯思想的起源歸因於社會，並不是貶低它、降低它的價值，或者說將它降低到僅僅是人爲的綜合系統。恰恰相反，這

493

僅僅是將它與它的產生原因自然地聯繫起來。但是這並不是說由
此產生的概念立刻就能充分地表達它們的對象。如果說社會對個
人來講是某種一般性的存在，但是它本身也具有個性，它有自己
獨特的外貌和習性；它是特殊的主觀結果，不論它考慮的是什
麼，都會帶上特殊的性質。因此，集體表象也包含有主觀因素在
內，如果我們想更加接近現實，就必須逐步清除這些主觀因素。
然而，不論集體表象在開始時是如何粗糙，事實總是：有了它們，
一種全新的心理狀態才開始萌芽，而單靠個人的力量，無論如何
也不可能把人的智慧提高到這個程度。它們打開了通向一個穩定
的、非個人的、有組織的思想的大門，剩下來的事就是任這種思
想去發展自己了。

再者，決定這種發展的原因，似乎與促使其誕生的原因之間
不存在什麼特別的不同之處。如果說邏輯思想越來越傾向於擺脫
主觀的、個性的因素——這是從它初生時殘留下來的，那並不是
因爲有什麼超社會的因素在進行干預，而毋寧說是由於一種新的
生活正在發展。這就是使宗教信仰普遍化的那種部落間相互交流
的生活。隨著這種生活的擴大，集體的視野變得更廣濶，社會也
不再覺得自己是一個全體，而覺得是一個更大的全體的一部分。
這個新的全體沒有確定的疆界，它對無止境的前進極爲敏感。於
是，根據原來的分類法能夠包容同類事物的模式，變得再也容納
不下它們了，必須根據新社會自己的原則重新組織它們。就這樣，
邏輯的組織變得與社會的組織有所區別，最終變得完全自成體
系。事實上，人類的思想不是本初的給定事實，而是歷史的產物；
它是理想的極限，我們能夠永遠不斷地接近它，但不論怎樣，我
們都無法達到它。

494 　　雖然人們經常地承認這種看法，認爲以科學爲一方，以道德
和宗教爲另一方，這兩者之間存在著對立。但實際上，這種看法
是錯誤的。因爲人類活動的這兩種形式來自同一個源頭。康德

(Kant)對這一點瞭解得很清楚，因此他把理論的判斷力和實踐的判斷力看成是同一種能力的兩個不同側面。據他的看法，這兩者之所以能混爲一體，是因爲它們都趨向於一般。理性的思想是根據普遍加之於合理存在上的法則而進行思想；道德的行爲是按照與所有的意志不相衝突的信條從事活動。換句話說，科學和道德都顯示出個人能夠提高自己，超越自己個人的特殊觀點，過一種非個人的生活。事實上，這也是所有思想和行爲的較高形式的共同特點，對這一點，人們是不可能會懷疑的。然而，康德的體系沒有解釋人類下述矛盾的起源：爲什麼他要竭盡全力擺脫他的個性，反之，爲什麼非個人的法則必須使自己人格化呢？如果有人說，存在著兩個對立的世界，我們同等地進入它們，一個是物質的、感性的世界，另一個是純粹的、非個人的、理性的世界，那麼他是否就回答了上述問題了呢？沒有。這只不過是用稍有不同的詞句重複問題，因爲我們試圖瞭解的就是我們爲什麼要同時參與這兩種存在。這兩個世界看上去相互矛盾，爲什麼它們不停留在對方的範圍之外，爲什麼它們儘管對立卻必須互相滲透呢？對這種奇特的必然性，曾有過的解釋只有一個，那就是「人類的墮落」。但這個答案有許多困難，這裡就不贅述了。在另一方面，如果我們承認非個人的判斷就是集體思想的另一個名稱的話，這個問題的所有的神秘性就消失了。因爲，只有通過個人的群體，這種情況才可能發生。群體以個人爲必要條件；在個人方面，也以群體爲必要條件，因爲除了在一起形成群體，他們是不能繼續存在下去的。目的王國和非個人眞理都只有通過特殊意志的合作才能實現自己。它們參與的理由與個人合作的理由是相同的。總之，我們內心有某種非個人性的東西，因爲在我們心中都存在著社會性的東西；又因爲社會生活既包括想像又包括實踐，所以這種非個人性就自然地擴展到行爲和觀念上。

　　看到我們把最高形式的思想與社會聯繫起來，有人也許會感

495

到驚訝。在考慮到結果的價值時，原因看上去太卑微了。以感覺和慾望的世界爲一方，以理性和道德的世界爲另一方，這兩者之間的距離相當大，而後者似乎已經通過一種創造行爲把自己加到前者身上了。然而，認爲社會在人類本質的創始中起了更重要的作用，並沒有否定這種創造；因爲社會的創造力是任何其他可知的存在都無法相比的。事實上，所有的創造，只要不是科學和知識無法解釋的神秘行爲，都是一種綜合的產物。如果發生在每個人意識中的各種概念的綜合，已經能產生大量的新鮮玩意兒，那麼，構成世界的全部意識的綜合又能產生多麼巨大的效力！社會是肉體和精神力量的最強大組合，大自然爲我們提供了一個實例。在任何其他地方，我們都找不到同樣豐富多彩的、如此集中的物質。這樣，在看到一種更高的生活使自己脫離產生它的各種要素，並通過反作用，使這些要素提升到更高的存在水平，並改變它們的時候，就會使人感到奇怪了。

由此可見，社會學註定要開闢一條通往人類科學的新道路。到現在爲止，思想家都面臨著這種抉擇：他們或者是把人高貴的、特殊的能力，與他低下的存在形式結合起來解釋人的精神活動，也就是把理性和感性、精神*和物質結合起來。但這樣就等於否認了精神的獨特性質；或者是把它們與一種假定存在的超實驗的實在結合起來，但這種實在沒法通過觀察而得到確立。這些思想家遇到的困難起因於他們認爲個人是大自然的目的——大自然的終極產物。好像除了他之外就沒有其他東西了，或者至少是沒有科學能夠觸及的東西了。然而，如果我們承認在個人之上還存在社會，承認社會不是唯名的和理性的存在，而是活躍的力的體系的話，就有可能以一種新的方式來解釋人類。在考慮人的截然分明的特性時，不必再把它們放在經驗之外了。在我們走這種極

---

*原文 mind，在此譯做「精神」；文中其他地方也譯作「心靈」。——譯者

端之前，至少要好好地看一下那種超越個人的存在——雖然它在　　496
人心之中——是否來自於我們在社會中體驗到的超個人的實在。
當然，我們現在還無法確定這些解釋能夠達到何種程度，也無法
肯定它們是否具有解決所有問題的能力。但是現在同樣也不可能
預先標出它無法超越的極限在何處。現在必須做的事情就是嘗試
這種假設，盡可能有計畫地用它來對照事實。這正是我們嘗試著
去做的事。

註 釋

①威廉・詹姆士：*The Varieties of Religions Experience*。

②詹姆士的引文，前列書，P.20。

③見上文，邊碼 262 及其後各頁。

④與宗教沒有明顯聯繫的唯一的社會活動是經濟活動。有時，從巫術而來的一些手法也只是間接地源於宗教。同樣，經濟價值是一種能力或效力，然而我們已經知道了能力概念的宗教來源。再者，馬納可以以多寡來衡量，這就說明經濟價值觀念和宗教價值觀念不是沒有聯繫的。但是，這種聯繫的性質尚無研究。

⑤正是由於這個原因，弗雷澤，甚至普羅伊斯都將人格宗教力排除在宗教之外，或至少認爲它們在宗教的入口處。他們把它們歸於巫術。

⑥布特魯(Boutroux)：*Science et Religion*，PP.206～207。

⑦見上文，邊碼 423 及以後諸頁。關於同樣的問題，還可參閱我們的論文：Représentations individuelles et représentations couectives，載 *Revue de Métaphysique*，1898 年 5 月。

⑧威廉・詹姆士：*Principles of Psychology*，I，P.464。

⑨不能將概念的普遍適用性與它的一般性相混淆，它們是非常不同的事情。我們說普遍適用性，是指概念能夠在許多人的心中進行交流的特性。在原則上，它能夠在所有人之間交流，但這種可交流性與它外延的程度完全無關。僅用於一個對象的概念，其外延因此可能變得最小，但對每個人來說仍是同樣的概念。關於神的概念就是這種情況。

⑩人們會提出反對，說經常性的思想和行動，也會使他們在個人中固定化、具體化，如重複說一句話就產生這樣的後果，形成抵制變化的習慣。然而，習慣只不過是當同樣的情況出現時，自動地重複一個行動和思想的傾向；它一點都不表示這種行動和思想是以一種外加到我們心智和意志上的典範類型出現的。只有當這種典型確立後，即一個規則或標準建立之後，才能夠而且也應該認爲社會行動進行了參與。

⑪這樣，我們看到了下述觀點的錯誤：它認爲一個概念缺少客觀性，只因爲它是由社會產生的。

⑫見上文，邊碼 239。

⑬萊維—布魯爾：*Les fonctions mentales dans Les Sociétés unférieures*，PP.131～138。

⑭同上書，P.446。

⑮見上文，邊碼 30。

⑯威廉・詹姆士：*Principles of Psychology*，P.134。

⑰人們在談到空間和時間的時候，常常把它們當做具體的範圍和時間歷程，就像個人意識能夠感知的那種空間和時間，只不過由於抽象作用變得減弱了一些而已。實際上，它們代表的是完全不同的東西，它們是由不同的元素，根據不同的安排，爲了不同的目的而產生的。

⑱關於全體的概念，不論是社會的，還是個人的，歸根結柢，很可能是同一種觀念的不同側面。

⑲見拙著：Classifications Primitives，前引書，P.40 及以後諸頁。

索 引

本索引頁碼均指英文版頁碼請按中文版頁邊的號碼檢索

下頁，492；是社會強加於人的，411；因果律的社會學理論及經典理論，411及下頁，491；因果律的不同說法，412及註㉚。

Charms 蠱惑，巫術的蠱惑，其解釋，398。

Church 教會，宗教的基礎，59及以下諸頁。

Churinga 聚靈架，其描述，140；其顯著的神聖特性，141；由於是圖騰的標記，144及下頁；做為宗教力，227及註㊶。

Civilizing heroes 教化英雄，320以下諸頁；全部落共同的，320及下頁；部落儀式的人格化，321及下頁；其道德作用，322；精靈與神的聯繫，328。

Clan 氏族，其特徵，122及下頁；已知的最簡單的社會體系的基礎，115，194；如何獲得名字，126及以下諸頁；以圖騰為氏族之名，123及下頁；以圖騰為其象徵，236；圖騰制度下的氏族，194及下頁；自然事物分類的基礎，166及以下諸頁。

Classes 類，其邏輯上的和宗教上的起源，173及以下諸頁；在較高級的宗教中，169；以社會分類為基礎，165及以下諸頁；類的集體生活基礎，172及以下諸頁，492。

Communion 共享，做為犧牲基本特性的食物共享，378；澳大利亞的共享，375及下頁，378，381；共享的積極作用，378及下頁。

Concept 概念，社會在概念起源中的作用，480及以下諸頁；不同於一般化的觀念，480；與感覺有別，481；概念的不變性，481及下頁；概念的普遍性，481；概念的基本社會特性，483；與人性共生，487；概念的客觀眞實性，485及以下諸頁。

Contagiousness of sacredness 神聖的感染性，254；做爲苦行性儀式的

N

Nanja　南迦，岩石或樹，248
及下頁。

Naturism　自然崇拜說，馬克
斯‧繆勒的解釋，91 及以下
諸頁；希望以實際情況描
述宗教，91；認為神是人
格化的自然現象，91；宗
教與神話的區別，100；使
宗教成為由謬誤構成的產
物，98 及以下諸頁；不能
說明神聖的起源，102 及下
以諸頁。

Negative rites　消極儀式，澳
大利亞消極儀式的性質，
341 及以下諸頁，又見
Interdictions；其積極作
用，348 及以下諸頁；為積
極儀式做準備，349 及下
頁；苦行主義的基礎，350
及下頁；喪禮中的消極儀
式，435 及下頁。

O

Oblations　奉獻，犧牲的基本
點，383；史密斯的否定，
381 及下頁；在澳大利亞

的發現，383 及下頁；所含
的惡性循環，381 及下頁；
其解釋，385 及下頁；其更
深層的原因，385 及下頁。

Orenda　奧倫達，易洛魁人
的，222 及下頁，227。見
Totemic Principle。

Origins　起源，其定義，20 註
③。

P

Pantheism　泛神論，圖騰的，
179 及下頁。

Part equal to whole　部 分
等於整體，對這條宗教本
原思想的解釋，261 及下
頁；在巫術中，262 註㊹；
在犧牲共享中，379。

Personality　人格，其觀念的
兩個起源，305；人格中的
非個人因素，307；解釋其
自主性，307；人格中社會
因素的重要性，307；個人
圖騰所反映的人格，316。

Phratry　宗族分支，其定義，
128 及以下諸頁；先於氏
族，129 及註㊳，129 及下
頁，169；做為自然事物分

當代思潮系列叢書⑱

宗教生活的基本形式

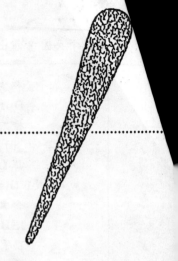

原　　　著	〉	涂爾幹
譯　　　者	〉	芮傳明、趙學元
校　　　閱	〉	顧曉鳴
執行編輯	〉	黃彩惠
出　　　版	〉	桂冠圖書股份有限公司
發 行 人	〉	賴阿勝
登 記 證	〉	局版臺業字第 1166 號
地　　　址	〉	臺北市新生南路三段 96-4 號
電　　　話	〉	（02）368-1118 ・ 363-1407
電　　　傳	〉	（02）368-1119 ・ 367-1119
郵　　　撥	〉	0104579-2
印　　　刷	〉	海王印刷廠
裝　　　訂	〉	欣亞裝訂有限公司
初　　　版	〉	1992 年 9 月
再版一刷	〉	1994 年 8 月

定價／新台幣 400 元

ISBN 957-551-512-9

《購書專線／（02）367-1118》

立中央圖書館出版品預行編目資料

宗教生活的基本形式 ／ 涂爾幹（Emile
Durkheim)著. -- 初版. -- 臺北市：
桂冠，1992〔民81〕
　面；　公分.--（當代思潮系列叢書；38）
譯自：The elementary forms
of the religious life
含索引
ISBN 957-551-512-9（平裝）
1.原始宗教

215　　　　　　　　　　　　　81003038